Veränderung von Deutungsmustern und Schemata der Erfahrung

Ulrike E. Schröder

Veränderung von Deutungsmustern und Schemata der Erfahrung

Depressive Patienten in der Interaktion klinischer Psychotherapie

 Springer VS

RESEARCH

Ulrike E. Schröder
Bielefeld, Deutschland

Dissertation an der durch die Exzellenzinitiative der Bundesregierung geförderten
Bielefeld Graduate School in History and Sociology (BGHS) an der Universität Bielefeld, 2010. Finanzielle Unterstützung des Projektes durch die BGHS.

ISBN 978-3-531-19618-3   ISBN 978-3-531-19619-0 (eBook)
DOI 10.1007/978-3-531-19619-0

Die Deutsche Nationalbibliothek verzeichnet diese Publikation in der Deutschen National-
bibliografie; detaillierte bibliografische Daten sind im Internet über http://dnb.d-nb.de
abrufbar.

Springer VS
© Springer Fachmedien Wiesbaden 2013

Gedruckt auf säurefreiem und chlorfrei gebleichtem Papier

Springer VS ist eine Marke von Springer DE. Springer DE ist Teil der Fachverlagsgruppe
Springer Science+Business Media
www.springer-vs.de

Inhalt

Vorbemerkung und Danksagung

Diese Dissertation wurde an der Bielefeld Graduate School in History and Sociology (BGHS) an der Universität Bielefeld durchgeführt, die mir freundlicherweise ihre Infrastruktur zur Verfügung stellte und mir damit auch die Teilnahme an Veranstaltungen und Tagungen ermöglichte.

Die Daten wurden in einer Psychiatrie in Deutschland aufgezeichnet, deren Titel hier aus Datenschutzgründen nicht genannt wird. Ohne die Bereitschaft der Ärzte und Psychologen zur Zusammenarbeit und ohne das Entgegenkommen der Patienten wäre diese Studie aber nicht möglich gewesen, deshalb möchte ich mich hier auch bei dieser Institution, ihren Mitarbeitern und PatientInnen bedanken

Bei jeder interdisziplinären Studie besteht die Gefahr, der einen oder anderen Disziplin nicht gerecht zu werden zu können. Deshalb möchte ich mich vor allem ganz herzlich bei meinen zwei Betreuern Jörg R. Bergmann und Ulrich Dausendschön-Gay bedanken, die mich bei meiner Gratwanderung zwischen den Disziplinen begleitet haben und mir jede ihnen mögliche – individuell und fachlich sehr unterschiedlich ausgeprägte – Unterstützung zukommen ließen. Ich danke für ihre kreativen Ideen, für ihre Kritik und Geduld, für die Diskussionen und Ratschläge in ihren Kolloquien sowie für ihr Vertrauen bei der gemeinsamen Arbeit in dem Projekt: „Der Fall als Fokus professionellen Handelns" am ZiF (Zentrum für interdisziplinäre Forschung), die sich sehr anregend auf mein Forschungsprojekt auswirkte. Mein Dank gilt auch allen MitarbeiterInnen des Projekts für ihre Inspiration. Elisabeth Gülich danke ich besonders für ihre freundliche Teilnahme und die intensive Schärfung meiner Wahrnehmung. Bei der EMKA-Gruppe bedanke ich mich für viele Diskussionen, die meine analytischen Fähigkeiten geschult haben. Alain hat mir bei allen Computerproblemen geholfen und unerschütterlich an mich geglaubt.

Abbildungen:

Sprechersiglen

T = TherapeutIn
P = PatientIn

GAT Transkriptionskonventionen (Selting et al 1998)

[ ]	Überlappungen und Simultansprechen
=	direkter Anschluss
(.)	Mikropause
(2)	gemessene Pause in Sek.
:; :::;	Dehnung, Längung, je nach Dauer
akZENT	Primär- bzw. Hauptakzent
ak!ZENT!	extra starker Akzent
!	Ausruf, Emphase
?	hoch steigende Intonation
,	mittel steigende Intonation
.	fallende Intonation
-	gleichbleibende Intonation
( )/(das)	unverständlicher/vermuteter Wortlaut
(das/was)	mögliche Alternativen
<<lächelnd>> na ja>	interpretierende Kommentare mit Reichweite
((schnauft))	para- und außersprachliche Handlungen/Ereignisse
°h, °hh, °hhh	deutliches Einatmen, je nach Dauer
h, hh, hhh	deutliches Ausatmen, je nach Dauer
(Türgeräusch)	Beschreibung von nonverbalen, sicht- oder unsichtbaren Kommunikationsanteilen

Lautstärke und Sprechgeschwindigkeiten mit Reichweite

<<f>>/<<ff>>	= forte, laut/fortissimo, sehr laut
<<p>>/<<pp> >	= piano, leise/pianissimo, sehr leise
<<all>>/<<acc>>	= allegro, schnell/accelerendo, schneller werdend
<<len>>/<<rall>>	= lento, langsam/rallentando, langsamer werdend
<<cresc>>	= crescendo, lauter werdend
<<dim>>	= diminuendo, leiser werdend
↑↓	Tonhöhensprung nach oben, nach unten

Transkriptverzeichnis

Kapitel 5

Kapitel 6

Kapitel 7

Kapitel 8

Einleitung

Als ich in den frühen 1990er Jahren im Psychiatrischen Kontext und später in einer Klinik für Psychosomatische und Psychotherapeutische Medizin tätig war, konnte ich beobachten, wie die Klinik mit ihrer Forschung und Konzeptentwicklung für spezifische Behandlungen das medizinisch-psychologische Paradigma beeinflusste. Dabei stieß ich mit meinem stark von der Psychologie geprägten Denken immer wieder auf Einflüsse des sozialen Umfeldes oder kulturelle Anteile, die sich auf das Leben der Patienten auswirkten. Beobachtungen von Subjekten sowohl innerhalb als auch außerhalb der Klinik brachten mich immer wieder auf die Frage: Warum verhalten sich Menschen so, wie sie es tun und nicht anders? Oder auch: Wie kommen bestimmte Haltungspositionen oder Wechsel zustande?

Im normalen Alltagsleben kommen immer wieder Veränderungen vor, an die sich das Subjekt anpassen muss. Anpassungsleistungen gehören zum normalen Alltag aller Menschen, unabhängig von ihrem kulturellen Hintergrund. Psychische oder psychosomatische Probleme treten häufig in diesen Kontexten auf. Dabei spielt es keine Rolle, ob solche Veränderungen des Umfeldes durch kulturelle Revolutionen, Katastrophen oder ganz persönliche Erlebnisse wie Krankheiten oder Verlust eines geliebten Menschen ausgelöst werden. Umgekehrt können aber auch Subjekte durch ihr Verhalten auf Umwelt und Kultur einwirken. Sie entwickeln sich in ihrem biographischen Verlauf und bringen neues Wissen und Verhalten in ihre Umgebung ein. Besonders dann, wenn gelernte Lösungen für persönliche oder gesellschaftliche Probleme nicht mehr greifen, ist Umdenken und eine Veränderung von Verhaltensweisen für das Subjekt oder auch für Institutionen erforderlich. Der Veränderungsprozess beinhaltet sowohl subjektiv-kognitive, als auch kulturelle und durch die Gesellschaft vorgegebene Anteile.

Weder die behavioristischen psychologischen Experimente, die menschliches Verhalten mit naturwissenschaftlichen Methoden zu erforschen versuchen, noch die statistischen Befragungen schienen eine methodische Lösung für meine Fragestellung zu bieten. Bei meinen Beobachtungen der Interaktionen zwischen professionellem Personal und Patienten und mit Einblick auf die Aufgaben von Ärzten und Therapeuten wurde mir immer deutlicher, dass der psychologische Ansatz allein meine Fragen nicht beantworten konnte. Um mehr zu verstehen verlegte ich deshalb meine Studien aus der Psychologie in die Soziologie, aber auch dort fand ich lange keinen Ansatzpunkt, mit dem ich mich dieser Fragestellung annähern konnte. Erst als ich auf die Konversationsanalyse und damit auch auf die Ethnomethodologie stieß hoffte ich, sowohl kognitiv-emotionale Bezüge in der Interaktion sowie kulturelle Einflüsse erfassen zu können.

In Erinnerung an die vielen Lebensgeschichten, die mir bei meiner Arbeit in der Psychotherapie erzählt wurden, führte ich zunächst neun qualitative Interviews zu

Wendepunkterlebnissen durch. Die befragten Akademiker- und KünstlerInnen rekonstruierten ihre Probleme und Anpassungsleistungen der Vergangenheit in reflexiver Rückschau. Durch dieses Vorgehen wurde zwar Selbstreflexion in verschiedenen
Varianten nachweisbar, der Veränderungsprozess selbst blieb aber unbeobachtbar.
Erst bei der Auswertung der Interviews kam ich auf die Idee, dass mich das Erfassen
von Denkmustern weiterführen könnte, denen sich die Subjekte selbst zuordnen. So
entstand das Forschungsprojekt mit dem Arbeitstitel „Veränderung von Deutungsmustern". Obwohl die Interviews letztlich nicht Teil dieser Studie sind, wurden daran
einige wichtige Aspekte zum Auffinden und Unterscheiden von Deutungsschemata
und Deutungsmustern entwickelt, auch die Erfahrungserzählung mit Switch („code
switch", Goffman 1981:151) wurde zuerst in den Interviews entdeckt. Die Ergebnisse
der Vorstudie gehen soweit wie möglich in die vorliegende Analyse ein, die übrigen
werden an anderer Stelle veröffentlicht. Im Folgenden wird das Forschungsprojekt
vorgestellt und die Ergebnisse ausgeführt. Die ursprünglich eingereichte Dissertation
wurde für die Publikation etwas bearbeitet und gekürzt.

Der erste Teil (A) des Buches: „Annäherungen an eine Kognitive Soziologie: Die
Veränderung kognitiver Strukturen als soziologisches Phänomen" befasst sich in drei
Kapiteln mit Forschungsgegenstand, Problem und Fragestellung, den theoretischen
Hintergründen und praktischen Voraussetzungen für die Studie.
    Im ersten Kapitel wird die Veränderung kognitiver Schemata als Phänomen so-
ziologischer Herausforderung betrachtet und die Fragestellung dargestellt. Danach
werden psychologische und soziologische Schemabegriffe gegeneinander abgegrenzt,
der Unterschied zwischen Erfahrungsschemata und sozialen Deutungsmustern
(Schütz 1932) erklärt, sowie ein geschichtlicher Rückblick auf den heutigen For-
schungsstand der Wissenssoziologie geworfen, soweit er für die Studie relevant ist.
Auf der Grundlage von Ethnomethodologie (Garfinkel 1967), Konversationsanalyse
und linguistischer Konzepte wird Bourdieus Habituskonzept als Handlungs-Wahr-
nehmungs-Denkmatrix (1976) zu einem theoretischen Konzept über Kognitionen
mit Habitus, „Accounts", Typisierungen, Erfahrungsschemata, sozialen Deutungsmustern, kategorialen Zuordnungen und metaphorischem Denken spezifiziert.
    Das zweite Kapitel ist in drei Teile gegliedert. Zunächst werden die in dieser
Studie angewandten Forschungsmethoden vorgestellt, der zweite Teil befasst sich mit
einer Reflexion des Feldzugangs. Der dritte Teil des Kapitels stellt die von der Forscherin erarbeiteten Mittel und Instrumente zur Datenanalyse von Kognitionen im
Hinblick auf das theoretische Konzept vor: Die Erfahrungserzählung, die sowohl
Indikatoren für Kognitionen, als auch für die Veränderung von Kognitionen ent-
hält; Konzepte und Mechanismen, die auf Deutungsmustern beruhen; Sprachliche
Indikatoren für Kognitionen (Kategorien, Metaphern, „Accounts" und bestimmte
Formulierungsaktivitäten) und Verfahren zur Beobachtung von Veränderung auf
verschiedenen Beobachtungsebenen über veränderte Rhetorik im Zeitverlauf.

Das dritte Kapitel wirft einen Blick auf die Wissenskultur der Psychiatrie und stellt die professionelle Fallarbeit vor. Der klinische Kontext und die therapeutischen Praktiken sind die vom Patienten vorgefundenen Bedingungen, die einen Veränderungsprozess herbeiführen sollen. Als zusätzliche Beobachtungsmethode von Veränderungen handeln die Therapeuten mit den Patienten individuelle Maßeinheiten aus. Depressive Patienten neigen „zu kognitiven Verzerrungen, falschen Attributionen und fehlerhaften Wahrnehmungen" (Hautzinger 2011:104). Soziale Deutungsmuster spielen in der Therapie keine große Rolle, stattdessen werden verallgemeinerte Aussagen auf die Sinnkonstruktion des Patienten zurückgeführt, damit er automatische Gedanken und Denkschemata erkennt. Das Aufbrechen subjektiver Denkschemata kann die Selbstzuordnung unter ein soziales Deutungsmuster verändern.

Der zweite Teil (B): „Deutungsmuster im Wandel: Zwei exemplarische Fälle" zeigt zwei Patienten im Hinblick auf ihre sich verändernden Deutungsschemata im Therapieprozess. Anders als im medizinischen Kontext beziehen sich die vorgestellten Fälle nicht auf Krankheiten, Symptome und Diagnosen, sondern ausschließlich auf die interaktive Bearbeitung der vom Patienten eingebrachten Denkschemata und Deutungsmuster. Aus diesem Grund ist es nicht notwendig, „objektive Daten" aus der Biographie des Patienten hinzuzuziehen. Die zuvor in Kapitel 2 und 3 beschriebenen Analyse-Instrumente werden bei der Fallvorstellung angewandt. In beiden Fällen wird zunächst eine Zusammenfassung der wichtigsten von den Patienten eingebrachten Deutungsmuster und Schemata gegeben und anschließend das Vorgehen in der Therapie anhand der vorliegenden Daten soweit möglich nachvollzogen. Anschließend wird herausgearbeitet, wie und mit welchen Mitteln die Therapeuten Veränderungen herbeiführen oder unterstützen können. Die Veränderung wird auf den für den Patienten relevanten Behandlungsebenen (Themenstränge und Beobachtungsebenen für den Therapeuten) dargestellt und sich verändernde sprachliche Formulierungen isoliert. Dabei folgt die Darstellungsweise in Kapitel 5 der von Kapitel 4, so dass insgesamt ein Überblick über einige mögliche Deutungsmuster, ihre Bearbeitungsweise und eventuelle Veränderungen gegeben wird. Zum Schluss werden die Modifizierungen der ursprünglichen Deutungen beschrieben. Trotz der Indikatoren für kognitive Prozesse bleiben die Deutungen, Wissen und Kognitionen wie z.B. epistemische Praktiken selbst unzugänglich.

> Allerdings führt von der Wahrnehmung eines Verhaltensaktes oder einer Äußerung kein direkter Weg zum Wissen des beobachteten Akteurs. Die beobachtete Aktivität muss dafür erst aufbereitet, und d.h. im Ablauf eines Interaktionsgeschehens verortet, kontextualisiert und interpretiert werden, ehe aus ihr Rückschlüsse über das Wissen des Akteurs gezogen werden können (Bergmann/Quasthoff 2010:25).

Kapitel 4 fokussiert die Deutungsmuster und Schemata des Patienten Herrn Grosser, dessen Metadeutungsmuster sich auf Leistung bezieht. Er bezweifelt seine Diagnose und betrachtet sich nur für zeitweise nicht so leistungsfähig wie sonst. Die Veränderung wird über die Themen der praktischen Lebensführung verfolgt, die Therapieziele, über die Arbeit an tiefen psychischen Schichten mit dem „Inneren Kritiker als Messinstrument" und über den Switch in der Erfahrungserzählung. Am Ende der Therapie scheint ein bedeutsames Denkmuster aufgebrochen, seine Selbsteinordnung unter soziale Deutungsmuster verschiebt sich.

Kapitel 5 befasst sich mit den Deutungsmustern und Schemata der Patientin Frau Bauer, deren Metadeutungsmuster sich auf ihre Religion bezieht. Sie befindet sich in einer tiefen Ehekrise. Veränderungen werden über die Themenstränge der Therapieziele verfolgt, über eine Ehebilanz, die auch ihr Frau- und Mutter-Sein betrifft, über die Auseinandersetzung mit der Religion, Kategoriale Zuordnungen der auslösenden Krisensituation und den Switch in der Erfahrungserzählung. Zum Schluss hat sich anscheinend ihre Selbst-Zuordnung über ihr Frau- und Mutter-Sein verändert, sie hat Hoffnung für ihre Ehe und versöhnt sie sich mit ihrem Gott.

Der dritte Teil (C): „Einige Spezifika im Veränderungsprozess" besteht aus drei Kapiteln. Zunächst werden zwei spezifisch therapeutische Elizitierungsverfahren herausgearbeitet, danach die Erfahrungserzählungen der Patienten analysiert und der Prozessverlauf in Beziehung zu Aufgaben und Praktiken der Therapeuten als Gesamteinheit beschrieben.

Kapitel 6 beschreibt die zwei spezifisch therapeutischen Elizitierungsverfahren, von denen das erste sich eine von Frau Bauer eingeführte Metapher zu Nutze macht und anhand der „dunklen Wolke" das durcheinander geratene metaphorische Konzept der Patientin herausarbeitet. Die Metapher für „Angst und Zweifel" wird umgewandelt in ein Pool für erfüllbare Wünsche und Träume. Das zweite Verfahren isoliert Wissen über die zentrale Botschaft der Mutter bzw. das metaphorische Konzept der Patientin Frau Huber anhand von Assoziationen, die durch die Fragetechnik vermittels Frage- und Frageparaphrasen hervorgerufen werden. Nachdem die Botschaft ausgesprochen wurde, kann sie bearbeitet werden, um schematisches Denken aufzubrechen. Teilabschnitte, Verfahrensschritte, Übergänge und spezifische Mittel der beiden Verfahren werden eruiert.

Kapitel 7 fokussiert auf die sprachliche Ressource der Erfahrungserzählung mit Switch als Mittel zur Legitimation und Darstellung veränderten Erlebens. Zu den in Kapitel 4 und 5 schon analysierten Erfahrungserzählungen werden nun die bei den Patientinnen Frau Dörfler und Frau Cerni vorkommenden Veränderungsdarstellungen untersucht. Durch den Personalpronomenwechsel im Switch beinhaltet dieser die Darstellung einer früheren Kognition und Entscheidung, die den Erzähler zu verändertem Verhalten führte. Damit wird die Erfahrungserzählung eine Lösung für das Problem, anderen Mitgliedern der kulturellen Gemeinschaft die Veränderung plausibel zu machen und Ablehnung zu vermeiden. Außerdem werden die möglichen

Positionswechsel im Switch isoliert, wie zum Beispiel die Position eines zum Erzähler sprechenden Anderen oder die eigene reflexive Haltung.

Kapitel 8 stellt das in dieser Studie erarbeitete Konzept des Veränderungsprozesses mit sieben Komponenten und Dynamiken vor. Der Veränderungsprozess wird von bestimmten therapeutischen Aufgaben und Praktiken begleitet. Da Psychotherapie nicht in institutionell beschriebenen Phasen organisiert ist, orientieren sich Therapeuten ganz individuell an dem, was die Patienten in die Therapie einbringen (Peräkylä 2011:241). Das heißt, dass sie sich mit ihren Praktiken am Veränderungsprozess des Patienten orientieren und sie daran anpassen. Sie beobachten Veränderung anhand von Verhalten, anhand der Themenstränge auf den unterschiedlichen Beobachtungsebenen, sowie anhand der veränderten Rhetorik der Patienten im Verlauf der Zeit. Das Kapitel schließt mit einigen Gesprächstechniken der Therapeuten, die wie die anderen Praktiken zu den Bedingungen für die Veränderung gezählt werden.

Zum Abschluss der Arbeit werden die Ergebnisse noch einmal zusammengefasst und themenfokussiert erläutert, Konsequenzen für das Forschungsfeld dargestellt und Ansatzpunkte für weitere Forschungsstudien vorgestellt.

Teil A

Annäherungen an eine kognitive Kultur-Soziologie: Die Veränderung kognitiver Strukturen als soziologisches Phänomen

In diesem ersten Teil A der Studie werden theoretische, methodologische und sachliche Bezüge zum Bewusstsein Anderer zusammengestellt. Für die Sozialwissenschaften wird Verhalten dann erklärbar, wenn es auf Sinn bezogen wird. Da Subjekte sich Typisierungen, Erfahrungsschemata und soziale Deutungsmuster aneignen, mit deren Hilfe sie Sinn generieren, wirken sich Deutungsmuster auch in ihrem Verhalten aus.

1 Die Veränderung kognitiver Schemata: Eine soziologische Herausforderung

[das ist wahrscheinlich das probLEM, das
<<staccato> inzwischen wirken die teilbotschaften
wie ein > (.) wie= eine= gesAMTbotschaft]

1.1 Kognitive Schemata als soziologisches Problem

Kultur und kulturelle Entwicklung sind an gesellschaftliche Strukturen gebunden, die wiederum von sozialen Deutungsmustern geprägt werden. Deutungsmuster gehören zum Alltagswissen, sie wirken sich in der persönlichen Erfahrung aus und werden verquickt mit persönlichen Schemata an die nächste Generation weitergereicht. So prägen sie die biographische Entwicklung von Subjekten ebenso wie die lokale Kultur. Wissen und Denken bilden die Grundlage der Kultur, während Subjekte als Träger des Wissens durch ihr Handeln gestaltend wirken. Die Weitergabe des allgemeinen Erfahrungswissens durch Sprache und praktisches oder habitualisiertes Verhalten ist die bedeutendste Grundlage für Sozialisation und für kulturellen Erhalt oder Entwicklungen. Kooperation und Kommunikation sind die Grundlagen menschlichen Zusammenlebens und gestaltende Elemente der Kulturen. Verändern sich die Deutungsmuster, die aus verfestigten Kognitionsstrukturen bestehen und sich gleichzeitig in äußeren Manifestationen wiederfinden, dann ändert sich auch die kulturelle Ausprägung der gesellschaftlichen Ordnung. Dabei müssen für kulturellen Wandel und biographische Weiterentwicklung des Subjektes immer wieder Anpassungen im Denken und Handeln vorgenommen werden, entweder um den Wandel zu gestalten oder um mithalten zu können.

Das Subjekt wird von sozialen Deutungsmustern, aber auch von ganz eigenen Schemata der Erfahrung geprägt, die es in die Gesellschaft einbringt. Subjektive Typisierungen werden in der Interaktion mit Anderen jeweils überprüft und können modifiziert werden. Die Schemata der Erfahrung oder Deutungsschemata und „interpretative schemes" (Schütz 1971), die Oevermann (1973, 2001) als „soziale Deutungsmuster" bezeichnet und denen sich Bourdieu (1976) über das Konzept des Habitus annähert, sind Teil der individuellen und gesellschaftlichen Wissensstrukturen. Sie sind Wissensformen des Alltagswissens und gehen mit praktischen Routine-Handlungen einher. Auch wenn Deutungsmuster von äußeren Manifestationen bestätigt werden, so werden sie doch von individuellen Trägern geformt, die sich im ständigen

Austausch mit ihrem sozialen Umfeld befinden. Ein Deutungsmuster bleibt nur solange bestehen, wie es Menschen gibt, die sich mit seinem Inhalt identifizieren und ihr Handeln danach ausrichten. Verändert sich das Verhalten einzelner Subjekte zu plötzlich oder zu massiv oder folgt jemand einer allgemeinen Veränderung nicht, so wird dieser von den anderen entweder als avantgardistisch, als skurril oder als krank eingestuft. Eine Veränderung von Deutungsmustern bei vielen Subjekten aber bewirkt über die Veränderung ihres Verhaltens den kulturellen Wandel.

Häufig werden Forschungen zu kulturellem Wandel eher auf einer Makroebene angesiedelt und mit Normen in Verbindung gebracht. So bezieht sich Popitz (2006) auf Normen und schlägt vor, Veränderungen über die Sanktionsbereitschaft für die Einhaltung von Normen in Interviews zu erfassen. Ein anderer Ansatz ist die Beobachtung von Emanzipationsbewegungen. Ein Beispiel dazu findet sich bei Wieseler (2004), sie beschreibt wie Patientinneninitiativen zu einer Reform der Brustkrebsversorgung führten und bezieht sich dabei auf Deutungsmuster. Greschke (2009) beschreibt die Veränderung von Lebenspraktiken im Rahmen von Migration und Globalisierung, die eine Veränderung von Deutungsmustern mit Haltungswechseln implizit beinhaltet.

Während Oevermann (2001) sich mit seinem Untersuchungsansatz um die Genese von Fallstrukturen in Bezug auf Deutungsmuster bemüht, zielt Bourdieu (1976, 1987) auf die Ursache unterschiedlicher Habitusformationen durch Klassentrennungen. Beide Ansätze sind für eine Untersuchung der Veränderung von Deutungsmustern und Schemata der Erfahrung nicht geeignet, wobei Deutungsmuster sowohl von Oevermann als auch von Bourdieu als kognitive Strukturen gefasst werden, die auf der Ebene des Subjektes mit – zumeist unreflektierten – Routineentscheidungen und Routinehandlungen einhergehen bzw. mit dem Habitus eine Einheit bilden. Auch eine abstrakte Diskussion von Deutungsmustern wie Sachweh (2009) es mit dem Thema „Soziale Ungleichheit" durchführt, ist für eine Untersuchung von Veränderungen gänzlich ungeeignet.

Die Veränderung von Deutungsmustern und Schemata der Erfahrung auf der Ebene kognitiver Strukturen mit dazugehörigen Routinehandlungen oder Habitusausprägungen wurde bisher nicht untersucht, allerdings gibt es in der Wissenssoziologie mit den Ansätzen von Schütz (1932), Berger/Luckmann (1966) und Garfinkel (1967) sowie innerhalb der Konversationsanalyse viele Annäherungen dazu, die weiter unten ausgeführt werden. Die Fragestellung, „wie" Veränderungen von Deutungsmustern sich vollziehen können, leitet die Analyse dieser Studie. Das fehlende Prozesswissen über die Veränderung soll soweit möglich erarbeitet werden. Das Prozesswissen und das alltagspraktische Handlungswissen der Therapeuten ergänzen das Spektrum der bisherigen Forschung und eröffnen neue Einblicke in kulturelle Entwicklungen.

Die Beobachtung der Bildung und Veränderung von Deutungsschemata im Alltag ist schwierig, da die Verfestigung bestimmter Denkweisen bis hin zum unbewusst ablaufenden Routinehandeln längere Zeiträume beansprucht und sich in subtiler Interaktion eines Subjektes mit der Umwelt vollzieht, wie Berger/Luckmann (1966) beschrieben haben. Die Deutungsschemata gehören zum Alltagswissen eines Subjektes und das Wissen eines Subjektes ist nur indirekt durch sprachliche Darstellungen oder anhand von Rückschlüssen über das Verhalten in der Interaktion beobachtbar. Die ständige Beobachtung von Subjekten über einen längeren Zeitraum und damit die Beobachtung der Veränderung kognitiver Schemata anhand von Sprache und Verhalten ist in der Alltagsrealität für die Forschung nur schwer möglich. Deshalb wurde der Interaktionsraum der klinischen Therapie zur Beobachtung von Deutungsschemata und ihren Veränderungen gewählt. Die Therapie zielt auf Veränderung und bringt dabei möglichst viele Ressourcen zur Anwendung. Sie wird von den Krankenkassen auf etwa drei Monate befristet und bildet durch die gleichzeitige räumliche Festlegung des Handlungsspielraumes eine Art „natürlich" gegebene Laborsituation. Die professionellen Mitarbeiter bilden eine Wissenskultur (Knorr-Cetina 2002), deren Aufgabe zwar auch in der Produktion von Wissen besteht, dabei aber gleichzeitig die Anwendung des Wissens zur Behandlung der Patienten vorsieht. Die institutionellen Interaktionen in den Therapiegesprächen sind darauf angelegt, den Leidensdruck der Patienten zu mildern und da auch die Therapeuten Anhaltspunkte zur Beobachtung der Veränderung brauchen, werden die Abläufe nachvollziehbar (vergl. Lynch et al. 1983). In den für das Subjekt schwierigen Wandlungszeiten kommt es bei der Anpassung von persönlichen Deutungsschemata im Rahmen gesellschaftlicher Deutungsmuster häufig zu Krisen, die sich auch als Depressionen niederschlagen können.

Die Diagnose der Depression und die klinische Therapie sind selbst eine Art professioneller Deutungsmuster, sie bilden den Kontext der analysierten Gespräche. Beide unterlagen im Verlauf der Geschichte einigen großen Wandlungen, deren Ergebnisse die Basis für das heutige Wissen bilden. Da sie nicht Teil der Untersuchung sind, aber den geschichtlichen Hintergrund bilden, werden diese Paradigmenwechsel hier kurz umrissen. Die Depressionen wurden Jahrhunderte lang unter dem Paradigma der Melancholie betrachtet, deren Ursache von Hippokrates im 5. Jahrhundert einem Übermaß schwarzer Galle zugeschrieben wurde. Zwar wandelte sich das Paradigma im Laufe der Zeit, doch wurde der Begriff der Melancholie erst im 20. Jahrhundert durch den Begriff der Depression ersetzt. Depressionen galten als psychische Erkrankung und sind heute durch ihr häufiges Auftreten zu einer Art Volkskrankheit geworden. Auch das Paradigma zur Behandlung psychischer Krankheiten hat sich im Verlauf der Jahrhunderte verändert. Sehr lange wurden psychisch Kranke vorwiegend moralisch beurteilt und in den Nachfolgeinstitutionen der Leprosorien des Mittelalters interniert, zusammen mit allen möglichen, irgendwie aus dem gewünschten Rahmen fallenden Subjekten. Schließlich entstanden Asyle, die sich der Behandlung der Irren annahmen. Goffman (1961) beschreibt Psychiatrische Kliniken noch als totale Institutionen, die in Deutschland erst mit der durch die Psychiatrie-Enquete 1975 einsetzenden Psychiatriereform aufgebrochen wurden. Die totale Institution wurde durch die Gründung spezieller Abteilungen und einer langsam einsetzenden Entwicklung spezifischer Therapien für unterschiedliche Erkrankungen revolutioniert. Für Dörner bildet die Soziotherapie die Basis der Behandlung: die Förderung der „normalen, regelhaften, allgemeinen, alltäglichen, gesunden, nicht an Krankheiten gebundenen, d.h. freien Anteile eines Individuums". Der Patient kann sich nur von Zwängen befreien, „wenn er sich mit ihnen auseinandersetzen kann, d.h., wenn sie da sind", deshalb gehört es dazu, „daß Regeln, Alltag, Normales (Wirklichkeit) in einem therapeutischen Rahmen auch dem Patienten wahrnehmbar und machbar eingebracht werden" (Dörner 1984: 507). Mit der Entwicklung der Psychiatrien vom Mittelalter bis heute hat sich Foucault (1973) intensiv auseinandergesetzt, ebenso wie mit der Macht der Psychiatrie (2005). Spezielle Entwicklungen im 19. und 20. Jahrhundert sowie die entwürdigende Behandlung und Ermordung ihrer Insassen unter dem Nationalsozialistischen Regime werden bei Ackerknecht (1992) beschrieben. Als die Psychiatriereform in Deutschland ankam hatte sie schon in verschiedenen anderen Ländern ihre Vorläufer. „Der Ursprung der Reform aber ist überall der gleiche: der Paradigmenwechsel von der kustodialen [verwahrenden] zur therapeutischen Psychiatrie" (Finzen 1985: 53). Bei der Umsetzung der Psychiatriereform prallten die Interessen und Deutungsmuster verschiedener professioneller Mitarbeiter und der Patienten aufeinander, wie Christa und Thomas Fengler (1994) mit „Alltag in der Anstalt" an einem Beispiel von 1980 eindringlich darstellen. Die Beschreibungen dieser Paradigmenwechsel machen deutlich, wie tief Deutung und Wissen über Etwas in den Umgang damit einfließen. Das jeweils aktuelle wissenschaftliche Deutungsmuster über die zu behandelnde Krankheit spiegelt sich in der Diagnose (vergl. dazu ICD-10, DIMDI 1999) und führt zu „category-bound activities" (Sacks 1972), nämlich den jeweils üblichen medizinischen und psychotherapeutischen Behandlungsmethoden innerhalb einer Klinik, gebunden an eineDiagnose, an Therapiemethoden medizinisch-psychologischer Schulen sowie an bestimmte Spezialisierungen der Psychiatrischen Klinik.

Heute positioniert sich die Psychiatrie – wie in der hier dargstellten Therapie deutlich wird – unter anderem auch als Vermittler zwischen Deutungsschemata und Deutungsmustern. Sie folgt einem gesellschaftlichen Auftrag, der zwischen medizinisch-therapeutischer Behandlung und moralischer Erziehung angesiedelt ist, denn gesellschaftliche Regeln und der normale Alltag hängen eng zusammen mit moralischen Erwartungen und Deutungsmustern. So ist zum Beispiel Kranksein jeglicher Art an Müßiggang gebunden und deshalb unter Umständen moralisch fragwürdig. Während somatische Krankheiten und körperliche Gebrechen den Arbeitsausfall nach außen legitimieren, können psychische Erkrankungen das nicht leisten, sie sind weniger sichtbar. Menschen mit psychischen Erkrankungen werden auch heute oft noch stigmatisiert und gemieden, die Auseinandersetzung mit ihnen fällt vielen Menschen schwer. Aus diesem Grund ist die „Krankheitseinsicht", die Bereitschaft, sich selbst eine psychische Krankheit zuzuschreiben und eine Therapie mitzumachen, nicht sehr groß. Der Erfolg von Therapie wird aber durch die Freiwilligkeit der Teilnahme wesentlich verbessert.

Die spezielle Art der Therapie, die auf der für die Studie ausgewählten Station eingesetzt wird, ist ebenfalls relativ neu und wurde in der untersuchten Institution mit einer Umstrukturierung der einen und der Neugründung einer anderen Station erst im neuen Jahrtausend in dieser Form eingeführt. Obwohl es in der Therapie nicht direkt um die Veränderung von Deutungsmustern geht, so soll doch das Denken der Patienten über ihr soziales Umfeld verändert werden. Dabei werden auch persönliche Deutungsschemata und gesellschaftliche Deutungsmuster berührt und Verhaltensweisen verändert.

1.2 Wie können sich Deutungsschemata verändern?

Mit den psychotherapeutischen Behandlungsmethoden eröffnet sich für die Patienten die Möglichkeit, Techniken der Selbstregulation zu erlernen und psycho-soziale Hintergründe ihrer Probleme besser zu verstehen. Ihre psychosozialen Probleme stehen in engem Zusammenhang mit ihren Beziehungen, ihren Deutungsschemata und sozialen Deutungsmustern. Indem sie ihr Denken über das soziale Umfeld verändern, können die Patienten sich neue Freiräume schaffen und ihr Verhalten ändern, wodurch die Interaktionen zwischen Therapeuten und Patienten besonders dafür geeignet sind, den Prozessablauf zu beobachten. Das Ziel dieser Studie liegt darin, durch Sprach- und Gesprächsanalysen Prozesswissen über die Entstehung, Verfestigung oder Veränderung von Deutungsmustern zu erarbeiten. Es geht um die Erarbeitung von Prozess- und Praxiswissen während der Veränderung von Deutungsschemata, also um das „Wie?" der sich darstellenden Veränderung des Denkens im Prozessablauf und um die vom Patienten vorgefundenen Bedingungen, die den Prozess beeinflussen. Dazu gehört Wissen über die Institution der Psychiatrie als umgebenden Raum bzw. als Kontext, der in die Gespräche hineinwirkt, Wissen über das professionelle Handeln, die Verfahren und Praktiken der Therapeuten, die teilweise dem verkörperten Handlungswissen unterhalb der Bewusstseinsschwelle zu zurechnen sind und Wissen über die Komponenten des Veränderungsprozesses selbst.

Zur Generierung dieses Wissens werden die Veränderungen von subjektiven Deutungsschemata und sozialen Deutungsmustern bei depressiven Patienten in den institutionellen Gesprächen einer psychiatrischen Station untersucht. Von Interesse sind dabei insbesondere die Deutungsschemata oder -muster, welche die Subjekte für sich selbst in den Gesprächen relevant machen. Durch den Lupeneffekt der Beobachtung der klinischen Therapie mit ihrer räumlichen und zeitlichen Begrenzung bei gleichzeitiger Höchstkonzentration ‚positiver' Bedingungen zur Unterstützung des Veränderungsprozesses wird die Generierung von Wissen über einen Prozessvorgang ermöglicht, der sich vermutlich in ähnlicher Weise auch außerhalb von Therapie bei Veränderungen von Deutungsschemata vollzieht: zum Beispiel durch Gespräche mit Freunden, beim Lesen, auf Reisen, in biographischen Krisen oder ganz allgemein bei der Auseinandersetzung mit neuen Gedanken und fremden Verhaltensweisen. Soziale Deutungsmuster verändern sich, wenn Denkschemata und Verhalten von vielen Subjekten sich ändern. Auch wenn bei Emanzipationsbewegungen, Revolutionen und großen strukturellen Wandlungen noch andere Dinge eine bedeutende Rolle einnehmen wie die Nutzung von Medien oder Gesetzesänderungen, so beinhalten sie doch immer auch die Haltungswechsel vieler einzelner Subjekte. Solche Veränderungen erstrecken sich über einen längeren Zeitraum und bringen erst in ihrer gemeinsamen Vielfalt eine wahrnehmbare Veränderung von Kultur hervor. Die Veränderungen auf der Makroebene werden durch Veränderungen im Kleinen hervorgebracht.

Die Fragestellung zum Thema lässt sich in vier Themenkomplexe untergliedern. Der erste Themenkomplex erfasst die Schemata und alle dazu gehörigen Komponenten: Welches sind die Schemata und Deutungsmuster, die jemand hat? Wie werden sie benutzt und situativ angepasst? Welches sind die Konflikte oder Widersprüchlichkeiten, die behoben werden müssen? In welcher Beziehung stehen individuelle Deutungen zu kollektiven Deutungen? Gibt es Metadeutungsmuster und was ist ihre Funktion? Der zweite Fragenkomplex betrifft die möglichen Beobachtungsmethoden: Wie lassen sich Deutungsmuster und Deutungsschemata identifizieren und ihre Veränderung beobachten? Der dritte Themenkomplex umfasst die professionellen Mittel, Verfahren, Praktiken und Techniken, die als äußere Einflüsse wirksam werden. Welche professionellen Mittel werden eingesetzt, um Veränderung zu bewirken? Welche Verfahren und Elizitierungstechniken setzen die Therapeuten ein? Letztlich stellt sich die Frage nach den Komponenten und Dynamiken des Veränderungsprozesses selbst.

1.3 Um welche Schemata und Muster geht es?

Da es im interdisziplinären Kontext zwischen Psychologie, Kognitiver Linguistik und Soziologie sehr viele ähnliche und unklar unterschiedene Schemabegriffe gibt, werden sie im Folgenden kurz dargestellt und die für diese Studie wichtigen Begriffe umrissen.

Die subjektiven Deutungsschemata nach Schütz. Der Begriff des Deutungsschemas wurde von dem Phänomenologen Alfred Schütz schon (1932) innerhalb der Wissenssoziologie diskutiert:

> Ein Schema der Erfahrung ist ein Sinnzusammenhang unserer erfahrenen Erlebnisse, welche zwar die in den erfahrenen Erlebnissen fertig konstruierten Erfahrungsgegenständlichkeiten erfaßt, nicht aber das Wie des Konstitutionsvorganges, in welchem sich die erfahrenen Erlebnisse zu Erfahrungsgegenständlichkeiten konstituieren (Schütz 1932/1960: 87f, Hervorhebung im Original).

Da der „Prozeß der Einordnung eines Erlebnisses unter die Schemata der Erfahrung durch synthetische Rekognition auch als *Deutung dieses Erlebnisses*" bezeichnet werden kann, „sind die Schemata der Erfahrung *Deutungsschemata*". (ebd.: 90, Hervorhebungen im Original). Die Auswahl der situativ relevanten Deutungsschemata aus dem Gesamtzusammenhang der Erfahrung wird durch die „attributionalen Modifikationen besorgt" (ebd.: 91). Dies geschieht nach Schütz durch die „Zuwendungen des Ichs zu eben dem einzuordnenden Erlebnis und damit zum gesamten Erfahrungsvorrat im jeweiligen Jetzt und So" (ebd.: 91). Damit bezieht sich Schütz auf die aktuelle Perspektive des Subjektes. Das Subjekt konstruiert seine Wirklichkeit durch den jeweilig gewählten Zugriff auf seine Deutungsschemata selbst. Die Frage nach dem „wie?" des Konstitutionsvorganges von Schemata im Veränderungsprozess wird in dieser Studie bearbeitet.

Deutungsschemata in der Sozialpsychiatrie. In der Psychologie werden verschiedene Schema-ähnliche[1] Begriffe genutzt. In der Sozialpsychologie werden Schemata „als allgemeine Wissensstrukturen betrachtet, die die wichtigsten Merkmale des Gegenstandsbereiches wiedergeben, auf den sie sich beziehen und zugleich angeben, welche Beziehung zwischen diesen Merkmalen bestehen" (Schwartz 1985: 273). In der sozialpsychologischen Forschung fanden zwei Konzeptionen von Schemata besondere Aufmerksamkeit, die von Schwarz näher beschrieben werden: Ereignisschemata und Personenschemata. Ereignisschemata beruhen auf dem Konzept des Skriptes von Schank/Abelson (1977). „Ein Skript ist ein Drehbuch, das die angemessene Abfolge von Ereignissen in vertrauten Alltagssituationen beschreibt" (Schwartz 1985: 274). Als Beispiel dient das Skript eines Restaurantbesuches. Personenschemata unterscheiden sich nach Typen auf verschiedenen Abstraktionsebenen, wie zum Beispiel Schemata von Personen, Gruppen oder Selbstschemata. „Der Prozeß der Schemaidentifikation ist ein Prozeß der Mustererkennung (pattern recognition), in dem Merkmale in der zu verarbeitenden Information mit Merkmalen verfügbarer Schemata verglichen werden" (ebd.: 278). Was in bestehende Wissensbestände eingeordnet werden kann, kann leichter verstanden werden, vollkommen fremde Erfahrungen oder Deutungen sind schwerer zu integrieren.

Durch ihren Rekurs auf allgemeine Wissensstrukturen mit ihren Merkmalen und deren Beziehung zueinander bezieht sich die sozialpsychologische Erklärung der Schemata vorwiegend auf die kognitive Informationsverarbeitung und vernachlässigt dabei die deutende Sinnzuschreibung des Subjektes. Luhmanns subjektfreier Sinnbegriff, der an psychischen und sozialen Systemen orientiert ist und Sinnbildung ganz allgemein als ein Ereignis betrachtet, das Selektionen erfordert (Luhmann 1984:

---

1   Erwähnt werden bei Schwarz schemaähnliche Konstrukte wie „schema" (Bartlett 1932), „frame" (Minsky 1976), „script" (Schank & Abelson 1977), „prototype" (Cantor & Mischel 1979/Rosch 1978), „category" (Mandler 1979) (Schwarz 1985: 272) außerdem noch „stereotype" (Hamilton 1979) (Schwartz 1985: 276)

92-98), passt eher zu diesem Schemabegriff, als der dieser Studie zugrunde gelegte subjektgebundene Sinnbegriff von Schütz. Die soziologische Ausrichtung des Schemabegriffs nach Schütz rückt den schematisch erstellten Sinnzusammenhang, das typische einer Erfahrung, also subjektgebundenes praktisches Erfahrungswissen in den Vordergrund. Dies gilt sowohl für subjektive Deutungsschemata, wie auch für soziale Deutungsmuster. Ein subjektives Deutungsschema beinhaltet die deutende Perspektive eines Subjektes auf Ereignisse und Personen, die biographisch in einen sinnhaften Deutungszusammenhang gebracht werden und zu situativ wiederkehrenden routineartigen Verhaltensweisen führt. Es kann sozialisiert sein oder auf rein persönlichen Erfahrungen beruhen. Persönliche Deutungsschemata können durch Subjekte verändert werden, was häufig mit persönlichen Krisen einhergeht. Verschiedene Arten von Selbstreflexion und Interaktion mit der Umwelt kommen bei Veränderungen zum Zuge.

Interpretataive Schemata oder soziale Deutungsmuster. Alfred Schütz leitet die allgemeinen interpretativen Schemata aus den Typisierungen von Subjekten ab. Von außen kann die subjektive Sinnkonstruktion eines Anderen nur fragmentarisch verstanden werden, sie kann „jedoch in ihren typischen Aspekten" erfasst werden. So werden typische Muster des Verhaltens konstruiert. Je unbekannter ein Subjekt dem anderen ist, desto stärker wird es durch Typisierungen erfasst.[2] Diese Typisierungen werden als Idealtypische Deutungsschemata der Umwelt bereitgestellt, und jeweils in persönlicher Face-to-Face Begegnung überprüft und modifiziert (1932/1960: 208).

> If we distinguish between (subjektive) personal types and (objektive) course-of-action types, we may say that increasing anonymization of the construct leads to the superseding of the former by the latter. In complete anonymization the individuals are supposed to be interchangeable and the course-of-action type refers to the behaviour of "whomsoever" acting in the way defined as typical by the construct (Schütz 1962/1971, I: 18).

Mit den typisierten Handlungen anderer typisiert das Subjekt zugleich auch sein eigenes Verhalten, indem es sich zum Beispiel als Taxifahrer, Leser etc. kategorisiert. Das typisierte Verhalten kann soweit standardisiert werden, dass es zum Objekt sozialer Kontrolle werden kann.

> Konstruktionen von Mustern typischer Motive und Ziele, typischer Einstellungen und typischer Persönlichkeiten, die als invariant angenommen werden und dann als eine Funktion oder als eine Struktur des sozialen Systems selbst interpretiert werden. Je stärker diese miteinander verschränkten Verhaltensmuster standardisiert und institutionalisiert sind, das

---

2   Schütz deutet darauf hin, dass sowohl Simmel (individuelles und kollektives Bewusstsein), Cooley (Spiegeleffekt) und Mead (der generalisierte Andere) ihre Konzepte aufgrund der Typisierungskonstruktionen erarbeiten konnten (Schütz 1962: 18). Die Unterscheidung zwischen „I" and „Me" bei Mead und William James beruht auf der mit der Typisierung gleichzeitig einhergehenden Selbsttypisierung (ebd.: 19).

heißt, je konsequenter ihr typischer Aspekt in Gesetzen, Volksweisen, Sitten und Gebräuchen sozial gebilligt wird, umso größer ist ihre Brauchbarkeit als interpretatives Schema menschlichen Verhaltens für das wissenschaftliche Denken wie auch für den Alltagsverstand (Schütz 1971: 71).

Oevermann grenzt die sozialen Deutungsmuster von einigen anderen Termini ab. Er bezeichnet sie als krisenbewältigende Routinen und feststehende Interpretationsmuster oder auch als Weltbilder, die sich durch lange Bewährung eingeschliffen haben, sie gelten situationsübergreifend und haben sich verselbstständigt. Insofern wirken sie wie implizite Theorien und da sie historisch formiert und sozialisiert werden, können sie als historisch-epochale Gebilde den jeweiligen Zeitgeist zum Ausdruck bringen (Oevermann 2001: 38-51). Interpretative Schemata bzw. Deutungsmuster entsprechen auch dem, was Bourdieu als Habitus (1976) bezeichnet. Er erklärt Habitus als das „Erzeugungsprinzip von Strategien, die es ermöglichen, unvorhergesehenen und fortwährend neuartigen Situationen entgegen zu treten" (Bourdieu 1976: 165) und „als ein System dauerhafter und versetzbarer Dispositionen" (ebd.: 169). Der Habitus integriert alle vergangenen Erfahrungen und funktioniert „wie eine *Handlung-, Wahrnehmungs- und Denkmatrix*". Durch die analogische „Übertragung von Schemata, die Probleme gleicher Form zu lösen gestatten, und dank der von jenen Resultaten selbst dialektisch geschaffenen Korrekturen der erhaltenen Resultate" wird es möglich, „unendlich differenzierte Aufgaben zu erfüllen" (Bourdieu 1976: 169 Hervorhebung im Original). Bourdieu legt seinen Fokus auf die inkorporierten sozialen Strukturen:

> Die von den sozialen Akteuren im praktischen Erkennen der sozialen Welt eingesetzten kognitiven Strukturen sind inkorporierte soziale Strukturen. Wer sich in dieser Welt ‚vernünftig' verhalten will, muss über ein praktisches Wissen von dieser verfügen, damit über Klassifikationsschemata (oder wenn man will, über ‚Klassifikationsformen', ‚mentale Strukturen', ‚symbolische Formen' – alles Begriffe, die unter Absehung von den jeweils spezifischen Konnotationen mehr oder minder wechselseitig austauschbar sind), mit anderen Worten über geschichtlich ausgebildete Wahrnehmungs- und Bewertungsschemata, die aus der objektiven Trennung von ‚Klassen' hervorgegangen (Alters, Geschlechts, Gesellschaftsklassen), jenseits von Bewußtsein und diskursivem Denken arbeiten. Resultat der Inkorporierung der Grundstrukturen einer Gesellschaft und allen Mitgliedern derselben gemeinsam, ermöglichen diese Teilungs- und Gliederungsprinzipien den Aufbau einer gemeinsamen sinnhaften Welt, einer Welt des *sensus cummunis* (Bourdieu 1987: 730, Hervorhebung im Original).

Hier spielt Bourdieu auf die Ausführungen von Schütz über den „Sinnhaften Aufbau der sozialen Welt" (1932) und das Common Sense Knowledge an, auf das sich Schütz, Berger/Luckmann, Garfinkel und auch die Konversationsanalyse beziehen.

Auch Oevermann setzt den Habitus als weitgehend mit Deutungsmustern übereinstimmend: beide operieren „unbewußt, ‚schweigend'", beide „erzeugen sie ein vergleichsweise scharf geschnittenes Urteil der Angemessenheit, ohne dass dessen Gründe vom so urteilenden Subjekt auf Befragen explizit werden" (Oevermann 2001: 46) könnte, beide reichen „in die Vergangenheit einer kulturellen Entwicklung" hinab und beide „bestimmen sie das konkrete praktische Handeln nach dem Modus, wie Algorithmen konkrete Äußerungen generieren" (ebd.: 46). Allerdings grenzt Oevermann sich gegen das Habituskonzept ab.

> Der Unterschied zwischen ihnen ist insofern eher als gradueller anzusetzen auf einem Kontinuum der Tiefe der biographisch-ontogenetischen Verankerung, mit der der Grad des Automatismus in ihrer Operationsweise variiert und entsprechend die Chance ihrer biographischen Veränderung durch neue Erfahrungen (Oevermann 2001: 46f).

Er geht davon aus, dass sich Deutungsmuster eher bewusst machen lassen und sich eher „durch bewußte Klärung und durch Konfrontation mit widersprechender Realität verändern" (Oevermann 2001: 47). Außerdem geht er davon aus, dass Habitusformationen stärker mit „der individuellen psychischen Entwicklung" verwoben sind, „als das für Deutungsmuster anzunehmen ist" (Oevermann 2001: 47).

Diese Abgrenzung ist allerdings durchaus fraglich und auch nicht empirisch nachweisbar. Die Tiefe von Automatismen ist nicht messbar und auch Deutungsmuster sind stark mit der individuellen psychischen Entwicklung verwoben. Diverse Verhaltenstherapien zielen darauf, Verhalten und Habitus zu verändern und über das Verhalten kognitive Strukturen aufzulockern. Professionelle Trainings zielen auf Veränderungen im habitualisierten Umgang mit Klienten oder Patienten. So beschreiben Heritage et al. (2007) und (Heritage/Robinson 2011) eine konversationsanalytische Untersuchung zum habitualisierten Sprachgebrauch von „some" und „any" in amerikanischen Arzt-Patientgesprächen und deren Auswirkung darauf, ob die Patienten weitere Fragen stellen oder nicht. Die gelernte und habitualisierte Praktik des Gebrauches von „any" kann durch Schulungen bewusst gemacht und verändert werden und die veränderte Formulierung „Do you have some questions" ermutigt Patienten nachweislich dazu, ihre Fragen zu stellen. „Yet, even a small change in behaviour – perhaps *especially* a small change in behaviour – can require a wrenching period of self-conscious struggle with habit: the habit of not asking the question, or of asking it in the ‚any' form" (Heritage/Robinson 2011:30, Hervorhebung im Original). Durch die Studie wird auch deutlich, dass habitualisiertes Verhalten durchaus durch Schulung veränderbar ist.

Da die Tiefe von Automatismen nicht messbar ist und sowohl Deutungsmuster, die zunächst von den Erziehern eines Kindes sozialisiert werden, als auch Habitusausprägungen mit biographischem Erleben zusammenhängen und beide mit subjektiven Schemata der Erfahrung verquickt sind, werden sie von nun an in dieser Forschungsstudie mit Bourdieu als eine *Handlung-, Wahrnehmungs- und Denkmatrix* betrachtet, deren unterschiedliche Tiefenausprägung vorhanden sein kann oder auch nur eine virtuelle Vorstellung sein mag. Die Ethnomethodologie geht davon aus, dass die Mitglieder einer Gemeinschaft über praktisches Wissen verfügen und sich gegenseitig durch ihre Praktiken in der Interaktion anzeigen, wie sie verstanden werden wollen. Um mehr Wissen zu erlangen oder andere besser zu verstehen nutzen sie manchmal eine praktische Epistemologie, die sie in der Interaktion mit anderen einsetzen. Stellt man sich solch eine Matrix wie oben beschrieben als eng verbundene, aber dynamisch veränderbare neuronal vermittelte Verbindung mit Verknüpfungen zwischen Wahrnehmungen und Gefühlen, Denken und Handeln vor, dann dienen die Unterscheidungen vor allem der genauen Analyse und den spezifischen Ausrichtungen, denen sich Oevermann und Bourdieu oder ihre Schüler zuwenden.

Die Arbeiten über Habitus betrachten eher den Handlungsaspekt und die Deutungsschemata und Deutungsmuster fokussieren eher auf die Kognitionen, wobei die Deutungen durch die Art der Wahrnehmung geleitet werden und Wahrnehmungen durch Perspektive und Fokus und manchmal auch durch Gefühle beeinflusst sind. Dennoch gehören Denkschemata und Routinehandlungen zusammen. Die subjektiven Deutungsschemata (Schemata der Erfahrung) typisierter Situationen werden stärker von Gefühlen und Bindungen beeinflusst und sind an spezifische Subjekte gebunden, die sozialen Deutungsmuster dagegen wirken zwar im Subjekt, bleiben aber auch ohne die Anbindung spezifischer Subjekte bestehen und sind von anonymisierten Typifizierungen geleitet. Soziale Deutungsmuster unterscheiden sich auch von subjektiven Deutungsschemata dadurch, dass sie durch tradiertes Deuten und Verhalten von einer Generation zur nächsten weitergegeben werden. Sie werden nicht nur von einzelnen Subjekten angeeignet, sondern stellen eher eine Weltanschauung mit größerer Reichweite und milieuspezifischen Auswirkungen dar, obwohl sie sich im Leben einzelner Subjekte auswirken. Während subjektive Deutungsschemata und subjektive Ausprägungen sozialer Deutungsmuster sich in persönlichen Krisen und ihrer Problembearbeitung verändern können, wird die größere Reichweite der sozialen Deutungsmuster nur durch die Veränderung im Leben mehrerer oder vieler Personen erreicht. Vergleichbar kann sich der Habitus eines Subjektes ändern, das habitualisierte Verhalten seines sozialen Milieus aber gleich bleiben. Solche Veränderungen können mit der Zeit und bei weiterer Verbreitung zu institutionell formulierten Reformen mit neuen Regeln in Lehrbüchern oder zu Gesetzen führen, die die erreichte Veränderung verankern. Dies kann als schleichender Vorgang innerhalb von Milieus oder durch soziale und politische Bewegungen in größerem Umfang verlaufen. Nach Meuser/Sackmann geht mit der Herausbildung des Neuen „eine von dessen ‚Protagonisten' geführte Auseinandersetzung mit dem Alten einher, aus dem heraus das Neue transformatorisch sich entwickeln muß" (Meuser/Sackmann 1992: 20f).

Das wissenschaftliche Paradigma. Auch das wissenschaftliche Paradigma ist eine Art Deutungsmuster wie Schütz schon in seiner Definition angedeutet hat (Schütz 1971: 71). Kuhns Untersuchung der „Struktur wissenschaftlicher Revolutionen" (1967) befasst sich mit der Veränderung wissenschaftlicher Paradigmata in den Naturwissenschaften, also mit der Untersuchung von Deutungsmustern innerhalb der Wissenschaft. Dafür bestimmt er zunächst, was ein Paradigma ist, nämlich „daß sie allgemein anerkannte wissenschaftliche Leistungen sind, die für eine gewisse Zeit

einer Gemeinschaft von Fachleuten Modelle und Lösungen liefern" (Kuhn 1967: 11).
Normale Wissenschaft bedeutet „eine Forschung, die fest auf einer oder mehreren
wissenschaftlichen Leistungen der Vergangenheit beruht, Leistungen, die von einer
bestimmten wissenschaftlichen Gemeinschaft eine Zeitlang als Grundlagen für ihre
weitere Arbeit anerkannt werden" (ebd.: 28). Wie Kuhn zeigt, sind auch wissenschaftliche Paradigmata stark von sozialen Interaktionen beeinflusst. Ähnlich wie das Subjekt mit sozialen Deutungsmustern und subjektiven Deutungsschemata sucht die
normale Wissenschaft „nicht nach tatsächlichen und theoretischen Neuheiten und
findet auch keine, wenn sie erfolgreich ist". Wenn eine Anomalie auftaucht heißt das,
„daß die Natur in irgendeiner Weise die von einem Paradigma erzeugten, die normale Wissenschaft beherrschenden Erwartungen nicht erfüllt hat" (Kuhn 1967: 79f).
Kuhn deutet Krisen innerhalb wissenschaftlicher Paradigmata als eine „notwendige
Voraussetzung für das Auftauchen neuer Theorien" und „Die Bedeutung von Krisen
liegt in dem von ihnen gegebenen Hinweis darauf, daß der Zeitpunkt für einen solchen Wechsel gekommen ist" (ebd.: 109f). Diese Auslegung lässt sich vermutlich auch
auf persönliche Erfahrungsschemata und soziale Deutungsmuster übertragen.

Ludwik Fleck (1935) spricht von „Denkkollektiven" innerhalb der Wissenschaft.
Ein „Denkstil" kann als „gerichtetes Wahrnehmen, mit entsprechendem gedank-
lichen und sachlichen Verarbeiten des Wahrgenommenen" definiert werden (Fleck
1999: 130), ähnlich den Denkschemata und Deutungsmustern. Ein zentraler Unterschied zwischen wissenschaftlichem Wissen und Alltagswissen liegt an der „Art des
Zustandekommens des Wissens", an seiner „Vermittlung" und „in der Eingrenzung
des Gegenstandbereichs, auf den es sich bezieht" (Hahn et al. 1999: 70). Auch wissenschaftliches Wissen und wissenschaftliche Paradigmata unterliegen Veränderungen.
„Krankheiten wie Schizophrenie, Paranoia oder manisch-depressive Erkrankungen
waren bis zum 19. Jahrhundert völlig unbekannt und wurden erst im letzten Jahrhundert klarer unterschieden und beschrieben" (ebd.: 79). Es kann also durchaus
geschehen, dass mehr Wissen über Depressionen oder bessere Behandlungsmethoden
das wissenschaftliche Paradigma verändern.

In der vorliegenden Studie ändert sich das wissenschaftliche Paradigma zu Depressionen nicht. Es spielt aber eine Rolle, da die Behandlungsmethode daran ge-
knüpft ist und den Patienten in der Psychoedukation nahe gelegt wird, es zu übernehmen. Dem Patienten wird die Rolle des Kranken zugeschrieben, die er für die
Behandlung akzeptieren soll. Dabei werden wissenschaftliche und professionelle Deutungsmuster und Wissen an die Patienten und Laien weitergegeben, wie außerhalb der
Therapie auch in Büchern, Zeitschriften und einigen TV-Programmen. Darin zeigt
sich das Eindringen des wissenschaftlichen Wissens in das Professionswissen sowie
seine Weiterverbreitung in das alltägliche Leben der Mitglieder der westlichen Kulturen, in denen die Wissenschaft das Weltbild stark prägt. Es zeigt auch die Wirkung
des Professionswissens, das sowohl das Alltagswissen beeinflusst, als auch durch seine
Rückwirkung über die Forschung in die Wissenschaft hineinwirkt und durch seine

organisatorischen Strukturen Wissenskulturen oder Milieus mit bestimmter Denkstilausprägung bildet. Diese Wissensformen werden in unterschiedlicher Weise und Menge in das Alltagswissen integriert und entfalten vor dem Hintergrund persönlicher Erfahrung jeweils eine eigene, subjektgebundene Dynamik. Damit wird deutlich, dass Wissensformen nicht als abgegrenzte Formstrukturen gedacht werden können. Zwar ist Wissen unterschiedlich verteilt, doch besteht zwischen den Wissensdomänen eine ständige Dynamik mit gegenseitigen Impulsen und möglichem Austausch.

Als Utopie oder ‚science-fiction' könnte ein gedachtes zukünftiges Deutungsmuster zu Depressionen und ihrer Behandlung Geltung erlangen, dass in Anbetracht bisheriger Paradigmenwechsel zum Beispiel die Deutung der ‚Krankheit' Depression so verändert, dass sie als ‚normale Folge krisenhaften Geschehens bei Anpassungen an die Umwelt' eingestuft wird. Diese Deutung würde die ‚Volkskrankheit' in ein vollkommen anderes Licht setzen, die Patienten von moralischer Stigmatisierung entlasten und die soziale Umwelt ebenso wie gesellschaftliche Strukturen moralisch einbinden. Durch die Entlastung von Stigmatisierung könnten frühe, im normalen Alltag eingebaute Hilfestellungen zur Anpassung geboten und eventuell notwendige Unterstützungsleistungen im Sinne der Psychiatriereform viel früher und weitgehend außerhalb vom medizinischen Kontext angesiedelt werden. Allerdings brächte das auch eine Veränderung des Leistungsdeutungsmusters der westlichen Gesellschaften mit sich, das Lebensqualität an Leistung und ihrer Belohnung bemisst, anstatt an Zufriedenheit.

1.4 Von den Wissensformen zur ethnomethodologischen Wissenssoziologie

Die Begründer der (deutschen) Wissenssoziologie:[3] Max Scheler und Karl Mannheim.

Max Scheler interessierte sich besonders für verschiedene Wissensformen und die Rolle des Wissens für die Gesellschaft. Wie Knoblauch (2005: 91-96) berichtet, unterschied er zwischen Geistigen Faktoren der sozialen Welt (Idealfaktoren) wie Ideen, Vorstellungen, Wissensformen (Kognitionen) und den Realfaktoren der sozialen Welt, die aus interessengeleitetem Handeln entstehen, das sich in den Sozialstrukturen abbildet, zum Beispiel als politische Machtverhältnisse, ökonomische Produktionsverhältnisse oder ethnische Konflikte. Nach Scheler existieren sie getrennt und begegnen sich nur im Sozialen, wo Ideen von Interessen geleitet werden und Wissensformen die Weltanschauung, das Denken und das Wertsystem beeinflussen. Er unterschied drei große Wissensformen: die Religion (Heilswissen), die Metaphysik, zu der religiöse und philosophische Denksysteme gehören (Orientierungswissen) und

---

3   Der Begriff der Wissenssoziologie wurde 1909 von Wilhelm Jerusalem geprägt. Sie hat sich seit dem erscheinen ihres ersten Sammelbandes 1924 zum Ziel gesetzt, die „Produktion, Verteilung und Aneignung von Wissen" zu erforschen (Knoblauch 2005: 90).

die Wissenschaft (Herrschaftswissen). Die Wissenschaft unterteilte er noch einmal
in Technologisches Wissen und Positives Wissen der Mathematik, Natur- und Geis-
teswissenschaften und die Religion in religiöses und mystisches Wissen. „Zu den drei
Wissensformen kommen noch die ‚niedrigen‘, ‚volkstümlichen‘ Formen des Wissens,
die in Mythen und Legenden und im Volkswissen aufgehoben sind" (Knoblauch
2005: 93). Außerdem entwickelte Scheler eine Trieblehre (Sexualtrieb und Fortpflan-
zungstrieb, Machttrieb und Nahrungstrieb), anhand derer er versuchte, gesellschaft-
lich-historische Strukturausprägungen zu erklären. Die gesellschaftlichen Ausprägungen der Triebe bilden die oben erwähnten Realfaktoren, die eine Schleuse für die
geistigen Faktoren bilden. Das von Scheler als niedrig eingestufte Volkswissen wurde
später von Schütz als Alltagswissen aufgegriffen und besonders fokussiert, darin enthalten sind auch soziale Deutungsmuster und Erfahrungsschemata.

   Karl Mannheim kritisierte nach Knoblauch (2005: 100-105) Scheler scharf, ganz
besonders die Trennung von Idealen Wirkfaktoren und Realfaktoren, die Sinn und
Sein voneinander trennen obwohl sie nur gemeinsam auftreten. Außerdem kritisierte
er die Psychologisierung der Realfaktoren durch seine Trieblehre (ebd.: 100). Karl
Mannheim machte die Verbindung zwischen Weltanschauung und sozialer Wirklichkeit zum Gegenstand der Wissenssoziologie. „Jede vom Menschen vollzogene
Handlung oder jedes von ihm oder ihr geschaffenes Handlungsprodukt, also jedes
‚Kulturgebilde‘ zeichnet sich durch Sinn aus" (ebd.: 101). Er machte Sinn zum zen-
tralen Gegenstand der Wissenssoziologie und ging von einer historisch veränderbaren
Wahrheit aus. Durch die Einbeziehung geistiger und kultureller Gebilde (Sinn) schuf
er eine „eigenständige kritische Theorie des Denkens, Erkennens und Wissens" (ebd.:
100). Da der Mensch seinsgebunden ist, sind seine Interessen geleitet. Mannheim
wurde durch die Analyse der „Standortgebundenheit allen Denkens" in seiner Studie
„Ideologie und Utopie" (1969) berühmt. Er unterschied drei Arten von Sinn: den
intendierten Ausdruckssinn, den objektiven Sinn und den dokumentarischen Sinn
bzw. die dokumentarische Interpretation. Der intendierte Ausdruckssinn ist nicht
loslösbar vom Subjekt, er hängt direkt mit dem Erlebniszusammenhang des sinnset-
zenden Akteurs zusammen. Was das Subjekt bewegt, ist nur dem Handelnden selbst
zugänglich, wohingegen der objektive Sinn einer institutionalisierten Handlung für
jedes Gesellschaftsmitglied erlernbar ist, wie zum Beispiel die Institution der „Hilfeleistung" mit ihren Akteuren Opfer und Helfer (Hofmann 1996). In der dokumentarischen Interpretation nutzt ein Subjekt die unbeabsichtigten Zusatzinformationen
eines anderen über den Sinn, den dieser einer Erfahrung beimisst, indem Körperhal-
tung, Mimik und Gestik, Sprachrhythmus und Habitus in die Deutung einfließen.

   Der Phänomenologe Alfred Schütz bemühte sich um eine integrative Wissenssoziologie, in der Wissen und Handeln (die Idealfaktoren und Handeln als die Grundlage
der Sozialstruktur, den Realen Wirkfaktoren von Scheler) über den Sinn vermittelt
verbunden sind.

Sinn ist vielmehr, (...), die Bezeichnung einer bestimmten Blickrichtung auf ein eigenes Erlebnis, welches wir, im Dauerlauf schlicht dahinlebend, als wohlumgrenztes nur in einem reflex- iven Akt aus allen anderen Erlebnissen ,herausheben' können. Sinn bezeichnet also eine besondere Attitüde des Ich zum Ablauf seiner Dauer (Schütz 1932/1960: 40, Hervorhebung im Original).

„Sinn ist, was Handeln leitet, orientiert und ein Verhalten erst als Handeln aus- zeichnet. Wissen ist also nichts der Handlung Äußerliches, sondern konstitutiv für Handeln" (Knoblauch 2005: 142). Während einerseits fortlaufend Typisierungen mit Abstraktionen und Idealisierungen vollzogen werden, gibt es auch Typisierungen von Erfahrungen, die einen Sinnzusammenhang beinhalten und einen Wissensvorrat le- bensweltlicher Erfahrung bilden. Routinierte Handlungen werden durch Sedimentie- rungsprozesse typischer Erfahrungen und Handlungen gebildet und in Erfahrungs- einheiten gespeichert. Die Speicherung dieser Erfahrungen im Sinnzusammenhang wird durch das Relevanzsystem gesteuert, aber die sedimentierten Elemente bilden auch „verleiblichtes Wissen" (ebd.: 46). Die Strukturen des subjektiven Relevanzsys- tems sind selbst Bestandteil des Wissensvorrates, dessen Inhalt sie strukturieren. In- dem sie den Wissenserwerb steuern, bestimmen sie die Struktur eben dieses Wissens- vorrats. „Alle Erfahrungen und alle Handlungen gründen in Relevanzstrukturen" (Schütz/Luckmann 2003: 253). Bei jeder Entscheidung müssen die Relevanzen mehr oder weniger bewusst herangezogen werden. Außerdem vollzieht sich das subjektive Erleben in „mannigfaltigen Wirklichkeiten" (Schütz 1971: 237-298). Zwischen den verschiedenen Sinnprovinzen wie Träumen, Abschweifungen, Vorstellungen oder Halluzinationen etc. ragt die Lebenswelt des Alltags heraus. Die bleibt erhalten, auch wenn sie durch virtuelle Erfahrungen kurz oder lang unterbrochen wird. In der All- tagswelt können auch andere Subjekte auftreten und die Abläufe verändern. Das für die Soziologie zentrale soziale Handeln bezieht sich auf ein Alter Ego, wobei gegensei- tige Verstehensprozesse notwendig sind. Wissen ist zu einem großen Teil sozial abge- leitet und wird von anderen übernommen, wobei die Sprache das wichtigste Medium ist. Sowohl der subjektive als auch der gesellschaftliche Wissensvorrat setzen sich aus selbst erfahrenem Wissen und übernommenem Wissen zusammen. Der gesellschaft- liche Wissensvorrat ist durch seine unterschiedliche Verteilung gekennzeichnet, die durch gesellschaftliche Strukturen vorgegeben ist. So gibt es zum einen Allgemein- wissen, zum anderen nach Alter, Geschlecht, Gruppenzugehörigkeit etc. verteiltes Wissen oder auch institutionelles und professionelles Wissen, welches bei den einen vorliegt, bei anderen nicht (Knoblauch 2005: 149-153).

Sprache ist sowohl durch ihre Zeichenverwendung, als auch durch ihre Entste- hung und die in ihre syntaktische Struktur und das semantische Repertoire einge- bauten sozialen Lösungen früherer Probleme von Abstraktheit und Geschichtlichkeit geprägt. Durch die Sinnzuschreibung des Sprechers enthält sie Intentionalität; Struk- tur und Geordnetheit (Syntaktische Abfolge, Grammatik, Auswahl der Abfolge le- xikalischer Einheiten) verleihen ihr Systemhaftigkeit. Erst durch die Objektivation vermittels des Zeichensystems wird gemeinsames Erleben von Sinn möglich. Die Zeichen sind abstrakt und objektivistisch, standardisiert und konventionalisiert. Durch ihre Verwendung ist die Sprache allgemein gültig und wird von den Mitgliedern einer kulturellen Kommunikations-Gemeinschaft geteilt. Erst durch diese Objektivation ermöglicht Sprache gemeinsames Verstehen und gemeinsames Wissen (ebd.: 170f). Grenzüberschreitungen der gegenwärtigen Situation werden durch die Bewusstseinsleistung der Appräsentationen möglich. Sie sind Verweisungen auf etwas, das nicht in der gegenwärtigen Situation vorhanden ist. Durch ihre Transzendenz gehen die Zeichen über die Unmittelbarkeit der sozialen Begegnung hinaus. Anzeichen beziehen sich auf den Raum, Merkzeichen auf die Zeitdimension und Symbole (Träume, Phantasien etc.) überschreiten die alltägliche Lebenswelt. Dennoch sind die Zeichen an Handlungssituationen gebunden, weil sie in der Interaktion verwendet werden. In der Face-to-Face-Kommunikation entstehen durch die Sinninterpretation der Akteure zusätzliche Protozeichen, wie Mimik, Gestik und Prosodie, die Intentionalität enthalten und intersubjektive Erfahrungen möglich machen (Schütz/Luckmann 2003: 634-658).

Der österreichische Philosoph Ludwig Wittgenstein machte „die Sprache zum wichtigsten Mittel der Erkenntnis" und initiierte mit seinen ‚Sprachspielen' zu einem wesentlichen Teil den umfassenden „linguistic turn" mit, „der sich in der zweiten Hälfte des 20. Jahrhunderts vollzog". Der „linguistic turn" wirkte sich in der französischen Soziologie aus und brachte in Deutschland einen Aufschwung der Sprachsoziologie. In der Sprachwissenschaft bewirkte der „linguistic turn" die Entwicklung der Sprechakttheorie, die „Sprache als eine Form des Handelns" betrachtet (Knoblauch 2005: 168f). Wittgenstein wirkte sich auch auf die Ethnomethodologie aus. Sowohl Garfinkel (1967), als auch Cicourel (1973) und Coulter (1991) beziehen sich ausdrücklich auf Wittgenstein und Bergmann (1988, 2000) verweist auf seinen Einfluss auf die Konversationsanalyse. Die Prozesse der Sprachverwendung sind kommunikative Vorgänge. „Kommunikation ist der zentrale Prozess der *Wissensvermittlung*" (Knoblauch 2005: 173, Hervorhebung im Original). Sie ist soziales Handeln, das sich durch die Verwendung verschiedener Zeichen auszeichnet, sie ist in Handlung eingebettet und damit Teil dieser Handlungen. In Interaktionen sind Sprache und Handlungen der Akteure reziprok aufeinander bezogen und müssen deshalb wechselseitig beobachtet und koordiniert[4] werden (ebd.: 173).

---

4   Eine analytische Unterscheidung zwischen den Begriffen ‚Koordination und Kooperation' lässt sich folgendermaßen fassen: Koordination richtet sich auf einen reibungslosen Ablauf, ein fließendes Ineinandergreifen einzelner Elemente wie zum Beispiel die gesamte Körperausrichtung von Skelett und Muskulatur bei Bewegungsabläufen beim Gehen, Sprechen, Fahrradfahren oder auch beim Essenkochen eines Subjektes, das verschiedene Arbeitsabläufe mit Techniken, Hitzgraden etc. koordiniert; Koordination kann sich auch auf die organisierte Abstimmung von Abläufen in Interaktionen mit einem zweiten oder mehreren Subjekten wie einem Arbeitsteam beziehen, ohne aber die innere Bereitschaft zur Gemeinsamkeit verschiedener Akteure bei Handlungen zu bein-

Goodwin setzte in seinem Vortrag auf der International Conference on Conversation Analysis (Plenary Speech, 5.7.2010, Mannheim, Germany 2010) dialogische Kombinationsprozesse bzw. Kooperationen als das Zentrum der menschlichen Sprache, von Kognition und Sozialorganisation, verkörperter Pädagogik, von Werkzeuggebrauch und sozialer Interaktion. „Dialogic, Combinatorial Processes, Instantiated in Mundane Action, Sit at the Center of Human Language, Cognition, Social Organization, Embodiment, Pedagogy, Tool Use & Social Interaction". Die Akteure bilden Handlungen indem sie verschiedene Ressourcen kombinieren und sie konstruieren Einheiten und Handlungen durch gleichzeitige Ko-Operationen. „Building Action by Combining Unlike Resources, Constructing Units & Actions through Simultaneous Co-Operations(s)" (Zitate der Präsentationsfolie mit freundlicher Genehmigung von Charles Goodwin am 21.07.2010).

Zur Vereinfachung der Kommunikation bilden Gemeinschaften feste Strukturen aus, die die „Koordination regeln" und gewissermaßen „Institutionen des kommunikativen Handelns" sind (Knoblauch 2005: 173). Besonders deutlich wird das bei den Kommunikativen Gattungen, die den kommunikativen Haushalt einer Gemeinschaft bilden (Luckmann 1986, 1988). Sinnsprüche, Witze, Klatsch, Erzählungen etc., sind als Muster und Verfestigungen selbst als Wissenselemente im Wissensvorrat abgelagert. Ihre Grundfunktion besteht „in der Lösung immer wiederkehrender Probleme" wie der Wissensvermittlung und die Rekonstruktion vergangener Erfahrungen. Die Arten der narrativen Formen „sind selbst die Formen, in denen Vergangenheit bewahrt und verschiedene Formen der Vergangenheit markiert wird" (Knoblauch 2005: 175).

Peter Berger und Thomas Luckmann (1966) entwickelten die Ideen von Schütz weiter, sie definieren Wissen als „die Gewißheit, daß Phänomene wirklich sind und bestimmbare Eigenschaften haben" (Berger/Luckmann 2003: 1) und untersuchten die gesellschaftliche Konstruktion der Wirklichkeit, die Entstehung und Weitergabe des Wissens durch Institutionalisierung und Sozialisation. Damit erklären sie auch Entstehung und Weitergabe der von Schütz beschriebenen „interpretativen Schemata". Die gesellschaftliche Wirklichkeit wird immer wieder durch intersubjektive Interaktionen neu konstruiert, gleichzeitig werden Deutungsmuster und Routinen durch Sozialisation an die nächste Generation weitergegeben. In der primären Sozialisation durch enge Bezugspersonen werden deren Deutungsmuster internalisiert, später wer-

---

halten. Nach Deppermann/Schmitt fungiert Koordination „als Voraussetzung für zielorientierte Kooperation, besitzt bei dieser funktionalen Adaption jedoch selbst keinen vollwertigen Handlungscharakter" (Deppermann/Schmitt 2007: 40). Schmitt/Deppermann zielen auf den „multimodalen Charakter von Interaktionen" (ebd.: 49) und damit auf ein „höheres Auflösungsniveau der Beschreibung" (ebd.: 43) indem sie einzelne Aspekte und Details von Interaktionen isolieren und analysieren. Kooperation dagegen ist Zusammenarbeit und Mitwirkung, sie beinhaltet immer ein Miteinander verschiedener Akteure, die bewusste Hinwendung der Akteure auf ein gemeinsames Erreichen.

den sie in der sekundären Sozialisation durch Objektivation anhand anderer Gesellschaftsmitglieder überprüft, verfestigt oder verändert. Die dialektische Struktur der Gesellschaft besteht zum einen aus der Lebenswelt des Alltags, zum anderen aus vergegenständlichter Realität durch Institutionen, die dem Menschen objektiv von außen entgegenstehen (Berger/Luckmann 2003: 58-98). In Verbindung mit mehr oder weniger großen Krisen können die in der Primärsozialisation aufgenommenen Denkstrukturen später wieder in Frage gestellt und verändert werden, wenn sich das Subjekt von seinem bisherigen Denken distanziert. In der Auseinandersetzung mit dieser Dialektik entsteht eine Identität, in der das Selbst ein „reflektiert-reflektierendes Gebilde" ist (ebd.: 142).

„Institutionalisierung findet dann statt, sobald habitualisierte Handlungen durch Typen von Akteuren reziprok typisiert werden. Jede Typisierung, die auf diese Weise vorgenommen wird, ist eine Institution" (ebd.: 58). In jedem sich mehrfach wiederholendem Zusammentreffen zweier Personen A und B besteht eine Neigung zur Habitualisierung. Solange nur A und B ihren Routinen gemäß handeln, haben sie die Macht, diese Routine zu durchbrechen, aber je mehr Menschen dazu kommen, desto schwieriger wird es. Kommen zum Beispiel Kinder dazu, so erleben diese die zuvor noch ungefestigte Institutionalisierung als vor ihnen da gewesen und unabhängig von den Personen, die sie ausführen. Sie erscheint als etwas, das seine eigene Wirklichkeit hat, wie ein „zwingendes Faktum" (Berger/Luckmann 2003: 62). Diese Objektivierung besteht aber nicht nur für die Kinder, sondern sie entfaltet umgekehrt auch durch die Erwartungen der Kinder an die Eltern eine Art Spiegeleffekt. So wirken sie sich wieder auf die Eltern aus und verdichten die Institutionalisierung. Als Typen von Akteuren treten hier die Eltern, die Mutter und der Vater auf. Die Institution besteht in der Mutterschaft, der Vaterschaft, der Elternschaft. Im Falle der „Hilfeleistung als Institution" handeln Bedürftige und Helfer als Typen. Nur über die Objektivierung können soziale Gebilde von einer Generation an die nächste weitergegeben werden.[5] Es sind die „Produkte tätiger menschlicher Selbstentäußerung", die durch die Vergegenständlichung einen objektiven Charakter erhalten. „Die institutionale Welt ist vergegenständlichte menschliche Tätigkeit, und jede einzelne Institution ist dies ebenso". Das Produkt wirkt auf den Produzenten zurück, Entäußerung und Vergegenständlichung wirken auf die neue Generation, welche wiederum das Wissen durch Internalisierung aufnimmt, „die sich als Sozialisation auswirkt" (ebd.: 64f).

Selbstverständlich umfaßt die primäre Sozialisation weit mehr als bloßes kognitives Lernen. Sie findet unter Bedingungen statt, die mit Gefühl beladen sind, und es gibt sogar triftige Gründe dafür anzunehmen, daß ohne solche Gefühlsbindungen an die signifikanten Anderen [(Mead 1934)] ein Lernprozess schwierig, wenn nicht unmöglich wäre. Das Kind

---

5   Luhmann spricht einige Jahre später vom „concept of institutionalisation of behavioural expectations". Diese Erwartungen beruhen auf antizipierten Erwartungs-Erwartungen seitens Dritter: „expectations are based on the presupposed expectations of expectation on the part of a third party" Luhmann (1985: 49)

identifiziert sich mit seinen signifikanten Anderen emotional in mancherlei Weise. Wie auch immer es sich identifiziert, zur Internalisierung kommt es nur, wo Identifizierung vorhanden ist. Das Kind übernimmt die Rollen und Einstellungen der signifikanten Anderen, das heißt: es internalisiert sie und macht sie sich zu eigen (Berger/Luckmann 2003: 141f).

„Wissen über die Gesellschaft ist demnach *Verwirklichung* im doppelten Sinne des Wortes: Erfassen der objektivierten gesellschaftlichen Wirklichkeit und das ständige Produzieren eben dieser Wirklichkeit in einem" (ebd.: 71, Hervorhebung im Original). Erfahrungen erstarren im Bewusstsein zur Erinnerung und werden als Sediment im biographischen Gedächtnis abgelagert. Intersubjektive Erfahrungen sind gemeinsame Erfahrungen, die nur dann als gesellschaftlich bezeichnet werden können, wenn die Objektivation durch ein Zeichensystem wie die Sprache weitergegeben wird und damit die Möglichkeit besteht, diese Vergegenständlichung der gemeinsamen Erfahrung zu wiederholen und sie an die nächste Generation weiter zu geben. Bourdieu (1976: 189-202) spricht von „Einverleibung der Strukturen" und „Erwerb des Habitus". „Nicht ‚Modelle', sondern die Handlungen der anderen werden nachgeahmt" (ebd.: 189). Die Schemata verlaufen über praktische Handlungen, „ohne im Bewusstsein thematisiert oder erklärt werden zu müssen" (ebd.: 190).

Es ist davon auszugehen, dass bei der Internalisierung außer der sprachlichen Wissensvermittlung auch die Beobachtung von Körperhaltungen und Gesten bei bestimmten Handlungsabläufen eine große Rolle spielt, die sich mit Zuschreibungen von Bewusstseinsinhalten und emotionaler Identifikation ergänzen. Das Subjekt als Solches ist ein ganzheitliches Wesen bei dem Wissen und Denken, Wahrnehmung und Gefühle, Sprache und Handeln eng aufeinander abgestimmt sind.

Harold Garfinkel (1967) baute auf den Arbeiten von Schütz auf, entwickelte die Ethnomethodologie aus Karl Mannheims Vorgaben zur „Dokumentarischen Methode der Interpretation" und nahm, wie die ebenfalls bei Schütz ansetzende oben beschriebene Arbeit von Berger/Luckmann (1966), Schütz als Ausgangsbasis für die empirische Erforschung der gesellschaftlichen Konstruktion der Wirklichkeit. Der ethnomethodologische Ansatz leitet diese Studie. Wie Bergmann (1988: I: 13-57) beschreibt war Garfinkel ein Schüler von Talcott Parsons, kritisierte aber dessen Handlungstheorie, durch die im „Hinblick auf Situationsdefinitionen, Bedeutungen, Normen und Werte der Handelnden" ein ‚kognitiver Konsens' unterstellt, die intersubjektive Verständigung in sozialer Interaktion aber ausgeblendet wird (ebd.: I: 18). Wie schon Schütz, so wollte auch er nicht akzeptieren, dass vorgegebene kulturelle Wertsysteme allein für die alltägliche Sinnkonstitution verantwortlich sind. Sein ethnomethodologischer Ansatz bezieht sich auf das schon von Schütz beschriebene Allgemeinwissen[6] bzw. das allgemeine Erfahrungswissen über die sozialen

---

6   Für Schütz ist „Common Sense" der „Erfahrungsstil lebensweltlichen Verstehens im alltäglichen Umgang zwischen Mitmenschen" (Schütz 1971: 419)

Strukturen gemeinsamen Handelns „common sense knowledge of social structures"
(Garfinkel 1967: 76-103). Garfinkel stellte sich die Frage nach dem „Wie?" der Sinnkonstitution im täglichen Handeln.

> Ethnomethodologie bezeichnet daher die von den Mitgliedern einer Gesellschaft im Hand-
> lungsvollzug praktizierte Methodologie, über welche die – von den Handelnden als vorgege-
> ben erfahrene und selbstverständlich hingenommene – gesellschaftliche Wirklichkeit und
> soziale Ordnung erst produziert werden (Bergmann 1988, I: 23)

Wie Berger/Luckmann geht er davon aus, dass die gesellschaftliche Wirklichkeit
ständig neu hergestellt wird. Er versteht sie als „Vollzugswirklichkeit", die lokal und
situativ „in der Interaktion der Beteiligten erzeugt wird" (ebd.: I: 23). Die praktischen
Aktivitäten zur Abwicklung der Alltagsangelegenheiten bilden den konstitutiven Gegenstand der Ethnomethodologie (ebd.: 27).

„I use the term ‚ethnomethodology' to refer to the investigation of the rational
properties of indexical expressions and other practical actions as contingent ongoing
accomplishments of organized artful practices of everyday life" (Garfinkel 1967: 11).
Handlungen im Alltag werden als Ausdruck einer sinnhaften Realität interpretiert, deren Sinn sich in den Handlungen ausdrückt, so dass er von den Subjekten rekonstruiert
und gedeutet werden kann. Damit werden das sich im praktischen Handeln ausdrü-
ckende Erfahrungswissen sowie die Schemata, Deutungsmuster und Handlungsroutinen, über die schon Schütz geschrieben hatte, und deren Weitergabe erfasst. „Ethnomethodological studies analyse everyday activities as members' methods for making
those same activities visibly- rational- and- reportable- for- all- practical- purposes, i.e.
‚accountable', as organizations of commonplace everyday activities" (Garfinkel 1967: ii).
Die Ethnomethodologie untersucht die Methoden, mit denen Akteure anderen in ihren
alltäglichen Handlungen plausibel machen was sie tun, wie sie ihren Verstehensvorgang
nach außen präsentieren und damit die sinnhafte Organisation der Alltagsaktivitäten
für andere rational und erkennbar machen. Durch die Beobachtung dieser Ethno-Methoden in Face-to-Face-Interaktionen wird Zugang zu individuellem und kollektivem
Erfahrungswissen hergestellt, zu denen auch verkörperte Praktiken gehören.

Die Methode behandelt aktuelles Geschehen als Verweis auf ein zugrunde lie-
gendes Muster. Es besteht eine Rückbezüglichkeit zwischen der zugrunde liegenden
Ordnung und den Handlungen der Akteure.

> The method consists of treating an actual appearance as ‚the document of', as ‚pointing to' a
> presupposed underlying pattern. Not only the underlying pattern derived from its individual
> documentary evidences, but the individual documentary evidences, in their turn, are inter-
> preted on the basis of ‚what is known' about the underlying pattern. Each is used to elaborate
> the other (Garfinkel 1967:78).

Durch den Rückbezug auf die innere Ordnung zeigen die Mitglieder einer Kultur,
dass sie Teil dieser Ordnungskultur sind. Sie verstehen das Handeln anderer Akteu-

re vor dem Hintergrund der Regelhaftigkeiten und setzen sie selbst immer wieder in ihrem Handeln ein. Dadurch machen sie beständig ihr Handeln für die anderen Mitglieder der kultur-gesellschaftlichen Ordnung verständlich. Sie zeigen, wie sie verstanden werden wollen und machen dies durch ihr Handeln sichtbar. Ihre Handlungen verweisen damit sowohl auf das zugrunde liegende Muster als auch auf den Sinn, den die Akteure ihrem Handeln beimessen. Diese Reflexivität beinhaltet demnach Handlungswissen, das die Mitglieder einer kulturellen Ordnung nutzen. Handlungen sind reflexive Darstellungsprozesse, in denen sich die Akteure „praktische Erklärungen" bzw. „Accounts" geben. Das „Account"-Konzept beinhaltet von seiner Idee her „sowohl die sinnhaft-verstehende Aneignung eines Geschehens, als auch – in Umkehrung dieser Außen-Innen-Sequenz – dessen sprachliche Bezeichnung und Weiterverarbeitung" also die ständig mitlaufenden Erklärungen für den Zuhörer „Rezipient", die ihm anzeigen, wie der Sprecher sein Verhalten und seine Aussagen sinngemäß verstanden wissen möchte. Subjektive Sinngebungen sind „ein soziales, ‚öffentliches' Geschehen" (Bergmann 1988: I: 45). Diese „accounting practices" unterscheiden sich von dem verengten „Account"-Begriff, der von Scott/ Lyman (1968) eingeführt wurde und der sich ausschließlich auf Entschuldigungen und Rechtfertigungen bezieht. Indexikalität ist situationsgebundenes Handeln. Es wird im Kontext abgerufen und ist kontextgebunden, also kontextspezifisches Wissen, denn es beinhaltet die Annahmen der Akteure über die Situation. Da Verhalten und Sprache einen zeitlichen Verlauf haben, muss die sinnhafte Einordnung bzw. „die Entscheidung über Sinnalternativen gerade in der Schwebe gehalten werden", um nicht ständig Enttäuschungen und Missverständnisse zu erleben (ebd.: 38f).

Die Konversationsanalyse wird in dieser Studie als Untersuchungsmethode eingesetzt. Sie entstand, wie Bergmann (1988: II: 1-4) berichtet, aus der Ethnomethodologie heraus und ist ihr auch noch immer eng verbunden. Sie ist eine Methode zur Untersuchung (sprachlicher) Interaktionen und wird inzwischen sehr oft nach Schegloff als „talk-in-interaction" (Schegloff 1987: 207) bezeichnet. Etwa Mitte der 1960er Jahre fand sich eine Gruppe von Soziologen um Harvey Sacks und Emanuel Schegloff in Berkeley zusammen, durch deren Aktivitäten die Konversationsanalyse begründet wurde. Später forschten sie in Los Angeles und Irvine. Sie waren alle Studenten von Harold Garfinkel und Erving Goffman, so dass außer der Ethnomethodologie auch die interaktionsanalytischen Arbeiten Goffmans starken Einfluss ausübten. Andere Einflüsse kamen aus der Ethnographie des Sprechens, der kognitiven Anthropologie sowie der Philosophie des späten Wittgensteins (Bergmann 2000: 526). Mit der Auswahl des sprachlichen Materials knüpften sie an eine „lange Tradition soziologischer Handlungstheorien an", denn sie wollten eine „naturalistisch beobachtende Disziplin" gründen (Bergmann 1988, I: 2), um Garfinkels ethnomethodologisches Forschungsprogramm am Untersuchungsgegenstand „sprachliche Interaktion" umzusetzen (ebd.: 4).

Das Erkenntnisziel der Konversationsanalyse liegt darin, die innere Logik von sozialen Formen und Prozessen zu begreifen und die Methoden aufzudecken, mit denen der Sinn von Äußerungen erkennbar gemacht und wie dies vom Rezipienten beantwortet wird. Da der *„Interaktionskontext"* unerfassbar groß ist, muss der für die Handelnden relevante Sachverhalt in der Analyse nachgewiesen werden. „Die KA sieht die Interagierenden also als *kontextsensitive Akteure"*, dabei spielt vor allem der *„sequenzielle Kontext"* eine große Rolle. Jede Äußerung produziert ein „kontextuelles Environment", dies ist für die nachfolgenden Äußerungen bedeutsam und wird ständig zur Interpretation herangezogen. Nach dem Prinzip des „Recipient Design" bemühen sich die Handelnden, „ihre Äußerungen spezifisch auf ihre jeweiligen Handlungspartner – und dessen Vorwissen – auszurichten". Durch diese Kontextanalyse wird „der Kontext einer Interaktion in den Äußerungen der Teilnehmer reproduziert" (Bergmann 2000: 529f, Hervorhebungen im Original).

Die Konversationsanalyse ist eine dokumentarische Methode, die anhand von Sequenzanalysen und Kontingenzbeobachtungen streng empirisch vorgeht. Die zunächst rein sprachliche Ausrichtung erlaubte eine tiefe und breite Erforschung sprachlicher Interaktionsphänomene, war aber auch den damaligen Möglichkeiten der Datenaufzeichnung vermittels Tonbändern geschuldet. Mit der Fortentwicklung der Film- und Videotechnik werden zunehmend auch Mimik und Gestik sowie Verhalten im Raum in die Untersuchungen einbezogen. Auch die zunächst nicht weiter beachteten institutionellen Kontexte wurden später explizit untersucht und zahlreiche „Workplace Studies" durchgeführt.

Die Daten werden aufgezeichnet und verschriftlicht. Während im anglo-amerikanischen Raum das Transkriptsystem nach Jefferson weit verbreitet ist, wird im deutschsprachigen Raum immer häufiger die 1998 entwickelten Methode GAT „Gesprächsanalytisches Transkriptionssystem" für die Transkription genutzt (Selting et al. 1998). Eine überarbeitete Version wurde als GAT 2 (2009) herausgegeben.

Da die Konversationsanalyse zur Gesprächsanalyse besonders geeignet ist, wird sie in dieser Studie zur Untersuchung der therapeutischen Gespräche herangezogen. Da Sprache und Verhalten die einzige Möglichkeiten sind, um indirekte Rückschlüsse auf Kognitionen zu ziehen, bietet sie damit auch eine (indirekte) Möglichkeit, Einblicke auf den Konstitutionsvorgang von Schemata zu erhalten. Dennoch bleiben die Gedanken, Motive und Gefühle eines Subjektes selbst immer unerreichbar und nur durch die Darstellung in der Interaktion, die Reaktion des Rezipienten auf eine Aussage und die darauf wieder antwortende Reaktion des Sprechers erschließbar.

1.5 Ethnomethodologie und Kognition

Als Aaron Cicourel über eine ‚Kognitive Soziologie' (1973) nachdachte, kritisierte er wie auch schon Garfinkel den normativen Ansatz über Status und Rolle. Die Inhalte

der unterschiedlichen Rollen seien viel zu ungenau beschrieben und der Entwick-
lungsprozess bei Aneignung und Ausfüllung einer Rolle bleibt unbeachtet. Cicourel
unterscheidet zwischen Normen und Interpretationsprozeduren. Während die Normen als feststehende Regel gedacht sind, gestatten die (kognitiven) Interpretationsprozeduren den Akteuren in der Interaktion Umwelt und Handlungen zu bewerten
und die Umwelt durch ihr Handeln mitzukonstruieren. In ihren Interaktionen verbinden die Akteure ihre Weltanschauungen zu einem Konsens oder geteiltem Einverständnis, das auch die Möglichkeit von Konflikten einbezieht. Das Wissen, mit
dem ein Fremder konfrontiert wird, "includes a network of typifications of human
individuals in general, of typical human motivations, goals, and action patterns. It
also includes knowledge of expressive and interpretative schemes, of objective sign-
systems and, in particular, of the vernacular language" (Schütz 1962/1971, II: 29-30).
Der normative Ansatz vernachlässigt die kognitiven Vorgänge, die die sinnhafte Verbindung zwischen den Mikro- und Makrostrukturen bilden. Cicourel weist darauf
hin, dass in den Interaktionen die Referenzschemata in den Deutungsprozessen (interpretative Prozeduren) der Akteure sichtbar werden und damit für die empirische
Forschung zugänglich sind „the ‚common scheme of reference' which can be viewed
as interpretative procedures capable of being studied empirically" (Cicourel 1973: 34).
In den Interaktionen werden normale Formen vorausgesetzt und wenn Diskrepanzen
auftreten, wird versucht die Normalität wieder herzustellen, persönliche Interpretati-
onen werden angepasst und modifiziert.

> The procedure provides the actor with the basis for rejecting or reducing a range of possible
> meanings to a collapsed typification of the social structures. The procedure instructs the ac-
> tor to reject or recognize particular instances as acceptable representations of a more general
> normative set (Cicourel 1973: 35).

Dabei betrachtet er aber die Interpretationsprozeduren wie die Kognitionswissenschaften als eine „extension of cognitive structures", die „crossmodal communucation
and understanding" ermöglichen (ebd.: 168). Cicourels Ansatz zielt darauf, die Interpretationsprozeduren zu beobachten um kognitive Vorgänge während der Sozialisa-
tionsaneignung bei Kindern zu erfassen und geht davon aus, dass Kinder in den In-
teraktionsprozeduren lernen, wie sie sich als kompetente Mitglieder ihrer kulturellen
Gemeinschaft verhalten sollten. In seiner Einführung setzt er die Sozialstruktur als
eine erklärbare Illusion aus soziologischem Common Sense Wissen, solange der Zusammenhang zwischen den kognitiven Prozessen in kontextsensitiven Handlungen
und den normativen Begründungsschemata nicht aufgedeckt werden kann.

> Social structure remains an accountable illusion of the sociologist's common sense knowledge
> unless we can reveal a connection between the cognitive processes that contribute to the
> emergence of contextual activities, and the normative accounting schemes we use for claim-
> ing knowledge as laymen and researchers (Cicourel 1973: 7, Hervorhebung im Original).

Mit seinen Beobachtungen zielt Cicourel aber nicht auf die Praktiken bezüglich kognitiver Vorgänge wie die Ethnomethodologie, sondern er zielt auf die kognitiven Aktivitäten selbst, auf die ordnenden Selektionsprozesse der Erinnerung und der Aufmerksamkeit. So fordert er, dass „Sociolinguistic studies" danach fragen müssen, wie das Gedächtnis die Wahl einzelner Informationen beeinflusst und wie Äußerungen durch Informationen beeinflusst werden, die gleichzeitig aus verschiedenen Quellen auftauchen (ebd.: 167).

Garfinkel dagegen zeigt, wie die Sozialstruktur gerade durch die Praktiken ihrer Mitglieder hergestellt und erhalten wird und deshalb keine Illusion ist, sondern eine in der Vollzugswirklichkeit ständig praktizierte Herstellung (achievment). Garfinkel geht es gerade nicht um die Kognitionen selbst, sondern um die Praktiken der Mitglieder, mit denen sie sich gegenseitig ihr Handeln als rational oder moralisch legitim darstellen und sich ihr Verstehen gegenseitig anzeigen. Es geht darum, „wie sich Verstehensprozesse und die Orientierung hin auf Verstehen im Handeln der Leute manifestieren, wohingegen die Frage, was während des Verstehens in den Köpfen der Leute vor sich geht, als unbeantwortbar ignoriert wird (Bergmann 1993: 286). Garfinkel selbst schreibt dazu: „There is no reason to look under the skull since nothing of interest is to be found but brains" (Garfinkel 1963/1990: 190).

Da die Ziele der Ethnomethodologie und Konversationsanalyse nicht auf isolierten subjektinternen Kognitionsvorgängen liegen, bleibt Cicourels Ansatz ein (fragwürdiger) Ansatz für die Kognitionswissenschaften, kann aber kein Ansatz für eine Kognitive Soziologie sein, denn Soziologie befasst sich definitionsgemäß mit sozialem Verhalten (Interaktion), ebenso wie sich Ethnomethodologie und Konversationsanalyse definitionsgemäß mit den Ethno-Methoden, den interaktiven Praktiken befassen.

> Interaction and talk-in-interaction are structured environments for action and cognition, and they shape both the constitution of the actions and utterances needing to be ‚cognized‘ and the contingencies for solving them. To bring the study of cognition explicitly into the arena of the social is to bring it home again (Schegloff 1991: 68).

Die Ethnomethodologie nähert sich den Kognitionen über die praktische Epistemologie ihrer Mitglieder an. Coulter erklärt dazu: „One's understanding is shown by what one can do, in how one behaves (whether one can successfully paraphrase the utterance, respond to it appropriately, etc.) in the public satisfaction of circumstantially relevant criteria, not by indicating anything like an internal process" (Coulter 1991: 185). Coulter bezieht sich auch auf Wittgenstein (Wittgenstein 1968: 589), der schon darauf hinwies, dass „inner stands" „outward criteria" brauchen (Coulter 1991: 189).

> In particular, we are lead to realize that every category of the ‚mental life‘ is, without exception, available for members' use within situated practical actions, interactions and the circumstances they inhabit. (…) In this sense, a distinctively ethnomethodological focus

upon topics in the study of cognitive phenomena follows the ‚praxiological rule‘ and treats all cognitive properties of persons as embedded within, and thereby available from, their situated communicative and other forms of activities (Coulter 1991: 189).

Aus diesem Grund passt auch die „Theory of Mind" oder „Theory Extended Mind" der Kognitionswissenschaften nicht zur Ethnomethodologie und Konversationsanalyse, denn sie vernachlässigt die situative Einbettung, die körperliche und interaktive Komponente, sie unterscheidet zwischen „mind" und „brain" und fokussiert isolierte subjektinterne Kognitionsprozesse. So schreiben Coulter/ Sharrock:

> The idea that understanding human conduct involves focusing entirely upon the brain seems wholly misguided, overlooking the elementary point that the human organism is participant in assorted ways of life, and that an individual human being's conduct will need to be understood in terms of, relative to, those ways of life. One cannot identify those ways of live by studying the brain, but only by considering the public ways in which people behave (in our resolutely non-behaviorist sense of ‚behave‘) (Coulter/Sharrock 2007: 220).

Ebenso Lynch: „Ethnomethodologists and conversation analysts investigate the concerted production of social and material practices. They are primarily interested in describing practices as they unfold. (…) – rather than delving into hidden mechanism that lie ‚behind‘ them" (Lynch 2006: 101) und betont: „their aims differ markedly from those of cognitive science" (ebd.: 102). Ethnomethodologie und Konversationsanalyse folgen dem praxeologischen Ansatz zu kognitiven Phänomenen und untersuchen wie Gesellschaftsmitglieder mit Kognitionen umgehen. Das bezieht sich auf ihren Glauben, Erinnerungen, Träume, Verstehen, Gedanken und Geisteszustände sowie die Regeln, denen sie folgen (Coulter 1991: 189). Es gibt zahlreiche Studien, die sich auf Glauben, Wissen, Glaubwürdigkeit, Footing, Umgang mit Neuem, Verstehen von Äußerungen, Definieren der Gedanken anderer, psychopathologischen Status, Motivzuschreibungen, Vergessen und „Accounts" beziehen oder auf epistemische Praktiken und den Umgang mit Moral und Verantwortlichkeiten in der Interaktion. All diese Studien beziehen sich auf kompetente Gesellschaftsmitglieder, die ihre Gesellschaftsstrukturen und deren kulturelle Ausprägungen durch ihr Verhalten oder Handeln selbst herstellen, wobei die folgende Zusammenstellung von Coulter (1991), Bergmann (Kolloquium 2009/2010) und Schröder keinerlei Anspruch auf Vollzähligkeit erhebt:

(Antaki 2006), (Bogen/Lynch 1989), (Brannigan/Lynch 1987), (Coulter 1979), (Goodwin 2005, 2006, 2007), (Moermann/Sacks 1988), (Pollner 1979), (Sacks 1980), (Sharrock 1974), (Sharrock/Katz 1978) zur Zuordnung eines psychopathologischen Status (Smith 1978, Coulter 1973, Lynch 1984), Motivzuschreibungen (Schwartz 1976, Watson 1983) oder Vergessen (Goodwin 1987). Studien zum Thema „praktische Epistemologie" sind zum Beispiel (Gardner 2007), (Heritage 1984a, 1998, 2002), (Heritage/Raymond 2005), (Hill/Irvine 1993), (Lynch 1984), (Pomerantz 1980, 1984a, 1988), (Raymond/Heritage 2006), (Roth 2002), (Sacks 1975), (Sidnell 2005), (Whalen/Zimmerman 1990). Spezielle Untersuchungen zu moralischen Achtungsbezügen finden sich bei Bergmann/Luckmann (1999), zu Werturteilen (Jayyusi 1991) und zu Wissen und Moral (Stivers et al. 2010). Auf der „International Conference on Conversation Analysis" vom 4-8. Juli 2010 in Mannheim, Germany wurden zahlreiche weitere Studien zu Wissen und Praktiken bezüglich Kognitionen, zu Psychotherapie und Veränderungen in Organisationen durch den Einsatz der Konversationsanalyse bei der Untersuchung von Praktiken präsentiert, deren Veröffentlichung noch folgt.

Auch die vorliegende Studie zielt mit dem Fokus der klinischen Therapie zur Veränderung von Denk- und Handlungsmustern auf naturalistische Beobachtungen. Die für die Patienten relevanten Deutungsschemata und sozialen Deutungsmuster können anhand der Interaktionen in den Therapiegesprächen eruiert werden, da sie für den interaktiven Umdeutungsprozess in der Therapie von den Patienten expliziert werden müssen. Auch im normalen Lebensalltag werden Deutungen und Deutungsmuster in Interaktionen modifiziert, doch sind die Vorgänge in Zeit und Raum weiter verteilt und die beteiligten Akteure, Ereignisse oder Medien können in Zusammensetzung und Anzahl ständig variieren, wodurch die Anstöße von außen weitgehend unbeobachtbar sind und Veränderungsprozesse subtiler verlaufen. Aber auch in der Therapie bleibt oft unklar, welche therapeutische Intervention wirksam war und welche nicht.

In der Therapie ist die Unterscheidung zwischen persönlichen und sozialen Deutungsschemata für die Therapeuten nicht besonders wichtig. Für Therapeuten ist es relevant, dass die Patienten nicht allgemeine Deutungsmuster anführen, sondern diese bei sich verorten damit sie verändert werden können. Deshalb werden in der Interaktion auftretende soziale Deutungsmuster häufig entweder ignoriert oder möglichst schnell auf das Denken der Patienten zurückgeführt, was ihre Beobachtung durch die Forscherin erschwert. Dabei werden die Deutungsmuster und Schemata der Patienten von den Therapeuten eruiert, umgekehrt aber nicht die Schemata der Therapeuten durch die Patienten. Dennoch setzen die Therapeuten manchmal ihre Deutungen oder soziale Deutungsmuster gezielt gegen die subjektiven Schemata der Patienten. In den Deutungen der Therapeuten und den zur Konfrontation eingesetzten Deutungsmustern werden diese auch für den Forscher beobachtbar. Dadurch werden Möglichkeiten zur Beobachtung, oder Praktiken zum Aufdecken von persönlichen Deutungsschemata und sozialen Deutungsmustern in der Interaktion sichtbar und konnten als Wissen für die methodische Anwendung in der Forschung oder der therapeutischen Praxis herausgearbeitet werden.

2 Der ethnomethodologische Ansatz: Praxeologie und naturalistische Beobachtungen

[„All ‚logical' and ‚methodological' properties of action,
every feature of an activity's sense, facticity, objectivity, accountability,
communality is to be treated as a contingent accomplishment
of socially organized common practices"] (Garfinkel 1967: 33)

Der Ethnomethodologie und der aus ihr hervorgegangenen Konversationsanalyse geht es darum, interaktive Praktiken des alltäglichen Lebens zu untersuchen und naturalistische Beobachtungen durchzuführen. Die von Garfinkel (1967: 31-34) zugrunde gelegten Prinzipien besagen erstens, dass alles Geschehen und jedes Ereignis *(any occasion whatsoever)* auf der Wahl praktischer Handlungen *(practical actions)* im aktuellen Vollzug beruht und zweitens, dass diese (Handlungs-) Entscheidungen situativ getroffen werden *(in actual occasions)*. Leitendes Prinzip der Ethnomethodologie ist es, all diejenigen Ansätze zurückzuweisen, die auf der Anwendung von Regeln oder Standards zur Bewertung und Kategorisierung der Aktivitäten beruhen, die außerhalb des Settings liegen, in denen sie auftauchen. Phänomene ethnomethodologischer Studien sind dagegen all die Prozeduren, mit denen Praktiken und Forschungsergebnisse auf die in der Gesellschaft übliche Weise aufgrund der in ihnen geltenden Regeln bewertet werden. Die Rationalität von Handlungen wird als ein immer wieder neu hervorgebrachtes Ergebnis (contingent accomplishment) sozial-organisierter allgemein-üblicher Praktiken betrachtet, die auf den Regeln der Gesellschaft beruhen, in denen sie vollzogen werden. Viertens organisiert jedes soziale Setting seine Aktivitäten so, dass es seine charakteristischen Eigenschaften als das organisierte Umfeld der praktischen Aktivitäten sichtbar, erklärbar, beschreibbar, berichtenswert, mitteilbar und analysierbar *(accountable)* macht. Das Herz des Geschehens besteht in den nachweislich rationalen Eigenschaften indexikaler Ausdrücke und indexikaler Handlungen, die durch die permanente Leistung (ongoing achievement) der organisierten Aktivitäten des alltäglichen Lebens hervorgebracht werden (Garfinkel 1967: 31-34, Hervorhebungen im Original).

Das leitende Prinzip führt zu dem Grundsatz der „ethnomethodologischen Indifferenz", nach der alle Gesellschaftskulturen auf die gleiche Weise erforscht werden ohne ihre Praktiken zu bewerten, und zwar unabhängig davon, ob es sich um Laien oder Professionelle, Religionen oder Wissenschaften handelt.

Ethnomethodological studies of formal structures are directed to the study of such phenomena, seeking to describe member's accounts of formal structures wherever and by whomever they are done, while abstaining from all judgements of their adequacy, value, importance, necessity, practicality, success, or consequentiality. We refer to this procedural policy as „ethnomethodological indifference" (Garfinkel/Sacks 1970: 345).

Nach Bergmann ist es das Ziel, „aus der Einsicht in die *methodische Qualität und den selbstexplikativen Charakter sozialer Handlungen* zur gegenstandsadäquaten Methodisierung ihres Vorgehens zu gelangen" (Bergmann 1993: 285, Hervorhebung im Original). Außerdem verweist Bergmann (1981) ausdrücklich darauf, dass sich Ethnomethodologie und Konversationsanalyse „prinzipiell einer Kanonisierung allgemeiner methodischer Regeln" widersetzen.

> Für sie sind die Entdeckungsschritte und analytischen Verfahren ein untrennbarer Bestandteil des Phänomens, auf dessen Identifizierung und Erkundung sie gerichtet sind. Entsprechend dieser Maxime ist nicht nur das Phänomen selbst, sondern auch die Methode seiner Entdeckung und Analyse ein Ziel der ethnomethodologischen Untersuchung. Methoden unterliegen für die Ethnomethodologie – nach Garfinkels strengem Postulat – einem ‚unique adequacy requirement', d.h. sie müssen ihrem jeweils besonderen Gegenstand angemessen sein, und sie sind dies in dem Maß, in dem sie selbst diesem Gegenstand zugehören (Bergmann 1981a: 16).

Die Forderung nach einer jeweils dem Forschungsgegenstand angemessenen Methode, einem „unique adequacy requirement" (Garfinkel/Wieder 1992) führt dazu, so Garfinkel/Wieder, dass sich die in den Forschungsgegenstand eingebettete Ordnung nur durch die Ethnomethodologie auffinden lässt: „*Embedded* is used synonymously and interchangeably with phenomena of order that are provided for *just in any actual case and only then* by administering EM's policies, and with the use of EM methods" (Garfinkel/Wieder 1992: 184, Hervorhebung im Original). Es geht um die Analyse ‚natürlicher Praktiken und Formulierungen' der jeweils untersuchten Gesellschaft, um "natural language *formulations* of ordered particulars of members' talk and members' conduct, of territorial movements and distributions, of relationships of interaction, and the rest" (Garfinkel/Sacks 1970: 346). Unlösbar damit verbunden ist die Beherrschung der natürlichen Sprache.

Eine logische Konsequenz daraus ist die Forderung, dass der Forscher zu mindestens vorübergehend Mitglied der Gruppe oder Gesellschaft wird, die er untersuchen will, denn „the analyst must be *vulgarly* competent in the local production and reflexively natural accountability of the phenomenon of order he is studying" (Garfinkel/Wieder 1992: 182, Hervorhebung im Original). So forderte Harold Garfinkel in den 1970er Jahren seine Studenten dazu auf, durch das Studium anderer wissenschaftlicher Traditionen in diesen Mitglied zu werden, was unter anderen zu Studien über Mathematik (Livingston 1986), Forschungslaboratorien (Lynch Michael et al. 1983), (Lynch 1985, 1993, 2007) oder Pianisten (Sudnow 1978, 2001) und die Rechtswissenschaften (Atkinson/Drew 1979) führte. Dieses Prinzip der (vorübergehenden) Mitgliedschaft kann sich der Forscher auch insofern zunutze machen, als einem Fremden gegenüber häufig die impliziten Regeln explizit gemacht werden, um die Rationalität des Geschehens zu erklären. Da es um die natürlichen alltagspraktischen Interaktionen geht, sollte das Untersuchungsmaterial aus sprachlichen und nichtsprachlichen Interaktionen insofern in ‚natürlichen' Situationen abgelaufen sein, „als sie unter Bedingungen stattfanden, die nicht vom Untersucher festgelegt, kontrolliert oder manipuliert wurden" (Bergmann 1981a: 18).

2.1 Paradoxe Datengewinnung: Eine Reflexion auf den Feldzugang

Diesen Prinzipien folgend sollte für die Studie ein Datenkorpus aus – innerhalb der klinischen Psychotherapie – natürlich ablaufenden Therapiegesprächen aufgezeichnet werden, was sich als schwierig erwies. Auch das „becoming member" musste einem sehr hohen Grad an Anonymisierungsanforderungen gerecht werden, so dass die unten beschriebenen situativen Lösungen paradox anmuten und kaum zu den ursprünglichen Zielen der Ethnomethodologie zu passen scheinen. Dennoch verweist gerade diese Lösung auf ein ganz grundsätzliches Problem innerhalb der Psychiatrie, nämlich auf den ständigen Umgang damit, eine situativ angemessene Balance zwischen Nähe und Distanz finden zu müssen. Schütze spricht von den „Paradoxien des professionellen Handelns", die sich aus „dem notwendigen Widerstreit divergierender Orientierungstendenzen bei der Bewältigung von Klientenproblemen" ergeben (Schütze 2000: 49). Sie spielen sich in der therapeutischen Beziehung ab, wo ein Zwiespalt zwischen dem Impuls therapeutisch zu intervenieren und noch fehlendem Wissen besteht sowie in dem gemeinsamen Erarbeiten von Wissen über den Patienten und der gleichzeitigen professionellen Produktion von Mehrwissen zur Einordnung in Fallkategorien, das „wegen seiner Komplexität und/oder Bedrohlichkeit nicht vollkommen kommunizierbar ist und deshalb die Vertrauensgrundlagen mit dem Klienten untergräbt" (ebd.: 50). Der Zwiespalt zwischen Kontrollbedarf und freier Entwicklung der Patienten innerhalb eines bestimmten Rahmens zeigte sich auch im Umgang mit der Forschungsstudie und dem Forschungsdesign.

Die Integration eines fremden Forschungsdesigns in das psychotherapeutische Geschehen und eine fremde Forscherin, die zwar auf eine frühere ‚Mitgliedschaft' in der psychiatrischen Wissenskultur verweisen kann, löste Irritationen aus. Klinik, Therapeuten und Forscherin mussten gemeinsam eine Lösung für das Forschungsdesign finden, die sowohl der gesellschaftlichen Verantwortung der Psychiatrie als auch der psychiatrischen Ordnung und der therapeutischen Arbeit genügten, aber auch den Therapeuten und nicht zuletzt vor allem den Patienten annehmbar sein würde. Dafür wurde ein hoher Grad an Anonymisierungsvorkehrungen getroffen, der zum Teil auch gegenüber der Forscherin galt und dem „becoming member" entgegenstanden.

Datenkorpus aus „natürlichen Gesprächen." Der Datenkorpus der Studie besteht aus insgesamt achtzehn Therapiegesprächen und damit aus „institutional talk" (Drew/Heritage 1992), was besagt, dass die Institutionellen Bedingungen, vor deren Hintergrund die Gesprächsdaten aufgezeichnet wurden, sich auf die Gesprächsführung auswirken. In einer Psychiatrie in Deutschland wurden von fünf Patientinnen und Patienten jeweils drei Therapiegespräche als Audioaufnahmen von den Therapeuten aufgezeichnet, eines zu Beginn der Therapie, eines etwa in der Mitte und eines zum Schluss. Insgesamt wurden es achtzehn Gespräche, da eine Patientin zwischen dem ersten aufgezeichneten Gespräch und der zweiten Aufzeichnung verlegt wurde und zwei andere Patienten die Therapie im ersten Drittel der Zeit abbrachen. Die Gesprächsaufzeichnungen sind unterschiedlich lang, sie schwanken zwischen 25 Minuten und etwa einer Stunde. In dieser Studie werden Transkripte von sechs PatientInnen analysiert.

Der Fokus der Studie liegt auf dem aktuellen Veränderungsprozess im Interaktionsgeschehen und die Station mit ihrer zeitlich begrenzten Therapie und dem Ziel, Veränderungen im Leben der Patienten herbeizuführen, ist dabei eine Art ‚natürlich' gegebener Laborraum für die Untersuchung, bei der die Aktivitäten zwischen Therapeut und Patient analysiert werden. Die Natürlichkeit der Gespräche wurde aber durch Operationalisierungen der Therapeuten beeinflusst, die unten ausgeführt werden. Alle Patienten auf der Station nahmen freiwillig an der Therapie teil, sie haben sich für die Teilnahme an der Studie schriftlich einverstanden erklärt und der Aufzeichnung ihrer Gespräche zugestimmt. Die Anonymisierungsmaßnahmen der Klinik galten zum Teil auch gegenüber der Forscherin, deshalb war es nicht möglich die teilnehmenden Patienten zu sehen oder gar kennenzulernen. Die Einverständniserklärungen wurden aus Datenschutzgründen von der Klinik einbehalten und die in der Ausarbeitung auftretenden Namen der Patienten frei erfunden. Alle Patienten haben die Diagnose „Depression", über deren Ausprägung oder mögliche Komorbiditäten wurde keinerlei Auskunft gegeben. Auch ein Einblick in die Akte der an der Studie beteiligten Patienten war nicht möglich, allerdings konnte in die Akten von zwei früheren Patienten Einblick genommen werden. Die als Kontext-Ethnographie durchgeführte Hospitation wurde ebenfalls aus Datenschutzgründen vor der Aufzeichnung der in der Studie ausgewerteten Gespräche durchgeführt, so dass keinerlei Kontakt zwischen den aufgezeichneten Patienten und der Forscherin besteht. Der Anonymität ist es auch geschuldet, dass die Gesprächsaufzeichnungen aus Audioaufnahmen bestehen und nicht aus Videos.

Die Daten des Projektes stammen alle aus einer Psychiatrie, die wie viele andere seit einigen Jahren eine spezifische Station für depressive Patienten eingerichtet hat, auf der außer der üblichen medikamentösen Therapie auch Psychotherapie mit den Patienten durchgeführt wird. Die Diagnose „Depressionen" wird in der „Internationalen Klassifikation der Krankheiten und verwandter Gesundheitsprobleme", dem ICD-10 definiert. Unter einer typischen depressiven Episode wird folgendes Krankheitsbild beschrieben: Der betroffene Patient leidet unter einer gedrückten Stimmung und einer Verminderung von Antrieb und Aktivität. Die Fähigkeit zu Freude, das Interesse und die Konzentration sind vermindert. Ausgeprägte Müdigkeit kann nach jeder kleinsten Anstrengung auftreten. Der Schlaf ist meist gestört, der Appetit vermindert. Selbstwertgefühl und Selbstvertrauen sind fast immer beeinträchtigt. Sogar bei der leichten Form kommen Schuldgefühle oder Gedanken über die eigene Wertlosigkeit vor. Die gedrückte Stimmung verändert sich von Tag zu Tag wenig, reagiert nicht auf Lebensumstände und kann von sogenannten „somatischen" Symptomen begleitet werden, wie Interessenverlust oder Verlust der Freude, Früherwachen, Morgentief, deutliche psychomotorische Hemmung, Agitiertheit, Appetitverlust, Gewichtsverlust und Libidoverlust. Abhängig von Anzahl und Schwere der Symptome ist eine depressive Episode als leicht, mittelgradig oder schwer zu bezeichnen (DIMDI: 1999: 344, unter F32).

Die vollstationäre Aufnahme auf der Station soll einen sicheren Rahmen bieten, in dem individuelle Probleme und Konflikte angesprochen und eventuell auftretende suizidale Krisen mit Unterstützung der verschiedenen Professionen überbrückt werden können. Patienten, die zu tief in solch eine Krise geraten, müssen von der offenen Therapiestation in eine geschlossene Abteilung verlegt werden. Durch die Therapie mit unterschiedlichen Therapiebausteinen sollen die Patienten verschiedene Impulse bekommen. Relativ neu im Versuch ist die fraktionierte Behandlung, dabei nimmt der Patient nach der ersten vollstationären Behandlung einige Wochen später an einer zweiten, eventuell teilstationären Behandlung teil.

„Becoming member" im psychiatrischen Kontext. Die Kontaktaufnahme zu der therapeutischen Station zwecks Datenaufzeichnung erfolgte über die Klinikleitung, die zunächst dem Projekt zustimmen musste. Bei den Vorbesprechungen mit den leitenden Ärzten und Psychologen der in Frage kommenden Station zeigte sich, wie sehr beide Seiten von ihren bisherigen Erfahrungen, wissenschaftlichen Verfahrensweisen und Deutungen oder Deutungsmustern beeinflusst werden. Es entfaltete sich ein schwieriger Annäherungs- und Aushandlungsprozess, der mehrere Monate in Anspruch nahm und für alle Beteiligten eine hohe Frustrationstoleranz beanspruchte, bis die Interessen der üblicherweise experimentell oder statistisch vorgehenden Psychologen und der im Projekt angestrebten ethnomethodologisch ausgerichteten Vorgehensweise einigermaßen angenähert waren.

Da die Ordnungen des Sozialen in der Ethnomethodologie als Wirklichkeitskonstruktionen betrachtet werden, „die von den Akteuren mittels sinngenerierender Praktiken und über symbolisch vermittelte Prozesse erzeugt und perpetuiert werden" ist der „Verzicht auf Messung, Zählung und statistische Analyse" eine „methodologische Konsequenz" (Bergmann 2006: 25). Trotz des mehrfachen Hinweises darauf, dass ein speziell für die Studie und innerhalb der üblichen Therapie nicht genutzter Gesprächsleitfaden für die Untersuchung unerwünscht ist, wurde er von therapeutischer Seite aus entwickelt und für die ausgewählten Gespräche eingeführt. Nach Aussage der Therapeuten enthält er nur Fragen, die auch sonst innerhalb der Therapie gestellt werden, allerdings üblicherweise nicht so konzentriert und auch nicht in jeder Stunde. Die strenge Einhaltung des Leitfadens sowie die von der Klinikseite vorgesehene Operationalisierung in der stringenten Auswahl der Gespräche nach ihrer zeitlichen Reihenfolge (das erste, das achte und das letzte Gespräch) konnte letztlich aufgrund struktureller klinisch-therapeutischer Bedingungen nicht immer wie geplant von den Behandelnden eingehalten werden, da sie sich den natürlichen Abläufen widersetzen. Die Natürlichkeit der Therapiegespräche wurde aufgrund des Leitfadens durch die Therapeuten eingeschränkt und die zeitlichen Abstände zwischen den Gesprächen sind manchmal ungleich verteilt. Dennoch und gerade deshalb folgen sie paradoxerweise den professionellen Anforderungen der Therapeuten und Vorgaben innerhalb des Therapieverlaufes, der auf Erfolg durch die Behandlung zielt.

Auch die Teilnahme auf der Station war ein Diskussionspunkt. Schließlich kam von der Klinikseite das Angebot einer fokussierten Hospitation, bei der die psychologische Leitung darüber bestimmte, an welchen klinikinternen Gremien oder Therapiemaßnahmen teilgenommen werden durfte. Um weitere Verzögerungen zu verhindern und um in persönlichen Kontakt zu kommen, wurde mit der Hospitation so schnell wie möglich begonnen.

Teilzeitethnopraphie als Feldeinstieg. Die Hospitation zur Erkundung des Institutionellen Rahmens der aufgezeichneten Gespräche wurde im Jahr 2007 durchgeführt. Auf Vorschlag der Therapeuten sollte die Hospitation nicht wie ein Praktikum einen ganztägigen Aufenthalt beinhalten, sondern eher aus einer punktuellen Teilnahme an verschiedenen therapeutischen Tätigkeiten bestehen. Dazu gehörten drei in der Zeit stattfindende therapeutische Vorgespräche, ein Familiengespräch und ein Abschlussgespräch. Außerdem beinhaltete sie die Teilnahme an den Basistherapiegruppen Angst und Depression. Nicht erlaubt wurde die Teilnahme an therapeutischen Einzelgesprächen und der Interpersonellen Psychotherapiegruppe. Als Begründung wurde angeführt, dass erst kürzlich eine Hospitantin sich in der Gruppe durch ihre Äußerungen so sehr daneben benommen habe, dass die PatientInnen dort nun keine fremden Teilnehmer mehr dulden würden und es sicherlich eine Weile dauere, bis sich dies wieder ändern könne.

Gestattet wurde dagegen die Teilnahme an allen pflegerischen oder medizinisch-therapeutischen Ereignissen, dazu gehörten die tägliche Morgengruppe, Wochenend-übergaben und die Stationsübergaben sowie die Oberarztvisiten und die wöchentlich stattfindende Therapiebesprechung. Die Gruppe am Morgen ist eine Runde zwischen Pfleger und Patienten, in der Befindlichkeiten, Wünsche und Bedürfnisse der Patienten abgefragt und Termine zur ärztlichen Visite abgesprochen werden. Die Therapiebesprechung ist eine Versammlung aller an der Therapie beteiligten Professionellen, die sich über den Verlauf, Fortgang oder ein mögliches Stocken der einzelnen Therapien austauschen und dabei Strategien entwickeln, wie mit dem jeweiligen Patienten weiter vorgegangen werden soll.

Außer der Teilnahme an diesen Veranstaltungen bestand während der Hospitation die schon oben erwähnte eingeschränkte Akteneinsicht, d.h. es wurde erlaubt, zwei Akten früherer Patienten exemplarisch näher anzuschauen. Da die Akten sonst ein zentraler Angelpunkt innerhalb der Therapie sind, in dieser Arbeit aber eher den Status eines Kontextes für die Rahmung der Therapiegespräche haben, war der Einblick in die zwei Akten durchaus hilfreich und ausreichend.

Manches des in der vorliegenden Studie erarbeiteten Hintergrundwissens konnte nur durch auftauchende Verständnisfragen während des Aufenthalts gewonnen werden. Auch die Einsichten über die Spannung zwischen Verantwortung und Kontrolle auf Seiten der Professionellen einerseits und zwischen Eigenständigkeit und Anpassung auf Seiten der Patienten andererseits hätten ohne ethnographische Beobachtungen kaum so gewonnen werden können. Aus Sicht der Therapeuten war durch die „punktuelle" Hospitation zum einen gewährleistet, dass genügend Reflexions- und Verarbeitungszeit für die Forscherin zwischen den Terminen bestand, zum anderen hielt es aber auch die Distanz aufrecht, die von einigen Therapeuten offensichtlich gewünscht wurde. Stephan Wolff spricht in dem Zusammenhang von „Teilzeit-Ethnographie" (Wolff 2000: 347). Der Druck auf der Station, aber auch die Interaktivität des Aufdeckens, Deutens und Umdeutens spiegelt die in gewissem Sinn ähnliche, hier allerdings kondensierte, Situation der Menschen außerhalb des therapeutischen Geschehens wieder, die durch Selbstreflexion, Gespräche mit Freunden und Anpassungsverhalten versuchen, ihre Probleme in Lebenskrisen zu meistern. Druck, Zwangssituationen und Krisen begleiten häufig den Transformationsprozess beim Übergang eines Subjektes zwischen verschiedenen Deutungsschemata oder -mustern, auch wenn die Intensität auf einer therapeutischen Station höher erscheint und von Therapeuten professionelle Hilfestellung gegeben wird. Die Ergebnisse der Hospitation als Kontextstudie werden in Kapitel 3 dargestellt.

Die anonymisierte Gesprächsaufzeichnung und ihre Probleme. Die Aufzeichnung der Therapiegespräche begann erst nach der Hospitation. Dadurch sollten nur neu aufgenommene Patienten am Projekt teilnehmen, die während der Hospitation nicht anwesend waren und somit vollkommen anonym bleiben würden. Allerdings vergingen aus verschiedenen Gründen noch einige Monate bis das erste Gespräch aufgezeichnet wurde.

Schließlich wurde das Projekt wieder neu aufgenommen, wobei die offizielle Begründung für die Verzögerung lautete, es habe zeitweise ein akuter Personalmangel bestanden, so dass es nicht möglich gewesen sei, die Gespräche aufzuzeichnen. Die Aufzeichnung der abgesprochenen Anzahl von Therapiegesprächen zog sich insgesamt über eineinhalb Jahre hin. Abschließend wurde als Grund für die Verzögerung der Gesprächsaufzeichnung auch noch ein „Sommerloch" angeführt, denn in der Sommerzeit seien kaum neue Patienten zur Aufnahme gekommen. Dies hatte zur Folge, dass zur besseren Auslastung des ökonomischen Rahmens der Klinik auch Patienten auf die Therapiestation aufgenommen werden mussten, die als Notfall eingeliefert wurden und nicht in die Therapie wollten oder andere, die aufgrund ihrer Unschlüssigkeit über die Teilnahme an der Therapie schon bald wieder entlassen wurden.

Da es bei den Aushandlungen um die *„Sicherung und Gestaltung eines angemessenen situativen Kontexts für den Forschungsprozess"* (Wolff 2000: 348, Hervorhebung im Original) ging, musste sowohl für die therapeutische Seite als auch für die Studie ein akzeptabler Ansatz gefunden werden. Schon die Aushandlung über die Therapiegespräche brachte eine Irritation des Forschungsfeldes mit sich, wobei es zu wechselseitiger Beobachtung kam und eine langsame Annäherung stattfand. Für die Therapeuten bestand das Problem darin, eine Fremde und die für sie unübliche Forschungsmethode integrieren zu müssen. Wie für die Ethnomethodologie das „becoming member" dazugehört, so schlägt auch Wolff vor, den Feldzugang „als ein *eigenständiges* soziales Phänomen" zu betrachten, zu analysieren und zu gestalten. „Tut man dies, so fallen eine Reihe *grundlegender Arbeitsprobleme* auf, mit denen sich die Beteiligten (also nicht nur die Forscher!) auf dem gemeinsamen Weg ins bzw. im Feld auseinander zu setzen haben, ob sie diese nun ausdrücklich als solche thematisieren oder nicht" (ebd.: 339, Hervorhebungen im Original). Die Probleme auf dem Weg zum Feld können deshalb als Ressource betrachtet werden, denn bei ihrer Lösung können Abläufe, Strukturen und geltende Regeln des Forschungsfeldes expliziert werden.

Eine dieser Regeln auf der Station besteht darin, dass jeder Patient auf der Station durch ein Tandem von zwei Bezugspersonen (Pfleger und Therapeut) betreut wird und dieser die „Triangulation", wie eine Therapeutin es nannte, zwischen diesen beiden und sich ausbalancieren muss. Diese Behandlungsregel für Patienten wurde auch in der Begegnung mit der Forscherin eingesetzt, denn zunächst waren bei allen Aushandlungsgesprächen zwei leitende Professionelle anwesend, die sich den ihnen fremden Forschungsmethoden gegenüber mehr oder weniger offen zeigten. Wie im Umgang mit Patienten oft Absprachen über ihn in seiner Abwesenheit getroffen werden, so hatten auch in Bezug auf die Studie manchmal schon vor den Projekt-Gesprächen Absprachen zwischen dem „Betreuungstandem" darüber stattgefunden, wie mit dem Projekt umzugehen sei. Auch wurden – ganz typisch für Organisationen – bestehende Differenzen bezüglich des Projektes zwischen den beiden Fallverantwortlichen möglichst einvernehmlich nach außen präsentiert.

Das „becomming member" im Rahmen der Studie über die Gesprächsaushandlungen und der Hospitation hatte damit letztlich einen in der Vorgehensweise ganz spezifischen Ausdruck gefunden, der sich zwischen Aushandlungen über Nähe und Distanz, Membership und Anonymität, Selbstverantwortung, Kontrolle, gegenseitiger Achtung und Beobachtung abspielte. Da die Konversationsanalyse für die Untersuchung der Therapiegespräche eingesetzt wird, werden ihre Grundlagen im Folgenden erklärt.

2.2 Konversationsanalyse als gesprächsanalytische Methode der EM

Kurz gefasst geht es in der Konversationsanalyse um die strukturelle Organisation von Gesprächen und um ihre sequenzielle Ordnung. Die sequenzielle Ordnung ist deshalb von Bedeutung, weil viele Äußerungen nur im Kontext des Gespräches einen Sinn ergeben. Die Konversationsanalyse ist streng empirisch ausgerichtet, jede Hypothese wird anhand des Textes überprüft und belegt. Um der Flüchtigkeit von Gesprächen entgegen zu wirken, werden sie aufgezeichnet und transkribiert (Bergmann 1985), für die Transkription wurde ein einheitliches Gesprächanalytisches Transkriptsystem (GAT) entwickelt (Selting et. al. 1998, 2009).

Die strukturelle Organisation der Gespräche ergibt sich durch stabil organisierte Muster, an denen sich die Teilnehmer während des Gespräches orientieren und mit denen sie das Gespräch strukturell ordnen. Besonders wichtig sind dabei das Turn-Design, also die Sprecherwechselorganisation (Sacks/Schegloff/Jefferson 1974), die sequenzielle Abfolge (Schegloff 1968, 2007), Preferenzorganisationen (Pomerantz 1984b) und Reparaturen (Schegloff/Jefferson/Sacks 1977). Es gibt aber noch andere sehr wichtige und grundlegende Gesprächsorganisationstechniken wie das Erzählen von Geschichten innerhalb von Gesprächen (Sacks 1971, Jefferson 1978), die Mitglieder-Kategorisierung („Membership-Categorisation Device" Sacks 1972, 1992) oder „Fishing"-Methoden innerhalb des Gesprächs (Pomerantz 1980, Bergmann 1992) sowie viele andere wichtige einzelne Phänomene wie Listen (Jefferson 1990), Frage und Frageparaphrase (Bergmann 1981b), Kategorische Formulierungen (Ayaß 1999) und andere mehr. Die spätere Konversationsanalyse befasst sich auch mit Großformaten (Bergmann 1987), (Bergmann/Luckmann 1999), Kontextualisierung (Schegloff 1987) und Institutionellen Gesprächen (Heritage 1997), Gesprächsorganisation in speziellen Arbeitskontexten (Atkinson/Drew 1979 und Drew/Heritage 1992), mit Blickkontakten (Goodwin 1979), Mimik und Gestik (Goodwin 2000) und mit Interviews (Baker 2001, Potter/Hepburn 2005).

Außer den Struktur gebenden Mustern und Regeln beinhaltet die Konversationsanalyse noch vier analytische Maximen, die eine Art ethnomethodologische Wegbeschreibung für das analytische Vorgehen bilden und als analytische Mentalität (Schenkein) bezeichnet werden. Diese werden von Bergmann (1988) beschrieben. Obwohl es möglich ist, eine andere Reihenfolge zu wählen oder einen intuitiveren Zugang zu finden, bilden diese vier Denkrichtungen den Hintergrund für das Auffinden der einzelnen Phänomene innerhalb der Konversationsanalyse. Die erste Maxime ist „Order at all points", die zweite bezieht sich auf „einfache Beobachtungen", die dritte auf „wiederkehrende Muster" und die vierte auf die „methodisch erzeugte Geordnetheit als Lösung für ein Problem" (ebd.: II: 27-45). Diese grundlegenden Denkansätze werden im Folgenden kurz erläutert.

Da die Konversationsanalyse sich aus der Ethnomethodologie entwickelt hat, wird sie von einer grundsätzlichen Ordnungsprämisse geleitet, es gilt die Maxime:

„Order at all points" (Sacks 1966, zit. nach Bergmann 1988, II: 27f). Jedes in einem
Transkript vorkommende Textelement könnte ein Ordnungsprinzip darstellen und
sollte deshalb als relevantes Untersuchungsphänomen in die Analyse einbezogen werden. Harvey Sacks spricht von soziologischen Theorien als einer Maschinerie, die
Probleme produziert, dabei aber häufig die Untersuchung kleinerer Elemente aus-
blendet. Dies soll durch die Konversationsanalyse nun gerade vermieden werden,
weshalb die ersten Fragen zur Analyse die nach irgendeiner Form von Ordnung im
Material ist und woraus diese Ordnung bestehen könnte.

Wie Bergmann (1988, II: 30-33) ausführt ist mit einfachen Beobachtungen
gemeint, dass jedes kompetente Mitglied einer Gesellschaft sie prinzipiell machen
könnte. Zum Beispiel spricht der Anrufer in einem Telefongespräch meistens zuerst
(Schegloff 1979) oder in einem Gespräch reden nicht alle gleichzeitig, sondern sie
sprechen nacheinander mit wechselnden Rollen als Sprecher oder Zuhörer (Sacks/
Schegloff/ Jefferson 1974). Wurde ein spezielles Detail als Ordnungselement identifiziert, wird danach geschaut, ob es sich dabei um ein sich wiederholendes Phänomen
oder ein wiederkehrendes Muster handelt. Als Beispiel dafür wird bei Bergmann
(1992) die Rhetorische Figur der Negation des Gegenteils, die als Litotes bezeichnet
wird, innerhalb eines psychiatrischen Frageformats beschrieben. In der vorliegenden
Studie ist die Beobachtung eines bestimmten Erzählformats mit einem Personalpronomenwechsel von „ich" auf „du" innerhalb eines Redezuges solch ein Beispiel.

Die methodisch erzeugte Geordnetheit wird als Lösung für ein Problem betrachtet. Deshalb wird auch das Problem rekonstruiert, dessen methodische Lösung
zu der beobachtbaren Ordnung der Interaktionsorganisation geführt hat. (Bergmann
1988, II: 35). Was gesucht wird, sind die handlungsleitenden Orientierungsmuster,
nicht die Ursachen für die Handlungen oder die Motive. Nur wenn sich die Handelnden im Datenmaterial selbst in ihrem „practical reasoning" (Garfinkel) nachweisbar an psychologischen Sachverhalten orientieren, gehen diese in die Analyse
mit ein. „Die Konversationsanalyse analysiert nicht die Bedingungen des Handelns,
sondern sie rekonstruiert, wie die Handelnden selbst die Bedingungen, unter denen
sie handeln, analysieren" (ebd.: 43). Dabei werden abweichende Fälle grundsätzlich in
die Analyse einbezogen.

Das Ziel der Konversationsanalyse besteht darin, begründete Hypothesen über
Verfahren, Methoden und Regeln aufzustellen, die die Interagierenden selbst benutzen um ihre Handlungsziele zu erreichen, also die Handlungsmuster, mit denen sie
die soziale Ordnung produzieren. Dabei sind Gespräche immer kontextsensitiv und
lokal situiert. Es gilt,

diejenigen Verfahren empirisch zu bestimmen, mittels derer die Teilnehmer an einem
Gespräch im Vollzug ihrer (sprachlichen) Handlungen die Geordnetheit der (sprachlichen)
Interaktion herstellen, das Verhalten ihrer Handlungspartner auf die in ihm zum Ausdruck
kommende Geordnetheit hin analysieren und die Resultate dieser Analysen wiederum in
ihren Äußerungen manifest werden lassen (Bergmann 1981a: 15f).

Die Untersuchung von Regeln und Mechanismen der Sprache, die sequenzielle Analyse und das empirische Vorgehen sind die wichtigsten Elemente der Konversationsanalyse. Da die spezifischen sprachlichen Mittel zum Auffinden von Deutungsmustern und ihrer Analyse nur vor dem Hintergrund dieser Grundregeln verstanden werden können, werden zuerst die wichtigsten Regelmechanismen kurz beschrieben. Beim Auffinden von Deutungen und Deutungsmustern geht es darum, wie die Akteure diese darstellen und sich damit in ihrer Biographie und der Gesellschaft positionieren. Beim Nachvollziehen eines Veränderungsprozesses geht es um die Mittel, mit denen der Prozess sichtbar gemacht werden kann.

Sprecherwechsel. Als elementarstes System der Gesprächsordnung wurde die Organisation des Sprecherwechsels beschrieben. Dieser Apparat aus Redekonstruktionen und Redezugverteilung mitsamt seinen Regeln ist die Lösung für das Problem, dass bei einer Unterhaltung niemand etwas verstehen kann, wenn ständig alle durcheinander sprechen (Bergmann 1988, III: 2). Die Grundeinheit im Sprecherwechsel wird durch einen Redezug bzw. Turn gebildet. Das Sprecherwechselsystem beinhaltet die Redzugkonstruktion, die Redezugverteilung und es hat einen rekursiven Charakter. Findet an einer für den Sprecherwechsel relevanten Stelle kein Turnwechsel statt, so beginnt „die Maschinerie" wieder von vorne. Das Regelsystem schnappt sozusagen auf Null zurück und beginnt von vorne, wobei dieselben Regeln greifen wie zuvor. Überlappungen von Äußerungen („floor fight" Schegloff 1982: 76) und gemeinsame Beendigungen oder Schweigephasen (Bergmann 1982) und der Kontext für eine Äußerung werden untersucht.

Damit ein Gespräch stattfinden kann und nicht nur eine monologische Sprechfolge erzeugt wird, müssen die Sprecher sich in ihren Redezügen abwechseln und ihre Äußerungen aufeinander abstimmen. Die Äußerungen der Beteiligten erfolgen „Zug um Zug" in wechselnder Abfolge, wobei der regulative Apparat der Gesprächsorganisation „regelt, welcher Gesprächsteilnehmer an welchen Stellen im Vollzug einer Äußerung als nachfolgender Sprecher in Aktion treten kann bzw. soll" (Bergmann 1981a: 25). Mit jedem Beginn eines Redezuges tritt der regulative Apparat des Systems erneut in Funktion. Während des Ablaufs eines Redezuges wird der nächste Sprecher selegiert und die Stellen für einen möglichen Sprecherwechsel festgelegt. Die Konstruktion der einzelnen Redezüge geschieht interaktiv. Dabei kommen bestimmte Turn-Zuweisungstechniken zur Anwendung, die zum Beispiel dann eingesetzt werden, wenn der aktuelle Sprecher den nächsten Sprecher auswählt oder wenn sich ein Sprecher selbst zum nächsten Sprecher macht (Selbstselektion). Es gibt unterschiedliche Turn-Konstruktionen, wobei einige nur aus einem einzelnen Wort bestehen, andere aus langen Ausführungen. Für Fehler oder Abbrüche bei der Redezugübernahme wie zum Beispiel nach Überlappungen, gibt es bestimmte Reparaturmechanismen. Nicht nur die Redezugabfolge wird interaktiv hergestellt, „sondern auch das ‚Innere' eines Redezuges [bildet] ein sozial organisiertes und in-

teraktiv kontrollierbares Terrain" (Bergmann 1988, III: 11). Außer dem Gesprächs-
beginn und dem Gesprächsende haben Redezüge immer eine dreiteilige Struktur,
denn sie werden jeweils vom vorausgehenden und dem nachfolgenden Redezug gerahmt. Jeder Redezug enthält deshalb Verweisungen, die entweder zurück oder nach
vorne weisen und die mit dem aktuellen Vollzug des Redezuges zusammenhängen.
Mit dem „Recipient Design" wird die Sprache im Hinblick auf den jeweiligen Zuhörer ausgerichtet. In einigen Situationen ist der Sprecherwechsel ausgehebelt, zum
Beispiel bei rituellen oder stark hierarchischen Bezügen, in institutionellen Kontexten wie den therapeutischen Gesprächen und in teilweise institutionalisierten Situationen wie in qualitativen Interviews.

   Sequenzanalyse. Bergmann führt aus, dass es sich bei Sequenzen um „die spezifische Verkopplung von Äußerungen zu einem genuinen Abfolgemuster" handelt und
die Sequenz ist ein „Interaktionsvorgang, dessen Struktur und Länge das Resultat bestimmter Organisationsprinzipien sind" (ebd.: 14). Dabei handelt es sich um Verkop-
pelungen von Äußerungen zweier Sprecher, die als zusammengehörend empfunden
werden. Die einfachste Basis-Einheit wird durch Paarsequenzen (adjacency pairs) gebildet, wie zum Beispiel Frage-Antwort, Gruß-Gegengruß oder Angebot-Annahme
bzw. Ablehnung. Bei Paarsequenzen besteht eine konditionelle Relevanz, das heißt,
durch die Äußerung des ersten Teils eines Paares wird eine normative Erwartungshaltung in Bezug auf die Produktion des dazugehörigen zweiten Teiles gebildet. So wird
zum Beispiel eine Antwort nur deshalb als Antwort erkennbar, weil sie in Folge einer
Frage produziert wird. Durch die konditionelle Relevanz wird zugleich eine Interpre-
tationsfolie für den zweiten Teil mitgeliefert. Bleibt der zweite Teil der Äußerung aus,
so wird das Fehlen bemerkt und interpretiert, zum Beispiel „als Unaufmerksamkeit,
als Ausweichen, als Schuldeingeständnis, als Antwortverweigerung, als Bockigkeit,
als Arroganz o. ä." (ebd.: 22). Jede elementare Einheit der Paarsequenz lässt sich durch
Einschübe, Präsequenzen, Prä-Präsequenzen oder Nachsequenzen erweitern. Durch
die Produktion des erwarteten zweiten Teils einer Paarsequenz zeigt der zweite Sprecher auch, dass er den ersten Teil richtig verstanden hat. Die Sequenzorganisation
wird von Schegloff (2007) in aller Ausführlichkeit und Präzision beschrieben und
erklärt.

   Kontext. Durch das sequentielle Vorgehen in der Sequenzanalyse steht jede Äußerung im Kontext der vorherigen Äußerung. Sie bezieht sich auf das, was zuvor
gesagt wurde oder führt etwas Neues ein, das vom Sprecher markiert und angezeigt
wird. Gleichzeitig bildet sie den Kontext für die nachfolgende Sequenz und ist deshalb schon davon geprägt, an wen sie adressiert ist. Insofern wird also jeder einzelne Redezug interaktiv hergestellt (Bermann 1988, II: 49f und III: 10-13). Von einem
externen Beobachter kann die Nachfolgeäußerung als eine Interpretation der voran
gegangenen gedeutet werden. Die Sprecher verhalten sich kontextsensitiv obwohl
durch die allgemeinen Sprachregeln innerhalb von Gesprächen Kontextunabhängig-
keit besteht.

Der institutionelle Kontext. Obwohl in dieser Arbeit der institutionelle Hintergrund für die analysierten therapeutischen Gespräche in einem eigenen Kapitel dargestellt wird, behandelt die Konversationsanalyse den institutionellen Kontext und das sprachliche Interaktionsgeschehen nicht als zwei getrennte Phänomenbereiche, sondern der Kontext eines Gespräches findet sich im Gespräch selbst wieder. Das an alltäglichen Unterhaltungen gewonnene Wissen über Interaktionen in Gesprächen wird auf Gespräche in institutionellen Kontexten übertragen. Da die Handelnden selbst kontextorientiert sind, nutzen sie ihr Wissen über den Kontext, in dem das Gespräch stattfindet und bringen ihn in die Interaktion ein. Insofern taucht der Kontext im Gespräch selbst auf, wenn er für die Akteure relevant ist und es gilt „den Kontext des Gesprächs als einen Kontext im Gespräch zu bestimmen" (Bergmann 1988: III: 53). Es geht darum zu analysieren, wie die TeilnehmerInnen selbst den Kontext interpretieren und damit umgehen.

> It is being proposed that the much invoked ‚dependence on context' must be investigated by showing that and how, *participants* analyse context and use the product of their analysis in producing their interaction. To say that *interaction* is context-sensitive is to say that *interactants* are context-sensitive and for what and how that is so is an empirical matter that can be researched in detail (Schegloff 1972: 115, Hervorhebung im Original).

Auf diese Weise wird der Kontext des Gespräches zum einen ständig in das Gespräch hinein vermittelt, zum anderen wird aber auch der Kontext selbst ständig reproduziert und wiederhergestellt. Die schon in Kapitel 1 beschriebene Indexikalität mit ihren Verweisen innerhalb des Gespräches und die Reflexivität praktischer Handlungen kommen dadurch zum Ausdruck.

Institutionelle Gespräche (Drew/Heritage 1998), haben bestimmte Zielorientierungen, die Handlungen unterliegen bestimmten Beschränkungen und sind mit spezifischen Prozeduren verbunden. Sie unterscheiden sich von alltäglichen Gesprächen in der „turn-taking' Organisation", da die Redezugverteilung durch die Rollenverteilung (zum Beispiel Arzt-Patient) vorreguliert ist. Durchbricht ein kompetentes Gesellschaftsmitglied die Regeln des institutionellen Settings, so zeigt es dabei an, dass es die Regeln kennt, indem das eigene Verhalten als unpassend markiert wird. Außer der Turn-Organisation gibt es noch andere strategische Punkte zur Beobachtung von Institutionalität, wie eine wiederkehrende (typische) Organisation von Interaktionen, die sequenzielle Ordnung, das Turn-Design, die lexikalische Wahl und epistemologische oder anderen Formen der Asymmetrie (Heritage 1997: 163f). Aus diesen Komponenten formt sich ein einzigartiger „fingerprint" (Heritage/Greatbatch 1991: 95f) der jeweiligen Institution. Zu Institutionellen Interaktionen siehe auch Arminen (2005).

Präferenzen. Wurde eine Sequenz initiiert, gibt es bestimmte Präferenzen bei der Wahl der nun möglichen Handlungsmöglichkeiten, Zustimmungen im Rahmen des erwarteten Verhaltens werden bevorzugt, Nicht-Zustimmungen möglichst vermieden. Sichtbar wird das, indem die bevorzugten Aktivitäten direkt und ohne Verzögerung erfolgen, dispräferierte Aktivitäten dagegen werden verzögert, abgeschwächt oder auch erst erklärt. Bei der Präferenzorganisation geht es nicht um Präferenzen aufgrund persönlicher Wünsche und Dispositionen, sondern um die institutionalisierten Eigenschaften der oben erklärten Redezüge und Sequenzen. Die institutionalisierten Merkmale präferierter und dispräferierter Handlungen sind so strukturiert, dass sie Kooperation maximieren und Konflikte im Gespräch minimieren, wobei es viele Modifikationen gibt. Umgekehrt ist es dagegen mit selbstentwertenden Äußerungen, typischerweise wird diesen eher nicht zugestimmt (Pomerantz 1984). Präferenzen wirken sich auch auf den Einsatz von Präsequenzen aus, es besteht eine enge Verbindung zu indirektem Sprechen und die Produktion präferierter oder dispräferierter Handlungen kann durch Rücksichtnahme auf Face-Verletzungen (Goffman 1967) geprägt sein (Atkinson/Heritage 1984: 56).

Reparaturen. Die oben schon erwähnten Reparaturmechanismen wurden in mehrfacher Hinsicht untersucht und dabei festgestellt, dass Reparaturen in einem Zeitfenster oder in einem bestimmten Raum auftauchen und stattfinden. Dieser Raum umfasst drei Redezüge einschließlich der Irritationsquelle. „The space is three turns long, starting from (i.e. including) the trouble-source turn" (Schegloff/Jefferson/Sacks 1977: 375). Bei Irritation hat die Selbstinitiation der Reparatur Vorrang vor der Fremdinitiation und die Organisation des Zeitfensters ist der Präferenz-Organisation durch Selbstinitiation angepasst.

Sprechpausen. Den in einer Unterhaltung möglicherweise auftretenden Schweigephasen oder Sprechpausen müssen nicht unbedingt dispräferierte Aussagen folgen, sie können verschiedene Bedeutungen haben und werden in redezuginterne Sprechpausen, freie Gesprächspausen und Redezug-Vakanzen unterschieden. Während die redezuginternen Sprechpausen vom aktuellen Sprecher produziert werden, wird die freie Gesprächspause interaktiv hergestellt, die Redezug-Vakanz entsteht durch Nichterfüllung oder Verzögerung der erwarteten Antwort (Bergmann 1982).

Indirektheit. Durch Pausen und Verzögerungen oder indirektes Ansprechen bestimmter Vorkommnisse durch Anspielungen, Abschwächungen und Beschönigungen von möglicherweise „zu harten" Aussagen können implizite Inhalte mittransportiert werden, ohne dabei direkt benannt werden zu müssen. Gerade durch die Vermeidung des Ansprechens aber werden die nicht benannten Ereignisse zu moralisch heiklen Themen (Bergmann 1992) gemacht, auch wenn sie ursprünglich nicht von einem der Akteure als heikel empfunden wurden. Indirektheit kann auch zur Erlangung von Wissen eingesetzt werden oder um Vorurteile oder Vorwürfe zu transportieren und spielt in vielen Gesprächen eine wichtige Rolle. Ganz allgemein dient sie dazu Imageverlust zu vermeiden, was immer dort besondere Bedeutung hat, wo enge Kooperation der Gesprächspartner notwendig ist. Indirektheit kann oft als eine Form von Höflichkeit gedeutet werden, die das Ansprechen unangenehmer Tatsachen diskret vermeidet. In der Psychiatrie kommt Indirektheit sehr häufig vor.

2.3 Erzählen als Ethno-Methode rekonstruktiver Wissensgenerierung

Das methodische Vorgehen der Konversationsanalyse orientiert sich an der „analytischen Mentalität", die oben beschrieben wurde. Unter anderem braucht es auch „Ausdauer bei der detektivischen Verfolgung der Spuren eines interaktiven Objektes" (Bergmann 1981a: 7). Entscheidend ist es „mögliche Untersuchungsphänomene nicht einfach über eine Liste von im vorhinein feststehenden Fragen zu lokalisieren, sondern sich vom Untersuchungsmaterial selbst vorgeben zu lassen und durch genaue Beobachtung einzuholen". Dabei besteht der erste Schritt darin, „in dem Untersuchungsmaterial bestimmte Gleichförmigkeiten oder Regelhaftigkeiten aufzufinden, also durch Beobachtung eine Geordnetheit oder Struktur festzustellen" (Bergmann 1981a: 21).

Da die Patienten in der Therapie sehr häufig dazu aufgefordert werden, frühere Geschehnisse und ihr Erleben zu rekonstruieren und darzustellen, kommen verschiedene Erfahrungserzählungen und Berichte in den Daten vor. Die Herstellung einer gemeinsamen Wissensbasis über biographische Erlebnisse des Patienten ist eine wichtige Grundlage für die Therapie und obwohl sie für die Therapeuten nicht die einzige Methode der Wissensgenerierung ist, wird in diesem Rahmen das Erzählen zu einer interaktiven Ethno-Methode der Rekonstruktion zur Herstellung gemeinsamen Wissens; dennoch kann das Erzählen allgemein auch andere Funktionen haben. Wie Bergmann/Quasthoff beschreiben werden im Alltag Kompensationstechniken dafür eingesetzt, dass Kognitionen und Wissen eines Subjektes von außen nicht erkennbar sind. Diese Techniken werden auch von den Therapeuten eingesetzt. Möglichkeiten dazu sind die Unterstellung von kollektiv oder biographisch geteiltem Wissen, die Beobachtung und Interpretation von Verhalten und die ständig mitlaufenden Erklärungen, mit denen Akteure ihr Verhalten als rational erklärbar darstellen, die „accounting practises". *„Weil ‚accounting practises' für die Handlung, in die sie verwoben sind, Deutungshinweise jeweils lokal verankert liefern, eröffnen sie auch einen Zugang zum Wissen dessen, der diese Handlung ausführt oder ausgeführt hat"* (Bergmann/ Quasthoff 2010: 26, Hervorhebung im Original). Zu diesen „accounting practises" gehört auch die spezifische Erfahrungserzählung mit Switch, die in den Daten durch ihr gleich bleibendes Muster und ihr häufiges Auftreten auffiel und schon aufgrund der Häufigkeit als Hinweis dafür aufgefasst wurde, dass sie in diesem Zusammenhang eine wichtige Bedeutung hat. Sie stellte sich später als ein praktisches Ethno-Verfahren zur Veränderungsdarstellung und Legitimation heraus, eine Lösung für das Problem, wie ein Umdenken logisch und rational dargestellt werden kann. Das aufgetauchte Erzählmuster enthält immer wiederkehrende sequenziell aufgereihte funktionale Anteile, deren Musterstruktur der Logik eines Handlungsvollzugs folgt und das sich in die Gesprächsinteraktion eingliedert. Da die Konversationsanalyse sich bisher nur wenig mit dem Erzählen befasst hat, wurde die linguistische Erzählanalyse einbezogen um der Bedeutung des Musters auf die Spur zu kommen.

2.3.1 Die Erzählanalyse

Die Erzählanalyse hat ihre Ursprünge in den Arbeiten von Labov/Waletzky (1967, 1973) und Labov (1972). Sie beschreiben die Komponenten der Makrostruktur des Erzählens als 1. Orientierung (Zeit, Raum, Personen), 2. Komplikation, 3. Evaluation, 4. Auflösung (Resultat) und 5. Coda. Evaluation und Resultat sind oft miteinander verschmolzen und viele Geschichten enden damit, ohne die Coda anzuhängen. Die Coda dient der Überleitung in die Gegenwart, sie sind von der Auflösung der erzählten damaligen Geschichte zeitlich abgegrenzt.

Den fünf genannten Komponenten fügte Sacks (1971) die Vor-Ankündigung des Erzählers („story preface") als erste Komponente (und damit als sechste) noch vor Beginn der Geschichte zu. Da Erzählen mehr Zeit beansprucht, als ein Redezug im üblichen Sprecherwechselsystem zur Verfügung stellt, muss dieses System zunächst außer Kraft gesetzt werden, entweder durch eine Ankündigung des Erzählers, das „story preface", oder durch eine Erzählaufforderung von Seiten des Zuhörers. Während Labovs Blick auf Erzählungen eher monologisch ist, zeigte Sacks damit, dass der Zuhörer von Anfang an in das Erzählen von Geschichten einbezogen wird. Auch danach werden die Geschichten im „Recipient Design" auf den jeweiligen Zuhörer zugeschnitten. Sacks hat sich 1970/71 in mehreren Arbeiten mit dem Erzählen befasst, die alle in dem Band „Lectures of Conversation" (Sacks 1992: Vol. II, Part I, 2; III, 2; IV, 2-6; VII, 9-12) veröffentlicht wurden. Labov zeigte in der Analyse der Regeln für rituelle Beleidigungen (Labov 1972) einer kulturellen Subgruppe, dass Evaluation (Lachen, Kommentare der Zuhörer) über den ganzen Zeitablauf solcher Episoden stattfindet und damit auch der Erzählablauf interaktiv gestaltet wird. Nach einer narrativen Sequenz wird das ursprüngliche Gespräch wieder aufgenommen und weitergeführt. Jefferson (1978) beschreibt wie Geschichten in Alltagsgesprächen lokal entstehen und sich anschließend auf die nachfolgenden Sequenzen im Gespräch auswirken, indem die Aussage der Erzählung in das Gespräch integriert wird.

In der linguistischen Erzählanalyse wird zwischen episodischem Erzählen (einzelne Episoden), der Rekonstruktion sich wiederholender Episoden (iteratives Erzählen) und verallgemeinernden Darstellungen unterschieden, wie in einem Überblick bei Gülich/Schöndienst/Surkamp (2003: 226-229) beschrieben wird. Beim Erzählen gerät der Erzähler in Zugzwänge, die von Kallmeyer/ Schütze (1977) als „Detaillierungszwang", als „Relevantsetzungs- und Kondensierungszwang" und als „Gestaltschließungszwang" bezeichnet werden. Gülich (1980) unterscheidet zwischen funktionalen und nicht-funktionalen Geschichten im Sinne von Kallmeyer und Schütze, die sich nach Struktur und sprachlicher Form unterscheiden. Funktionale Erzählungen dienen als „Beleg oder Illustration für eine – vom Erzähler selbst oder von einem Kommunikationspartner geäußerte – These" (Gülich 1980: 349). Nicht-funktionale Geschichten dagegen „sind vielleicht besonders geeignet, ein bestimmtes ‚Image' und damit einen ‚sozialen Wert' zu vermitteln; ihnen dürfte daher in der ‚Imagearbeit' Holly (1979) eine wichtige Rolle zukommen" (ebd.: 356). Außerdem gibt es bestimmte Jobs, Mittel und Formen (Hausendorf/Quasthoff 1996), die in der Erzählung zu erledigen sind oder Eingang in sie finden. Sie können interaktiv hervorgebracht werden. Die Jobs bestehen aus dem „Darstellen von Inhalts- und/oder Formrelevanz", aus „Thematisieren", „Elaborieren/Dramatisieren", „Abschließen" und „Überleiten" (ebd.: 135-138), dazu gibt es bestimmte sprachliche Mittel und Verfahren zur Erledigung der Jobs. Nach Luckmann

nehmen Rekonstruktionen (…) einen breiten Raum im täglichen Leben ein. Darüber hinaus sind sie gerade für die Bewältigung der Alltagswirklichkeit von besonderer Wichtigkeit. Denn als wirklichkeits-feststellende Formulierungen wirken sie entweder offenkundig oder zumindestens unterschwellig als Wirklichkeitsfestlegungen. Dieser grundlegende normative Charakter rekonstruktiver kommunikativer Vorgänge verleiht ihnen ihre besondere Bedeutung in der Vermittlung handlungsorientierenden Wissens – noch unter der Schwelle expliziter Handlungsanleitungen in der Form von Geboten und Verboten, Rezepten, Maximen und Katechismen (Luckmann 1986: 200f).

Das Erzählen ist die kommunikative Gattung, durch die persönliche Erfahrungen weitergegeben werden und es gehört zu den „rekonstruktiven Gattungen" eines kommunikativen Haushaltes (Luckmann 1986, 1988), (Bergmann/ Luckmann 1995). Akteure, die sich kommunikativer Gattungen bedienen, müssen Wissen darüber haben, wie sie sich innerhalb ihrer Gesellschaft dabei zu verhalten haben und welche kulturellen Praktiken dazugehören. Sie müssen die moralischen Werte kennen, auf die sie sich beziehen, wie zum Beispiel beim Klatsch (Bergmann 1987) oder in Konversionserzählungen (Ulmer 1986, 1988). „They are imbued with cultural values; people rely on socially accepted knowledge about them (an ethno-theory) in order to make use of genres" (Bergmann/Luckmann 1995: 297).

Eine andere Art der Rekonstruktion, die in das Erzählen eingebettet werden kann, ist die szenische Darstellung, bei der es zu „einer Reinszenierung von Erfahrungen oder Ereignissen kommt" (Bergmann 2000b). Auch in der Psychoanalyse werden szenische Darstellungen beschrieben, zum Beispiel bei Streeck (2000). Als Darstellungstechniken dienen das „szenische Präsens" zum Wechsel aus der Vergangenheit in die Gegenwart, ein hoher Detaillierungsgrad und die direkte wörtliche Rede, bei der verschiedene Stimmen dargestellt werden (Lucius-Hoene/Deppermann 2004). Die Technik der Redewidergabe ist „in besonderem Maße geeignet, Beziehungen zwischen den Interaktanten der erzählten Geschichte deutlich zu machen" (Gülich/Schöndienst/Surmann 2003: 229), was die Beziehung zwischen erzählendem und erzähltem Ich einschließt und dem Erzähler erlaubt, sich zu positionieren (Lucius-Hoene/Deppermann 2004: 196-212). Das Konzept der Positionierung führen sie auf Holloway (1984) zurück.

Mit Positionierungen hat sich aber auch schon Goffman (1981) befasst. Er beschreibt einen „code switch" beim Wechsel der Rollenposition, deren Einnahme er als „footing" bezeichnet.

> For obviously, when we shift from saying something ourselves to reporting what someone else said, we are changing our footing. And so, too, when we shift from reporting our current feelings, the feelings of the ‚adressing self‘, to the feelings we once had but no longer espouse. (Indeed, a code switch sometimes functions as a mark of this shift.) (Goffman 1981: 151).

Goffman beschreibt damit einen Code Switch, der sowohl in der Erzählung auftreten kann wenn die wörtliche Rede eines anderen dargestellt wird, als auch dann, wenn ein Sprecher von der Darstellung aktueller Gefühle zu früheren Gefühlen wechselt, mit denen er sich jetzt nicht mehr identifiziert. Ist in dieser Zeit zwischen früher und heute eine Veränderung eingetreten, so kann sie durch einen Code Switch deutlich gemacht werden. Dies wird durch einen Personalpronomenwechsel innerhalb eines Redezuges dargestellt. Der Code Switch kann auf eine Veränderung durch Erfahrung verweisen, auf neu hinzugewonnenes Wissen des Subjektes und dient gleichzeitig als „Account" für eben diese Veränderung. Dabei kann es sich um eine einfache, vielleicht sogar verallgemeinerte Erfahrung handeln oder um ein tiefgreifendes Umdenken. Der Code Switch im Footing gibt der hier untersuchten Erfahrungserzählung mit Switch ihren Namen.

Unter Berücksichtigung des Footing-Konzeptes geht das Konzept der „Agency"-Darstellung in Gesprächen deshalb auch auf Goffman zurück, denn es handelt sich dabei um ein „Verfahren der Selbstpositionierung". Sowohl in der Gesprächsforschung, als auch in der Psychologie findet sich eine „Verknüpfung von Selbst und narrativen bzw. rekonstruktiven Darstellungsverfahren" (Schwabe 2006: 204). „Im Zentrum der Analyse von ‚Agency‘ im Hinblick auf Selbstzuschreibungen des Sprechers steht daher insbesondere, wer als Ausführender einer Handlung dargestellt wird und inwieweit damit eine Kontrolle über das dargestellte Handeln verbunden ist" (ebd.: 205). Dabei kann durch die Sprache auf verschiedene Rollen verwiesen werden, wie zum Beispiel der „Agens als handelnder Person, die die Handlung initiiert und/ oder kontrolliert" oder den „Aktanten, als handelnder aber das Handeln nicht selbst kontrollierender Person". Es können aber auch erleidende Rollen „im Rahmen von Passivkonstruktionen" sein. Erkennbar wird der „Grad der Kontrolle in und über den Handlungsverlauf" (ebd.: 204f), den der Erzählende sich selbst zuschreibt.

> In der Erzählforschung – wie auch in Teilen psychologischer Forschung – wird mit ‚Agency‘ so vor allem die Art und Weise bezeichnet, in der ein Sprecher die jeweilige Handlungsstruktur einer dargestellten Situation konfiguriert. Es geht also darum, wie ein Sprecher sich selbst und andere in der dargestellten Welt verortet und zueinander positioniert (Schwabe 2006: 205, Hervorhebung im Original).

Positionierungswechsel, bei denen der Sprecher sich selbst mit Du anspricht, können von Therapeuten unter Umständen als ein Zeichen einer tiefen Störung gedeutet werden, nämlich als die (unbewusste) Übernahme der Position oder Perspektive des Rezipienten. Aus diesem Grund ist die Untersuchung verschiedener Varianten des Auftretens solcher Wechsel in Erzählungen innerhalb der Therapie eines bestimmten Patienten eine Möglichkeit, Veränderungen der Selbstdarstellung nachzuvollziehen. Erzählungen haben in der therapeutischen Praxis „immer Aufmerksamkeit gefunden" und durch die Untersuchung der Erzählpraxis kann man zu einer „relationalen Perspektive" kommen (Buchholz 2006: 287). Schizophrene Patienten zum Beispiel „inszenieren sich als ‚abwesend‘" (ebd.: 286).

> In ihrer professionellen Praxis haben sensible Therapeuten dem interaktiven Moment immer schon ihre besondere Aufmerksamkeit geschenkt. Ich nenne als Beispiel die Beobachtung von Searles (1987): Je gestörter ein Patient ist, umso mehr spricht er aus der übernommenen Perspektive seines Zuhörers, die er freilich für die eigene hält und ausgibt (ebd.: 286). (…)

> Für eine Analyse des therapeutischen Geschehens, insbesondere bei schwerer gestörten Patienten, muss also zum *Inhalt einer Erzählung* die Untersuchung der *konversationellen Praxis des Erzählens* dazukommen. Empirische Untersuchungen lassen sogar vermuten, dass so genannte Persönlichkeitsstörungen genau dann diagnostiziert werden, wenn die unbewussten Regeln der ‚normalerweise geltenden‘ Gesprächsroutinen stärker verletzt werden (Buchholz 2006: 287, Hervorhebung im Original).

Dabei ist es für die psychotherapeutische Praxis besonders bedeutsam, dass es in Erzählungen manchmal zu „charakteristischen Vertauschungen der Erzählposition" kommt. „Der Erzähler spricht plötzlich in der Du-Form von sich, etwa ‚Weiß‘ de, wenn‘de das erlebt hast, dann …" (ebd.: 295). Auch hier spielt das Footing also eine erhebliche Rolle.

Für Ethnomethodologie und Konversationsanalyse ist „Agency" nur situativ gebunden und in der momentanen Darstellungs-Praktik zu beobachten. Sie orientieren sich nicht an einer Kern-Identität von Subjekten, denn ebenso wie Kognitionen und Wissen sind ‚Selbst‘ und Identität nicht von außen zugänglich. „Agency", das Selbst und die Identität müssen immer wieder neu situativ in den Praktiken der Subjekte hervorgebracht werden, das Subjekt konstruiert sich selbst durch sein Handeln und es wird nur anhand seiner Praktiken für andere Subjekte wahrnehmbar. Dabei orientiert sich der Akteur in seinen Praktiken an den moralischen Regeln seiner Kultur. Speziell auseinandergesetzt hat sich mit diesem Thema Kim Kwang-ki (2003: 81-106).

> Ethnomethology claims that agency should be examined by virtue of practical activities. For ethnomethodology and conversation analysis, agency may be seen as something which emerges, is maintained, and finally, fades way in the course of interaction *in situ*. Concomitantly, human agency, especially identity, as Zimmerman points out, is treated as an element of the context of interaction (1998, 87) (Kim Kwang-ki 2003: 103, Hervorhebung im Original)

und "in conversation analysis, identities are inherently moment-based" (ebd.: 104).
Dabei bezieht er sich auf (Garfinkel 1967: 116-185), (Antaki/Widdicombe 1998: 1-14),
(Zimmermann 1998: 87-116), (Sacks 1972), (Hester/Eglin 1992: 16, 1997: 16), (Watson
1992: xiv), (Lynch 1993: 258). Unabhängig von der Herangehensweise durch EM und
KA ist das, was sich ein Subjekt selbst als Identität über seinen biographischen Ver-
lauf zuschreibt.

Rekonstruierte Erfahrungen können in der Erinnerung anders erscheinen als
während des Erlebnisses. So kann die präsentierte Selbst-Darstellung und Deutung
bezüglich eines Erlebnisses in Erzählungen variieren und es ist möglich, je nach Adres-
sat unterschiedliche Darstellungen zu geben und auch verschiedene Deutungsmuster
anzuführen. In Erzählungen können Erlebnisse gedeutet und bewertet oder reformuliert werden. „Erzählen ist eine Art der Verarbeitung, Bewahrung und Weitergabe von
Erfahrung" (Hausendorf/Quasthoff 1996: 10). Durch Weglassen oder Dazuerfinden
können einzelne Aspekte andere Relevanzen erhalten und damit ihre Bedeutung umgedeutet werden. Dabei bewegt sich erzähltes Leben „in der Spannung zwischen Erfüllung und Katastrophe" (Boothe 2006: 13). Erzählen ist auch die wichtigste sprachliche
Form, mittels derer persönliche Erfahrungen weitergegeben werden. Einige Psychologen verwenden die spezifische Erzählanalyse nach Jakob (Boothe 2000). Darin wird
versucht, den unbewussten Konflikt des Erzählers in Alltagsgesprächen zu erschließen
und diesen als psychodynamische Beziehungsdiagnostik zu formulieren. „Die auf Basis der Erzählanalyse gewonnenen Auswertungsergebnisse dienen zur Formulierung
von Hypothesen über Bedingungen des Therapieprozesses und der therapeutischen
Beziehung" (Boothe 2001: 31). Auf diese spezifisch diagnostische Erzählanalyse kann
hier nicht eingegangen werden, weil es nicht darum geht, Diagnosen zu erstellen. Psychologische Inferenzen oder diagnostische Einschätzungen können nur dann berücksichtigt werden, wenn sie im Gespräch Ausdruck finden.

Für die Identifikation der vom Sprecher als relevant gesetzten Deutungsmuster stellt
sich die Frage, ob der Erzähler sich selbst als der Denkende positioniert oder ob die
Kognitionen seinem Empfinden nach als Deutung oder Deutungsmuster von außen
auf ihn zu kommen und er sie übernimmt. Dabei geben vor allem die Identifikation
des Denkenden und die zitierte wörtliche Rede – wie der Switch in die (Du-)Position
eines bestimmten oder verallgemeinerten Anderen oder auch einen Positionswechsel
bei der Einnahme einer Haltung im biographischen Verlauf – Aufschluss darüber,
wieviel Eigeninitiative sich der Erzähler bei seinen Entscheidungen zuschreibt und
ob Wissen, Gedanken oder Entscheidungen eher als aus sich selbst heraus entwickelt
oder als von außen an ihn herangetragen dargestellt werden. Auch wenn Deutungsmuster nur schwer zu verändern sind, so geschieht dies doch gerade durch die freie
Entscheidung, die das Subjekt treffen kann, wenn es sein Leben verändern möchte.
In den reflexiven Bewusstseinszuwendungen wird auch der Sinn von Erfahrungen
konstituiert (vergl. Luckmann 1986: 197).

In dieser die menschliche Wirklichkeit kennzeichnenden, eigenartigen Mischung von Tun und Nicht-Tun, von fremdem Dazu- und Dagegen-Tun, von Erdulden der angehäuften Folgen eigenen und fremden Tuns sowie Unterlassens und von Ertragen natürlicher Vorgänge bildet das eigene Handeln dennoch einen für jedermann ausgezeichneten Bereich, nämlich den Bereich eigener Bestimmung. Gerade dieser – wie immer begrenzte – Bereich der Freiheit konstituiert sich als ein Bereich des Wissens (Luckmann 1986: 192).

2.3.2 Dargestellte Erfahrungseinheiten mit Switch

Die schon erwähnte Erfahrungserzählung mit Switch enthält immer gleiche Funktionseinheiten, die in verschiedenen Varianten eingesetzt werden können und damit jeweils auf spezifische Inhalte, Positionen oder „Agency" verweisen. Dieses Erzählschema wird im Folgenden vorgestellt. Ausdrücklich angemerkt wird dazu, dass die Untersuchung darüber keine Gattungsanalyse sein soll. Die Ein-, Zu-, oder Unterordnung der Erfahrungserzählung mit Switch und eine umfassende Ausarbeitung dazu können in der vorliegenden Studie nicht durchgeführt werden. Allerdings besteht eine große Ähnlichkeit zur Gattung der von Ulmer beschriebenen Konversionserzählungen. Analysen vermittels des Erzählschemas finden sich in den zwei exemplarischen Deutungsmusteranalysen zu „Frau Bauer" und „Herrn Grosser" und in Kapitel 7.

Ulmer (1986, 1988) beschreibt in seinen Arbeiten über Bekehrungserlebnisse eine zeitliche und thematische Dreiteilung als Grundstruktur der gesamten Erzählung. Sie beginnt mit einer die Konversion vorbereitenden biographischen Darstellung und einem auslösenden krisenhaften Erleben vor der Konversion, dann folgt das religiöse Erlebnis als Wendepunkt und endet mit der Zeit danach, in der der Konvertit jetzt lebt. Das religiöse Erlebnis selbst findet in einem kognitiven Innenraum statt, in den zur Beschreibung des Erlebens eingeführt werden muss. Dennoch bleibt das subjektive Erleben kaum vermittelbar und wird deshalb durch Stottern, Stimmversagen und Satzabbrüche reinszeniert. Nach der Darstellung dieses Innenerlebens muss die Beschreibung wieder in die Außenwelt übergeleitet werden.

In den vorliegenden Daten wird auch bei nicht religiös gebundenen Veränderungs-, Lern oder Erfahrungserlebnissen in der Erfahrungserzählung bei der Fokussierung auf die stattfindende Veränderung zunächst die als krisenhaft erlebte oder negativ bewertete Ausgangssituation angesprochen und danach zur Darstellung des Denkvorgangs in den kognitiven Innenraum eingeführt. Sprachlich wird das durch die Benennung der Kognition gelöst, die in diesem Innenraum vollzogen und in der Erzählung vermittels wörtlicher Rede zitiert wird. Anschließend muss die Handlung wieder in die Außenwelt übergeleitet werden, zum Beispiel durch die Darstellung der Anschlusshandlung nach einer Entscheidung oder durch einen Orts- bzw. Zeitwechsel aus der beschriebenen Vergangenheit in die Gegenwart und das Präsens des Hier und Jetzt. Im Gegensatz zur religiösen Bekehrung wird dabei aber gerade die logische

Entscheidung oder Schlussfolgerung deutlich gemacht. Im therapeutischen Zusammenhang ist für den Patienten besonders wichtig, sein logisches Vorgehen erkennbar zu machen und damit zu zeigen, dass er „nicht verrückt" ist. Insofern gehören die Erfahrungserzählungen mit Switch auch zu den „accounting practises".

Durch den Einsatz dieses Erzählschemas über ein konkretes Umdenken ergibt sich ein Muster mit immer gleichen Sequenzen, welches von allen Sprechern genutzt wird und das die Bedingungen und Vorgänge vor, während und nach der Veränderung in einer kurzen, logischen und effektiven Form beinhaltet. Dabei wird durch den Einsatz der Zitierung eigener Gedanken in wörtlicher Rede die Dramatik der Veränderung implizit dargestellt. Hat kein Umdenken stattgefunden, so wird der Code Switch ins Du nicht vollzogen. Da aber dennoch ein Gestaltschließungszwang besteht (Kallmeyer/Schütze 1977), wird das Erlebnis bzw. der Veränderungsprozess als (noch) nicht abgeschlossen gehört. Mit Hilfe dieses Darstellungsschemas für Erfahrungsepisoden zeigen sich die Akteure gegenseitig an, ob sie eine Erfahrung „gelernt" und/oder eine Veränderung vollzogen haben. Die Zitierung der Gedanken in Du-Form bzw. wörtlicher Rede, die an sich selbst adressiert ist, kann den Therapeuten einen Hinweis auf das momentane psychische Erleben der Patienten und damit möglicherweise auch auf die Diagnose geben, das Sprechen mit sich selbst kann aber auch als Ressource zur Therapie genutzt werden.

Das Grundmuster der Darstellung einer Erfahrungseinheit mit Switch in rekonstruierender Erzählung umfasst folgende Sequenzen, die auch den Aspekten der Orientierung, Komplikation, Detaillierung, Evaluation, Auflösung und Resultat nach Labov/Waletzky (1973) folgen, gleichzeitig aber die Einführung in den subjektiven Innenraum und die Rückführung in das aktuelle Erleben enthalten. Sie werden durch eine Frage des Zuhörers ausgelöst oder können in längeren monologischen Sprecheranteilen selbst ausgewählt werden, wie in den Interviews der Vorstudie deutlich wurde. Die biographische Krise wird manchmal sehr ausführlich beschrieben, da sie auch der Legitimierung des Umdenkens dient, aber manchmal wird die negative Bewertung der Situation auch nur kurz angedeutet.

Rezipienten-Frage oder Selbstwahl (story-preface)
1. Eine Situationsbeschreibung (Ort, Zeit, Personen) mit einer negativen Deutung und Bewertung der Situation (biographische Krise)
2. Die Identifikation des Akteurs, Sprechers oder des Denkenden (ich, Mutter, man)
3. Die Benennung der Kognition (Gedanke, Frage, Vorstellung etc.) in der Vergangenheitsform führt in den Innenraum ein.
4. Das Zitat der Kognition mit Du-Turn im Redezug im Präsens (wörtliche Rede) als dramatischer Höhepunkt der Geschichte im kognitiven Innenraum
5. Eine Entscheidung, die explizit oder implizit enthalten sein kann
6. Die Darstellung einer Reaktion bzw. einer Anschlusshandlung, durch die die damalige Entscheidung in die Tat umgesetzt wurde oder ein Orts- bzw. Zeit-

wechsel führt aus dem Innenraum heraus, leitet in das Präsens des Hier und Jetzt über und schließt damit die Gestalt ab.
Weiterführung des Gespräches unter Einbeziehung des Wissens oder Nachfragen des Rezipienten.

Dieses Erzählmuster wiederholt sich, ob die episodische Erfahrungseinheit nun in biographischen Interviews wie in der Vorstudie oder in der therapeutischen Interaktion erzählt wird, ob sich der Sprecher selbst wählt oder ob er zum Erzählen aufgefordert wird. Die Erzählaufforderungen können explizit oder diskret sein. Besonders im therapeutischen Kontext gibt es viele Arten diskreter Erzähl- und Formulierungsaufforderungen, die als Gesprächstechnik eingesetzt werden, um Patienten zum Sprechen zu bewegen. In den vorliegenden Daten sind es vor allem die direkten Fragen und diskrete Erzählaufforderungen der Therapeuten, die die Patienten dazu bringen, ausführlicher auszuholen und aus ihrem Leben zu erzählen. Die Therapeuten dagegen erzählen kaum etwas Persönliches von sich, womit sich auch das „Institutionelle" der Gespräche und der Sprecherwechselorganisation in den Therapiegesprächen ausdrückt (Antaki, Barnes, Leudar 2005), (Leudar, Antaki, Barnes 2006). Das Erzählen ist zum einen für die Therapie wichtig, weil der Therapeut nur darüber Wissen über das Erleben des Patienten erhält, zu dem er sonst keinen Zugang hat, zum anderen kann es auch für den Patienten eine positive Wirkung entfalten, indem er Dinge ausspricht, die er sonst in sich hineinschluckt. Die kathartische Wirkung oder Behandlung (Breuer) wurde in (Freud/ Breuer 1895) beschrieben, seine Patientin Anna O. prägte den Begriff „Redekur".

Im Folgenden wird eine Variante der Erfahrungs-Erzählungen mit Switch dargestellt und analysiert und die dabei auftauchenden einzelnen Sequenzen aufgeführt. Die Erzählung stammt von dem Patienten Herrn Ellerbrock, der seine Therapie abgebrochen hat und von dem deshalb nur ein einzelnes Gespräch vorliegt.

Der Patient kann sich nicht mit der Vorstellung anfreunden, dass seine Rückenschmerzen eine psychosomatische Komponente enthalten sollen und lehnt deshalb die Therapie ab.

2.1. Transkript (Patient Herr Ellerbrock, G1, Zeile 227-257)

1   T: gibts da eine: ä::m psychische mitbeteiligung
2   oder auch schmerzwahrnehmung abhängig
3   P: mm
4   T: von dem psychischen befinden
5   P: mm
6   T: zum beispiel wenn die stimmung niedergeschlagen ist
7   P: hmm
8   T: dass dann der schmerz anders wahrgenommen wird
9   oder umgekehrt

10   P: also es ist vielleicht so, dass *wenn* **man** (.)viel zu tun hat
11   (.) stresssituationen, jahresabschluss, monatsabschluss
12   T: hmhm
13   P: ä diese dinge die äm (.)
14   sind *dann* in dEm augenblick NICHt mehr so präsEnt und äm (.)
15   deshalb dann und dann wenn also dann stressituation
16   belAstungs außerordentliche belAstungssituation hochkommt,
17   dann (.) **merkt man** *dann* (.) nach einer gewissen phase
18   (.) **ey** (.) **du hast ä auch auf deinen RUEcken zu achten** (.)
19   das heißt, der rücken, der schmerz (.)
20   bestimmt dann auch letztlich den rhythmus **deiner** ARBeit.
21   T: hmhm
22   P: und äm insofern äm
23   gibt es da son zusammenhang zwischen stress
24   beziehungsweise (.) hoher ARBeitsaufwand
25   und dann noch vielleicht n additiven (.) verstärker
26   der multiplikator der dann den ä den schmerz
27   nochn bisschen verstärkt,
28   aber das ist nicht so: ä:m ja: (.)
29   so entscheidend sag ich mal. aber (.)
30   das führt sicherlich dazu, dass **man** dann
31   etwas WENiger rücksicht ä auf sich nimmt (.) ja.
32   T: das heißt wenn **sie**: mehr belastet sind,
33   sowohl beruflich als auch privat mehr aktiv sind äm
34   P: ja

Die Therapeutin fragt nach einer psychischen Mitbeteiligung am Schmerzempfin-
den und löst damit die Erfahrungsbeschreibung aus. Der Patient antwortet nicht
in der Ich-Form, sondern verallgemeinert seine Aussage zum Erleben in Stresssituationen mit [*man*] und setzt mit der kategorischen Formulierung von „wenn-dann"
einen Zusammenhang zwischen länger andauernden starken Belastungssituatio-
nen, indem [*nach einer gewissen phase*] eine Kognition auftaucht [*merkt man*]. Die
Kognition wird anschließend mit dem positionswechselnden Switch in wörtlicher
Rede zitiert [*(.) ey (.) du hast ä auch auf deinen RUEcken zu achten (.)*]. Anschließend „übersetzt" er die zitierte wörtliche Rede eines nicht identifizierten Sprechers
bzw. die Metapher des „personifizierten sprechenden Schmerzes" als eine Schmerz-
empfindung, die das Anschlussverhalten beeinflusst. Dabei spricht er nicht von
seiner Arbeit, die beeinflusst wird, sondern vom [*rhythmus deiner ARBeit*]. Durch
diese Distanzierung von sich selbst verallgemeinert er die Situation des Schmerz-
empfindens ebenso wie die Fremdbestimmung seines Arbeitsrhythmus' durch die
Schmerzen.

In seinem Resümee kommt er zurück auf die Stresssituation, die durch den Schmerz verstärkt wird und äußert, er halte die Verstärkung durch den Schmerz nicht für entscheidend, die Situation insgesamt aber dahin führend, dass [*man*] in solchen Situationen [*dann etwas WENiger rücksicht ä auf sich nimmt*], wobei er die Situation generalisiert und sich damit von seinem Leiden distanziert, danach bestätigt er seine Aussage noch einmal mit [*ja*]. Diese verallgemeinerte Situations- und Erfahrungsbeschreibung lässt die Therapeutin nicht so stehen, sie führt die generalisierte Darstellung mit ihrer zusammenfassenden Deutung zurück auf das Erleben des Patienten [*das heißt wenn sie:*], wobei sie das [*sie:*] betont lang zieht. Diese auf ihn selbst bezogene Deutung wird vom Patienten bestätigt. Damit wird das eigene Erleben, dem die hier fehlende erzählerische Darstellung in Ich-Form entsprechen würde, nachträglich wieder in die Situation eingebracht, denn nur wenn der Patient seine eigene Beteiligung am Geschehen akzeptiert, kann er etwas verändern. Die generalisierte Erfahrung von an Schmerz angepasstem Verhalten als ein verallgemeinertes Deutungs- und Handlungsschema kann vom Patienten nicht bearbeitet werden, wenn er es nicht auf sich selbst bezieht.

Durch die Analyse der Erzählungen vor dem Hintergrund des Erzählschemas erlangen die verschiedenen Ausführungen ihre je spezifische Bedeutung. Die Stärke der Distanzierung zum eigenen Erleben durch Verallgemeinerungen verweist auf die subjektive Eingliederung in ein zu mindestens angenommenes allgemeines Deutungsmuster und damit auf die Abgabe individueller Verantwortung des Sprechers, die auch in der Agency-Darstellung zum Tragen kommen kann.

2.4 Konzepte, Mechanismen und Indikatoren

2.4.1 Konzepte und Mechanismen

Da sowohl persönliche Deutungsschemata als auch die auf sozialisiertem Wissen beruhende Deutungsmuster in enger Beziehung zu moralischen Bewertungen stehen, sind besonders solche Konzepte und Mechanismen zur Deutungsmusteranalyse geeignet, die sich auf moralische Vorstellungen und Verantwortung oder auf kulturelles Wissen beziehen. Kulturelle Werte müssen jeweils im Alltag von den Akteuren interaktiv und je nach Situation adäquat eingebracht und gedeutet werden. Durch diesen Deutungsprozess werden das kulturelle Wissen sowie die Kognitionen durch die kommunikative Kompetenz der Akteure in moralische Regeln übersetzt (Heritage 1984b). In enger Verbindung zu Moral und Allgemeinwissen stehen Konzepte über Höflichkeit, besonders Goffmans Face-Konzept (1955) zusammen mit seiner Ausarbeitung zu Territorien (1971) sowie die anschließenden Untersuchungen dazu, aber auch kategorische Formulierungen (Ayaß 1999) und der auf sozialisiertem Wissen basierende Membership Categorization Device (Sacks1972, 1992).

Face und Höflichkeit. Höflichkeit bezieht sich auf die jeweils gültige soziale Ordnung eines Kulturkreises. Höflichkeit hat stark kulturell geprägte Bestimmungen
und wird aus einem Zusammenspiel von (kulturell geprägten) Raumordnungen und
gesichtswahrenden Komponenten zwischen einem Subjekt im Umgang mit gegen-
ständlichen Dingen oder im Umgang mit anderen Subjekten gebildet. Entspricht
die gezeigte Ehrerbietung nicht den moralischen Regeln der jeweiligen sozialen Ordnung, so wird das Verhalten von den Mitgliedern als Fehlverhalten bewertet und je
nach Stärke der Verfehlung sanktioniert. In diesem Zusammenhang bestehen spezifische Reparaturmechanismen, die dazu dienen sollen, den Fehler zu korrigieren.
Das Bewahren von Image, Höflichkeit und das Einhalten von Regeln in bestimmten
Organisationen spielt, zusammen mit den Regeln des Sprecherwechsels und indi-
rekter Sprechweise, nicht nur in Alltagsgesprächen, sondern auch in institutionellen
Kontexten eine wichtige Rolle, bzw. überall da, wo Kooperation gefragt ist und damit
auch und gerade in Interviews und anderen professionalisierten Gesprächen, ganz
besonders in der Therapie. Einen Überblick zu den Konzepten und Ausarbeitungen
darüber gibt Dausendschön-Gay (2001).

    Kategorische Formulierungen. Kategorische Formulierungen sind den Paarse-
quenzen bezüglich der konditionellen Relevanz ähnlich, sie unterscheiden sich aber
insofern von den Paarsequenzen, als sie sich innerhalb eines Redezuges finden und
nicht Verhaltens-Erwartungen zweier Sprecher miteinander verbinden wie die „adjacency pairs". Dennoch bezieht sich das „Innere Terrain" des Redezuges auf den
vorherigen und den anschließenden Redezug, durch die er gerahmt und kontextuell
eingebettet wird. Kategorische Formulierungen haben einen formelhaften Charakter
und drücken die enge Zusammengehörigkeit zweier Handlungen aus. Werden kategorische Formulierungen wie ‚wenn-dann', ‚wer-der', ‚wo-da' oder ‚je-desto', ohne
den ersten Teil produziert, so wird der zweite Teil der Äußerung als solcher vom
Zuhörer erkannt und das Fehlen des ersten Teiles fällt auf (Ayaß 1999: 106). Es wird
also insofern eine Erwartung produziert, als der Redezug als unvollendet gehört wird
wenn der zweite Teil fehlt oder umgekehrt eine dazugehörende Vorbedingung für
den zweiten Teil nicht erwähnt wird. Häufig finden sich metasprachliche Einbettun-
gen wie bei Zitaten.

    MCD. Membership Categorization Device. Der MCD wurde von Harvey Sacks
(1972, 1992[7]) ausgearbeitet und bezeichnet eine soziale Ordnungsstruktur, die aus
Mitgliederkategorisierungen besteht. Diese sozialen Kategorien können von außen
zugeschrieben oder auch aus der Innenansicht der Akteure heraus betrachtet werden,
wobei sich diese Betrachtungsweisen unterscheiden können. Zum einen gibt es rela-

---

7   Vergleiche dazu (Sacks 1992, Vol. I: 225, 238, 246, 247, 248, 249, 259, 260, 585) und (Sacks 1972a: 32,
    33, 34, 37, 38)

tiv feststehende, unveränderbare Kategorisierungen wie Geschlecht[8] oder Hautfarbe, zum anderen flexiblere, denen man zeitweise zugehören kann. Da sind zum Beispiel Babys, Kinder, Mütter, Väter, Omas und Opas und übergeordnete Kategorien wie „Familie". Einige Kategorien werden von allen Menschen durchlaufen, andere treffen nicht auf jeden Menschen zu, denn nicht jeder wird Mutter oder Onkel. Andersherum enthalten übergeordnete Kategorien wie „Familie" eine Sammlung bzw. Kollektion von Unterkategorien. Außer Überkategorien gibt es noch dichotome Kategorien wie Mann-Frau, Mutter-Kind, Vater-Sohn oder Vater-Tochter, jung-alt, Freund-Freundin, Nachbar-Nachbar etc.. Die Zuordnung kann einen Menschen auch in eine bestimmte Position versetzen, die zum Beispiel hierarchisch höher bzw. tiefer ist oder mehr bzw. weniger Selbstständigkeit impliziert. Das geschieht wenn die ihm zugeordnete Kategorie einer gereihten Anordnung folgt wie zum Beispiel Baby – Jugendlicher – Erwachsener, oder Schüler – Klassensprecher – Schulsprecher.

Ein solches Kategorisierungs-Instrument (Categorization Device) besteht immer dann, wenn eine Ansammlung von Mitgliedern mit mindestens einer Kategorie, sowie eine Population mit mindestens einer Person aus einer Übergeordneten Kategorie für die Anwendung der Regeln zur Verfügung stehen (Schüler + Lehrer = Schulklasse, oder Kinder + Vater = Familie ohne Mutter). „A device is then a collection plus rules of application" (Sacks 1972a, 32), eine Kategorisierungs-Einheit ist ein Instrument zur Mitgliederkategorisierung, die aus einer Kollektion mitsamt ihrer Anwendungsregel besteht. Zum MCD siehe auch Schegloff (2007a) und Hester/Eglin (1997). Indem sich ein Subjekt selbst einer Kategorie zuordnet verweist es auch auf einen Teil seiner Identität.

MCD: Zwei Regeln zur Kategorisierung: 1. Die Ökonomie-Regel bezieht sich auf die ökonomische Leistung des Mechanismus: die Verwendung einer einzelnen Kategorienbezeichnung reicht aus, um sich adäquat auf eine Person aus einer Kollektion zu beziehen. 2. Die Konsistenzregel erweitert die Anwendung von Kategorien und Merkmalen auf weitere Personen einer Kollektion, erklärt also die Übertragung von Zuordnungen auf weitere Mitglieder einer Population: Wurde eine Anzahl von Personen kategorisiert und dabei eine bestimmte Kategorie zur Bezeichnung mehrerer Mitglieder genutzt, dann könnte sie auch dafür eingesetzt werden, um weitere Mitglieder der Personenansammlung zu bezeichnen (Die Fußballmannschaft blau-grün XY-Stadt, die blau-grünen XY-Stadt-Spieler, der blau-grüne Spieler, die XY-Stadt-Spieler). Logische Folge der Konsistenzregel ist umgekehrt: wenn zwei oder mehrere Kategorien genutzt werden um Mitglieder einer Gemeinschaft zu kategorisieren, dann können diese Kategorien als Bezeichnungen derselben Mitgliedersammlung gehört werden.

---

8   Wie Geschlecht als soziale Tatsache von den Akteuren jeweils hergestellt und kategorisiert wird, hat Garfinkel in seiner Studie über die zweigeschlechtliche Agnes beschrieben (Garfinkel 1967: 116-185)

MCD: Vervielfältigungscharakter übergeordneter Kategorien („duplicative organization"): Der Membership Categorization Device hat durch die Organisation
der Anordnung einen Vervielfältigungscharakter. Die Kategorien werden so betrachtet als definierten sie eine Einheit, wobei die Mitglieder der kategorisierten
Gemeinschaft als Fälle innerhalb dieser Einheit angesehen werden. Wird eine Anzahl Menschen so betrachtet und dann gezählt, dann zählt man nicht die Menge
von Vätern, Müttern oder Babys, sondern die Anzahl von Familien, die Anzahl
ganzer Familien, die Anzahl von Familien ohne Väter etc.. Eine Hörer-Maxime
dazu besagt, dass man die Mitglieder der Überkategorie (Familie) mit der ver-
vielfältigenden Organisation (Familie mit Kindern, Familie ohne Vater) so hören
kann, dass ein Mitglied dieser Gemeinschaft als ein Fall der Kategorien-Einheit
eingeordnet wird.

MCD: Kategorien standardisierter Beziehungspaare: „Collection R" (relevan-
ce) sind durch Rechte und Pflichten bezüglich Hilfeleistungen zueinander bestimmt
(Mutter-Kind, Ehemann-Ehefrau, Lehrer-Schüler). Wenn ein Teil solch eines Bezie-
hungspaares fehlt oder zeitweise nicht vorhanden ist, wird der fehlende Teil durch die
Art der Kategorisierung sichtbar (Programmatische Relevanz). Eine auf Beziehungen
beruhende Mitgliedschaft in Gruppen hat außerdem Zugang zu sozialisiert erlernten
Wissensvorräten die besagen, wie man mit bestimmten Problemen umgehen kann.
Die „Collection K" (knowledge) beruht damit auf bestimmten Deutungsmustern
und Handlungsroutinen.

MCD: Kategoriengebundene Aktivitäten (Category-bound Activities) verweisen auf Deutungsmuster und Handlungsroutinen: Bei übergeordneten Kategorien
werden viele Handlungen und Verhaltensweisen der Mitglieder solch einer Gemeinschaft oder Gruppe zugeordnet. Wenn kulturell eingebundene, kompetente Gesellschaftsmitglieder sich selbst einer Kategorie zuordnen beschreiben sie Verhalten, welches ihrer Meinung nach in der Gruppe üblich ist. Sie selbst verhalten sich so, wie es
Angehörigen dieser Gruppe ihrer Meinung nach ziemt, also wie es ihnen beigebracht
wurde. Sie können sich andererseits aber auch gerade dagegen abgrenzen. In beiden
Fällen wird das Verhalten als typisch für die Gruppe gedacht. Damit beschreiben
sie zum einen eine persönliche Deutung, zum anderen aber auch ein Deutungsmuster, dessen Reichweite mindestens mit der dieser Gruppe übereinstimmt. Wenn also
jemand eine Handlung durchgeführt hat und es gibt eine Kategorie, an die diese
Aktivität gebunden ist, dann kann man laut einer Hörermaxime vermuten, dass
die Handlung von einer Person durchgeführt wurde, die zu dieser Kategorie gehört
(Sacks 1965, 1966, 1967). Eine zweite Hörermaxime bezieht sich auf Normen. Wenn
wechselseitige Handlungen als Vollzug einer Norm oder Regel gelten, wobei die zweite durch die erste bedingt wird, dann bestätigen die Akteure durch ihr Handeln als
Mitglieder der Kategorien die Norm als richtig. Sie sind handelnde Mitglieder ihrer
Gesellschaft und die Handlung ist ihrem Common Sense Wissen nach handlungs-
konform.

2.4.2 Indikatoren für Deutungsmuster

Viele Deutungsmuster werden durch inhaltliche Aussagen oder Andeutungen erkennbar, andere durch Rückgriffe auf Common Sense Wissen oder moralische
Achtungsbezüge (siehe Bergmann/Luckmann 1999), da die Mitglieder darüber
Rückschlüsse ziehen bzw. Inferenzen herstellen (Sacks 1985). Bewertungen jeglicher Art beinhalten Wissen über die Bewertungs- und Mess-Systeme einer Kultur
(siehe Sacks 1988) und Bewertungen von Verhalten beruhen auf Verhaltenserwartungen, ebenso wie stereotype Zuschreibungen und Kategorisierungen, die vom
Sprecher eingeführt werden wie zum Beispiel die Kategorie der „guten Mutter".
Auch sozialisierte Gefühle wie Scham, Stolz oder Wut verweisen auf dahinter liegende Deutungsmuster oder Schemata. Solche Gefühle werden durch Erfüllung
oder Verfehlung spezifischer kultureller Erwartungen ausgelöst. Frau Dörfler
zum Beispiel schämt sich, weil sie einen Straftäter liebte; Frau Bauer schämt sich,
weil sie ein Kind als Mittel zum Zweck bekam. Verhaltenserwartungen können
zum Beispiel durch Modalverben ausgedrückt werden (darf, könnte, sollte, müsste). Deutungsmuster lassen sich auch in der Formulierungsarbeit beim Sprechen
finden.

Anders als die Konversationsanalyse bezieht die Linguistik kognitive Inhalte in ihre sprachliche Untersuchung ein und befasst sich mit dem Auffinden kognitiver Inhalte anhand von „Spuren" in der Sprache. Der Terminus des
Formulierens bezieht sich nach Gülich (1994) auf zwei verschiedene Typen von
Aktivitäten, nämlich auf „das *Versprachlichen* kognitiver Inhalte" und „das *Bear-
beiten* bereits produzierter sprachlicher Ausdrücke". Außerdem müssen Formu-
lierungsarbeiten auch „als *Prozeß*" und als „*Interaktion*" gesehen werden (Gülich
1994: 79, Hervorhebung im Original). Die jeweiligen Formulierungsaktivitäten
hinterlassen „Spuren". Typische Spuren des Versprachlichungsprozesses zeigen
sich in Phänomenen der „Performanz", in „Verzögerungen, Wiederholungen,
Selbstkorrekturen", sowie durch „Abbrüche, Neuansätze usw." (ebd.: 80). Zu
den Bearbeitungsverfahren zählen die Reformulierung, Generalisierung und
Exemplifizierung. „Reformulierungsverfahren und andere Bearbeitungsverfahren, mit denen Sprecher eigene Äußerungen einer konversationellen Bearbeitung
unterziehen" sind die „Spuren des Bearbeitungsprozesses" (ebd.: 90). Außerdem
gibt es noch Metadiskursive Äußerungen, die Redebewertung und Redekom-
mentierung als „Manifestationen der kognitiven Kontrolle" (ebd.: 89). Wie Gülich, so schlagen auch Dausendschön-Gay/Krafft (2000) die Doppel-Perspektive
der sozialen und kognitiven Dimension der Sprechtätigkeit im Kontext von Forschungen zur sozialen Interaktion vor. Sie vertreten die Position, dass bei der
Analyse spontansprachlicher Daten sowohl die Konzepte aus der ethnomethodologischen Konversationsanalyse sowie der Textlinguistik herangezogen werden können, als auch die kognitionspsychologische Perspektive („joint action",

„common ground"[9] „distributed cognition"). Im „Recipient Design" gibt der
Sprecher verschiedene Verarbeitungshinweise, wie er vom Zuhörer verstanden
werden möchte. Dabei wird zwischen sprachlichen Hinweisen wie segmenta-
len Signalen (meta-diskursive Kommentare, Gliederungsmerkmale, Reformu-
lierungsindikatoren) und suprasegmentalen oder prosodischen Signalen unterschieden, die prinzipiell in den Gesten gemeinsam wirken (Dausendschön-Gay/
Krafft 2000: 21). In Folgenden werden einige Beispiele gezeigt, wie Deutungsmuster in der Formulierungsarbeit zu Tage treten können:

Reformulierungen. Wie bei Frage- und Frageparaphrase, so können auch durch Reformulierungen Fokussierungen oder Relevantsetzungen vollzogen werden. In bestimmten Kontexten können solche Relevantsetzungen auf Schemabildung oder
Deutungsmuster verweisen.

2.2. Transkript (Kapitel 7, Frau Dörfler, G1, Zeile 886-887)
Deutungsmuster der Mutter in Reformulierungstätigkeit.
1   P: also für sie ist das so, ich hab sie verlassen, oder
2   ich hab (d=wohng von ihr) verlassen bin nach x-stadt
3   gezogen in (.) SEIne familie. (...)

Während der erste Teil des Satzes außer dem Umzug auch das Verlassenheitsgefühl
der Mutter beinhaltet, verweist die eingeschobene Reformulierung auf den sachlichen Tatbestand des Auszuges der Tochter aus der Wohnung, was diese anschließend
noch einmal betont als ihre Perspektive hervorhebt. Beide Male wird der Terminus
[*verlassen*] gewählt und damit vom Zuhörer als relevant gehört. Der nachgeschobene
prosodisch betonte Hinweis [*in (.) SEIne familie*] verschiebt die negative Emotion
in diese Richtung und wirkt durch die gehörte Verkopplung von „verlassen- in seine Familie" als Indikator für eine subjektive Erfahrung oder ein Erfahrungsschema,
eine möglicherweise emotional gesteuerte, verkürzt-schematisch ablaufende kognitive Verkopplung von Verlassen einerseits und Hinziehen andererseits. Diese wertende
Sinnzuschreibung persönlichen Erlebens beinhaltet den moralischen Vorwurf des
Verlassens, der auch durch soziale Deutungsmuster gespeist wird. Was genau dahin-

---

9   Clark unterscheidet drei Aspekte von Common Ground: ursprünglich von den Akteuren voraus-
     gesetzte Übereinstimmungen im Denken, durch gemeinsame Aktivitäten hergestellter Common
     Ground und öffentliche Ereignisse, die die Voraussetzung für den aktuellen Stand bilden. „1. Ini-
     tial common ground. This is the set of background facts, assumptions, and beliefs the participants
     presupposed when they entered the joint activity. 2. Current state of the joint activity. This is what
     the participants presuppose to be the state of the activity at the moment. 3. Public events so far.
     These are the events the participants presuppose have occurred in public leading up to the current
     state" (Clark 2007: 43). Zu „distributed cognition" siehe z.B.: Hutchins (1996), Suchman (1987),
     Moore/ Rocklin (1998).

ter steht, bleibt unklar: zum einen ‚sollten‘ sich Kinder um ihre Eltern kümmern, ein anderes Deutungsmuster beinhaltet, dass die Frau nach der Hochzeit mehr oder weniger in den Besitz des Mannes oder seiner Familie übergeht und die Ursprungsfamilie jeglichen Einfluss verliert. Dieses Deutungsmuster hat allerdings in der westlichen Gesellschaft kaum Substanz.

Generalisierungen. Viele Patienten benutzen zunächst Generalisierungen, Deutungsmuster oder Phrasen, wenn sie aus ihrem Leben erzählen sollen. Verallgemeinerungen sind Typisierungen und verweisen auf soziale Deutungsmuster, denn das Verhalten von „vielen" oder „allen" zeigt auch an, was von den Mitgliedern der kulturellen Gemeinschaft als richtig oder falsch betrachtet wird. Durch Frequenzmarker werden Generalisierungen (alle, jeder, man) zusätzlich unterstrichen (immer, jederzeit). „Extreme Case formulations (‚all the time‘, ‚everybody‘, ‚no one‘) propose behaviours are acceptable and right or unacceptable and wrong" (Pomerantz 1986: 228). Zudem ist es durch Generalisierungen möglich, Verantwortung abzugeben und irgendwo anders zu verorten. Verantwortung für das eigene Handeln kann auf die Allgemeinheit verschoben werden. „Extreme case proportional formulations (‚everyone,‘ ‚all,‘ ‚everytime‘) are used to indicate that any individual member of that category is not responsible for the state of affairs; that responsibility is to be attributed elsewhere" (Pomerantz 1986: 228). In der Therapie werden deshalb verallgemeinerte Aussagen von den Psychologen möglichst immer sofort auf den Patienten zurückgeführt, damit der Patient einen persönlichen Bezug herstellt.

2.3. Transkript (Kapitel 6, Frau Huber, G1, Zeile 260-268)
Generalisierung mit Membership Categorisation Device (MCD)
1   P: °hh (.) es ist ja auch dieser teil ä (.) ((schnieft))
2   hh ich ä:m (2.0) ja **ich** hab ja meine kinder sehr gewÜnscht;
3   ((schnieft))hhhh (-) und (2.0)
4   irgendwie will **man** ja, dass es **den kindern** gUt geht,
5   dass sie- (4.0) n vernÜnftiges lEben haben
6   und irgendwie hat das überhaupt nicht funktioniert=hh

Die Patientin spricht von ihren Kindern und bindet das Deutungsmuster in einen Membership Categorisation Device (Sacks 1992) in Form eines „family-device" ein. Dabei werden Eltern und Kinder in der übergeordneten Kategorie der Familie als zusammengehörig gehört. Da die Patientin zunächst von sich und dann von *[den kindern]* und von verallgemeinerten Subjekten *[man]* spricht, werden Eltern und Kinder als Angehörige einer Familie gehört, zu der auch Frau Huber gehören könnte. Der gesellschaftlichen Norm gemäß wird von normalen Menschen, insbesondere Eltern als guten Vätern und Müttern erwartet, dass sie ihren Kindern Gutes wünschen und sich mit ihrer Erziehung darauf ausrichten. Frau Huber spricht zunächst von sich und leitet dann mit dem Unsicherheitsmarker *[irgendwie]* das Deutungsmuster ein und von da aus mit dem selben Unsicherheitsmarker zur Bewertung der Category bound Activities der kulturell eingebundenen Mitglieder über. Mit dem Unbestimmtheitsmarker und dem indexikalen Verweis [*das*] wird die implizite kategoriengebundene Aktivität des Deutungsmusters indirekt mit der Bewertung und der Patientin sowie ihren Kindern in einem unbestimmten Zusammenhang gehört.

Agensfreie Formulierungen. Während Generalisierungen den kognitiven Vorgang der Typisierung beinhalten und dadurch entpersönlichend wirken, bezieht sich die agensfreie Formulierung auf die inhaltliche Aussage über die Aktivität der beteiligten Akteure. Es gibt keinen menschlichen Akteur. Dagegen können andere Dinge aktiv werden, zum Beispiel wenn eine Krankheit oder Frage kommt. Die agensfreie Form bindet die inhaltliche Aussage nicht an einen spezifischen Akteur und wirkt dadurch verallgemeinernd.

2.4. Transkript (Kapitel 5, Frau Bauer, G2, Zeile 345-348)
Agensfreie Form zur Verallgemeinerung
1   T: ist die frage ob nicht wenigstens trÄUme erlAUbt sein dürfen,
2   einfachmal HINzugucken, weil sie sagen ja grad (.) äm ich
3   beWUNder die freundin äm (.) aber ich darf noch nicht mal
4   hingucken (-) was hat die gemacht, was hat das für SIE
5   verändert

Die Therapeutin stellt in ihrer Formulierung nicht dar, wer die Frage stellt und wessen Frage es ist, außerdem wird niemand direkt angesprochen. Dadurch wirkt die Frage nicht als ihre Frage an die Patientin, sondern wie eine allgemeine Frage. Durch die Entpersönlichung und Verallgemeinerung wird der Inhalt der Frage zu einem alltagsweltlichen Deutungsmuster, nach dem es normal und erlaubt ist, Träume zu haben und einfach mal hinzugucken. Dagegen steht das Deutungsschema der Patientin, die sich das Hingucken nicht erlaubt.

Personalpronomenwechsel im Gedankenzitat. Erfahrungserzählungen mit Switch und Personalpronomenwechsel verweisen auf eine persönliche Erfahrung und wenn die Identifikation des Sprechers im Gedankenzitat ausbleibt, gibt es keinen klar benannten Akteur. Kommt ein Personalpronomenwechsel von ‚ich auf du' im Gedankenzitat hinzu, so inszeniert dieser das Eindringen der Gedanken von außen in den subjektiven Innenraum, die der Darstellung nach aus der Umwelt an das Subjekt herangetragen wurden und ein Deutungsschema oder Deutungsmuster beinhalten.

2.5. Transkript (Kapitel 4, Herr Grosser, G1, Zeile 121-125)
Agensfreie Form und Personalpronomenwechsel
1   P: das ä (.) und dann (.) ä kommt gar nicht so sehr
2   die frage warum ICH, sondern=ä warum mmm
3   T: schon wieder oder–

4   P: **ja, wieso bist du jetzt so UNvermögend und kannst dir**
5   **das nicht mErken, kannst das nicht mehr lEIsten, kannst ...**

Der erste Teil der Äußerung des Patienten in seinem Gedankenzitat enthält eine agensfreie Form [*kommt (...) die frage*], die auf das Auftauchen der Frage in typischen Situationen verweist. Nicht er fragt sich, sondern die Frage taucht einfach auf. Der zweite Teil enthält den Personalpronomenwechsel und einen moralischen Vorwurf an Herrn Grosser, der scheinbar von außen an ihn herangetragen wurde [*wieso bist du jetzt so UNvermögend und kannst dir...*]. Der Personalpronomenwechsel verweist auf die Position von außen, nach der es normal ist, dass man xy kann, aber Herr Grosser, der mit [*du*] angesprochen wird, kann es nicht und weicht deshalb in diesem Deutungsschema bzw. Deutungsmuster seiner Familie vom Normalen ab.

2.4.3 Indikatoren für Schemata der Erfahrung.

Von außen betrachtet liegen die subjektiven Deutungsschemata wie eine zweite Schicht hinter den sozialen Deutungsmustern (die erst durch die Deutung vieler Mitglieder entstehen) und sind durch Wertvorstellungen mit ihnen verknüpft, wobei aber die vom Sprecher gezogenen Kohärenzen zwischen den für ihn relevanten sozialen Deutungsmustern und subjektiven Schemata von außen nicht erkennbar sind. Sie setzen sich aus persönlich erlebten und typisierten Situationserfahrungen mit subjektiver Sinnzuschreibung und emotionaler Beteiligung zusammen und werden von persönlichen Relevanzen geleitet. Durch die Verknüpfung der Wertvorstellungen mit sozialen Deutungsmustern sind Erfahrungsschemata vom Rezipienten oft nur schwer von ihnen zu unterscheiden. Indizien für Deutungsschemata finden sich vor allem in der Formulierungstätigkeit der Akteure. Extreme Frequenzmarker wie [*immer*] und situationskumulierende Sinnzuschreibung in Formulierungen wie [*sowieso*] verweisen auf Schemabildungen, allerdings bleibt unklar, wie weit diese verfestigt und verselbstständigt sind. Einzelne Gefühlsreaktivierungen, Wertvorstellungen aus Deutungsmustern und situationstypisierende Phrasen können deshalb zwar als unbestimmte Boten persönlicher Schemabildungen fungieren, nicht aber die Tiefe des Automatismus oder ihre Ausprägung zu „Para-Dogmen" bestimmen. Weitere Ausführungen dazu finden sich in Kapitel 6. Auch Wiederholungen über verschiedene Gespräche hinweg können, müssen aber kein Hinweis sein.

2.5 Wie beobachten Therapeuten die Veränderung?

Die beschriebenen handlungspraktischen und sprachlich orientierten Analysemethoden können zur Beobachtung der Veränderungen von Deutungsschemata oder Deu-

tungsmustern auf verschiedenen Ebenen eingesetzt werden. Da die Beobachtungsebenen in den exemplarischen Analysen ausführlich dargestellt werden, folgt hier nur
ein kurzer Überblick.

Beobachtungsebenen für Veränderungen von Deutungsschemata:

1. Die praktische Handlungs-Vollzugsebene auf der Station (körperliche
    Einbindung)
2. In der Interaktion des Therapiegesprächs (aktuelle Ereignisse)
3. Die Verfolgung von Themensträngen in den Gesprächen
    3.1 Aktuelle Themen der praktischen Erlebnisebene (zeitnahe Ereignisse)
    3.2 Die Therapieziele im Prozessverlauf
    3.3 Biographische Bilanzen (Elternhaus, Ehe, Kinder, Beruf)
    3.4 Themen der tiefen psychologischen Ebene („Der Innere Kritiker")
    3.5 Themen der transzendenten Ebene: Auseinandersetzung mit Religion, Phi-
         losophie
4. Die Beobachtung spezifischer Erlebnisdarstellungen im Prozessverlauf
    4.1 Nachvollzug sich wandelnder Kategorisierungen
        4.1.1 Bezüglich Identitätszuschreibungen für sich oder andere (gute Frau)
        4.1.2 Bezüglich der Einordnung spezifischer Ereignisse (Krise)
    4.2 Beobachtung des Switches in der Erfahrungserzählung und Darstellung

Die inhaltliche Darstellung und die praktische Erlebnisebene oder Interaktion
sind auf allen Beobachtungsebenen sprachlicher Darstellung zu finden. Die tiefe psychologische und die transzendente Erlebnisebene dagegen sind nur dann zu
beobachten, wenn die Akteure sich in den Gesprächen damit auseinandersetzen.
Der Nachvollzug sich wandelnder Kategorisierungen kann bei wiederkehrender
thematischer Auseinandersetzung erfolgen. Die Beschreibung einer Erfahrungseinheit vermittels Erzählschema mit oder ohne Positionswechsel (switch) in wörtlicher Redewiedergabe gibt Aufschluss über rekonstruktiv dargestelltes und aktuelles
Erleben und mögliche Veränderungen. Das biographische Auseinanderziehen und
Abwerten früheren Denkens (downgrading) kann sich als Hinweis für vollzogene
Veränderungen sowohl auf Deutungsmuster, als auch auf Schemata der Erfahrung
beziehen.

   Das Konzept zur Beobachtung von Veränderung beinhaltet die hier beschriebenen Beobachtungsebenen, die sprachlichen Veränderungen im Verlauf der Zeit,
sowie individuelle Messinstrumente, wie in Kapitel 3 dargestellt. Das Konzept zum
Veränderungsprozess selbst wird in Kapitel 8 ausgeführt.

   Die Beobachtung von Deutungen, Kategorisierungen, Typisierungen und die
Interpretation der Akteure über die sich in der Situation abspielenden Interaktionen
ist nach Schütz eine Beobachtung erster Ordnung. Insofern sind die Daten des Sozi-
alwissenschaftlers immer schon vorinterpretiert. Indem er diese schon vorgedeuteten

Interaktionen interpretiert, kreiert der Forscher eine Konstruktion zweiter Ordnung. Im Gegensatz zu den Konstrukten der Akteure erster Ordnung sind die Konstrukte zweiter Ordnung kontrolliert und methodisch durchdacht und damit wiederholbar und überprüfbar (Schütz 1971: 3-54). Aber auch die Therapeuten befinden sich in der Interaktion mit den Patienten nicht nur in einer Beobachtung erster Ordnung, sondern sie ordnen ihre Beobachtungen während der Interaktion wissenschaftlichen Konzepten unter, indem sie Diagnosen stellen und ihr Verhalten professionell danach ausrichten. Insofern sind sie schon mit einer Konstruktion zweiter Ordnung befasst, während sie gleichzeitig Teilnehmer der Interaktion sind, ihre Arbeit ist methodisch durchdacht und zu mindestens in der Diagnose überprüfbar. Der Sozialforscher, der Professionelle bei ihrer Arbeit analysiert, beobachtet also auf einer Ebene zweiter Ordnung, die eine dritte beinhaltet.

2.6 Hinweis zur Ergebnisdarstellung

Bei der Darstellung der Ergebnisse ergibt sich durch die Länge der Gespräche und Transkripte ein Darstellungsproblem. Um einen sinnvoll geordneten Ein- und Überblick geben zu können ist es deshalb erforderlich, an einigen Stellen die ausführlichen Analysen zu kürzen und Ergebnisse zusammenzufassen, damit an anderen Stellen detaillierte Darstellungen möglich werden.

3 Blick auf die Wissenskultur der Psychiatrie: Professionelle Fallarbeit

[regularien und dinge]
(Leitender Psychologe der Station)

Dieser Blick auf die Wissenskultur[10] der Psychiatrie soll keine komplette Darstellung der Wissenskultur sein, denn die Wissensgenerierung der Psychologie und Psychiatrie beinhaltet viel mehr als das, was hier wiedergegeben werden kann, wie zum Beispiel viele verschiedene Fragebögen und Testverfahren, medizinische Apparate, neurologische Untersuchungen, Supervisionen, Falldarstellungen, Tagungen, Veröffentlichungen etc.. Stattdessen soll ein Einblick in das Geschehen auf der Station möglich werden, da die Hintergründe das Verhalten der Akteure in den Gesprächen beeinflussen. Diese Hintergründe bilden den äußeren Kontext für die aufgezeichneten Therapiegespräche und fließen in die vorgefundenen Bedingungen für die Denk-Veränderungen in der Therapie ein. Der Institutionelle Kontext drückt sich zu einem großen Teil in der Fallbehandlung aus, auf die hier Einblick genommen wird. Außer den im Folgenden beschriebenen Vorgaben spielen auch die Mitpatienten eine wichtige Rolle, die Patienten können sich gegenseitig Unterstützung, Halt oder Trost geben und sie können auch als Vorbild dienen.

3.1 Institutionelle Vorgaben

Wie schon oben ausgeführt hat die Psychiatrie eine schwierige Geschichte, die fast immer mit moralischen Implikationen einherging und die unter dem nationalsozialistischen Regime ganz besonders furchtbare Auswirkungen hatte. Damals wurden psychisch kranke Menschen als „unwertes Leben" unfruchtbar gemacht, ermordet oder als Versuchsobjekte benutzt. Diese grausame Vergangenheit wurde nach dem Krieg aufgearbeitet. Es wurden Ethikkommissionen gegründet, die vorbeugende Meta-Kontrollen zur Einhaltung menschenwürdiger Behandlungsstandards durchführen, damit die Psychiatrie ihrem gesellschaftlichen Behandlungsauftrag gerecht werden kann. Seit der Psychiatriereform finden sich in psychiatrischen Kliniken verschiede-

---

10 Knorr-Cetina (2002) benutzt den Begriff der „Wissenskultur" bei ihrer Untersuchung von Experten der Molekularbiologie und Hochenergiephysik und „deren Strategien und Prinzipien der Erzeugung und Validierung von Wissen" (ebd.: Vorwort). Allerdings finden sich auch bei Laien zahlreiche epistemische Praktiken, die auf Alltagswissen beruhen und dort zur Wissensgenerierung eingesetzt werden.

ne Abteilungen, die den jeweiligen wissenschaftlichen zeitlich-epochalen Deutungen von Krankheitsbildern angepasst sind. Das professionelle Handeln orientiert sich an der Bearbeitung von „Fällen", für die verschiedene Professionen zuständig sind, in der Psychiatrie sind das Psychiater, Psychologen, Ärzte, Pfleger, Sozialarbeiter etc.. In Sinne der Legitimierung innerhalb des gesellschaftlichen Auftrags einer Klinik sind Krankenhäuser und Psychiatrien jeweils eine Organisation innerhalb ihrer ökologischen Möglichkeiten und normativer Vorgaben.

Nach dem Sozialgesetzbuch V §12 müssen die Leistungen der gestzlichen Krankenversicherungen „ausreichend, zweckmäßig und wirtschaftlich sein" (Becker/ Kingreen 2010). Um einen Fall in der Psychiatrie behandeln zu können, braucht der Patient deshalb die Einordnung in ein psychiatrisches Krankheitsbild bzw. eine psychiatrische Diagnose, dazu die medizinische Abklärung eventueller somatischer Erkrankungen, sowie die Berücksichtigung normativ-rechtlicher Grundlagen, die durch die Gesellschaft vorgegeben sind. Im Rahmen des gesellschaftlichen Auftrags müssen in der Psychiatrie manchmal auch straffällig gewordene Subjekte behandelt werden oder Subjekte, die wegen Selbst- oder Fremdgefährdung durch ein Psychologisches Krankengutachten, das Psych-KG, gegen ihren Willen in der Klinik zur Behandlung gezwungen werden. Deshalb steht die Psychiatrie durch ihren Behandlungsauftrag auch mit politischen Entscheidungen und strafrechtlichen Kontexten in engem Zusammenhang, der sich in Aktenführung und Behandlung manifestiert. Die früher selbstverständlich vorhandenen geschlossenen Stationen wurden nach der Psychiatriereform in den 1970er Jahren weitgehend umstrukturiert und bemühen sich jetzt um offene Türen. Übrig geblieben sind in der für die Studie untersuchten Psychiatrie noch zwei dauerhaft geschlossene Stationen (Demenz und Sucht), die anderen Stationen modifizieren ihre Kontrollmöglichkeiten bzw. -pflichten je nach Bedarf. Mit Blick auf den gesellschaftlichen Auftrag schreibt Foucault: „Der Psychiater unterscheidet sich vom Geistesgestörten nicht durch die Tatsache, daß er frei ist; was ihn kennzeichnet ist, daß er wie ein Botschafter der Außenwelt eingreift, damit betraut, innerhalb der Anstalt die Normen der Gesellschaften durchzusetzen" (Foucault 2005: 527). Damit bezieht sich Foucault auf gesellschaftliche Deutungsmuster und Verhaltenserwartungen, die vom Patienten übernommen werden sollen.

Bei der Station, auf der die Daten aufgezeichnet wurden, handelt es sich um eine Station für depressive Patienten im Alter zwischen achtzehn und sechzig Jahren, die mit der Station für Patienten mit Angst-, Zwangs- und somatoformen Störungen verknüpft ist. Da Depressionen und Ängste häufig gemeinsam auftreten werden die Patienten der beiden Stationen teilweise gemeinsam in den Gruppen betreut, sie haben auch eine gemeinsame Nachtwache. Auf beiden Stationen ist eine freiwillige, aber vollstationäre Behandlung vorgesehen, in seltenen Fällen kann aber auch eine teilstationäre Behandlung abgesprochen werden. Beide Stationen sind durch den gleichen Hauseingang erreichbar, wobei die „ständig offene Tür" von einem Pförtner bewacht wird.[11] Die Stationen sind baulich so organisiert, dass sich der Arbeitsraum des Pflegepersonals jeweils an zentraler Stelle befindet und durch große Innenfenster ein breiter Überblick über die Station ermöglicht wird oder zumindest der Ausgang überwacht werden kann.

Im stationären Rahmen wird der therapeutische Raum vom „Realraum" unterschieden, wobei sich der therapeutische Raum auf alle therapeutischen Maßnahmen und Eingriffe bezieht, der Realraum auf die praktische Lebenswelt. Der Realraum ist durch interne Bedingungen der Station bestimmt, wie zum Beispiel die Stationsregeln und vorgegebene Abläufe oder Alltagsbedürfnisse, aber auch durch externe Einflüsse wie zum Beispiel Einflüsse der Familie oder des Berufes. Auch die Atmosphäre auf der Station und Interaktionen zwischen den Patienten gehören in den Realraum. Während Ärzte, Psychologen, Ergo-, Musik- und Physiotherapeuten mehr im therapeutischen Raum tätig sind, betätigen sich Pfleger und Sozialarbeiter eher im Realraum.

Die von Berger/Luckmann beschriebenen Realitäten, die dem Akteur als mehr oder weniger tradiert und verfestigte Institutionen von außen entgegen treten, können anhand von Interaktionsstudien untersucht werden. „The conversation analytic study of institutional talk is concerned with how these institutional realities are invoked, manipulated and even transformed in interaction" (Heritage 1997: 162). Durch solche Analysen wird deutlich, wie Institutionen zur Realität gemacht werden und wie sie die Interaktionen beeinflussen. Sie werden sozusagen durch die teilnehmenden Akteure erst ins Leben gerufen. „It is within these local sequences of talk, and only there, that these institutions are ultimately and accountably talked into being" (Heritage 1984c: 290). Der äußere Rahmen der Institution Psychiatrie stellt den Kontext für die aufgezeichneten Gespräche dar. Anhand der aufgezeichneten und analysierten Gespräche wird deutlich, wie diese Rahmenbedingungen sich in den Gesprächen und Interaktionen der Akteure wiederfinden und sie durchwirken. „Any setting organizes its activities to make its properties as an organized environment of practical activities detectable, countable, recordable, tell-a-story-aboutable, analyzable – in short, *accountable*" (Garfinkel 1967: 33, Hervorhebung im Original). Für eine „Rahmen-Analyse" bilden die Schemata, die einem Handelnden hier und jetzt die Frage beantworten, „was eigentlich los ist" den Ausgangspunkt (Goffman 1977: 12f). Sie bilden den „primären Rahmen" und verleihen den Interaktionen ihren

---

11   Auf einem Türschild am Hauseingang steht groß „Automatiktür" und darunter „bitte nicht ziehen", bzw. „bitte nicht drücken". Dies suggeriert, dass die Tür sich automatisch öffnet sobald jemand hinein oder heraus will. Diese anscheinend „ständig offene Tür" stellt sich aber schnell als Täuschung heraus, denn wenn die Pförtnerin nicht gleich bemerkt, dass jemand an der Tür ist, muss die Klingel betätigt werden damit sie öffnet. Dies mag daran liegen, dass sich im gleichen Haus noch eine Station befindet, die nicht offen geführt wird, kann aber leicht den Eindruck starker Kontrolle bei angeblich offener Tür hinterlassen und das Gefühl, nicht ernst genommen zu werden (siehe dazu Sharrock/Anderson 1979).

Sinn. In den Gesprächen bildet sich das Verhältnis zwischen Therapeut und Patient ab, der trotz individueller Probleme immer zugleich als ein Fall in der Psychiatrie behandelt wird. In den Vergangenheitserzählungen der Patienten werden frühere oder aktuelle Rahmenbedingungen im Leben der Patienten rekonstruiert.

Das wissenschaftliche Paradigma. Psychische Krankheiten werden vor dem Hintergrund ihres sozialen Umfeldes betrachtet, sie verlaufen in einem sozialen Kontext und werden zumeist als Störfaktor innerhalb des Umfeldes wahrgenommen. Wie schon in Kapitel 1 beschrieben, gehören die Depressionen zu den affektiven Störungen. Unter F32 im ICD-10 (Internationale statistische Klassifikation der Krankheiten und verwandter Gesundheitsprobleme) wird die Depressive Episode definiert, die mit einer gedrückten Stimmung und einer Verminderung von Antrieb und Aktivität einhergeht, die Fähigkeit zur Freude, das Interesse und die Konzentration sind vermindert, Selbstwertgefühl und Selbstvertrauen sind fast immer beeinträchtigt. Unter F33 wird die Rezidivierende depressive Störung dargestellt, die „durch wiederholte depressive Episoden charakterisiert ist" (ICD-10: 345). Depressive Episoden werden in leichte, mittlere und schwere unterteilt und mit und ohne psychotische Symptome beschrieben (ebd.: 344f). Häufig treten in Zusammenhang mit Depressionen auch Phobien auf. Phobische Störungen werden unter F40 definiert. Sie bezeichnen eine Gruppe von Störungen, bei der Angst ausschließlich oder überwiegend durch eindeutig definierte, eigentlich ungefährliche Situationen hervorgerufen wird (ebd.: 348).

Da sowohl biologische, psychische, als auch soziale Ursachen für die Entstehung psychischer Störungen verantwortlich gemacht werden, werden diese unterschiedlichen Faktoren bei der Behandlung berücksichtigt. Dabei wird darauf geachtet, dass die einzelnen Therapieansätze aufeinander abgestimmt werden.

Die Fall-Akte. Für jeden Patienten wird bei der Aufnahme eine Akte angelegt, in der das schriftlich verfasste Wissen über ihn gesammelt wird. Jeder Fall wird von verschiedenen Öffnungs- und Schließungssequenzen geprägt, die sich in der Akte wiederspiegeln. Die Akte enthält alle Papiere, die den „Fall" bzw. Patienten betreffen wie die jeweiligen Dokumentationen der beteiligten Pfleger, Ärzte und Therapeuten, aber auch Gerichtsgutachten oder Urteile, die die Betreuung oder Einordnung des Patienten regeln, Unterlagen über frühere Behandlungen sowie Befunde von Ärzten und Psychologen, die konsiliarisch aufgesucht wurden. Gegebenenfalls können auch Unterlagen eines privaten Arztbesuches vor der Aufnahme in der Klinik dazugehören. Jede Profession führt ihre eigenen Aktenblätter und manchmal gehören auch weniger formale Notizzettel dazu. Die Aktenführung ist in die Behandlung integriert, denn jeder Bericht dient der anderen Profession als Hintergrundwissen für ihr weiteres Vorgehen. „Die einmal etablierte dokumentarische (Fall-)Realität entwickelt eine *Eigendynamik*, der sich die kategorisierte Person, aber auch die damit beschäftigten Instanzen in der Folge nur schwer entziehen

können" (Wolff 2000: 505, Hervorhebung im Original). Insofern ist die Fallkonstruktion prozesshaft und wechselt jeweils situativ und fallspezifisch zwischen verschiedenen Professionen sowie zwischen Sequenzen aus schriftlichen und mündlichen Episoden. Die Aktenberichte spiegeln deshalb die Vielstimmigkeit der am
Fall beteiligten Personen wieder. In jeder Institution gibt es aber auch hausinterne
Regelungen, die den Mitarbeitern selbstverständlich sind und die deshalb nicht
ständig in Gesprächen oder Aktenberichten auftauchen. Die Beschreibung von Ereignissen unterliegt bestimmten Selektionsmechanismen und wird im „Recipient
Design" auf die Leser zugeschnitten (Bergmann 1991). So gibt es Ausdrücke und
Redewendungen, deren Vorhandensein oder Fehlen für die Mitarbeiter Bedeutung
hat und von ihnen verstanden wird, was für Außenstehende aber nicht ohne Hilfe
von „Insidern" einsichtig ist.

   Als Garfinkel (1967) psychiatrische Krankenakten untersuchte fand er, dass die
Akten für die Forschung unzweckmäßig angelegt seien, da sie inneren Kriterien folgen. „After all the clinic's records are kept so as to serve the interests of medical and
psychiatric services rather than to serve the interests of research" (Garfinkel 1967b:
207). Das hat sich inzwischen nicht geändert, aber es werden sehr viele verschiedene
Daten in den Akten gesammelt. Wie Drew (2006) gezeigt hat, können Aktendoku-
mente durchaus auch zu einem eigenen Untersuchungsobjekt werden und nicht nur
als Quelle für soziale Daten dienen. In den jeweiligen Unterlagen wird die Perspektive der Verfasser deutlich, sie zeigen deren Meinung und dienen den Akteuren als
Interaktionsressource. Die Akten zeigen auch, wie die Verfasser ihr Handeln als rational darstellen und wie sie graphische oder andere Mittel dafür nutzen (Drew 2006:
79). Schriftliche Dokumente sind ein sehr wichtiges Instrument für die Interaktion
innerhalb der Institution und durch vergleichende Sequenzanalysen könnte untersucht werden, wie die Beteiligten sich durch die Akte in Sprache und Interaktion
vermitteln und ihr Handeln aufeinander abstimmen. Aktenberichte sind weit verbreitete Textdokumente; dem Forscher vermitteln sie die Sprache und Interaktionen
innerhalb der jeweiligen Institution. Sie können auch anhand der Ausführung und
des Inhaltes über die geschichtliche Entwicklung psychiatrischer Untersuchungsme-
thoden, Behandlungen und Fallberichterstattungen Auskunft geben (Levine/Wisher
1977), (vergl. auch Heath 1982). Schröder (2012b) untersucht die Konstruktion von
Fällen anhand einer Aktenanalyse.

   In Krankenhäusern sind die Patienten-Akten zumeist zur besseren Übersicht
in der gesamten Klinik gleich aufgebaut, damit sich die diensthabenden Ärzte auf
allen Stationen leicht einlesen können. So ist es auch im untersuchten psychiatrischen
Setting. Die Handhabung der Akte wird je nach Bedarf und Anforderung einer Station modifiziert. Leider können die Inhalte der Fallakten wegen der Anonymisierung
der Klinik und ihrer Patienten hier nicht im Einzelnen wiedergegeben werden, doch
lassen sich die Dokumente zu einem psychiatrischen Fall im Allgemeinen folgendermaßen unterteilen:

- Vorgeschichte (Aufnahme)
- Krankengeschichte/Verlaufsdiagnostik
- Medizinische Befunde wie Labor etc.
- Verlaufsberichte nicht ärztlicher Berufsgruppen
- Pflegedokumentation/Leistungsdokumentation
- Korrespondenzen
- Unterlagen zur rechtlichen Frage des Aufenthaltes
- Entlassungsberichte

Unter den Unterlagen finden sich auch die wöchentlichen Therapiepläne der Patienten, der ärztliche Verordnungsbogen und spezifische Vereinbarungen oder Absprachen. Manchmal befinden sich auch Zusatzformulare oder Zettel mit handschriftlichen Einträgen zwischen den Papieren: zum Beispiel, wenn ein suizidaler Patient sich stündlich beim Pflegepersonal melden soll, um eine Krise zu überbrücken.

Therapiebausteine und Therapieplan. Der allgemeine Therapieplan enthält die Therapiebausteine, aus denen die individuelle Therapie zusammengesetzt wird. Die individuelle Therapieplanung steht im Zentrum der Behandlung und wird wöchentlich mit den Patienten und dem Behandlungsteam abgestimmt. Er setzt sich aus Therapiebausteinen zusammen, die unterschiedlich kombiniert werden können:

Dazu zählen erstens das gruppentherapeutische Angebot zur Behandlung der Depression mit Psychoedukation, Interpersoneller Therapie (IPT nach Schramm 2003) sowie eine hochfrequente analytisch-interaktionelle Gruppentherapie. Zweitens beinhaltet der Therapieplan psychotherapeutische und bezugspflegerische Einzelgespräche mit verhaltenstherapeutischer sowie tiefenpsychologischer Ausrichtung. Drittens gehören dazu Bewegungs- sowie Ergo-[12] Kunst- und Musiktherapie neben physiotherapeutischen Anwendungen zum erlebnis- und handlungsorientierten Erfahrungsangebot und viertens kann die an internationalen Leitlinien orientierte Psychopharmakotherapie zum Beispiel durch Licht- und Wachtherapie ergänzt werden.

In der Therapieplanung wird zwischen einem Basisplan und einem späteren individuellem Therapieplan unterschieden. In der ersten Zeit seiner Anwesenheit auf der Station bekommt der Patient einen Basistherapieplan. Im Gespräch mit dem Therapeuten wird danach wöchentlich ein neuer, individueller Therapieplan erstellt, wobei abgeklärt wird, welche Bestandteile der Therapie möglich und für ihn geeignet sind. Wird der Patient zum Beispiel gefragt, ob er an der Intrapersonellen Psychotherapie-Gruppe (IPT) teilnehmen möchte, weil das dem Therapeuten passend erscheint und stimmt er zu, dann wird er zu einem einleitenden bzw. erklärenden Gespräch fünfzehn Minuten vor Beginn der Gruppe eingeladen und anschließend in die Gruppe eingeführt.

---

12   Ergotherapie: Beschäftigungs- und Arbeitstherapie.

Das Setting ist überwiegend gruppentherapeutisch ausgerichtet und folgt entweder dem Konzept der Interpersonellem Therapie (IPT) der Depression oder dem Konzept der Tiefenpsychologie. In der Einzelpsychotherapie werden Tiefenpsychologie oder die kognitive Verhaltenstherapie eingesetzt.

In der Interpersonellen Psychotherapie nach Schramm geht es nicht um die Aufarbeitung früher Erlebnisse, sondern der

> Fokus der IPT liegt darauf, beeinträchtigte interpersonelle Beziehungen zu bearbeiten. Intrapsychische Phänomene und Konflikte oder Objektbeziehungen wie bei psychodynamisch oder psychoanalytisch ausgerichteten Therapien stehen bei der IPT nicht im Mittelpunkt des Geschehens. Dieser liegt auch nicht auf depressiv-verzerrten Denkmustern wie bei der kognitiven Therapie, auch wenn bei der IPT versucht wird, Wahrnehmungen und Kognitionen des Patienten zu verändern. Dies gilt vor allem für die Kognitionen über seine Beziehungen und sein psychosoziales Umfeld. Jedoch geschieht dies weitaus weniger strukturiert als in der kognitiven Therapie (Schramm 2003: 122f).

Der Interpersonelle Ansatz hat drei Phasen: erstens die „Auseinandersetzung mit der Symptombewältigung", zweitens die „Problembereichsspezifische Bearbeitung interpersoneller Schwierigkeiten" und drittens die „Vorbereitung auf das Behandlungsende". Benutzt werden die Techniken der „Edukation", der „Exploration", die „Förderung von Emotionen", „Kommunikationsanalyse" und „Klärung". Die Arbeit findet „auf der Ebene des Bewußten" statt (ebd.: 122). Die in den Einzelgesprächen eingesetzte kognitive Verhaltenstherapie geht nach Hautzinger davon aus, dass „ein Zusammenhang zwischen Gedanken, Gefühlen und Handlungen" besteht. „Veränderungen von automatischen Gedanken und Einstellungen sind daher therapeutisch notwendig, weil depressive Patienten zu kognitiven Verzerrungen, falschen Attributionen und fehlerhaften Wahrnehmungen neigen" (Hautzinger 2011: 104). Der Therapeut sorgt dafür, dass der therapeutische Rahmen und die Sitzungszeit strukturiert sind. Er „achtet darauf, dass Übungen, Hausaufgaben und konkrete Schritte in der Realität die Sitzung bzw. ein Thema beschließen" (ebd.: 108). Wenn der Therapeut an kognitiven Mustern arbeitet, verwirklicht er „den sogenannten ,sokratischen Dialog'", bei dem die Patienten selbst „Widersprüche und den Überzeugungen zuwiderlaufende Erfahrungen" berichten, erkennen und zulassen sollen (ebd.:108f).

3.2 Professionelle Fall-Behandlung auf der Station

Die professionelle Betreuung eines Falls wird durch ein „Tandem"[13] aus einem „Fallverantwortlichen" Psychiater oder Psychologen und einem Bezugspfleger (Primary

---

13   Die Begriffe „Tandem" und „Triangulation" wurden von einem Fallverantwortlichen im Gespräch benutzt und erklärt. Der Begriff des „Fallverantwortlichen" ist ein offizieller Terminus.

Nurse) durchgeführt, wobei der Akademiker die Verantwortung trägt, also der Fall-verantwortliche dem Bezugspfleger weisungsbefugt ist.

Die therapeutische Fallverantwortung für jeden Patienten liegt bei einer bestimmten Person, in der Regel ist das Arzt oder Ärztin bzw. Diplom-Psychologe oder -Psychologin, manchmal kann es ein Sozialpädagoge mit therapeutischer Zusatzqualifikation sein. Für die Patienten ist der jeweilige Einzeltherapeut der Hauptansprechpartner, der auch für den Schriftverkehr im Rahmen der Behandlung zuständig ist und sich mit dem Bezugspfleger in der Arbeit abstimmt. Dadurch besteht für jeden Patienten eine klare Zuständigkeit. Medizinische Angelegenheiten werden von dritter Seite durch einen Arzt behandelt.

Die Bezugspflege wurde erst vor einigen Jahren auf dieser Station eingeführt. Der Bezugspfleger ist für weite Teile der Behandlungskoordination und den Pflegeplan zuständig, und soll dem Patienten Hilfe zur Selbsthilfe anbieten. Durch diese Organisation soll eine kontinuierliche Beziehung möglich werden, die auf gegenseitigem Vertrauen basiert. Auch die Anzahl der Ansprechpartner wird dadurch reguliert und damit möglichen Missverständnissen vorgebeugt.

Insgesamt steht das Pflegepersonal viel enger in persönlichem und emotionalem Austausch mit den Patienten als die Fallverantwortlichen, da sie sich stärker im „Realraum" betätigen, dem Raum der täglichen Lebenspraxis auf der Station, der zum Teil stark emotionsgeladen ist. Auch wenn die offizielle Zuwendungs- bzw. Gesprächszeit sowohl bei den Fallverantwortlichen, als auch bei den Primary Nurses auf jeweils zwei mal dreißig Minuten pro Woche angesetzt ist, so ist die tatsächliche Erreichbarkeit der Pfleger im Tagesablauf durch ihre ständige Anwesenheit auf der Station doch wesentlich größer als die der Akademiker. Ärzte und Therapeuten sind oft nur für bestimmte Zeiten direkt für sie erreichbar, bzw. werden im Notfall vom Pflegepersonal gerufen. Auffallend, aber zur beschriebenen Situation passend ist, dass die Pfleger nicht von Fällen oder Fallbetreuungen sprechen, sondern diese Ausdrucksweise eine rein akademische zu sein scheint. Dass der Ausdruck des „Falls" in der Pflege praktisch nicht existiert, wurde vom Pflegepersonal selbst so dargestellt. Es ist demnach ein akademischer und/oder organisationsbezogener Ausdruck, mit dem die Pflege sich nicht identifiziert. Auch eine der Fallverantwortlichen äußerte, dass sie den Ausdruck des „Fallverantwortlichen" als nicht gelungen, sondern eher als diskriminierend empfinde und meinte, eigentlich müsse es „Behandlungsverantwortlicher" heißen. Der Patient soll die „Triangulation" zwischen sich, seinem fallverantwortlichen Akademiker und dem Pfleger möglichst gut ausbalancieren. Die Art des Vorgehens mittels Triangulation entspricht der dynamischen Beziehung zwischen dem Kind und seinen beiden Eltern in der Psychologie der frühkindlichen Entwicklung, an die hier aus therapeutischen Gründen angeknüpft wird. Durch die therapeutische Beziehung und die Intimität der besprochenen Themen sind die Therapiegespräche manchmal mit großen Emotionen befrachtet, wobei die Fallbehandlung es dem Therapeuten erleichtert, sich von zu starker emotionaler Beteiligung zu distanzieren und aus professioneller Distanz heraus zu handeln. Neben der Triangulation zwischen Patient, Therapeut und Bezugspfleger findet eine medizinische Behandlung durch die Ärzte statt. Dabei werden die somatischen Beschwerden abgeklärt und gegebenenfalls behandelt. Aus diesem Grund finden Aufnahmegespräche auf drei Ebenen statt: Ein ärztliches Aufnahmegespräch klärt körperliche Beschwerden und die Medikamenteneinnahme während der Behandlung, ein therapeutisches Aufnahmegespräch klärt das Vorgehen in der Therapie, ein pflegerisches Aufnahmegespräch klärt pflegerisch notwendige Maßnahmen. Diese Einteilung in bestimmte Aufgaben der Professionen hat mehrere Funktionen. Zum einen besteht für alle Beteiligten Transparenz über die therapeutische Verantwortlichkeit. Während die medizinischen Tätigkeiten von Ärzten durchgeführt werden, stehen PsychologInnen für andere Tätigkeiten zur Verfügung, wie z.b. Gruppenbehandlungen oder testpsychologische Untersuchungen. Zum anderen soll mit der Aufteilung auch personellen Engpässen begegnet werden, indem die Professionellen in ihrem Fachbereich jeweils möglichst viele verschiedene Techniken kennen- und anwenden lernen. Damit wird wieder deutlich, dass zwar die Therapie dem Patienten dienen soll, die Klinik zugleich aber auch eine Organisation ist, die die Behandlung in rationale Überlegungen einbetten muss.

Die Einteilung der Patienten in Fälle, geordnet nach Krankheiten und Diagnosen, erleichtert den Professionellen die Arbeit, da auf diese Weise fallspezifische Behandlungsmethoden angeboten werden können. Die Verteilung der Aufgaben auf mehrere Personen verlagert die Verantwortlichkeit und ermöglicht eine breitere Sichtweise. Die Fallkonstruktion beinhaltet sowohl eine Abstraktion von der persönlichen und emotionalen Ebene, als auch eine Einordnung in die wissenschaftlich-medizinischen Diagnosen sowie in die Ziele und Rahmenbedingungen der Organisation, die wiederum ihre Legitimierung im gesellschaftlichen Behandlungsauftrag erfährt.

Fallbetreuung als kommunikative Einheit. Sowohl die Fallverantwortlichen, als auch die Pfleger haben bestimmte Gremien, in denen sie ihr Wissen über den Patienten an die Kollegen weitergeben. Das Pflegepersonal führt jeden Tag morgens, mittags und abends Übergaben durch, außerdem gibt es einen „Zwischendienst", der die morgendliche mit der nachmittäglichen Schicht verbindet. Auch die Ärzte führen bei Dienstwechsel Übergaben durch, wenn zum Beispiel der Tagdienst nach Hause geht und an den „Arzt vom Dienst" (AVD) übergibt. Nach einem Wochenende wird montags morgens eine gemeinschaftliche Übergabe zwischen AVD und dem Pflegepersonal des Wochenendes an die Frühschicht mit Ärzten und Therapeuten durchgeführt, die ihr Wissen mittags an die Spätschicht weitergibt. Gebündelt werden das gesammelte Wissen und alle Absprachen in der schon dargestellten Akte.

Außerdem gibt es zwei übergreifende Gremien, die Oberarztvisite und die Therapiebesprechung. Bei der Oberarztvisite sind entweder der neurologische Oberarzt mit psychotherapeutischer Ausbildung, der behandelnde therapeutische Arzt und der jeweilige Bezugspfleger anwesend oder die leitende Psychologin mit Facharzt, Assistenzarzt und Bezugspfleger. An den schon erwähnten wöchentlich stattfindenden Teamsitzungen bzw. Therapiebesprechungen nehmen soweit möglich alle jeweils für die unterschiedlichen Therapiebausteine zuständigen Therapeuten, die Ärzte und Pfleger teil, was manchmal eine ziemlich große Runde sein kann. Durch diese Teamgespräche erhalten die Fallverantwortlichen eine breitere Einschätzung ihrer Patienten und Unterstützung durch die anderen Mitarbeiter. Hier werden alle Patienten der Reihe nach besprochen und ihre Behandlungserfolge oder Probleme ausgetauscht, beraten und eventuelle Korrekturen der Therapieziele und des Therapieplanes vorgenommen. Diese ohne den Patienten getroffenen Veränderungen werden ihm dann von seinem Therapeuten mitgeteilt und es bleibt ihm nicht viel anderes übrig als sich den neuen Gegebenheiten anzupassen. Auch Intervisionstermine[14] zwischen den Ärzten in Ausbildung und leitendem Psychologen können hier abgesprochen werden.

Solche Absprachen wie in den Therapiebesprechungen wiederholen sich auch bei der Oberarztvisite. Auch hier wird oft schon im Voraus besprochen wie mit dem Patienten beim nächsten Gespräch umzugehen sei, wohin das Gespräch führen und der Patient geleitet werden soll. Hierin drückt sich die starke Asymmetrie zwischen organisationsangehörigen Mitarbeitern und Patienten aus. Die tatsächliche Handlungswahl des Patienten ist viel geringer als sie nach außen zu sein scheint. Allerdings lässt sich nicht von Entmündigung sprechen, da der Patient freiwillig an der Therapie teilnimmt. Außerdem soll die Behandlung ja gerade der größeren Selbstständigkeit des Patienten dienen. Dennoch unterliegt er einer starken externen Kontrolle und Führung, die seine Selbstständigkeit erheblich eingeschränkt. Außer der rein therapeutischen Begleitung im reflexiven therapeutischen Prozess übernehmen die Therapeuten auch Aufgaben von Erziehungsberechtigten in einer Art Eltern-Kind-Beziehung, indem sie Kontrolle ausüben und Erlaubnisse geben. Bei ihrer Aufnahme geben die Patienten einen großen Teil ihrer Selbst-Verantwortung ab. Dabei ist es Aufgabe der Fallverantwortlichen, den Patienten einen möglichst individuellen Weg durch ihre Ängste und Nöte zu bieten, während sie sich im relativ starren Korsett der psychiatrischen Vorgaben befinden und auch als Fall behandelt werden. Die Therapie soll dazu dienen, den Patienten eine möglichst gute Ausgangsbasis unter Anerkennung ihres Krankheitsbildes zu bieten, damit sie nach der Entlassung ihr Leben leichter selbstverantwortlich gestalten und sich in der Gesellschaft eingliedern können. Der therapeutische Prozess unterteilt sich in drei Abschnitte. Die Aufnahme- bzw. Diagnosephase dient dem Aufbau einer vertrauensvollen therapeutischen Beziehung, der diagnostischen Klärung und Therapiezielfindung sowie der Zusammenstellung

---

14   Intervision: Innerbetriebliches Gespräch über einen Patienten und dessen Therapieverlauf zwischen einem Fallverantwortlichen und der leitenden Psychologin. Supervision: Fall-Besprechung mit einem Experten von außerhalb der Klinik (es gibt Einzel- und Teamsupervisionen).

der Therapiebausteine. Therapieziele und Therapieplan werden mit dem Fallverantwortlichen besprochen und festgelegt. In der Veränderungs- bzw. Therapiephase geht
es um den Veränderungsprozess und in der Transferphase sollen die neu gelernten
Strategien und Fähigkeiten in den Alltag umgesetzt werden.

3.3 Das Dilemma: Der individuelle Fall

Die gesamte Behandlung wird von dem Dilemma durchzogen, dass der Patient eine
ganz individuelle Behandlung mit Achtung und Respekt bekommen möchte und
soll, dass er aber als Patient immer zugleich auch ein Fall ist, ganz unabhängig davon,
wie individuell und respektvoll er behandelt wird. Der paradox erscheinende Begriff
des individuellen Falls spiegelt das an sich paradoxe Vorgehen der einerseits fallty-
pischen Behandlungsmethode bei gleichzeitiger Wahrung größtmöglicher Individualität mit dem Dilemma zwischen Nähe und Distanz. Das Falltypische bildet sich
im klinikspezifischen therapeutischen Angebot ab, innerhalb dessen der Patient in
Absprache mit seinem fallverantwortlichen Therapeuten bestimmte Dinge auswählen oder ablehnen kann. Die individuelle und ganzheitliche Perspektive auf den Patienten kommt besonders in den Einzelgesprächen bei der Besprechung biographischer
und intimer Erlebnisse zum Tragen, aber auch in Einzelabsprachen, die speziell für
diesen Patienten therapeutisch sinnvoll erscheinen. Ein Beispiel dafür ist die Regelung bei einem ausländischen Patienten, der regelmäßig das Internetcafe in der Nähe
aufsuchen darf, um Kontakt zu Familie und Freunden aufrechterhalten zu können.
Diese Sonderregelung verweist andererseits aber gleichzeitig auf die starke Kontrolle
und Fremdbestimmung der Patienten durch die Vorgaben der Klinik.

Auf einem „typischen individuellen Therapieplan" findet sich eine Zusammenstellung der verschiedenen Therapiebausteine, an denen der Patient teilnimmt. Dazu
gehören die Gruppe am Morgen, in der die ärztliche Betreuung geplant wird, Bewe-
gungsübungen, die Teilnahme an den drei Gruppenangeboten der Station wie der
Interpersonellen Psychotherapie-Gruppe (IPT), der Basisinformationsgruppe (BIG)
und dem Gruppentraining sozialer Kompetenzen (GSK), außerdem Entspannungs-
übungen und Ergotherapie sowie Imaginationsübungen. Auch Einzelgespräche mit
dem Bezugspfleger und Therapiegespräche mit dem Fallverantwortlichen werden
dokumentiert. Ein Wochenendbelastungsversuch (BV) und seine Regelung werden
in den Plan eingetragen, aber auch die übliche Ausgangsregelung und zum Beispiel
Ergometertraining als Sonderabsprache. Alle abgesprochenen therapeutischen Maßnahmen innerhalb der Klinik werden als verbindliche Teilnahmezusage betrachtet
und ihre Einhaltung kontrolliert. Die zuständigen Therapeuten zeichnen jede Teilnahme mit ihrem Kürzel gegen.

Auch die Einhaltung der abgesprochenen Ausgangszeiten wird kontrolliert, die
Patienten melden sich jeweils an oder ab wenn sie kommen oder gehen. Obwohl sich

der Patient freiwillig auf einer offenen Station befindet, auf der individuelle Absprachen getroffen werden und deren Behandlung er jederzeit abbrechen kann falls er
nicht als zu krank eingestuft wird, befindet er sich doch in einem engen Korsett, das
ihn mehr oder weniger zu bestimmten Verhaltensweisen und zur Teilnahme an von
den Therapeuten vorgeschlagenen Angeboten zwingt.

Aus Sicht der Therapeuten nützen ihm die Angebote kaum etwas, wenn er nicht
bereit ist, sich der Therapie anzupassen und auf gewünschte Weise aktiv teilzuneh-
men. Der Patient befindet sich in einer paradoxen Situation zwischen individueller
Freiheit und Selbstbestimmung auf der einen Seite und strengen Vorgaben mit Kon-
trollen innerhalb der Therapie andererseits, denen er sich „freiwillig" aussetzt, um
seine Krankheitssymptome loszuwerden.

Die institutionell-professionsgebundenen Aufgaben der Therapeuten. Obwohl die Institution der Psychiatrie schon einen sicheren Rahmen als Hintergrund für die Therapie bietet, ist das Schaffen eines geeigneten äußeren Rahmens die erste Aufgabe des
Therapeuten. Dazu gehört die Legitimierung der Therapie vor Krankenkassen und
Kollegen sowie zum Patienten hin. Damit im Zusammenhang steht das Erstellen von
Diagnosen und Prognosen sowie das Absichern zum Beispiel der Finanzierung oder
die Sicherstellung des Patientenverhaltens innerhalb eines bestimmten Rahmens und
dazu gehört auch die Förderung der Akzeptanz der Krankheit bzw. der Akzeptanz
der Therapie, die eine Voraussetzung für die erfolgreiche gemeinsame therapeutische
Arbeit ist.

Eine zweite Aufgabe besteht in der Her- und Bereitstellung einer tragfähigen
therapeutischen Beziehung, die zwischen Nähe und Distanz eine professionelle
Balance hält und in der die Patienten trotz ihrer Entmachtung in der Klinik mit
Respekt behandelt werden. Vieles der Aufgabenbewältigung ist für den Patienten
unsichtbare Fallarbeit, er soll sich ganz als im Mittelpunkt der Therapie stehend erfahren. Unsichtbar für die Patienten ist auch die in Kapitel 2 schon angedeutete In-
tervisions- und Supervisionsarbeit, der sich Therapeuten ständig unterziehen um ihre
Arbeit professionell durchführen zu können und der ständige dynamische Austausch
der Team-Mitarbeiter über ihn bzw. der Aufbau von Mehrwissen.

Drittens wird ein positives Selbstbild des Patienten gefördert und sein Selbstvertrauen gestärkt, zum Beispiel durch die Zuweisung von Selbstkontrolle und Eigenverantwortung in bestimmten Bereichen, das Vermeiden negativer Wertungen und
frühe praktische Erfolge.

Eine weitere Aufgabe des Therapeuten besteht darin, dem Patienten eine möglichst differenzierte Betrachtung seiner vergangenen Erfahrungen und aktuellen Situation zu ermöglichen. Dazu gehören die interaktive Rekonstruktion der Ereignisse
und das Elizitieren von Deutungsmustern, Gefühlen und Deutungsschemata.

Fünftens ist es Aufgabe der Therapeuten, den Veränderungsprozess zu begleiten.
Dies geschieht vermittels der interaktiven Umdeutung durch differenzierte Betrach-

tung, des Herstellens von Zusammenhängen, Konkretisierungen und Spezifizierun-
gen, durch das Anstoßen der Dynamiken und Erweitern des bisherigen Denkens sowie durch Unterstützung bei der Umsetzung neuer Einsichten oder neuen Verhaltens
in die Alltagsroutine.

Als Letztes muss die Aufgabe des Therapieabschlusses gelöst werden. Die Patienten werden unter Berücksichtigung bestimmter Absicherungen oder Sicherheitsvorkehrungen entlassen oder in eine andere Institution überwiesen, wie zum Beispiel
eine Tagesklinik oder auch ein Wohnheim. Sie werden darauf vorbereitet, dass sie
vielleicht Rückschläge erleben und eine Wiederaufnahme nötig werden könnte.

Interaktive Aufgabenbewältigung vor dem Hintergrund der therapeutischen Beziehung.
Für die Therapie ist es wichtig, dass Therapeut und Patient Übereinkünfte treffen und
sich aufeinander verlassen können. Die Kooperation in der therapeutischen Beziehung beinhaltet zum einen die Bereitschaft des Therapeuten, den Patienten ernst zu
nehmen und ihm aktiv zu zuhören, problematische Aussagen zu bemerken, passende
Fragen zu stellen, Themen zu sammeln, Vorgehensweisen und Übungsmöglichkeiten
vorzuschlagen, Ziele klar und handhabbar zu formulieren und praktische Hilfsmittel
zu finden. Zum anderen erfordert die Therapie die Bereitschaft des Patienten, sich an
die Regeln des Therapeuten bzw. der Klinik zu halten. Um Veränderungen zulassen
zu können muss der Patient die therapeutische Beziehung aushalten können und sich
öffnen, über sein inneres Erleben berichten, Gedanken und Gefühle aussprechen und
die Deutungen und Korrekturen des Therapeuten überdenken. Er muss herausfin-
den, welche der vom Therapeuten vorgeschlagenen Übungen oder Maßnahmen für
ihn in Frage kommen, sie ausprobieren und gegebenenfalls ganz allmählich nicht
integrierte Persönlichkeitsanteile akzeptieren und integrieren.

Aus psychoanalytischer Sicht können Veränderungen vorwiegend im Hinblick
auf die therapeutische Beziehung beschrieben werden und mit neuen Bezugsetzun-
gen in der therapeutischen Situation. „Changes have to be described mainly to the
therapeutic relationship and to new ways of relating in the therapeutic situation"
(Streeck 2008: 184). Die therapeutische Allianz wird als der Mechanismus betrachtet,
durch den neue Sinngebungsprozesse ermöglicht werden. „The therapeutic alliance,
being the mechanism that locks the patient-therapist relationship to the normative
work of psychotherapy, is also a mechanism to reinforce the patient's sense of resto-
red social relatedness" (Kozart 2002: 227). Es ist eine asymmetrische Beziehung, in
der der Patient nur sehr wenig vom Therapeuten weiß und auf dessen professionelles
Wissen angewiesen ist. Nur selten gibt der Therapeut Wissen über sich preis (Antaki/
Barnes/ Leudar 2005), (Leudar/Antaki/Barnes 2006). Stattdessen baut er von Beginn
an sein Mehr- und Fallwissen über den Patienten auf und besitzt zusätzlich verallgemeinertes Fach- und Fallwissen. Dennoch muss eine gemeinsame Wissensbasis
über die Biographie und das subjektive Erleben des Patienten geschaffen werden. Da
zu Beginn der Therapie noch keine Vertrauensbasis zwischen Therapeut und Patient

besteht, muss diese erst einmal unterstellt werden (Schütze 2000: 61). Das Vertrau-
en ist sehr wichtig, denn nur wenn der Patient den Therapeuten akzeptieren kann,
wird er sich auf seine Deutungen einlassen und sie annehmen. Das erfordert häufig
besonders zu Beginn einer Therapie diskretes Vorgehen und das Vermeiden von Konfrontation. Auch das Erleben von ersten Erfolgen durch die Hilfestellung des Therapeuten auf der praktischen Erlebnisebene ist für die Vertrauensbildung wichtig. Dies
wird besonders in den Daten des zunächst sehr skeptischen Patienten Herrn Grosser
deutlich. „Ein wesentliches Element der Vertrauensbildung zwischen Therapeut und
Patient" ist auch die Resonanz, die der Patient für seine Erzählungen findet (Boothe
2001: 49).

Aufbau einer gemeinsamen Wissensbasis und die Rekonstruktion der Ereignisse. Um gemeinsames Wissen über die Probleme des Patienten erarbeiten zu können, muss der
Patient von sich erzählen und seine Sichtweise der Problematik darstellen. Dabei sind
sowohl die Inhalte, als auch die Art und Weise des Erzählens wichtig. Buchholz
betont, dass die alltägliche Arbeit der Therapeuten mehr ist, als „die inhaltliche Kon-
tinuität eines biographischen Themas zu erkennen". (…) „In diesem ‚something more'
(Stern et al. 2002) steckt – in ihren kleinen wie großen Formaten – die Relationalität"
(Buchholz 2006: 284). Der Therapeut hat theoretisch vorformulierte Bilder, die „sich
meist auf den Inhalt der Erzählung" beziehen. „Veränderung aber ergibt sich aus den
Chancen zur Begegnung während der interpersonellen Arbeit an den Geschichten.
Das Geschehen im Behandlungszimmer ist deshalb mindestens so wichtig wie der
Inhalt der Erzählung" (ebd.: 284).

Therapieziele festlegen und bilanzieren. Zu Beginn der Therapie werden auch die Therapieziele gemeinsam erarbeitet. Während große Therapieziele nicht allein durch das
Einüben von Verhaltensweisen gelöst werden können, sondern Neuerungen durch
Umdenkprozesse begleitet werden müssen um dauerhaft wirksam zu sein, können
kleinere Teilziele eingeübt werden. Wenn sich im Verlauf der Therapie herausstellt,
dass der Patient im Moment mit einem Ziel überfordert wäre, kann es auch fallen-
gelassen und die Erarbeitung auf später verschoben werden. In der Erarbeitung und
Überprüfung von Kleinzielen wiederholt sich auf einer Mikroebene, was als Pro-
zess die ganze Therapie durchzieht. Das Aushandeln der Therapieziele zu Beginn der
Therapie gehört zur „Fall-Präparation", zieht sich über mehrere Gespräche und kann
hier nicht im Einzelnen dargestellt werden. Eine ausführlichere Darstellung der therapeutischen Aufgaben (Category-bound Activities) wird in Kapitel 8 gegeben. Zur
Fallpräparation in der klinischen Therapie siehe auch Schröder (2012a).
   Das von Therapeut und Patient gesetzte Ziel wird nach einer Weile bilanziert.
Dann werden die Sinnhaftigkeit, die Wirksamkeit, aber auch das Erreichen des Ziels
überprüft. Im folgenden Beispiel soll der Patient Herr Grosser am Wochenende zu Hause einüben regelmäßig Pausen einzulegen, anstatt sich ständig mit Arbeit zu überfordern:

3.1. Transkript (Kapitel 4, Herr Grosser, G1, Zeile 778-787)
Bilanz der Übung: Pausen einlegen

1   T: deshalb würd ich EInfach vorschlagen, dass wir das nochmal (.)
2   weiter ausprobiern [an den nächsten wochenenden (.)
3   P: [gut
4   T: und dass sie dann ä (.)dass wir dann nochmal bilAnz ziehen (.) nach n
5   paar versuchen,
6   wie das dann für sie ist.
7   P: ja
8   T: mit den pausen (1) können sie sich das vorstellen?
9   P: ja

Die Therapeutin hat dem Patienten erklärt, dass es immer etwas Zeit braucht, bis
man sich an Neuerungen gewöhnt hat und man sie beurteilen kann. Deshalb schlägt
sie ihm vor, das neue Verhalten weiterhin auszuprobieren und dann noch einmal
Bilanz zu ziehen. Dass dies eine interaktive Angelegenheit ist wird darin deutlich,
dass sie zunächst von [*wir das nochmal (.) weiter ausprobiern*] spricht, dann auf [*sie
dann ä (.)*] wechselt, und zurück auf das ,wir' geht [*dass wir dann nochmal bilAnz ziehen*], aber auch in der mehrfachen Absicherung, ob der Patient das Vorgehen billigt.
Obwohl er schon mit [*gut*] und [*ja*] geantwortet hat, fragt sie noch einmal explizit
nach, ob er einverstanden ist, was er wiederum mit [*ja*] beantwortet und damit seine
Kooperationsbereitschaft signalisiert.

Maße zur Bewertung finden. Außer der Erarbeitung gemeinsamen Wissens werden
auch gemeinsam Maße und Maßeinheiten zur Beobachtung und Bewertung von
Veränderungen und Verbesserungen in der Therapie festgelegt und genutzt. Sollen
die Erfolge der Therapie bilanziert werden, müssen dafür Maße existieren. Als Ausgangspunkt dient das, was für den Patienten normal und davon abweichend ist, es
dient als eine Folie, vor der Veränderungen sichtbar werden. Psychologen benutzen
gerne Bewertungsskalen zur subjektiven Einschätzung von etwas, doch ist so eine
einfache Einteilung nicht immer möglich. Was eine Verbesserung für den Patient
bedeutet oder was der Therapeut als Symbol für eine Besserung betrachtet kann sich
durchaus unterscheiden und muss ausgehandelt werden. Oft werden die Patienten
zu Beginn der Therapie gefragt, woran sie selbst merken, dass es ihnen besser oder
schlechter geht und wie das Behandlungsteam solche Schwankungen wahrnehmen
kann. Dennoch taucht das Problem des Aushandelns von Maßen während der Therapie immer wieder auf und muss jeweils situativ und individuell gelöst werden.

3.2. Transkript (Kapitel 7, Frau Cerny, G2, Zeile 37-50)
Ein Maß dafür, dass es schon besser geht

1   T: hmhm. wie gings ihnen denn gestern bei dem

2		vOrhaben ä vielleicht anzufangen den brief
3		zu schreiben? oder die karten zur erstkommunion
4	P:	hab ich noch nicht.
5	T:	das heißt, es steht noch AN.
6	P:	das steht an (.) wird geschoben (.)
7		ne jetzt hab ich erstmal ZEItung gelesen.
8	T:	hmm
9	P:	AUchn zeichen. ich lese die zeitung ä (.) in EIns durch.
10		und nicht nach einer hälfte dann weiß=ich nicht mehr,
11		was hAste gelesen, und leg=se erstmal wieder anne seite,
12		also die zeitung les=ich jetzt (.) an einem stück durch!
13		wenn=ich die zeit dazu habe.
14	T:	hmhm
15	P:	das sind so merkmale, wo ICH es dran merke.

Die Patientin hatte erwähnt, es gehe ihr schon besser. Nun fragt die Therapeutin ab, wie es ihr bei einem Vorhaben gegangen ist, über das in einem früheren Gespräch gesprochen wurde, nämlich Post zu erledigen. Auf dieses Maß lässt sich die Patientin aber nicht ein, sondert führt ein eigenes Maß an: sie kann die Zeitung wieder ganz durchlesen. Damit holt sie sich auch in der Therapie ein Stück Autonomie zurück, denn sie wehrt sich gegen die Vorgabe der Therapeutin, ihr Vorhaben als Maß zu benutzen. Stattdessen führt sie ein neues Maß ein, das nur auf ihrem ganz persönlichen Wissen beruht und das auch nur sie allein überprüfen kann.

3.4 Das Therapie-Gespräch

Das therapeutische Wissen beinhaltet viele verschiedene Komponenten, denn die Therapeuten müssen den Therapieprozess managen ohne den Patienten zu überfordern, im Team arbeiten, mit den Akten umgehen, Externalisierungstechniken kennen, Alternativen anbieten und das therapeutische Gespräch leiten. In den Gesprächen kommen sowohl Gesprächstechniken wie auch verkörpertes Interaktionswissen zum Einsatz. Die therapeutischen Gespräche folgen den institutionellen Vorgaben, dem wissenschaftlich-professionellen Wissen über Theorien und Modelle sowie der spezifischen Therapieform in der untersuchten Psychiatrie. „By professional stocks of interactional knowledge, we mean organized knowledge (theories or conceptual models) concerning interaction, shared by particular professions or practioners" (Peräkylä/Vehviläinen 2003: 730). Dazu gehören auch spezifische Praktiken, die in der Psychoanalytischen Praxis vor allem in der „Freien Assoziation" und der „Interpretation" bestehen (ebd.: 731). Unabhängig von spezifisch ausgewählten Therapiezielen enthält jedes Einzelgespräch einen thematischen Fokus, der aber nicht nur vom Therapeuten bestimmt wird, sondern sich auch an der Dringlichkeit bestimmter Ereignisse orientiert. So kann zum Beispiel die Besprechung bestimmter Untersuchungen in den Vordergrund rücken oder persönliche Erlebnisse des Patienten können den vorgesehenen Therapiefokus verschieben wie in Frau Bauers Abschlussgespräch. Spiegel/ Spranz-Fogasy (2001) widmen sich der Erstellung von Handlungsschemata in typischen Gesprächssituationen und Stitz (1987) hat einige grundlegende Handlungsformen in Kurzzeit-Therapiegesprächen herausgearbeitet. Dabei orientiert sie sich an den „Formulations", die von Garfinkel/Sacks (1970) als „natural language *formulations* of ordered particulars of members' talk and members' conduct, of territorial movements and distributions, of relationships of interaction, and the rest" (Garfinkel/Sacks 1970: 346) beschrieben wurden. Stitz unterscheidet zwischen Fokus, Fokussierung und Fokussierungsaktivitäten innerhalb eines Therapiegespräches. „Fokus beschreibt die Eingrenzung des bearbeitungsfähigen Konfliktes, die Fokussierung ist entsprechend das therapeutische Verfahren". Die konversationelle Praktik dieses therapeutischen Verfahrens bezeichnet Stitz als „Fokussierungsaktivität" (Stitz 1987: 66), bei der spezifische Formulierungen als Brücke oder Vorbereitung dienen. Die von den Therapeuten methodisch angewandte Fokussierungsaktivität hat sich bei Stitz „in ihrer Realisierung therapiekonzeptunabhängig" erwiesen (ebd.: 73). Die These, dass alltagspraktisches Wissens in therapeutischen Aufnahmegesprächen eine große Rolle spielt, wurde schon von Bergmann (1980) aufgestellt. Er kommt bei seinen Ausführungen zu dem Ergebnis, dass die „Explorationserfahrung eines psychiatrischen ‚Experten'" sich darin zeigt, „,das Methodische des Natürlichen' für die Bewältigung" seiner diagnostischen Aufgabe einzusetzen (Bergmann 1980: 286). Stitz fügt hinzu, dass „die von den Interaktionsteilnehmern für die Konstitution von Intersubjektivität in Anwendung gebrachten Techniken" in den untersuchten Kurzzeittherapiegesprächen zunächst auch keine anderen sind als jene, „die allen Gesellschaftsmitgliedern zur Verfügung stehen" (Stitz 1987: 73). Die Verwendung sowohl alltagspraktischer als auch spezifisch professioneller Komponenten findet sich auch in den Aktivitäten anderer Professionen, wie zum Beispiel Uhmann (2010) es für chirurgische Operationen dargestellt hat. Peräkylä/Antaki/Vehviläinen/Leudar (2008) unterstreichen die Einbettung der Therapie in allgemeine interaktive sprachliche Aktivitäten „the embeddedness of psychotherapy in generic interactional practices having to do with questions, answers, comments, and the like, and the related interactional competences that therapists and their clients employ" (Perälylä et al. 2008: 7) und geben dabei ‚einen detaillierten Einblick in die Komplexität und Macht von Gesprächen in institutionellen Settings' (ebd.: Vorwort). Das ureigenste Ziel von Psychotherapie ist es, krankmachende Denkstrukturen aufzudecken und gegebenenfalls zu verändern. Wie Antaki beschreibt bieten die Therapeuten den Patienten Alternativen für ihre Deutungen an, um deren Umdenken zu fördern. Das kann durch Herausforderungen, Infragestellungen, Berichtigungen, Erweiterungen und Reinterpretationen geschehen. Außer diesen Alternativen gibt es noch die „Formulations", die hier allerdings für die Psychotherapie enger gefasst werden, als sie von Garfinkel/Sacks (1970) ursprünglich beschrieben und von Stitz (1987) benutzt wurden. Antaki bezieht sich auf die von Heritage/Watson (1979, 1980) vorgeschlagene begriffliche Auslegung mit den drei Komponenten „delete, select, transform", die durch ihre sequenzielle Macht eine „projection of *agreement*" entfaltet (Antaki 2008: 31, Hervorhebung im Original). Solche Formulierungen kommen nach der Erklärung des Sprechers, hören sich an wie die Zusammenfassung in eine Kernaussage oder ein sich natürlich ergebendes Ergebnis bzw. Fazit aus der Aussage – löschen aber einen Teil der ursprünglichen Aussage, wählen einen anderen Teil aus und verändern oder verschieben damit die vorherige Aussage – und sie setzen Einverständnis voraus. Die Vorteile dieser Definition liegen in der engen Beziehung zwischen dem, was jemand gerade gesagt hat und der Erklärung des „formulater's" für das Gesagte.

Nach Antaki führte Davis (1986) die erste von der Konversationsanalyse inspirierte Untersuchung über Psychotherapie durch und nutzte den Begriff dabei auf diese Weise. Heritage stellte fest, dass solche Formulierungen in Alltagsgesprächen kaum vorkommen und in den zielorientierten Gesprächen institutioneller Kontexte üblicherweise durch den institutionellen Akteur vorgenommen werden (Heritage 1985: 100). Antaki misst solchen (Um-) Formulierungen sehr große Macht und Bedeutung zu. „At the bottom of the slope are formulations, which, as we shall see, are the most (ostensibly) cooperative practice of all. I say ‚ostensibly' advisedly; while the format of these practices may apparently tend one way, their interactional force may tend in quite another" (Antaki 2008: 27).

Nach Antaki fügen sich „Formulations" in die kooperative und achtsame Therapiekultur ein, haben aber zugleich auch eine aggressive Komponente und eine Art Zwangscharakter. Damit handelt es sich bei den „Formulations" um ein mächtiges Instrument der Gesprächsführung, eine Technik, die in der Therapie der Umdeutung dient und eigentlich aus einer Formulierung mit Umformulierung besteht. „Formulations" kommen in verschiedenen Varianten vor, zum einem im Dienst der therapeutischen Interpretation, zum anderen zum Management oder der Steuerung des Gesprächsprozesses und drittens im Dienst der Diagnostik und der Aufnahme der Krankengeschichte. Durch die enger gefasste Begriffsdefinition wird die ursprüngliche Ausführung von Garfinkel/Sacks insofern verändert und spezifiziert, als hier ein Sprecher ein Angebot zur Definition oder Redefinition eines Topics der beiden Akteure im Gespräch macht. Die „Formulations" liegen ganz auf der Linie der respektvollen und achtsamen therapeutischen Kultur, dienen aber gleichzeitig dem psychologischen Interesse. „While ‚hearing the client out', they serve the therapist's interest in a vary of ways – shaping symptoms, closing down troubles and tending interpretations towards the psychological" (Antaki 2008: 42). In den dargestellten Transkriptausschnitten wird deutlich, wie Therapeut (T) und Patient (P) ihre Rollen in diesem institutionellen Rahmen einnehmen (Footing) und als Vertreter der Institution und des hilfesuchenden Subjektes in (Inter-) Aktion treten.

In der Klinik lässt sich die Deutungsvermittlung nicht auf einzelne Praktiken redu-zieren, sondern sie durchzieht das ganze Setting. So wird mit dem Tandem Therapeut und Bezugspfleger eine Situation hergestellt, die an die dynamische Beziehung zwi-schen einem Kind und seinen beiden Eltern anknüpft. Die therapeutische Beziehung soll dem Patienten eine durchgängig respektvolle und verlässliche Beziehungserfah-rung ermöglichen, die er vielleicht zuvor noch nie erleben konnte. Dabei soll der Pa-tient die Triangulation ausbalancieren. Die Basisgruppe Psychoedukation vermittelt Wissen über die Krankheit, Symptome und Diagnose. Durch die Mitpatienten auf der Station erfahren die Patienten, dass sie mit ihrem Problem nicht allein sind, sie können untereinander Erfahrungen austauschen und sich gegenseitig Halt geben. Es gibt einige gezielte therapeutische Praktiken im Gespräch wie das Gegeneinanderset-zen von sozialem Deutungsmuster und subjektivem Schemata, Deutungsvorgaben, Deutung erweitern, (verlängerte) Formulierungen und das „Einpumpen positiver As-pekte", die weiter unten beschrieben werden, aber es gibt auch viele indirekte Prakti-ken. Die Ethnomethodologie geht davon aus, dass die Akteure die soziale Ordnung, in der sie leben, immer wieder situativ herstellen oder sie auch verändern können. Zum Beispiel verändern die Patienten etwas, indem sie lernen Gedanken und Gefüh-le auszudrücken und sie ihrer Umwelt mitteilen. Indem sie in den Aufgaben zwischen den Therapiegesprächen Situationen analysieren und sie dann mit dem Therapeuten besprechen, klären sie etwas für sich. Indem sie positive Aspekte hervorheben, rücken die negativen Aspekte in den Hintergrund. Indem sie respektvoll mit sich selbst im Spiegel sprechen, zeigen sie sich Selbstachtung. Wenn sie kognitive Strategien entwi-ckeln und neue Handlungsweisen einüben, lernen sie zu planen und neues Verhalten umzusetzen. Solches Handlungswissen ist auch außerhalb der Therapie nützlich und kann das Selbstwertgefühl stärken.

Teil B

Deutungsmuster im Wandel: Zwei exemplarische Fälle

Teil B beinhaltet zwei ausführliche Fallanalysen, in denen nachverfolgt wird, wie sich Deutungsschemata in den Formulierungen der Patienten im Verlauf der Behandlung verändern. In der medizinischen und psychologischen Praxis werden Fälle im Allgemeinen anhand des Gesundheitszustandes eines Subjektes beschrieben. Symptome treten irgendwann zum ersten Mal in der Biographie des Patienten auf, es wird nach Ursachen gesucht, sie werden in eine Diagnose eingeordnet und auf die eine oder andere Art behandelt, woraus dieses oder jenes folgt. Die hier beschriebenen Fälle dagegen beziehen sich ausschließlich auf die in den Gesprächen bearbeiteten Deutungsschemata und soziale Deutungsmuster, die der Patient in die Therapie einbringt. Dabei spielt die Diagnose selbst im Prinzip keine Rolle, es werden nur die Schemata und ihre Veränderungen untersucht sowie die Bedingungen, unter denen die Veränderung stattfindet.

Die Mittel und Instrumente zur Untersuchung wurden oben schon eingeführt und werden hier noch einmal kurz zusammengefasst: Alle Bezüge zu Moral und Allgemeinwissen sowie sozialisierte Gefühle geben Hinweise auf Deutungsmuster. In der sprachlichen Interaktion finden sich Indikatoren für Kognitionen wie Kategorien, „Accounts" und epistemische Praktiken, in einzelnen Formulierungsaktivitäten finden sich Deutungsschemata in Generalisierungen, Reformulierungen, agensfreien Formulierungen und wechselnden Personalpronomen in den Erfahrungserzählungen. Die Beobachtung von Veränderung erfolgt anhand der Beobachtung von verändertem Verhalten sowie den Beobachtungsebenen der Themenstränge und in veränderter Rhetorik im Verlauf der Zeit: veränderte Kategorien oder Metaphern, der Switch in der Erfahrungserzählung, biographisches Auseinanderziehen und das Abwerten von zuvor wertgeschätzten Dingen. Außerdem werden mit den Patienten individuelle Messinstrumente ausgehandelt wie in Kapitel 3 oder in Kapitel 4 beschrieben.

4 Herr Grosser: Leistung bringen und funktionieren

[du bist oder wirst genauso
oder du hast von ihm
und das war schon immer thEma und
(.) das wollte ich eigentlich NIE sein]

Da in der Therapie von Herrn Grosser die praktische Lebensführung ausdrücklich in die Therapie einbezogen wird, indem er immer wieder praktische Übungen durchführen und evaluieren soll, wird dieser Punkt hier exemplarisch als erster kurz beschrieben. Danach wird der Themenstrang der Therapieziele ausführlich dargestellt, dann die Arbeit mit dem „Inneren Kritiker" verfolgt und zuletzt die Beobachtung des Switches in der Erfahrungsdarstellung nachvollzogen. Da keine speziellen Kategorien über die (aufgezeichneten) Gespräche hinweg mitgeführt werden, kann diese Ressource hier nicht zur Beobachtung des Veränderungsprozesses genutzt werden. Im Folgenden wird zunächst eine kurze Übersicht über relevante Deutungen und Deutungsmuster in der Therapie von Herrn Grosser gegeben, die zum Schluss wieder aufgegriffen und ihre Veränderung dargestellt wird.

4.1 Die wichtigsten Deutungen und Deutungsmuster

Vorspann
Im Vordergrund der Behandlung von Herrn Grosser steht das Deutungsschema, er sei so wie sein Vater, was ihm seine Mutter immer wieder vorwirft. Da er gleichzeitig ihre Deutung, sein Vater sei ein Verlierer, dabei übernommen hat, muss er sich immer wieder gegen das ihm unter dieser Prämisse bevorstehende Schicksal wehren. Er versucht ständig Höchstleistung zu bringen, arbeitet soviel, dass er gar nicht mehr rauskommt und überzieht dabei seine Energiereserven bis zur Erschöpfung, vernachlässigt Körperpflege und soziale Kontakte. Vor dem stationären Aufenthalt in dieser Klinik war er in einer anderen therapeutischen Behandlung, in deren Verlauf er sich völlig zurückzog und unerreichbar machte, weshalb er hierher gebracht wurde.

Das Meta-Deutungsmuster: „Du musst funktionieren, sonst bist Du nichts wert" oder Du musst etwas leisten, um ein anerkanntes Mitglied der Gesellschaft zu sein
Das Metadeutungsmuster der westlichen Leistungsgesellschaften „Du musst etwas leisten, um ein anerkanntes Mitglied der Gesellschaft zu sein" beherrscht das Leben von Herrn Grosser [*ja n lEIstungsanspruch war dA*] (G1, 470), der sich ständig der Kritik ausgesetzt fühlt, nicht genug zu leisten. Verkörpert wird der Leistungsdruck

durch die Figur des Inneren Kritikers, der ständig die mangelnde Leistung des Patienten kritisiert. In seiner Familie hat er das Deutungsmuster etwas abgewandelt auf der Ebene des Funktionierens trotz Chaos' erfahren: [*man musste halt funktionIERn also in dem tohuwabohu musste man funktioniern, ne. wenn man funktionierte wars okay*] (GI, 488-489). Diese Aussage wird von der Therapeutin als zentrale Botschaft gefasst: [*und dAs könnte sone zentrale botschaft gewesen sein (.) du musst funktioniern sonst bist du nichts wErt!*] (GI, 490-491) und von Herrn Grosser bestätigt. Damit ist die ihn begleitende Botschaft und internalisierte Grundeinstellung zum Leben erfasst, sie vermischt sich mit verschiedenen anderen Schemata und Deutungsmustern.

Widersprüchliche Deutungsmuster:
Krankheitssymptome oder persönliches Unvermögen?
Bei Herrn Grosser steht das medizinisch-wissenschaftliche Deutungsmuster, seine Symptome seien Anzeichen einer „Depression" der Deutung des Patienten zunächst unversöhnlich gegenüber, der die Symptome als persönliches Versagen empfindet und als Nichtkönnen und Unvermögen deutet. Daraus ergibt sich für den Patienten eine Nichtakzeptanz der Krankheit. Aus dieser Nichtakzeptanz heraus hat er es lange Zeit abgelehnt sich behandeln zu lassen und steht auch der Behandlung in dieser Therapie anfangs skeptisch gegenüber.

Subjektives Deutungsschema:
„Du bist wie dein Vater und der ist ein loser bzw. Verlierer"
Die Mutter bezeichnet ihren Mann als Verlierer und gibt diese enttäuschte Deutung an den Sohn weiter. Aus heutiger Sicht meint Herr Grosser, er sei als Kind von der Mutter gegen den Vater erzogen worden [*ich gEgen meinen vater erzOgen worden bin*] (GI, 415). Sie ist offensichtlich der Überzeugung, der Sohn habe viel vom Vater geerbt und wirft ihm schnell vor [*du bist oder wirst genauso oder du hast von ihm*] (GI, 166), was Herr Grosser inzwischen verinnerlicht hat oder zu mindestens zeitweise als bevorstehendes Schicksal befürchtet. Er empfand es immer als [*SEHr hArte bestrAfung für mich wenn dieser vergleich kam*] (GI, 173-174), denn der Vater wurde infolge der Erziehung und einigen Erfahrungen von ihm stark abgelehnt. Hier mischen sich verschiedene Deutungen aus wissenschaftlichem Wissen über genetische Vererbung und sozialisiertes Verhalten mit mundanen Deutungsmustern („Wie der Vater so der Sohn" oder „Der Apfel fällt nicht weit vom Stamm") und subjektiven Zuschreibungen.

4.2 Das Thema der praktischen Lebensführung

Da die praktische Lebensführung für Herrn Grossen in der Zeit vor seinem Klinikaufenthalt ein großes Problem war, wird dieses Thema besonders zu Beginn der Therapie häufig angesprochen. In der Psychologie gehört Habitus und Verhalten als Ausdruck des psychischen Zustandes zur klinischen Beobachtung und wird für die Diagnostik bewertet. Herr Grosser selbst bezeichnet sein Unvermögen als [*teilweise katastrophal*] (G1, 43) und bezieht sich damit auf die [*dinge des ALLtäglichen lebens*] (G1, 49-50) und die Körperpflege [*nicht selbstverständlich war ä: seinn körper zu pflegen*] (G1, 53), weil das [*ganz schlicht und einfach alles nicht gIng*] (G1, 60). Der Patient hatte schließlich niemanden informiert und sich in seiner Wohnung weggeschlossen, was letztlich zu seiner Einweisung in die stationäre Therapie führte. Da er gesteht, aus dieser Phase noch nicht ganz wieder herausgefunden zu haben, bietet die Therapeutin ihm immer wieder praktische Hilfsmittel zur Unterstützung an, dazu gehört ein [*pla:n*] (G1,10), der helfen soll [*pausen*] (G1,715) einzulegen, das Erstellen einer [*prioritätenlisten*] (G1, 661) und eine [*stoppkarte*] (G1, 980). Ein weiterer Vorschlag bezieht das Sprechen mit sich selbst als Ressource in die Therapie ein. Viele Patienten, aber auch gesunde Menschen nutzen ab und zu das Sprechen mit sich selbst zur Bewältigung ihres Alltags. Die Therapeutin schlägt ihm vor gemeinsam daran zu arbeiten, dass er es lernt [*positiver mit sich zu sprEchen*] (G2, 1203). Dazu bietet sie ihm auch eine praktische Übung an [*da kann man auch übungen zu machen zum beispiel (.) sich im spiegel dabei zu betrachten (.) einfach lernen, mit sich sElbst positiver zu kommunizIErn*] (G2, 1205-1207). Die Therapeutin zieht die praktische Erlebnis- und Beobachtungsebene immer wieder sowohl als Handlungs- und Vollzugsebene für den Patienten, aber auch für sich zur diagnostischen Bewertung von Fortschritten des Patienten heran und bittet ihn, die Nützlichkeit der von ihr vorgeschlagenen Hilfsmittel zu bewerten.

4.3 Der Themenstrang der Therapieziele

4.3.1 Die Ziele zu Beginn der Therapie

Da der Patient ein Problem damit hat die Krankheit als solche zu akzeptieren, wird dieser Punkt im ersten Gespräch von der Therapeutin zunächst vermieden, später aber konkret von ihr angesprochen. Erste Veränderungen bezüglich der Akzeptanz der Krankheit ergaben sich schon in diesem ersten aufgezeichneten Gespräch, denn der zunächst sehr skeptische Patient akzeptiert darin seinen stationären Aufenthalt [*IS schon rIchtig, dass ich hier bin*] (G1, 558), womit überhaupt erst die Möglichkeit zur Therapie gegeben ist. Er hat erkannt, dass er alleine nicht weiterkommt und Hilfe braucht [*weil ich (.) komme ja in meinem training nur so bis zu einem bestimmten punkt und dann gEht nichts mehr, ne <<p> ich bin mir schon (.) klar darüber, dass ich halt an (.) ja (.) dem problem was ändern muss>*] (G1, 791-798). Die Therapeutin deutete diese Aussage so, dass auf seiner Prioritätenliste als oberstes Ziel die Therapie stehen müsse und er stimmte dem zu. Die Akzeptanz der Krankheit gilt als eines der Therapieziele auf einer schon vorhandenen Liste und das Ziel [*mehr antrieb*] wird im ersten Gespräch umgewandelt und erweitert [*nicht nur die aktivierung (.) wieder in bewegung*

kommen sondern (.) lernen, die kraftreserven (.) angemessen einzusetzen] (G1, 1033-1034),
außerdem wird die Liste um das Ziel [*selbstakzeptanz in form von meh:r selbstwertgefühl, mehr selbstsicherheit*] (1050-1051) ergänzt. Die ganze Liste der Therapieziele wird
erst im zweiten aufgezeichneten Gespräch erkennbar, in dem Gespräch werden sie
alle besprochen und evaluiert.

Das erste Therapieziel: die Akzeptanz der Krankheit
4.1. Transkript (G2, Zeile 50-57)

```
 1    T:   erster punkt ist akzeptanz der erkrAnkung
 2    P:   ja (.) äm ((räuspert sich)) da gIbt es nach wie
 3         vor problEme aber das ist=ä (.) ja so verbEssert
 4         [n bisschen
 5    T:   [hmhm
 6    P:   ich gestehe mir oder ich (.) ich bin jetzt in
 7         der lAge doch (.) zu sagen <<dim> dass=äm dass
 8         das nicht mein UNverögen ist, sondern auch ä
 9         (.) ja (.) die erkrAnkung.>
10    T:   hmhm
```

Die Therapeutin gibt den Punkt vor und der Patient erklärt, er habe zwar [*nach
wie vor problEme*] damit, könne aber jetzt doch auch von [*erkrAnkung*] sprechen.
Während der Patient im ersten Gespräch bei seinem Wochenendbesuch zu Hause
noch den gemeinsam erarbeiteten Plan nutzte und sich selbst gut zureden musste
Pausen einzuhalten, war dieses Wochenende ein [*ein sehr gUtes wOchenende*] (G2,
59), ein [*gAnz normAles wochenende*] (G2, 61). Und obwohl er sehr auf sich geachtet hat, war er [*sehr (.) sehr (.) erschöpft*] (G2, 65). Anders als früher muss er diesen
Gegensatz jetzt aber nicht seinem Unvermögen zuschreiben, sondern erkennt sie als
[*AUswirkungen dieser krankheit*] (G2, 73) an und erkennt, dass er [*dann doch nicht so:
(.) stArk*] (G2, 76) ist. Die Akzeptanz der Erkrankung ermöglicht dem Patienten ein
Abrücken von seiner ursprünglichen Deutung er sei einfach unvermögend, zudem
ermöglicht sie das Abgeben von Verantwortung an eine äußere Instanz, nämlich die
Krankheit, die sein sonst vorhandenes Vermögen zeitweise einschränkt. Damit wird
es ihm möglich anzunehmen, dass er nicht grundsätzlich unvermögend ist, sondern
dass seine Erschöpfung [*AUswirkungen dieser krankheit sind*]. Insofern kann die
Akzeptanz der Krankheit auch eine Erleichterung für ihn sein, denn eine Krankheit
lässt sich mehr oder weniger gut behandeln, ein grundlegendes Unvermögen durch
genetische Veranlagung dagegen nicht. Mit der diskreten oder gesichtswahrenden
Formulierung im Litotes [*dass ich dann doch nicht so: (.) stArk bin*] vermeidet er
den Ausdruck „schwach" und mit dem indexikalen [*dann*] kann er dem Zuhörer
gleichzeitig vermitteln, dass er eigentlich, nämlich in anderen, gesünderen Zeiten,
mehr Stärke hat.

Zweites Ziel: Selbstwertstärkung:
4.2. Transkript (G2, Zeile 78-86)

1   P: und die selbstwertstärkung äm (.) das wäre der
2   zwEIte punkt, also mit meinen sElbstwert ä wAr
3   es nicht weit hEr
4   T: hmhm
5   P: und (.) das ist auch lEIcht verbessert. gerade
6   in der arbeit wieder jetzt die (.) tugenden und
7   (.) jahh den kritiker in mir immer son bisschen (.)
8   zu entlArven und zuzuordenen
9   T: ja
10 P: ist das n gUter anfang.
11 T: hmhm okay.

Mit der Aussage [*also mit meinen sElbstwert ä wAr es nicht weit hEr*] bezieht sich der
Patient auf die Vergangenheit, er empfindet seinen Selbstwert als leicht verbessert.
Hier bringt er die inzwischen verstärkt genutzte dritte Beobachtungsebene der psychologischen Arbeit mit dem Inneren Kritiker in Zusammenhang mit seinem Selbstwertgefühl. Die Arbeit mit den Tugenden, aber auch die, seinen Inneren Kritiker
[*immer son bisschen (.)zu entlArven und zuzuordnen*] empfindet er als sinnvoll.[15]

Drittes Ziel: Aktivierung, etwas für mich tun
4.3. Transkript (G2, Zeile 87-103)

1   P: ^h aktivierung, etwas für MIch zu tUn wäre der dritte
2   punkt. ä wo ich jetzt in in (1) ja (.) eigentlich
3   den beschlUss gefasst habe (.) gewisse dinge erstmal
4   wEgzulassen.
5   T: hmhm
6   P: u:m (.) ja (.) für mIch etwas AUfbauen zu kÖnnen, das=ä
7   (1) ja (.) vielleicht tragen kAnn
8   T: hmhm
9   P: das ist überhaupt der prozess jetzt auch zu sagen

---

15   Auf der praktischen Vollzugsebene hatte der Patient die Aufgabe, in Bildern wohlwollende Begleiter
     seines Lebens darzustellen, die in ihren Aussagen über ihn seine Tugenden zum Ausdruck bringen.
     In einem anderen Bild sollte er kritische Personen (Kritiker) aufzeichnen und deren Sätze über ihn
     aufschreiben, eine dritte Aufgabe bezog sich auf seine Mutter und wird nicht erläutert. Die Bilder
     mit den wohlwollenden Begleitern und den Kritikern wurden später verglichen und in Beziehung
     gesetzt. Er stellte dabei fest, dass die wohlwollenden Begleiter in der Überzahl sind oder waren und
     deshalb mehr Gewicht haben könnten. Die Therapeutin schlug ihm vor, sich selbst als wohlwollen-
     den Begleiter mit in das Bild zu zeichnen, weil er sich selbst am besten ständig positiv beeinflussen
     könne. Mit der bildlichen Darstellung wird eine Externalisierungstechnik genutzt, sie zeigt eine
     Momentaufnahme und die im außen symbolisierte Darstellung spiegelt nach Innen zurück.

10   gewisse dinge °hhähhh mAch ich nicht mehr und werde
11   ich=äm (.) jetzt in zukunft (.) ja aus meinem programm
12   streichen, weil das relativ voll war, mit sEhr viel
13   verpflichtungen
14 T: ja
15 P: und (.) ich glaube das ist auch schon n gUter schritt.
16 T: hmhm

Der Patient berichtet, dass er den Beschluss gefasst hat [*gewisse dinge erstmal wEgzulassen*]. Damit hat er einen ersten Schritt getan. Er schafft sich einen Leerraum, sozusagen Platz für Neues in seinem Leben und gibt als „Account" sein anvisiertes Ziel an, nämlich, dass er sich eine feste Grundlage für die Zukunft schaffen möchte [*etwas AUfbauen zu kÖnnen, dass=ä (1) ja (.) vielleicht tragen kAnn*]. Er führt aus, dies sei sowieso gerade der Prozess, in dem er sich befinde, wobei er in seiner Ausdrucksweise darstellt, dass der Prozess sich jetzt gerade ganz aktuell vollzieht [*jetzt auch zu sagen*] und noch nicht abgeschlossen ist [*jetzt in zukunft aus meinem programm streichen*]. Er ist noch damit beschäftigt zu entscheiden, was er weglassen will, wozu er wiederum einen „Account" liefert [*weil das relativ voll war, mit sEhr viel verpflichtungen*]. Wenn er dann genug Platz geschaffen hat, kann er Prioritäten setzen und auf das Neue hinarbeiten. Er selbst bewertet dies als einen guten Schritt, aber in der Zukunft muss er seine Vorsätze auch tatsächlich durchführen und es schaffen, das als überflüssig Bewertete wegzulassen.

Viertes Ziel: Erkennen persönlicher Grenzen
4.4. Transkript (G2, Zeile 104-115)
1   P: erkennen meiner (.) meiner (.) persönlichen
2   ((räuspert sich)) persönlichen grenzen,
3   T: hmhm
4   P: das wäre der vierte punkt ä (.) jagut da würde
5   ich sagen, da hAperts noch
6   T: da haperts.
7   P: hmhm
8   T: okay hmhm. (4) machen sie das (.) grade an an einer
9   konkreten erfahrung fest? am wochenende, oder –
10   (.) allgemein eher?
11 P: auch an konkreten erfAhrungen am wOchenende.

Beim Erkennen seiner persönlichen Grenzen hat der Patient nach eigener Einschätzung noch Probleme. Hier fragt die Therapeutin zur Abklärung, ob er das eher allgemein gemeint hat oder ob er sich auf eine konkrete Erfahrung aus seinem direkten Erleben bezieht. Da der Patient sich auf beides bezieht, aber eben [*auch an konkreten erfahrungen am wOchende*], soll später noch einmal darauf zurückgekommen werden. In ihrer Frage nach einer konkreten Erfahrung stellt die Therapeutin einen Zusammenhang her zwischen der äußeren und inneren Lebenswelt des Patienten, nämlich der aktuellen Situation auf der praktischen Erlebnisebene und dem gleichzeitigen Überschreiten von inneren Grenzen.

Fünftes Ziel: Einhalten persönlicher Grenzen

4.5. Transkript (G2, Zeile 120-127)

1	P:	dann der fünfte punkt wäre stoppsagen können,
2		sich abgrenzen kön[nen
3	T:	[ja. das gehört dazu eigentlich, ne
5	P:	[ja
6	T:	[hmhm (3)
7		also auch da (.) nach wie vor (.) probleme. hmhm.
8	P:	ja

Der fünfte Punkt wird von der Therapeutin dem vierten zugeordnet, denn aktiv stopp sagen und sich abgrenzen ist nur möglich, wenn die Grenze zuvor erkannt wurde und der Patient stimmt ihr zu. Damit unterbindet sie gewissermaßen eine weitere Ausführung dieses Punktes und es entsteht eine Pause [*(3)*]. Dann registriert sie, dass es infolge des Haperns bei Punkt vier folgerichtig [*also auch da (.) nach wie vor (.) probleme.*] gibt und ordnet die Aussage damit diagnostisch ein.

Sechstes Ziel: Akzeptanz des Inneren Kritikers:

4.6. Transkript (G2, Zeile 129-136)

1	P:	akzeptanz des inneren krItikers -hh und einen
2		positiven umgang (.) mit ihm erlernen ja dann ä
3		das wäre dann der (.) sEchste punkt und (.) da
4		steck ich noch vOll drin würd ich sagen.
5	T:	hmhm
6	P:	das=äm (.) den inneren krItiker, der mir dOch sO
7		zusetzt äh (.) ja dass ichn andern umgang mit ihm
8		finde und=ä (4)
9		und ihn dann ganz normAl einsetzen kann.

Das sechste Therapieziel befasst sich mit der tiefenpsychologischen Ebene: die virtuelle Figur des Inneren Kritikers, die einen Anteil des Selbst des Patienten symbolisiert und von ihm akzeptiert werden soll. Was der Ausdruck „Akzeptanz des Inneren Kritikers" genau beinhaltet, bleibt für den außen stehenden Analysten unklar, während die beiden Akteure offenbar eine gemeinsame Wissensbasis darüber haben, denn in keinem der aufgezeichneten Gespräche wird dazu eine Frage gestellt oder eine Erklärung abgegeben. Aus therapeutischer Sicht muss der Innere Kritiker zuerst akzeptiert werden, dann kann der Umgang damit verändert und später der abgelehnte Persönlichkeitsanteil vielleicht integriert werden. Die Einschätzung des Patienten dazu ist [*da steck ich noch voll drin würd ich sagen*]. Der Innere Kritiker erscheint hier in der Äußerung des Patienten personalisiert als eine unabhängige, autonome Figur, die sich zwar innen befindet, aber dennoch unkontrolliert agieren kann.[16] Der Innere Kritiker setzt dem Patienten zu und das Ziel besteht darin, einen [*andern umgang mit ihm*] zu finden [*und ihn dann ganz normAl einsetzen*] zu können. Indem die Kritik auf den „Kritiker" projiziert wird, stellt der Patient eine Distanz zwischen sich und der Kritik an ihm her. Während die erste Äußerung den Kritiker als aktiv tätig darstellt [*der mir doch so zusetzt*], wird der Kritiker im zweiten Teil des Satzes passiv dargestellt und der Patient würde den aktiven Part übernehmen [*und ihn dann ganz normAl einsetzen*]. Das würde bedeuten, dass der Patient die Kontrolle über ihn bekommt, ihn gezielt einsetzen kann und damit den Kritiker beherrscht.

Nach Wille kommt es häufig vor, dass die Identifikation mit dem Inneren Kritiker die Persönlichkeitsbildung behindert. „*Der Kritiker* scheint eine überall verbreitete UP [Unter-Persönlichkeit] in unserer Kultur zu sein. Er ist sehr intensiv und kann pathologische Formen annehmen, die bis zur Selbstverletzung führen können". „Oft geschieht es, daß sich eine Person so stark mit einer UP identifiziert, z. B. mit einem „inneren Kritiker", daß es schwierig wird, ein eigenständiges Ich zu entwickeln" (Wille 1991: 228). Insofern ist die Arbeit zur Distanzierung für den Patienten von großer Bedeutung.

4.3.2 Die Therapieziele am Ende der Therapie

Zu Beginn der Therapie wurden die Ziele gemeinsam erarbeitet, im zweiten aufgezeichneten Gespräch wurden sie bewertet, im dritten Gespräch werden sie noch einmal evaluiert und abgefragt.

---

16   Bei einer telefonischen Rücksprache mit der Therapeutin erklärte die, dass diese Arbeit am ehesten der Psychodynamik zuzuordnen ist und der Arbeit mit dem Inneren Kind ähnelt, wobei es darum geht, dass der Patient lernt, sich selbst zu „beeltern". Die Bezeichnung „der Innere Kritiker" habe der Patient schon aus einer anderen Therapie mitgebracht und hier weitergeführt.
Nach Wille wurde der „Voice Dialogue" zuerst von Stone & Winkelmann (1978) beschrieben und bildet keine „eigene Therapierichtung, sondern eine Integration verschiedener Richtungen (Gestalttherapie, Psychodrama, JUNGsche Psychologie, Transaktionsanalyse, Psychosynthesis.)". „In Übereinstimmung mit der Transaktionsanalyse basiert der Voice Dialogue (VD) auf der Vielfalt der Persönlichkeit". Die „verschiedenen Unterpersönlichkeiten (auch die entwerteten Anteile der Persönlichkeit)" können „objektiviert, bewußt gemacht, benannt und verstanden werden. Dies gibt die Chance, kreativer mit diesen Anteilen umgehen zu lernen, ohne daß das Ich sich kritisch dazwischenstellt. Dadurch kann ein Gleichgewicht gefunden werden zwischen den verschiedenen Unterpersönlichkeiten und dem Ich" (Wille 1991: 227). Als eine sehr wichtige Unterpersönlichkeit wird der „*Protector-Controller*" (PC) bezeichnet. „Dies ist der Anteil der Persönlichkeit, der darauf ausgerichtet ist, daß wir uns so verhalten, wie die Umgebung es wünscht. Der PC bildet sich sowohl aus dem kulturellen, wie auch dem familiären Hintergrund" (ebd.: 228).

Erstes Ziel: Die Akzeptanz der Krankheit
Am Ende der Therapie hat der Patient die Krankheit akzeptiert. Da dies aber in Verflechtung mit seinen anderen Deutungsmustern steht, wird die Akzeptanz der Krankheit unter dem Punkt „Deutungsmuster am Ende der Therapie" ausgeführt.

Zweites Ziel: Selbstwertstärkung
Die Selbstwertstärkung wird über die Arbeit mit dem Inneren Kritiker erreicht, deshalb wird das Ziel unter diesem Themenstrang verfolgt.

Drittes Ziel: Aktivierung, etwas für mich tun
Der Patient weiß am Ende der Therapie, dass depressive Phasen bei ihm in seinem weiteren Lebenslauf wieder auftreten können [*einfach (.) die akzeptanz zu haben, dass es mir durchaus noch mal passiern kÖnnte*] (G3, 444-445), etwas Gutes für sich zu tun, heißt deshalb auch, sich gegebenenfalls Hilfe zu holen. Dies gibt ihm die Therapeutin ganz betont mit auf den Weg [*gAnz wichtig sich ä (.) rechtzeitig hilfe zu holen*], was sie in ihrer Reformulierung im Litotes anschließend doppelt wiederholt [*sich eben (.) nIcht zurück zu ziehen, nicht verschAnzen*] und dann als eine zukünftige Aktivität beschreibt, die auch das Eingestehen von Schwäche beinhaltet [*sondern (.) den schritt nach vorne zu machen und zu sagen (.) ich brauche hilfe, ich habs nicht geschafft alleine*] (G3, 487-488).

Viertes und fünftes Ziel: Erkennen persönlicher Grenzen und ihre Einhaltung
4.7. Transkript (G3, Zeile 147-177)

1	T:	ist ihnen in bestimmten konkreten situationen
2		aufgefallen, dass sie sich anders verhAlten? (4)
3	P:	ja äm (6) ich bin dabei immer meine grenzen auszutesten
4		(<<pp wie im moment >) (.) dass ich jetzt reflektiere
5		und mir offen gestehn kann dass ich ä (.) die
6		grenze mal wieder überschrITTen habe.
7	T:	hmhm
8	P:	das ist n anderes verhalten
9	T:	hmm (3)
10	P:	eindeutig (.) denn (.) ich (.) bin da noch sehr
11		schwach um mich an meine vereinbarungen zu
12	T:	hmhm
13	P:	halten, die ich mit mir selber (.) abschließe in bezug
14		auf das, was ich dann so unternehme oder machen möchte.
15	T:	hmhm
16	P:	aber zu mindest bekomme ich es (.) am ende des tages
17		am ende der woche auch bekomme ich es hin (.) auch zu
18		sagen, dass=ich da °h über die strenge geschlagen habe

19　　　　und äm (.) ja
20　T:　hmhm
21　P:　in alten fAHrwassern unterwegs war.
22　T:　hmhm. das heißt, das grenzen wAHrnehmen funktioniert
23　　　　besser
24　P:　das ich denke, das funktioniert besser
25　T:　hmhm. und das grenzen EINhalten wäre noch was, woran
26　　　　sie arbeiten müssten. hmhm. gut aber dann ist ja
27　　　　schon mal ein ERster schritt getan, ne äm (.) wenn man
28　　　　seine grenzen nicht wahrnimmt, dann kann man sie auch
29　　　　schlecht einhalten. hmhm

Die Therapeutin fragt nach einem konkreten Beispiel für verändertes Verhalten auf
der praktischen Erlebnisebene, doch reagiert der Patient nicht sofort mit einer Beispielerzählung, sondern holt erst ganz allgemein und theoretisch aus und gesteht [*ich bin
dabei immer meine grenzen auszutesten (<<pp wie im moment>)*], doch jetzt hat sich sein
Verhalten insofern verändert, als er sich reflektieren und sich Fehler eingestehen kann. Die
Therapeutin kommentiert seine Äußerung nicht weiter, so dass er sich noch einmal auf
ihre Frage zurück bezieht und betont [*das ist n anderes verhalten*]. Auch darauf reagiert
die Therapeutin nicht [*(3)*], so dass er weiterspricht und seine Aussage noch einmal
unterstreicht [*eindeutig*]. Nach dieser dreifachen Aussage, dass Selbstreflexion und das
Eingestehen von Fehlern eine Veränderung für ihn ist, hat er anscheinend bemerkt,
dass die Therapeutin noch andere Erwartungen hegt. Nun gibt er als „Account" dafür
seine Schwäche an [*denn (.) ich (.) bin da noch sehr schwach*]. Er schafft es noch nicht,
sich an die [*vereinbarungen zu halten*], die er in Gesprächen mit sich selbst oder in Gesprächen seiner Teilpersönlichkeiten untereinander mit sich trifft [*abschließe in bezug
auf das, was ich dann so unternehme oder machen möchte*]. Das Reden mit dem Kritiker
ist Herrn Grosser anscheinend inzwischen selbstverständlich geworden. Indem er ihn
als Unterpersönlichkeit akzeptiert und mit ihm spricht, kann er Vereinbarungen mit
sich selbst treffen. Damit übernimmt er die Verantwortung für sein Handeln: er ist es,
der sich die Grenzen setzt und er ist es, der diese dann einhalten muss, was ihm aber
momentan noch nicht gelingt.[17] Einem anderen als sich selbst muss er Grenzüberschrei-

---

17　Das Hören von Stimmen wird nach Davies et al. (1999) normalerweise als verbale Halluzinati-
　　on bezeichnet und als Symptom von Psychosen betrachtet, kann aber auch nach schmerzlichen
　　Verlusten (Trauerfällen) (Rees 1971), nach sexuellem Missbrauch (Ensink 1993) und bei nicht-psy-
　　chiatrischen Individuen (Leudar et al. 1997), (Posey/Losch 1983), (Tien 1991) auftreten. Verschie-
　　dene Arbeiten haben gezeigt, dass Stimmen auf psychologische Interventionen reagieren können.
　　Davies et al. kommen bei ihrer Untersuchung zu Personen, die mit Stimmen sprechen zu dem
　　Ergebnis, dass es durchaus sinnvoll sein kann, Inhalt und Bedeutung der Aussagen dieser Stimmen
　　zu beachten: „The outcome of our study suggests that, contrary to percieved wisdom, attending to
　　the content and meaning of hallucinatory voices may be beneficial" (Davies et al. 1999: 186).

tungen oder Fehler nicht eingestehen, denn er hat sich die Grenze selbst gesetzt und
ist nur über seine eigene Strenge geschlagen – allerdings wird es von der Therapeutin
diagnostisch bewertet. Noch einmal verteidigt er seine Erfolgsmeldung durch eine Reformulierung und Wiederholung der Aussage. Mit den [*alten fAHrwassern*] erkennt er
ein altes Verhaltensmuster wieder, in dem er [*unterwegs war*] wenn er die neu gesetzten
Grenzen überschreitet, nämlich immer mehr zu leisten um zu funktionieren und Anerkennung zu bekommen. An dieser Stelle, dem Übertreten einer inneren Grenze, tauch-
te früher der Innere Kritiker auf und setzte ihm zu. Davon spricht er aber hier nicht,
stattdessen nimmt er seinen Fehler wahr und findet sich im alten Muster. Das deutet
die Therapeutin positiv und fasst die Kernaussage zusammen [*das heißt, das grenzen
wAHrnehmen funktioniert besser*], was ihr der Patient bestätigt, woraufhin sie das Thema auf das dazugehörige fünfte Ziel „Grenzen einhalten" ausweitet und eine diagnostisch auswertbare Unterscheidung trifft [*das grenzen EINhalten wäre noch was, woran
sie arbeiten müssten*]. Ihre Äußerung [*wenn man seine grenzen nicht wahrnimmt, dann
kann man sie auch schlecht einhalten. hmhm*] bezieht sich auch auf das zweite Gespräch
zurück, als sie die beiden zusammengefasst hat und damals schon registrierte [*also auch
da (.) nach wie vor (.) probleme. hmhm.*] (G2, 126).

Sechstes Ziel: Die Akzeptanz des Inneren Kritikers
Das sechste Ziel, den Inneren Kritiker zu akzeptieren ist insofern erreicht, als der
Patient mit ihm kommuniziert hat. Da der Innere Kritiker auch als Messinstrument
dienen kann, wird diese Beobachtungsebene anschließend ausführlich besprochen
und mit dem mittleren Gespräch begonnen, da ab hier über ihn gesprochen wird.

4.4 Die Arbeit an tiefen psychologischen Schichten:
   ### Der Innere Kritiker als Messinstrument

Der Innere Kritiker taucht zum ersten Mal im zweiten aufgezeichneten Gespräch auf,
das etwa in der Mitte der Therapie geführt wurde. Da die Akzeptanz und der positive Umgang mit dem Inneren Kritikers eines der Therapieziele ist, wurde er bei der
Auflistung der Ziele schon erwähnt, doch dient sein Auftreten hier als Indikator für
seine Identifikation mit der Kritik. Um den Inneren Kritiker als Messinstrument für
die Therapie nutzbar machen und interaktiv etablieren zu können werden feste Formulierungen benötigt, die als Koordinaten oder Maßgrößen dienen können. Eines
dieser festgelegten Satzsegmente wird durch die Zielformulierung gegeben: „einen
anderen Umgang mit dem Inneren Kritiker zu erlernen". Auch wenn die Zielvorgabe
vermutlich von der Therapeutin ausging, so muss der Patient doch mit dem Ziel einverstanden sein, wenn er es anstreben soll. Insofern ist sowohl das Ziel eine gemeinsame Konstruktion wie auch das immer wieder aufgegriffene Satzsegment, welches
von beiden Gesprächsteilnehmern benutzt wird.

4.8. Transkript (G2, Zeile 129-167). Die Akzeptanz des Kritikers

1	P:	akzeptanz des inneren krItikers -hh und einen
2		pOsitiven umgang (--) mit ihm erlernen ja dann
3		äm das wäre dann der (.) sEchste punkt und (.)
4		da stEck ich noch vOll drin würd ich sagen.
5	T:	hmhm
6	P:	das=äm (1) den inneren krItiker, der mir dOch sO
7		zusetzt äh (--)ja (.) dass ichn andern UMgang mit
8		ihm fInde und=ä (5.)
9	P:	und ihn dann ganz normAl einsetzen kann.
10	T:	hmmm
11	P:	((räuspert sich)) (1,5)
12	T:	was würden sie denn sAgen, was hat sich bisher
13		verÄndert, was den inneren (.) krIttiker angeht?
14		also zu beginn der therapie hat er ja (.) ihr leben
15		praktisch völlig (.) beherrscht ne war (.)
16		praktisch zu hUndert prozent immer ANwesend und hat
17		(.) dinge von ihnen kommentiert,
18		hAndlungen von ihnen kommentiert
19	P:	ja
20	T:	haben sie dA ne verÄnderung bemerkt? oder würden
21		sie sagen, der ist immer noch (.) sehr sehr stark – (1.)
22	P:	er ist schOn sehr stArk,al[so mmm) (2.)
23	T:	[hmhm
24	P:	mm er verliert schOn deutlich an kraft weil ich
25		ihm halt=ä (-) AUch entgegensetzen kann, dass (1.)
26		dass nicht ICH das bin und=ä (1.) .h dass es auch äm
27		(.) menschen gibt, die die das ganz anders sehen
28	T:	hmhm
29	P:	als mein kritiker
30	T:	=ja
31	P:	und das=äm (.) jA (.) das gelingt mir (.)
32		hin und wieder ganz gUt,
33	T:	hm=hm (2.)
34	P:	aber er (.) mogelt sich halt doch noch son bisschen f=f
35	T:	okay; [hm=hm
36	P:	<<pp> [hin und wieder>
37	T:	hmhm (--) war er am wochenende auch da? (1.)
38	P:	ja (.) [war er.
39	T:	[hmhm

Der Patient benennt zunächst den sechsten Punkt auf der Liste der Ziele, die [*akzeptanz des inneren krItikers -hh und einen pOsitiven umgang (--) mit ihm erlernen*], an dem er noch arbeitet. Dann beschreibt er sein Problem mit dem Kritiker [*der mir doch sO zusetzt*] und reformuliert das Ziel, das er nach einer Pause erläutert [*dass ichn andern UMgang mit ihm finde und=ä (5) ihn dann ganz normAl einsetzen kann.*]. Im ersten Teil des Satzes, bei der Problembeschreibung ist der Kritiker der aktive Teil, er erscheint personalisiert und [*setzt ihm zu*], in der Zielformulierung ist der Patient der aktive Teil [*dass ichn andern UMgang mit ihm finde und=ä*], woraufhin eine Pause [*(5)*] eintritt, die auch die Übergangszeit des Lernens symbolisieren könnte, bevor er [*ihn dann ganz normAl einsetzen kann*].

Nach der Zielformulierung durch den Patienten ergreift die Psychologin das Wort und bemüht sich um die Erstellung einer Bewertungsskala. Dafür stellt sie die obligatorische Frage nach Veränderungen bezüglich des Kritikers. Mit [*also zu beginn der therapie*] setzt sie den ersten Punkt auf der Messlatte und wählt dafür eine Extremfall-Bezeichnung. Zu Beginn der Therapie [*hat er ja ihr leben praktisch völlig beherrscht, ne*]. Er [*war (.) praktisch zu hundert prozent immer ANwesend und hat (.) dinge von ihnen kommentiert*] dann spezifiziert sie die [*dinge*] in [*hAndlungen von ihnen kommentiert*]. Diese Aussage wird vom Patienten bestätigt und sie wiederholt ihre Frage nach den Veränderungen [*dA*], mit der sie sich auf ihre Maßgrößen Anwesenheit und Kommentierung bezieht. Das formuliert sie dann um in [*oder würden sie sagen, der ist immer noch (.) sehr sehr stark-*.], wodurch eine virtuelle Skala mit der Stärke des Kritikers als Maßeinheit eröffnet wird. Die Therapeutin spricht hier vom Inneren Kritiker in personalisierter Form. Er ist aber keine wirkliche Figur sondern eine Projektionsfläche oder Unterpersönlichkeit, die dem Patienten dazu dient, sich von der geäußerten Kritik zu distanzieren. Er symbolisiert die durch seine Familie und das soziale Umfeld ausgeübte Kritik an seinem Nichtkönnen bzw. Unvermögen. Dieser Kritik hatte er als Kind nichts entgegenzusetzen, so dass er sie übernahm.

Der Patient greift ihre Maßeinheit (Stärke des Kritikers) nun auf und übernimmt ihre personalisierte Bezeichnung [*er ist schOn sehr stark*], setzt dabei aber die Kraft des Kritikers herab, denn er identifiziert sich nicht mehr sehr sehr stark, sondern „nur noch" sehr stark. Dann erläutert er, dass er genau diese Reduzierung von „stark" auch gemeint hat [*mm er verliert schOn deutlich an kraft*] und gibt einen „Account" dazu [*weil ich ihm halt=ä (.) AUCh entgegensetzen kann, dass*], wobei er mit dem betonten [*AUch*] darauf hindeutet, dass dies nicht das Einzige ist, was er ihm entgegensetzen kann [*dass (1) dass nicht ICH das bin und=ä*]. Mit dieser Aussage [*dass nicht ICH das bin*] distanziert er sich, wobei das unspezifische [*das*] sich vermutlich auf die kritischen Sätze und Fragen bezieht, die ihm im Kopf herumschwirrten.

Außerdem setzt er dem Kritiker entgegen, dass [*es auch äm (.) menschen gibt, die das ganz anders sehen als mein kritiker*], also anders, als seine Familie früher. Indem er den Kritiker als Projektionsfläche benutzt, kann er sich deshalb auch von seiner Familie distanzieren. Hier nutzt er die verdinglichte Form [*das*] zum zweiten Mal als indexikalen Verweis, womit er die ständigen lästigen Kommentare seiner Kritiker unausgesprochen lassen kann. Diese Aussage wird von der Therapeutin bestätigt, woraufhin er fortfährt [*und das=äm (.) ja (.) gelingt mir hin und wieder ganz gUt*]. Im nächsten Satz erläutert er, wieso es nur hin und wieder gelingt [*aber er (.) mogelt sich halt doch noch son bisschen vor*]. Mit [*aber*] setzt er schon einen Gegensatz und mit [*mogelt sich vor*] wird deutlich, dass er die personalisierte Kritik seines Elternhauses noch nicht ganz unter Kontrolle hat. Ab und zu kann er nicht gegen seine alte Denk-Gewohnheit an, es gelingt ihm nicht, sich zu distanzieren und er übernimmt die Kritik, ohne sich zu wehren. Dann erscheint „der Kritiker" bzw. die Identifikation mit dem Deutungsmuster autonom und unkontrolliert. Mit [*hin und wieder*] betont er noch einmal, dass diese Situation nicht sehr häufig vorkommt. Hier wechselt die Therapeutin wieder auf die praktische Erfahrungsebene [*war er am wochenende auch da?*], was der Patient mit [*ja (.) war er*] bestätigt.

Herstellen eines Zusammenhangs zwischen verschiedenen Ebenen (und Therapiezielen)
Im folgenden Gesprächsausschnitt verbindet die Therapeutin zwei verschiedene Ebenen von Lebenswelten oder „Sinnprovinzen" der „mannigfaltigen Wirklichkeiten" (Schütz 1971: 237-298) miteinander, so dass der Patient einen Zusammenhang zwischen diesen „Wirklichkeiten" erkennen kann: die aktuelle Situation mit dem Problem sich abzugrenzen und das Auftauchen des inneren Kritikers. Insofern sind diese „Sinnprovinzen" keine vollständig isolierten Sinn-Inseln innerhalb des Subjektes, sondern sie sind durch einen Sinn-Zusammenhang verknüpft und beeinflussen sich gegenseitig.

4.9. Transkript (G2, Zeile 172-203)

1	T:	gut dann setzen wir gleich dA noch mal AN um übers
2		(.) äm WOchenende zu sprEchen (.) ä nochmal über
3		die situation, wo sie (.) eben davon sprachen,
4		dass sie probleme hatten sich **ABzugrenzen?**
5	P:	hm
6	T:	und wo auch dieser **kritiker** dann wieder ins spiel
7		gekommen ist; (-) äm (.) vielleicht beginnen wir
8		einfach mal an dem samstag, wo wo haben sie da:
9		die erste situation erlebt wo sie (.) dachten
10		jetzt ist es schwierig (.)**meine grEnze einzuhalten**
11		oder meine grenzen wahrzunehmen,
12	P:	äm an dem sAmstag war es so dass=äm (.) ich sehr
13		sehr viel mit meinen kIndern gemAcht habe und=äm (2.)
14		dann auch eigentlich ä (.) ä=**über meine krAft**
15		**gegangen bin**, also ganz deutlich, das hab ich
16		gespürt [(ne)

17 T: [hmhm
19 P: und ICh nicht dafür gesorgt habe dass=ä (.)wirn gAng
20   zurÜckschalten und ich mich vielleicht auch mal(.)
21   in ruhe mit den kindern spreche und sage, so jetzt ist für (.)
22   20 minuten, ne halbe stunde einfach °h
23 T: =ja;
24 P: pause
25 T: hmhm. warn sie allein mit ihren kindern am
26 P: ja
27 T: samstag?
28 P: hmhm
29 T: okay
30 P: bis zum abend
31 T: hmmm
32 P: ((räuspert sich)) (7.)
33 T: das heißt, es gAb situationen wo sie (.) ihnen am liebsten
34   gesagt hätten (.) ä ich brAUch jetzt ma:l ne pause.
35 P: ne pause (.) [ja
36 T: [hmhm

Mit ihrer Frage fokussiert die Therapeutin das Thema auf das Wochenende, wobei sie in ihrer Fragestellung die Situation, das Problem sich abzugrenzen und das
Auftauchen des Inneren Kritikers miteinander in Beziehung setzt. Dann schwenkt
sie um auf die praktische Erlebnisebene, er soll bei [*samstag*] beginnen und sich an
[*die erste situation*] erinnern, in der er dachte, [*jetzt ist es schwierig (.) meine grenze
einzuhalten oder meine grenzen wahrzunehmen*]. Der Patient erklärt daraufhin, dies
sei am Samstag gewesen, als er viel mit seinen Kindern beschäftigt war und dabei
über seine [*krAft gegangen*] ist, was er ausdrücklich betont [*also ganz deutlich, das
hab ich gespürt*]. Hier hat im Vergleich zu vorher schon eine Veränderung stattgefunden, denn früher hat er seine Grenzen nicht wahrgenommen, jetzt hat er sie
aber deutlich gespürt. Danach führt er in seinem „Account" aus, was sein Fehler
war, warum der Kritiker hier auftauchen konnte: er hat es versäumt dafür zu sorgen
[*dass=ä wirn gang zurückschalten*]. Das Zurückschalten und Pausemachen gehörte
schon zu Beginn der Therapie in den Übungsplan für das Wochenende und wurde
unter dem Aspekt „eigene Grenzen einhalten" in den Ziele-Katalog aufgenommen.
Seinen begonnenen Satz [*und ich mich vielleicht auch mal*] bricht Herr Grosser ab
und formuliert stattdessen seine Erwartung an sich selbst, die er mit der Therapeutin als zu erreichendes Ziel teilt [*in ruhe mit den kindern spreche und sage, so jetzt ist
für 20 minuten, ne halbe stunde einfach °h*]. Der Patient zögert und die Therapeutin
signalisiert mit ihrem [*ja*], dass sie schon verstanden hat, doch der Patient beendet
seinen Satz nun doch noch mit [*pause*].

Danach wechselt die Therapeutin zur Spezifikation der Situation auf seine Kraftanstrengung oder zu der kritischen Haltung des Patienten sich selbst gegenüber, denn nur mit ausreichend Wissen kann sie die Situation diagnostisch einschätzen: [*hmhm warn sie allein mit ihren kindern?*]. Das bestätigt der Patient und sie fragt noch genauer nach dem Tag [*samstag?*], was Herr Grosser ebenfalls bestätigt und dann seine Aussage noch genauer spezifiziert [*bis zum abend*], woraufhin eine Pause [*(7)*] eintritt. In ihrer anschließenden Deutung schließt die Therapeutin das Thema ab und fasst die für den Fortgang der Therapie wichtigen Aussagen mit einer „Formulation" zusammen, die nach Antaki (2008) und (Heritage/Watson 1979, 1980) aus den Komponenten (löschen, auswählen, verändern – bei vorausgesetzter Zustimmung) besteht. Gelöscht wird in dieser Formulierung das Auftauchen des Kritikers, gewählt das Vorhandensein typischer Situationen seines Auftretens und einbezogen wird dabei der Wunsch des Patienten, sich abzugrenzen. Die eigentliche Aussage wird damit verschoben [*das heißt, es gab situationen wo sie (.) ihm am liebsten gesagt hätten ä ich brAUch jetzt nal ne pause*]. Die Verallgemeinerung der einen Situation auf mehrere impliziert Schwäche, die der Therapeutin eine diagnostische Bewertung erlaubt. Der Patient bestätigt zwar die Pause [*ne pause, ja*], aber nicht die Mehrzahl der Situationen.

Der Innere Kritiker im therapeutischen Abschlussgespräch
Danach taucht der Innere Kritiker erst im dritten aufgezeichneten Gespräch wieder auf. Herr Grosser hatte erzählt, dass die Zuordnung von Sätzen für ihn wichtig war, was die Therapeutin im Folgenden aufgreift und zusammenfasst:

4.10. Transkript (G3, Zeile 87-103)
```
1    T:   das heißt ein zentraler punkt wa:r für sie diese
2         (.) zuordnung
3    P:   zu[ordng des
4    T:      [des inneren kritikers hmhm
5    P:   ja
6    T:   okay
7    P:   der innere kritiker hatte mich beherrscht
8         und=ä
9    T:   ja
10   P:   °hh-h ich mit meinem wissen, was ich jetzt h (.)
11        gewonnen habe die erkenntnis is für mich auch mit
12        diesem inneren kritiker äm endlich mal (-) UMgehen
13        zu können,
14   T:   =ja.
15   P:   was vorher nIe der FAll war
16   T:   hmhm
17   P:   und das gelingt jetzt halt öfter und
```

18   T: hmhm
19   P: da bin ich sehr sehr froh drüber

Den von der Therapeutin begonnenen Satz beenden beide Akteure kollaborativ: ein
zentraler Punkt war für den Patienten die Zuordnung des Inneren Kritikers. Nach
der Verständnisabsicherung greift Herr Grosser wieder auf den von der Therapeutin
festgelegten Ansatzpunkt auf der Messlatte zurück und beginnt seine Ausführung,
indem er fast genau ihre Worte aus dem zweiten aufgezeichneten Gespräch benutzt
[*der innere kritiker hatte mich beherrscht und=ä*], was die Therapeutin bestätigt. Im
Folgenden stellt er seine „Agency", seine Handlungsmacht gegenüber dem sich im
Kritiker ausdrückenden Deutungsmuster, als wesentlich verbessert dar. Während die
Therapeutin damals von [*völlig (.) beherrscht*] sprach, benutzt er hier die etwas abge-
schwächte Form [*beherrscht*]. Mit einem kleinen Stöhnen formuliert er den Satz um
und bezieht sich darauf, dass er etwas gelernt hat, wobei er mit dem Rückgriff auf das
festgelegte Ziel die Koordinaten wieder aufgreift. Dabei spricht er jetzt von [*diesem
inneren krittiker*], anstatt von seinem Kritiker. Seine Erkenntnis ist, dass er mit dem
Kritiker umgehen kann [*was vorher nIe der FAll war*]. Das betonte [*ETwas*] deutet
daraufhin, dass seine Erkenntnis darin bestehen könnte, dass es überhaupt möglich
ist, dem Kritiker irgendetwas entgegen zu setzen. Mit [*und das gelingt mir jetzt halt
öfter*] stellt er dar, dass er inzwischen [*öfter*] die Kontrolle gewinnt – im Gegensatz zu
früher, als es [*nIE der fall*] war und bezieht sich dabei mit [*nIE*] im Litotes auf die 0
von 100%. Die Gegenpole zieht er biographisch mit [*vorher*] und [*jetzt*] auseinander.
Im Folgenden erfragt die Therapeutin, welches Wissen er dazu benötigte:

4.11. Transkript (G3, Zeile 104-123)

1   T: hmhm. was würden sie sagen, welches wissen war da
2   wIchtig für sie? um um <u>dem kritiker etwas entgegen</u>
3   <u>zu setzen?</u> also was mussten sie dafür wissen? (2)
4   P: ((räuspert sich)) dass das nich=ä (.) mEIns war,
5   dass das nicht mein tAdel war, meine (.) ich (3)
6   ich hantiere den ganzen tag mit sätzen im kopf
7   rum, die nicht von mIr kommen
8   T: ja
9   P: die sind mir (2)
10   anerzOgen [worden
11   T: [hmhm
12   P: und haben nicht immer etwas mit der realität zu tun
13   T: hmhm (6)
14   P: und=ä (.) ja (.) ich habe mir immer meine Eigene
15   wahrheit damit gemacht und ä (.) das mUss gar nicht
16   so sein

17 T: [hmhm

In seiner Spezifizierung der Erkenntnis [*dass das nich=ä (.) meIns war, dass das nicht mein tAdel war,*] zeigt er, dass die Distanzierung über die Figur des Inneren Kritikers für ihn wichtig war. Offensichtlich wurde in der Therapie über Sozialisation gesprochen, denn er formuliert zögernd [*ich hantiere den ganzen tag ...*]. Mit den [*sätzen im kopf*], die er hier als [*anerzOgen*] bewertet, bezieht er sich auf das Leistungsdeutungsmuster, das ihm durch die ständige Kritik eingeimpft wurde. Dabei lässt das Präsens darauf schließen, dass dieser Prozess nicht abgeschlossen ist. Im nächsten Satz [*und haben nicht immer was mit der realität zu tun*] differenziert er verschiedene Wirklichkeiten. Während er gerade vorher „die Realität" als absolut gesetzt hat, schränkt er sie im folgenden Satz auf sich selbst bezogen ein [*ich habe mir immer meine EIgene wahrheit damit gemacht und ä (.) das mUss gar nicht so sein*], womit er seine frühere Wahrnehmung oder Denkweise im Hinblick auf eine nun neu erfahrene andere Wirklichkeit hin relativiert. Damit wurde auch das in Verbindung mit seinem persönlichen Erfahrungsschema von Kritik und negativem Vergleich mit dem Vater übermächtig gewordene Leistungsdeutungsmuster aufgebrochen. Im folgenden Transkript stellt der Patient selbst einen Zusammenhang her, indem er seine Therapieziele und verschiedene Erlebnisebenen zusammenbringt.

4.12. Transkript (G3, Zeile 395-401)

1 P: dass ich anders umgehen kann mit meinem inneren kritiker
2 T: hmhm
3 P: dass ich ä (.) ja auf auf all diesen feldern: unterwegs
4   bin und (.) meinem innerer kritiker irgendetwas ä (.)
5   <u>entgegen stellen</u> kann.
6 T: hmhm
7 P: ja °h nicht immer (.) so authentisch ist wie (.) früher
8   <<p> nur hier und da (.) ja

Hier greift der Patient wieder das zuvor festgelegte Ziel zurück, für das er [*auf all diesen feldern:*] unterwegs ist, für das er an sich arbeitet und auch seinem [*innerer kritiker irgendetwas ä (.) entgegen stellen kann*]. Mit [*auf all diesen feldern:*] bezieht Herr Grosser sich auf den unteren Bereich des Vulnerabilitäts-Stress-Modells[18] und betrachtet diese in Verbindung mit dem Inneren Kritiker. In dem hier nicht darge-

---

18 Nach Frommer war es vor allem Freuds Verdienst zu zeigen, dass die Entstehung von Neurosen „zweizeitig verläuft: Ein ungelöster, traumatisch verarbeiteter Konflikt zwischen biologisch verwurzelten Triebimpulsen und sozialen Norm- und Wertvorstellungen in den frühen kindlichen Phasen der Identitätsentwicklung erzeugt eine Vulnerabilität, und die Auslösung der den intrapsychischen Konflikt symbolisch repräsentierenden Symptome erfolgt dann durch konfliktspezifische Lebensereignisse im Erwachsenenalter, die die psychische Integrationskraft des Individuums überfordern" (Frommer 2006: 298).

stellten Gesprächsausschnitt benannte er folgende Felder des Modells: innerhalb von Beziehungen, verschiedenste Dinge, Tagesstruktur, wie gehe ich mit mir selber um, Selbstwert/Selbstachtung und mit dem Hintergrund, dass er anders mit dem Inneren Kritiker umgehen kann. Das [etwas] von vorher macht er hier zu einem [irgendetwas], wodurch beliebiger erscheint, was es ist.

Auf der Bewertungsskala des Kritikers erscheint dieser hier inzwischen als [nicht immer (.) so authentisch ist wie (.) früher], was bedeutet, dass die Identifikation des Patienten mit der Kritik nicht mehr so unbedingt ist, wie früher. Er bezweifelt, dass die Kritik gerechtfertigt ist, sie scheint ihm unglaubwürdig und die Figur des Kritikers vielleicht auch unecht. Das im Litotes negativ ausgedrückte [nicht immer] wird anschließend in [nur hier und da] umformuliert, was verhindert, dass als Gegensatz zu „nicht immer" der Gedanke an „oft" auftaucht, womit er es noch weiter herunterstufen würde. Wo bisher immer von „dem Kritiker etwas entgegensetzten" gesprochen wurde, heißt es hier „etwas entgegenstellen", was auch mehr Kraft und Stärke des Patienten ausdrückt.

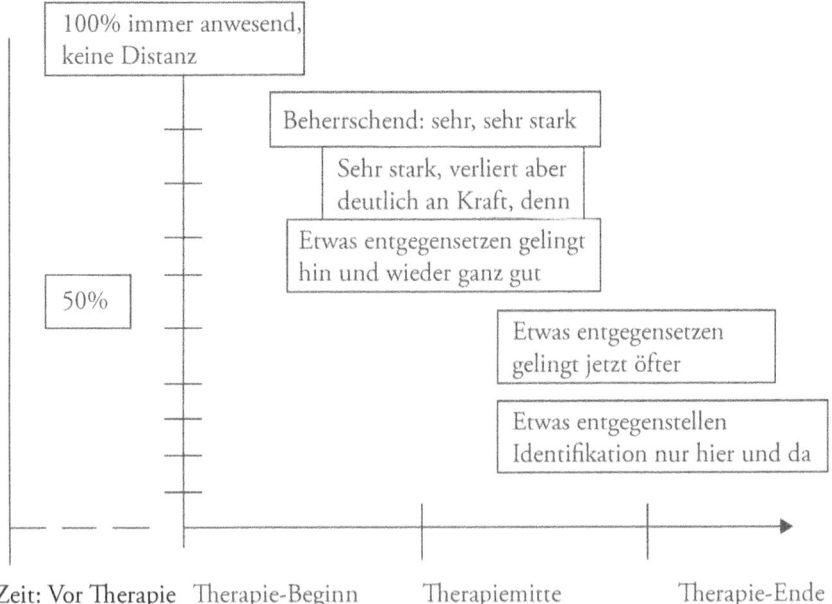

Diagramm: Der Innere Kritiker als Messinstrument

Durch den Einsatz der festgelegten Satzsegmente wirken die Ausführungen des Patienten zwar einerseits phrasenhaft, andererseits aber wirkt das Aufgreifen der Formel für die Therapeutin als Zeichen, welches ihr seine kognitive Einstellung auf das virtuelle Diagramm wahrnehmbar macht, so dass sie ihm auf die virtuelle Ebene folgen kann. Herr Grossers Aktivitäten werden im zweiten Gespräch als „Umgang lernen" fokussiert und der Lernfortschritt dann jeweils mit sehr ähnlichen Bezeichnungen bewertet, die seine „Agency" abbilden: „ihn ganz normal einsetzen", „entgegensetzen" oder „etwas entgegensetzen", was Herr Grosser letztlich in „etwas entgegenstellen" abwandelt und damit die Übernahme der „Agency" bzw. seiner Handlungsmacht verdeutlicht.

Die Maßeinheiten für die Kraft des Inneren Kritikers dagegen sind viel lebendiger und weniger phrasenhaft, sie werden in Kraft und Stärke angegeben: er beherrscht und kommentiert Handlungen, er ist stark oder verliert an Kraft, er mogelt sich vor und ist nicht mehr so authentisch in dem Moment, als die Figur zu verblassen beginnt. Die Lebendigkeit der Sprache zur Beschreibung des Kritikers verdeutlicht die Authentizität, die der Patient der Identifikationsfigur zuschreibt und die ihm während seines Loslösungsprozesses aus der ständigen, schematisch wiederkehrenden Kritik gleichzeitig als Vorbild dienen kann. Die Darstellung zeigt die zwischen Therapeutin und Patient interaktiv erstellte Bewertungsskala im Diagramm.

4.5 Beobachtung des Switches in der Erfahrungserzählung

Die Beobachtung von Veränderungen anhand des schon unter „Methoden" dargestellten Erzählschemas bei Erfahrungserzählungen mit Zitaten ist auch bei dem Patienten Herrn Grosser sehr aufschlussreich, da das Schema in mehreren Abwandlungen erscheint und sich Veränderungen gut nachvollziehen lassen. Die zweite Darstellung zeigt ein normales Erzählschema mit einem dramatischen Höhepunkt, zuerst in der indirekten Wiedergabe dessen, was die Mutter sagte, dann zugespitzt mit dem Zitat der wörtlichen Rede der Mutter sowie der Ablehnung des Sohnes und mit einer abschließenden Bewertung. In der ersten und den anderen abgebildeten Erzählungen des Herrn Grosser werden in den Zitaten seine Kognitionen dargestellt oder wiedergegeben, die letzte Erzählung ist ganz ohne wörtliche Rede, dafür aber mit einer indirekten Kognitionsbeschreibung. Da das Gedankenzitat in wörtlicher Rede manchmal wie ein Fremdgedanke wirken kann, beinhaltet es einen Positionswechsel (Switch), der sich durch einen Personalpronomenwechsel ausdrückt und die Übernahme des Sprech-Turns durch ein imaginäres virtuelles Andere oder einen Anderen symbolisiert oder einen Haltungswechsel des Sprechers im biographischen Verlauf anzeigt.

4.13. Transkript (G1, Zeile 121-137)
Vorwurfsvolle Frage von außen und Frage an sich selbst.

1	P:	das ä (.) und dann (.) ä kommt gar nicht so sehr
2		die frage warum ICH, sondern=ä warum mmm
3	T:	schon wieder oder–
4	P:	**ja, wieso bist du jetzt so UNvermögend und kannst dir**
5		**das nicht mErken, kannst das nicht mehr lEIsten, kannst**
6	T:	hmhm
7	P:	**nicht mehr °h äm (.) warum bist ausgerechnet DU so**
8		**erschöpft äm (1)**
9	P:	**andere machen das AUch. du kAnnst es nicht hh ä:m > (1)**
10		**ja**
11	T:	hmhm
12	P:	und ä:m (2) und die frage ja pfffhh (.) ä verdrÄNg ich immer
13		ganz gerne son bisschen weil ä (1)

Mit [*und dann*] bezieht sich der Patient auf die Situation, in der es dazu kommt, dass er sich Fragen stellt und mit [*ä kommt gar nicht so sehr die frage warum ICH, sondern=ä warum mmm*] bezeichnet er die Art der Kognition [*frage*], ohne aber genau denjenigen zu benennen, der die Frage stellt, sie [*kommt*] irgendwie unspezifisch. Die Frage der Therpeutin bestätigt er, danach zitiert er die Kognition und wechselt dafür mit dem Personalpronomen von „ich" auf „du", womit er den Switch in eine andere Position anzeigt: [*wieso bist du jetzt so UNvermögend und kannst dir das nicht mErken, kannst das nicht mehr lEIsten, kannst nicht mehr °h äm (.) warum bist ausgerechnet DU so erschöpft äm (1) andere machen das AUch. du kAnnst es nicht hh ä:m*]. Der Wechsel des Personalpronomens zusammen mit der fehlenden Kennzeichnung dessen, wer die Frage stellt und woher sie kommt, weist auf die Übernahme oder Einbeziehung fremden Denkens hin. Durch den Switch wird sie als das „Zitat einer Frage" dargestellt, die vermutlich zunächst von außen an ihn gerichtet wurde.

Auch die Sprachrhythmik aus kurzen Fragesatzsequenzen, die zunächst negativ dargestellt im Litotes erscheinen und Begriffe des Unvermögens auflisten, deuten auf ein Denkmuster hin, das schematisch auftaucht und abläuft. Die prosodisch betonte Begriffsverwendung von [*UNvermögend*] steigert sich in der spezifizierenden Auflistung von [*nicht mErken*] über [*nicht mehr lEIsten*] und endet schließlich mit [*nicht mehr °h äm*] im Nichts. Hier verschiebt sich der Fragefokus mit der nun positiv beschriebenen und ausdrücklich dem Patienten zugeschriebenen Erschöpfung [*warum bist ausgerechnet DU so erschöpft*], die wiederum in Gegensatz zum Können anderer betrachtet wird, die das ja auch machen. Schließlich folgt aus der Frage mit dem Gegensatz im Rückschluss der Vorwurf [*du kAnnst es nicht*]. Obwohl die Frage selbst unbeantwortet und damit offen bleibt, war sie seiner Darstellung nach in der Vergangenheit zeitweise abgeschlossen, denn die beschriebene zugehörige Anschlusshandlung zur auftauchenden Fragestellung ist die Verdrängung dieser Frage [*und die frage ja pfffhh (.) ä verdrÄNg ich immer ganz gerne son bisschen*]. Die Verdrängung findet auch heute noch statt da er im Präsens spricht, wobei Herr Grosser sich daran als aktiv beteiligt darstellt. Das Problem wird mit der Verdrängung aber letztendlich nicht gelöst, es bleibt bestehen und bildet den Ausgangspunkt für die Therapie.

4.14. Transkript (G1, Zeile 156-174)
Negativer Vergleich in wörtlicher Redewiedergabe der Mutter.

1	P:	ä °hh ich (.) und ä auch INNerhalb der famIlie war so
2		also äm (.) wenn ich etwas ä (.) gemacht habe was
3		vielleicht nIcht so tOll war oder meine leistungen nicht
4		gut waren oder (.) dann wurde ich verglichen mit meinem
5		vater und ä (.) also dass **meine mutter sagte** dass-ä
6		(2) <<p> ja dass ich im vergleich zu meinem vater
7		(echt)sorgen mach >
8	T:	ein negativer vergleich also
9	P:	ja. ja ja
10	T:	hmhm
11	P:	**du bist oder wirst genauso oder du hast von ihm und**
12	T:	hmhm
13	P:	das war schon immer thEma und (.) das wollte ich
14		eigentlich NIE sein. ((räuspert sich))
15	T:	hmhm
16	P:	und das war dann (4) ja irgendwie (.) war das ne (.)
17		sEhr hArte bestrAfung für mich wenn dieser vergleich kam

Der Patient berichtet hier von innerfamiliär negativ bewerteten Situationen, in denen er etwas gemacht hat, was [*vielleicht nIcht so tOll war*] oder wenn seine [*leistungen nicht gut waren*], in denen er dann von der Mutter mit seinem Vater verglichen wurde. Durch seinen Satz [*auch INNerhalb der famIlie war so*] bezieht er mehr Familienmitglieder als nur die Mutter in die für ihn negative Bewertungssituation ein, die hier zwar nicht spezifiziert werden, doch erwähnt er an einer anderen Stelle noch einen sehr kritischen Onkel. Die Mutter bewertete in solchen Situationen seine Leistung negativer als das Versagen des Vaters, welches an anderer Stelle ausführlich beschrieben wird. Im Vergleich zum Vater macht der Sohn [*(echt)sorgen*]. Aus dieser Aussage zieht die Therapeutin den Schluss [*ein negativer vergleich also*] und trifft damit wieder eine „Formulation", die seine mangelnde Leistung unbeachtet lässt, den Vergleich fokussiert und dabei eine Wendung zur psychologischen Deutung sowie die erwartete Zustimmung des Patienten beinhaltet. Durch den Vergleich gerät außer dem kritisierten Vater nun die Mutter als kritisierende Akteurin ins Blickfeld. Das ermöglicht der Therapeutin eine neue (unausgesprochene aber psychologisch sehr relevante) Zielsetzung, nämlich einerseits daran zu arbeiten, das negative Bild des Vaters aufzulockern und andererseits die Dominanz der Mutter für den Patienten erkennbar zu machen. Diese Wendung seiner Blickrichtung auf die Mutter im weiteren Therapieverlauf ist für den Patienten sehr wichtig, wie er im Abschlussgespräch betont. Die implizite Zustimmung der „Formulation" wird von Herrn Grosser mehrfach bestätigt, der anschließend die Worte der Mutter zitiert [*du bist oder wirst genauso oder du hast von ihm und*], von denen er sich aber sofort ausdrücklich distanziert [*das war schon immer thEma und (.) das wollte ich eigentlich NIE sein*]. Dabei inszeniert die rhythmische Sprache mit aufgereihten kurzen Satzsequenzen und prosodischer Unbetontheit die ständige Wiederholung der gleichen Erfahrung, nämlich die der Thematisierung des Vergleiches. Eine Erfahrung, die unauffällig aber aufdringlich in sein Denken einzusickern scheint und dort als Deutungs- und Erfahrungsschema Platz einfordert. Mit das war [*schon immer thEma*] macht er deutlich, dass dieser Vergleich ihn seit seiner frühen Kindheit begleitet und verfolgt. Mit dem zweiten Teil des Satzes [*das wollte ich eigentlich NIE sein*] stellt er seinen genauso lang und immerwährenden Kampf gegen dieses Thema dar, indem er das [*NIE*] als Gegensatz zu [*schon immer*] setzt und ausdrücklich betont. Für ihn war dieser Vergleich eine [*sEhr hArte bestrAfung*], gegen die er noch heute ankämpft.

4.15. Transkript (G1, Zeile 609-627)
Internalisiertes Deutungsschema in der Rede an sich selbst

1	P:	wie mein normaler ablauf eigentlich ist,
2	T:	hmhm
3	P:	wenn ich .hh sofort alles irgendwie (.) möglichst schnell
4		erlEdige
5	T:	ja
6	P:	und=ä (2) aus dem auf jeden fall gar nicht rauskomme,
7		das ist ja nun mal hÄUfig so
8	T:	[hmhm
9	P:	[dass ich (.) einfach nicht fErtig werde (.) immer wieder
10		noch mEhr anfange und noch mehr mache und **dann kannst du**
11		**ja noch dieses und ä** (.) °hh nee, das hab ich SO alles
12		nicht gemacht sondern ich hab mich ((räuspert sich)) genau
13		(.) irgendwo dran gehalten
14	T:	hmhm
15	P:	was wir zusammen (.) aufgestellt haben
16	T:	hmhm. das heißt, das stop sagen, sich vor (.) mehr arbeit
17		schützen, das hat ganz gut funktioniert.
18	P:	das hat diesmal ganz gut funktioniert

Im ersten Therapiegespräch beschreibt der Patient seine normale Situation zu Hause, wie sie in seiner Selbstdeutung in der Zeit vor Therapiebeginn war, als es ihm nicht gut ging, ein Zustand, der anscheinend noch nicht beendet [*ist*], denn er spricht im Präsens. In seinem Einschub bezieht er sich auf sein Verhaltensmuster, das auf dem internalisierten Deutungsmuster beruht. In diesem Verhaltensmuster verfängt er sich in seiner Routine, die er kumulierend in einer Dreierliste beschreibt [*dass ich (.) einfach nicht fErtig werde (.) immer wieder noch mEhr anfange und noch mehr mache*]. Wenn er sich so verfängt greift das alte Leistungs-Deutungsmuster, welches ihm sagt [*und dann kannst du ja noch dieses und ä*]. Das verinnerlichte Denkschema, er müsse ständig möglichst schnell möglichst viel leisten, erscheint in seinem Kopf wie ein unvermittelt auftretender Gedanke oder vielleicht auch als Stimme, der er etwas entgegen setzen muss. Für die Darstellung nutzt er die Formulierung mit Switch ins Du. Jemand scheint zu ihm zu sprechen oder er selbst spricht sich mit [*du*] an, womit er sich in gewissem Sinn von sich selbst distanziert. Durch diese Distanzierung suggeriert der Patient das Eindringen dieser Gedanken von außen, womit er die Übernahme von Verantwortung für seine Handlungen abfedert. An dem hier besprochenen vergangenen Wochenende konnte sich der Patient aber im Gegensatz zu sonst erfolgreich gegen diese Gedanken schützen. Mit [*was wir zusammen (.) aufgestellt haben*] bezieht er sich auf den gemeinsam erstellten Plan zum Pausemachen, der ihm eine Hilfe war. Mit dieser Verhaltensänderung drückt sich auch ein Umdenken aus, denn er hat die Hilfestellung der Therapeutin angenommen und einen ersten Widerstand gegen das Leistungsdeutungsmuster gesetzt, das heißt, er betrachtet und behandelt die Gedanken nun als von außen kommend. Das deutet und bewertet die Therapeutin als Erfolg [*hmhm. das heißt, das stop sagen, sich vor (.) mehr arbeit schützen, das hat ganz gut funktioniert*] und der Patient ratifiziert diese Aussage, schränkt sie allerdings auf [*diesmal*] ein und erläutert auf Nachfrage, dass es ihm schwer fiel, weshalb man es noch nicht als dauerhaften Erfolg werten kann.

4.16. Transkript (G1, Zeile 715-743)
Kognitive Handlungsstrategie und bewusste Umentscheidung.

1	T:	äm wie hat es denn äm (.) mit den pausen (.) funktioniert?
2		(1) is das ä gel gelungen ä die EInzelheiten oder war das
3		schwierig? (1)
4	P:	äh (3) ja schwierig insOfern, dass **ich äm (.) mir immer**
5		**wieder sagen musste dann halt (.) du machst jetzt hier** (.)
6		pausen du machst nicht nebenbei schon n (.) gottwEIßwas
7	T:	ja. hmhm
8	P:	du trinkst jetzt erst in ruhe deinn kaffee und (.)
9		blätterst dazu in der zeitung und hoerst n bisschen
10		radio und dann gehts erst weiter.
11	T:	hmhm

12 P: vor allem (1) **KOmm=nich das ÜBliche**
13 T: hmhm
14 P: aufstehen und=ä keine ahnung.
15 T: hmhm
16 P: ne, es gibt immer irgendwas zu (.) fummeln und das=ä (.)
17   **nee das hab ich ganz bewusst nicht gemacht** insofern war
18   das schwierig mich da immer auszubremsen, da musste ich
19   mir schon eine gemeinsame [(...)
20 T: [hmhm.
21 T: aber dann haben sie das ja gut hingekricht, ne also
22 P: ja war sehr,
23 T: ja
24 P: das war (2) naja keine LEIchtichkeit drin

Die initiierende Frage der Therapeutin nach den [*pausen*], beantwortet der Patient verzögert [*(1) äh (3)*], was daraufhin deutet, dass er das Thema als dispräfereiert betrachtet (Pomerantz 1984). Er bewertet die Übung als schwierig und zitiert seine Kognition, in der er mit sich selbst spricht und die er seinem Verhaltensmuster entgegensetzt [*du machst jetzt hier (.) pausen du machst nicht nebenbei schon n(.) gottwEIßwas...*]. Er sagt sich immer wieder selbst, dass er Pausen einhalten muss und setzt mit dieser ständigen und schematischen Wiederholung der suggestiven Wirkung der Rede der Mutter etwas entgegen. Gleichzeitig beschreibt er einen kognitiven Handlungsplan,[19] der in seiner subjektiven Innenwelt besteht und den er in die Alltagsrealität umsetzen muss. Mit der präsentierten Kognition führt er neues Handlungswissen ein. Dabei war für ihn besonders wichtig [*vor allem*] zu sagen [*KOmm=nich das ÜBliche*]. Als „Account" für seine Schwierigkeit ‚sich selbst zu überwinden' und sitzen zu bleiben ohne nebenbei etwas zu tun gibt er an, für ihn gäbe es immer [*irgendwas zu (.) fummeln*], was er aber dieses Mal [*ganz bewusst nicht gemacht*] hat. Mit [*da musste ich mir schon eine gemeinsame (...)*] gibt er seine Handlungsstrategie an, wobei für den nicht eingeweihten Analysten unklar bleibt, woraus sie genau bestand, während Therapeut und Patient gemeinsames Wissen darüber teilen. Er hatte vorher schon erwähnt, dass es für seine Umentscheidung wichtig war, sich an den gemeinsam mit der Therapeutin erstellten Handlungsplan zum Pausemachen (G1, Zeile 622-624, Kapitel 3) zu halten. Eine andere Möglichkeit wäre es, dass hier eine gemeinsame Basis zwischen seinen Teilpersönlichkeiten gemeint ist, die für die Umsetzung seiner Entscheidung

---

19   Die Rekonstruktion des Patienten bezieht sich auf einen Prozess zwischen Wahrnehmen, Denken und Handeln über einen längeren Zeitraum. In solch einem bewussten Übungsprozess wird das Anstreben eines Zieles (ein kognitiver Vorsatz) mit Gelingen und Verfehlen zum Handlungsplan, einer kognitiven Strategie, die aber nicht tatsächlich als solche sichtbar, sondern nur in der Erzählung des Sprechers beschrieben wird. Ob die Geschehnisse so stattgefunden haben wie der Erzähler sie darstellt, kann dabei nicht nachvollzogen werden.

erforderlich war. Die Therapeutin geht nicht näher darauf ein. Entweder weiß sie was er meint, oder sie übergeht die Details und deutet seine Entscheidung zu der kognitiven Strategie, sich selbst gut zu zureden, als positiven Erfolg [*aber dann haben sie das ja gut hingekricht, ne also*]. Dieses Lob kann der Patient nicht so positiv stehen lassen, er fügt an, dass es nicht leicht ging [*keine LEIchtichkeit drin*] und bezeichnet es später sogar als [*sehr ANstrengend*]. Der weitere Verlauf kann hier wegen der Länge des Gespräches nicht dargestellt werden, doch bewertet die Therapeutin seine Schwierigkeiten als völlig normal [*jetzt haben sie EIgentlich ne komplett andere struktUr reingebracht und das ist klar, dass das erstmal anstrengend ist, ne. das ist völlig normal*] (G1, Zeile 759-761). Mit der Bewertung der Schwierigkeit als normal kann sich der Patient als ein normales Mitglied der Gesellschaft betrachten, auch wenn sein Vorhaben schwierig ist und er Probleme hat.

4.17. Transkript (G3, Zeile 44-57). Das aufgebrochene Deutungsmuster.

1 P: ja die zuordnung hhh das äm hab ich
2   jetzt meiner MUTTer zugeordnet
3 T: hmhm
4 P: und äm das (.) hat für mich eigentlich
5   alles verkEHrt weil äm (2) ja (1) ich in vielen dingen
6   davon ausgegangen bin dass **ich (.) entweder so BIN wie**
7   **mein vAter oder gefahr laufe äm (.) wie mein vater zu sEIn**
8 T: ja (1)
9 P: und habe (.) an vielen stellen (.) einfach ä für mich
10   °h wahrgenommen, dass es mit meinem vater ÜBerhAupt
11   GAR nichts zu tun hat
12 T: hmhm
13 P: sondern dass es eher in die rIchtung der MUTTer geht

Der Patient hat in seinen Übungen immer wieder für ihn neues, verändertes Verhalten eingeübt und umgesetzt. Hier beschreibt er nun eine Erkenntnis. Er erzählt, dass er [*das*] nun seiner Mutter zugeordnet hat, wobei er sich mit den indexikalen Verweis auf die Sätze in seinem Kopf bezieht, die er vorher schon als Deutungsschema dargestellt hat, jetzt aber reformuliert und umschreibt. Durch die Vorgeformtheit des Satzes wird das Gedankenzitat eindeutig identifizierbar [*davon ausgegangen bin dass ich (.) entweder so BIN wie mein vAter oder gefahr laufe äm (.) wie mein vater zu sEIn*]. Doch vorher erwähnte er schon, dass diese Zuordnung zur Mutter für ihn [*eigentlich alles verkEHrt*] hat. Damit macht er deutlich, dass die Situation heute eine andere ist. Er bezeichnet den Denker [*ich*] und die Kognition [*davon ausgegangen bin*], die nun aber nicht mit wechselndem Personalpronomen, sondern in der Ich-Form erzählt wird: [*entweder so BIN wie mein vAter oder gefahr laufe äm (.) wie mein vater zu sEIn*]. Im Anschluss daran beschreibt er zwar seine Erkenntnis und damit die Umdeutung, dass sein Problem nicht mit dem Vater, sondern eher mit der Mutter zu tun hat [*dass es mit meinem vater ÜBerhAupt GAR nichts zu tun hat sondern dass es eher in die rIchtung der MUTTer geht*], doch steht diese Erkenntnis noch im Raume, er weiß noch nicht genau, was sie für ihn bedeutet und muss weiter darüber nachdenken. Da [*alles verkEHrt*] ist, muss er nun seine Gedanken neu sortieren und ordnen.

4.6 Die Deutungsmuster und Schemata am Ende der Therapie

Im Folgenden wird der Bogen zu den zu Beginn beschriebenen Deutungsschemata und Mustern geschlagen, die sich am Ende der Therapie den Aussagen oder Formulierungen des Patienten nach anscheinend verändert haben bzw. so modifiziert wurden, dass der Patient besser damit leben kann. Im dritten Gespräch werden sie alle auf die eine oder andere Art wieder angesprochen und evaluiert. Das erste Deutungsmuster, das in der Therapie von Herrn Grosser sogar als Therapieziel aufgenommen wurde, betrifft die Akzeptanz der Krankheit.

Deutungsmuster zur Akzeptanz der Symptome als Krankheit

4.18. Transkript (G3, Zeile 290-296)

1	P:	und da ich (.) °h ja auch innerhalb der der depression
2		immer wieder versucht habe mit dem alten muster auch
3		selbst die depressIOn ANzugehen
4	T:	hmhm
5	P:	bin ich ja wieder zurÜckgeworfen worden,
6	T:	hmhm
7	P:	oder habe mich selbst geworfen

Zu Beginn der Therapie hat er es abgelehnt, seine Symptome als krankhaft zu akzeptieren und er hat [*immer wieder versucht*] etwas dagegen zu tun, doch versuchte er [*mit dem alten muster auch selbst die depressIOn ANzugehen*]. Das alte Muster, sich keine Schwäche oder Krankheit einzugestehen führte dazu, immer mehr zu arbeiten und Hilfe abzulehnen. Indem er die von Psychiatern als Krankheitssymptome bewerteten Anzeichen als persönliches Unvermögen und nicht als Krankheit betrachtet hat, lehnte er professionelle Hilfe ab. Inzwischen hat er ärztliche Deutungsmuster aufgegriffen und gesteht sich den Fehler zu, die Krankheit nicht akzeptiert und durch Mehrarbeit kompensiert zu haben und sich damit durch die ständige Grenzüberschreitung seines Leistungsvermögens selbst zurückgeworfen zu haben. Durch diese Betrachtungsweise eröffnet er sich die Möglichkeit, von nun an genauer hinzuschauen und die Anzeichen in Zukunft rechtzeitig zu bemerken.

Das Meta-Deutungsmuster
Das Meta-Deutungsmuster zur Leistung innerhalb der Leistungsgesellschaft bleibt einerseits erhalten, wurde aber situativ angepasst und ist damit für den Patienten leichter lebbar.

Beispiel 1
4.19. Transkript (G3, Zeile 319-348)

1	T:	hmhm. was würden sie denn sagen äm so (.)
2		im hinblick auf die zUkunft, was nehmen sie
3		mit aus der behandlung? (3) das kann irgendwie
4		ne botschaft sein oder daskönnn (.) die dinge sein,
5		die= s die sie in den gruppen gelernt haben
6	P:	also ich denke das ist ganz, ganz ganz viel und
7		ich bin ä (1) dabei mir n system (.) für mich
8		einzurichten (.) um mir das wieder hervor zu holen
9	T:	hmhm
10	P:	dass das auch wirklich funktioniert
11	T:	okay
12	P:	ob ich jetzt wIll oder nIcht,
13	T:	ja
14	P:	und ä (4) was ich hier für mich mitnehme, was ganz wichtig
15		ist, dass ä (3) ich (1) noch ne ganze mEnge zu tUn habe,
16	T:	hmhm
17	P:	das ist jetzt aber gar nicht so nEgativ, also ich hab ganz
18		unglAUblich viel (.) noch zu tun
19	T:	hmhm (1)
20	P:	und das hab ich nur, weil ichs jetzt erkAnnt habe.
21		also ich bewerte das schOn pOsitiv.
22	T:	hmhm
23	P:	((räuspert sich)) ich weiß jetzt endlich wo ich was tUn kann

Wie schon oft zuvor setzt die Therapeutin eine Frage mit ihrer Frageparaphrase ein als sie darauf zielt, das was er aus der Behandlung mitnimmt, thematisch zu spezifizieren. Er ist dabei sich ein System einzurichten, um sich [*das*] wieder hervorzuholen, wobei unklar bleibt, was genau er mit diesem indexikalen Verweis meint. Diese Diskretion bezieht auch mit ein, dass er selbst vielleicht noch nicht weiß, was es sein könnte, das da hervorgeholt werden soll. Mit dem System will er sich selbst überlisten. Er baut sich eine Reflexionsschleife ein, die seinen inneren Widerstand schon mit einbezieht und berücksichtigt. Damit zeigt er, dass er sich nun selbst besser einschätzen kann und dazu breit ist, gezielt an sich zu arbeiten und innere Widerstände aufzulösen. Des Weiteren führt er nach mehreren Verzögerungen auf, dass es für ihn [*ganz wichtig ist*], für sich das Wissen mitzunehmen, dass er [*noch ne ganze mEnge zu tUn*] hat. Das bewertet er zwar [*gar nicht so nEgativ*], doch steigert er anschließend die [*ganze mEnge*] mit [*ganz unglAUblich viel (.) noch zu tun*] enorm. Dann gibt er einen „Account" dafür, er hat deshalb so viel zu tun, weil er es [*jetzt erkAnnt*] hat, was er positiv bewertet. Vermutlich bezieht sich dieses diskret indexikale [*es*] auf die Fokussierung der Mutter, denn er weiß jetzt endlich [*wo*] er etwas [*tUn kann*]. Da die Betonung auf dem [*tUn*] liegt, hat sich das Leistungsdeutungsmuster hier nicht verändert sondern wird sogar gefestigt: durch seine neue Erkenntnis hat er jetzt [*ganz unglAUblich viel*] zu tun.

Beispiel 2
Umdeutung des Meta-Deutungsmusters: Therapie = Arbeit = Leistung
4.20. Transkript (G3, Zeile 363 – 370)

1	T:	ich finde es=ä auch gut dass sie so denken, ne dass sie:
2		noch arbeit vOr sich haben weils (.) wäre utopisch gewesen
3		- manche menschen kommen mit der vorstellung in die
4		klinik und sagen wenn ich rauskomm dann (.) möchte ich
5		geheilt sein und ich(.) finde es gut, dass sie da
6		realistisch bleiben und sagen, ich habe noch viel zu
7		tu:n, weil therapie bedeutet immer arbeit (.) und ä (.)
8		häufig auch lAnge arbeit.
9	P:	ja

Für die Umdeutung benutzt die Therapeutin wieder die Technik der „Formulation", hier in einer verlängerten Ausführung in einer Zusammensetzung verschiedener Techniken (delete: diskrete Formulierung), (select: untermauern und festigen der Patientenaussage durch Expertenwissen und positive Bewertung), (transform: die Begründung der Bewertung bezieht sich auf beide Aussagen), (implizite Zustimmungsvoraussetzung durch das Experten-Laien-Verhältnis, bei dem der Patient den Therapeuten aufsucht um Hilfe zu bekommen).

Die Therapeutin bewertet es zunächst positiv, dass er denkt, er habe noch Arbeit vor sich und gibt einen „Account" dazu: anders zu denken wäre aus ihrer Sicht utopisch gewesen, was sie anhand einer Beispielerzählung erläutert [*manche menschen kommen mit der vorstellung in die klinik und sagen wenn ich rauskomm dann (.) möchte ich geheilt sein*]. Mit dieser diskreten Formulierung vermeidet sie es auszusprechen, er könne so denken oder auch er habe zu Beginn der Therapie gedacht, er sei geheilt wenn die Therapie beendet ist, denn das könnte den Patienten kränken. Gleichzeitig sagt sie damit aber auch ganz diskret, dass er eben noch nicht geheilt und damit im Umkehrschluss folgerichtig noch krank ist. Dann wiederholt sie ihre Bewertung [*finde es gut*] und bewertet sein Denken als [*realistisch*]. Dabei betont sie den Gegensatz indem sie seine Äußerung als sein Gedankenzitat in Ich-Form ausführt [*sagen, ich habe noch viel zu tu:n*]. Indem sie anschließend ihre Bewertung durch einen „Account" mit Deutung erläutert [*weil therapie bedeutet immer arbeit (.) und ä (.) häufig auch lAnge arbeit.*] untermauert und festigt sie suggestiv seine Aussage durch Expertenwissen und die Verallgemeinerung.

Die Übernahme seiner Position und die Verallgemeinerung der Aussage, Therapie sei immer Arbeit ist ebenfalls eine diskrete Formulierung, denn sie vermeidet es ihm direkt zu sagen, dass er noch viel für seine Heilung zu tun hat. Diese Aussicht könnte den Patienten entmutigen, wenn er sie direkt auf sich beziehen würde. Gleichzeitig suggeriert die verallgemeinerte Aussage aber, dass er trotz seiner Krankheit während der Therapie arbeitet und deutet auch schon an, dass diese Situation sich lange hinziehen könnte. Mit ihrer Deutung, [*therapie bedeutet immer arbeit*] ermöglicht sie ihm, trotz seiner Krankheit ein anerkanntes Mitglied der Gesellschaft zu sein, da er ja weiterhin Arbeit leistet. Damit ist das Leistungsdeutungsmuster für den Patienten modifiziert, so dass er zustimmen kann. Gleichzeitig hat der Patient die Möglichkeit Selbstachtung aus einer Leistung zu beziehen, die für ihn relevant und adäquat ist.

Er bestätigt ihre Deutung, dass Therapie auch Arbeit ist und nach einer Pause kommt er auf seine Erkenntnis und die noch zu erbringende Leistung zurück. Dabei betont er ausdrücklich wie beruhigend es für ihn ist [*ich bin da sEhr beruhigt*], dass er [*jetzt endlich weiß*] (373-374), wo er [*wirklich AKKern kann*] (376) oder sich [*abarbeiten kann*] (378), womit er noch einmal seine Bereitschaft Leistung zu bringen, unterstreicht. Damit führt er die für ihn durchgeführte Modifizierung „Therapie = Arbeit = Leistung" ausdrücklich unter das gesellschaftliche Leistungsdeutungsmuster zurück, demgemäß er sich weiterhin verhalten möchte. Die Festigung des modifizierten Leistungsdeutungsmusters dient damit auch dem langfristigen Therapieerfolg.

Das Deutungsschema: Du bist wie Dein Vater und der ist ein loser.

Auch das Deutungsschema: „Du bist wie dein Vater und der ist ein loser" hat sich verändert. Die Erkenntnis, dass die Aussage er sei wie sein Vater, ein von der Mutter übernommenes Deutungsschema ist, hat für den Patienten vieles verändert, denn damit kann er in Zukunft den Fokus seiner Reflexionsarbeit auf die Mutter verschieben und muss den Vater nicht mehr so massiv ablehnen. Auch die Erkenntnis und das Zugeständnis an sich selbst, dass er ‚das Recht hat, sich zu fühlen', haben sich ausgewirkt, denn damit darf er seine Gefühle wahrnehmen und bemerken, wenn er sich überfordert.

4.21. Transkript (G3, Zeile 57-62)

1	P:	sondern dass es eher in die rIchtung der MUTTer geht
2	T:	hmhm
3	P:	und=ä (.) das ist auch sone sache, ich glaube die hätt=ich
4		vor einigen jahren überhaupt gar nicht AKzeptIERn können.
5	T:	hmhm (2)
6	P:	mittlerweile kann ich das akzeptIErn, dass=es so ist.

Wie schon bei der Beobachtung des Switches unter: „Das aufgebrochene Deutungsmuster" (G3, 44-57) beschrieben, hat Herr Grosser erkannt, dass [*es eher in die rIchtung der MUTTer geht*]. Sein früheres Denken setzt er vom heutigen Denken ab indem er es biographisch auseinanderzieht. Damals [*vor einigen Jahren*] hätte er das
[*überhaupt gar nicht AKzeptIERn können*] können, [*mittlerweile*] dagegen geht es.
Diese Formulierung symbolisiert einen jahrelangen Zeitraum, den er für das vollzogene Umdenken brauchte. Da es nicht auf eine spezifische Situation dramatisch
zugespitzt werden könnte, wird hier auch kein Gedankenzitat in wörtlicher Rede
rezitiert und es erfolgt kein Switch.

4.7 Nach der Therapie: Leben mit der Krankheit und den modifizierten Deutungsmustern

Der Patient hat die Krankheit und seine persönlichen Voraussetzungen zu einer Heilung sowie auch mögliche Rückfälle akzeptiert und muss sich vor der Entlassung
nach Hause auf das Leben nach der Therapie vorbereiten.

4.22. Transkript (G3, Zeile 444-458)

1	P:	einfach (.) die akzeptanz zu haben, dass es mir
2		durchaus noch mal passiern kÖnnte,
3	T:	hmhm
4	P:	auch wenn ich jetzt alles dafür tue, dass es nicht
5		passiert
6	T:	hmhm (1) auch DA ist es gut, dass sie da: realistisch
7		bleiben, ne und äm (.) die möglichkeit offen halten,
8		es kÖnnte sein, dass ich wieder in mein muster rutsche
9		und wieder depressiv werde (.) aber es wäre untypisch zu
10		sagen, das wird mir nIe wieder passIERn, die möglichkeit
11		besteht. ne und (.) ich finde=s gut (.) mit dieser
12		realistischen einschätzung daran zu gehen. ne weil dann
13		(.) haben sie eher das gespühr dafür, wenn wieder
14		depressive symptome AUftauchen (.) dann sind sie sensibler
15		dafür und können (.) viel früher dem entgegen wirken.

Auch hier benutzt die Therapeutin ihre verlängerte „Formulation" in der gleichen
Ausführung wie schon oben. Für den Patienten geht es darum zu akzeptieren, dass es
ihm [*durchaus noch mal passieren könnte*] und das auch, wenn er [*jetzt*] alles dafür tut,
[*dass es nicht passiert*]. Mit der Formulierung [*jetzt*] erinnert er diskret daran, dass er
das vorher nicht so getan hat, es aber ab jetzt und in Zukunft tun will. Diese Aussage
des Patienten deutet die Therapeutin zweifach. Sie bewertet seine Einschätzung als

realistisch und sie findet es gut (positiv), dass er realistisch bleibt. Dann wechselt sie mit [*und äm (.) die möglichkeit offen halten,*] die Position und übernimmt seine Seite im Footing (Goffman 1981), denn sie spricht in Ich-Form weiter und antizipiert seine möglichen Kognitionen [*es kÖnnte sein, dass ich wieder in mein muster rutsche und wieder depressiv werde*]. Durch das Weglassen eines Personalpronomens (sie sich) [*die möglichkeit offenhalten*] und den Positionswechsel wird ihre Äußerung zu einer diskreten Formulierung, denn sie vermeidet es ihm direkt zu sagen, er könne wieder in sein Muster rutschen und erneut depressiv werden.

Danach fährt sie fort und kreiert wie schon oben einen verallgemeinerten Gegensatz, der auf Expertenwissen verweist und damit die Haltung des Patienten untermauert [*aber es wäre untypisch zu sagen*], woraufhin sie wiederum mit [*mir*] seine Position einnimmt [*das wird mir nIe wieder passIERn*], denn diese Möglichkeit besteht, was sie mit einem nach Zustimmung elizitierenden [*ne*] unterstreicht (Jefferson 1980). Durch die wiederholte positive Bewertung [*ich finde=s gut (.) mit dieser realistischen einschätzung daran zu gehen.*] verstärkt und festigt sie seine Haltung noch einmal, die sie wiederum mit [*ne*] unterstreicht und transformiert seine Aussage in der Begründung ihrer Bewertung, die eine Deutung enthält [*weil dann (.) haben sie eher das gespühr dafür, wenn wieder depressive symptome AUftauchen*]. Dann reformuliert sie diese Aussage in [*dann sind sie sensibler dafür*] und antizipiert in die Zukunft [*und können (.) viel früher dem entgegen wirken.*]. Damit greift sie auf das zuvor vom Patienten erwähnte Deutungsmuster zurück „Wer nicht hören will muss fühlen". Die Annahme, es könne wieder passieren, hält ihn in Zukunft wach für eine frühe Symptomwahrnehmung und bezieht sein neues Wissen über den Umgang mit diesen Symptomen ein.

Nun gesteht der Patient, er sei selbst auch so unrealistisch gewesen [*ich war ja auch schon so unterwegs dass das nicht sein darf*] (G3, 462) und [*es wäre ein sEhr großer fehler wenn ich das glauben würde*] (G3, 467-468) womit er die oben unter „Umdeutung des Meta-Deutungsmusters" dargestellten diskreten Formulierungen der Therapeutin aufgreift und nun selbst unterfüttert. Gleichzeitig deuten diese Aussagen aus dem nicht abgebildeten Transkriptausschnitt auch auf ein tiefgreifendes Umdenken hin.

4.23. Transkript (G3, Zeile 471-481)

1   T: gut ich kann ihnen von mEIner seite noch mal sagen,
2   das ganze team steht auch dahinter, dass rückschläge
3   erlaubt sind ne (.) wir haben das (.)häufiger schon
4   erlebt, dass patienten, die hier in behandlung warn,
5   auch nochmal wIeder gekommen sind. ne, das ist also
6   nIcht UNgewöhnlich. und das ist einm auch ä erlaubt.
7   ne, wenn man über jahre (.) gewisse (.) mit gewissen
8   schwächen leben musste, mit va ä mit äm ja
9   verhaltensmustern, die einem nicht gUt taten (.) dann

10		darf das auch passiern, dass man auch mal nen rückschlag
11		erleidet ne (.) also das muss nicht von heute auf morgen
12		alles weg sein. (1)
13	P:	ja

Die vorherige Selbsteinschätzung des Patienten, es sei ein großer Fehler das zu glauben, bewertet die Therapeutin mit [*gut*] und beendet damit auch das Thema. Dann gibt sie ihm zum Ende der Therapie eine persönliche Deutung und Bewertung mit auf den Weg [*von meiner seite noch mal sagen*], beruft sich danach mit ihrer Deutung auf das ganze Team [*das ganze team steht auch dahinter*], wodurch sie ihre Aussage [*dass rückschläge erlaubt sind ne*] mehrfach verstärkt. Das Erzählen einer eigenen Erfahrung oder die Zitierung der Aussage anderer Personen kann eine möglicherweise vorliegende Missbilligung entschärfen (Pomerantz 1984: 620). Die Therapeutin beruft sich hier aber nicht nur auf mehrere andere Personen, sondern diese Personen sind zugleich auch alles professionelle Mitarbeiter und Experten, die Träger wissenschaftlichen Wissens sind.

Sie generalisiert die Situation und typisiert sie gleichzeitig für alle Patienten, womit sie wieder auf ihr Expertenwissen verweist und die Situation weniger ungewöhnlich wird. Dabei spricht sie allerdings nicht von einem einzelnen Rückschlag sondern von mehreren und erweitert damit sein Denken. Mit ihrem anschließenden Erfahrungsbericht aus der Position des Behandlungsteams [*wir haben das schon häufiger erlebt, dass patienten, die hier in behandlung warn, auch noch mal wieder gekommen sind, ne*] unterstreicht sie, dass Rückschläge mit der Notwendigkeit einer weiteren Behandlung möglich sind. Mit ihrer zusammenfassenden Deutung [*das ist also nIcht UNgewöhnlich*] bezieht sie die Rückschläge ein und fokussiert die Behandlung [*und das ist einm auch ä erlaubt*]. Damit gibt sie ihm die Erlaubnis noch einmal zur Therapie zu kommen, was sie sofort mit einem „Account" erläutert, wobei das [*ne*] wie ein „sie wissen schon" klingt und ein Rückgriff auf gemeinsam geteiltes Wissen oder Allgemeinwissen beinhaltet [*wenn man über jahre (.) gewisse (.) mit gewissen schwächen leben musste, mit va ä mit äm ja verhaltensmustern, die einem nicht gUt taten*].

Mit dieser diskreten Formulierung vermeidet sie es auszusprechen, er habe Schwächen oder krankhafte Verhaltensmuster und wahrt damit wiederum sein Gesicht. Durch die kategorische Formulierung (wenn-dann) werden die Satzteile in einen engen Zusammenhang gebracht (Ayaß 1999). Der erste Teil des Satzes wird zu einer Art Vorbedingung bzw. der zweite Teil zur quasi logischen Folge des ersten gemacht [*dann darf das auch passiern, dass man auch mal nen rückschlag erleidet ne*] und diesen einen Rückschlag modifiziert sie noch allgemeiner in [*also das muss nicht von heute auf morgen alles weg sein*], was der Patient wohl einsieht, denn er kommentiert mit [*ja*]. Da sie oben von Rückschlägen in der Mehrzahl gesprochen und dazwischen die kategorische wenn-dann Formulierung eingesetzt hat, bleibt hier vage im Raum stehen, dass auch er mehrere Rückschläge erleben könnte. Damit ist der Patient auf alle ihm möglicherweise bevorstehenden Problemsituationen hingewiesen, gleichzeitig aber mit der Hoffnung versehen, er könne aufmerksam genug sein, die Symptome rechtzeitig zu erkennen und stark genug, um Gegenmaßnahmen zu ergreifen. Aber selbst wenn er dazu nicht in der Lage ist, bleibt er im normalen Rahmen, denn auch viele andere Patienten haben schon Rückschläge erlebt und sind später zur Wiederaufnahme in die Therapie gekommen.

5 Frau Bauer: ein gottesfürchtiges Leben führen

[irgendwo (.)
setzt sich im inneren was ↑fest (.)
man möchte dagegen AUFbegehrn (.)
aber schluckt (.) schluckt (.) schluckt]

In Frau Bauers Therapie wird die praktische Lebensführung in den vorliegenden Gesprächen nicht so explizit berührt wie bei Herrn Grosser und deshalb hier nicht einzeln ausgeführt, sie drückt sich in den Gesprächen durch ihre Reflexion der Interaktion mit dem Ehemann oder mit dem Sohn aus. Im Folgenden wird zunächst wie bei Herrn Grosser eine Zusammenfassung der wichtigsten Deutungsmuster und Schemata gegeben, dann folgen eine kurze Darstellung der Therapieziele, eine stark verkürzt dargestellte Ehebilanz, die Kategorisierung der Krisensituation und schließlich die Beobachtung des Switches in der Erfahrungsdarstellung.

Reflexionen wie zum Beispiel die Ehebilanz sind nicht nur kognitive Vorgänge, sondern zugleich emotional und körperlich eingebettet. So schreibt Holmes:

> I propose defining reflexivity as an emotional, embodied and cognitive process in which social actors have feelings about and try to understand and alter their lives in relation to their social and natural enviromnemt and to others (...) reflexivity is thought to be more than reflection and to include bodies, practices and emotions (Holmes 2010: 140).

Für sie ist die Einbeziehung der Emotionalität in die Reflexivität für Prozesse des Selbst und seiner sozialen (Re-)Produktion bedeutsam. Damit betont sie die Emotionen, die in der Matrix zwischen Wahrnehmung, Denken und Habitus gebunden sind. Sie spielen bei subjektiven Relevantsetzungen eine große Rolle.

5.1 Die wichtigsten Deutungen und Deutungsmuster

Vorspann
Im Vordergrund der Behandlung von Frau Bauer stehen Eheprobleme. In ihrer Ehe gibt es häufig Streit, wobei ihr Mann sie mit abwertenden Bemerkungen beleidigt und verletzt. Das empfindet sie so stark, dass sie an der Ehe zweifelt und nicht weiß, wie es weitergehen kann. Bei einem eskalierenden Streit fasste sie einen Suizidplan, den sie aber letztlich nicht ausführte. Stattdessen suchte sie ihren Arzt auf, der sie in die Psychiatrie einwies. Am nächsten Tag verließ sie diese wieder und nimmt nun, nach einer mehrwöchigen Wartezeit, an der Therapie teil. Auf diese Weise kam sie in die Therapie. In den aufgezeichneten Therapiegesprächen tauchen mehrere Deu-

tungsmuster auf, die sich konstitutiv auf ihre Lebensführung auswirken und damit in den Gesprächen in den Vordergrund rücken.

Das Meta-Deutungsmuster: Ein gottesfürchtiges Leben führen
Das Meta-Deutungsmuster von Frau Bauer ergibt sich aus ihrer tiefen christlich-religiösen Bindung und bewegt sich damit auf der transzendenten Ebene. Sie selbst bezeichnet sich als [*eigentlich sehr gläubig*] (B2, 45). Sie berichtet von regelmäßigen täglichen Besuchen in der Dorfkirche und der direkte persönliche Kontakt zu Gott gibt ihr seit vielen Jahren Halt und Kraft. Im Gespräch wird folgendes Deutungsmuster sichtbar: Kinder Gottes müssen seinen Geboten gehorchen und ein gottesfürchtiges Leben führen. Wer Gott nicht gehorcht ist ein Sünder und Suizid ist eine Sünde. Diese Deutung hat Frau Bauer verinnerlicht, wie in einer retrospektiven Beurteilung ihres Suizidplanes deutlich wird: [*weil das ist ja (.) das ist ja dann das kind (.) das gehorcht ja dann nicht, ne. das war ja eine SÜNde*] (B2, 660-661). Suizidgedanken hat sich Frau Bauer deshalb immer verboten [*suizidgedanken hab ich mir (1.5) verboten*] (B2, 651-655). Infolge ihres Suizidvorhabens ist nun Frau Bauers Verhältnis zu Gott gestört und wird zum Thema in der Therapie. In den Gesprächen bleibt manchmal etwas unklar, wo mundane Deutungsmuster in religiöse übergehen oder umgekehrt. Auch ein weltliches Deutungsmuster zur Suizidalität geht davon aus, dass suizidale Menschen Hilfe brauchen, was bei Selbstgefährdung zur Zwangseinweisung in die Psychiatrie führt.

Eine gute Ehe führen
Bei einer Hochzeit wird ein Eheversprechen abgelegt, ob die Hochzeit rein standesamtlich erfolgt oder durch die Kirche gesegnet wird. Bei der kirchlichen Ehe wird gelobt, den Ehemann zu lieben und zu achten in guten und in schlechten Tagen – ‚bis dass der Tod Euch scheidet'. Nachdem sich Frau Bauer zunächst schon im zweiten Ehejahr scheiden lassen wollte, hat sie sich doch noch für die Ehe entschieden und beschlossen, eine gute Ehe zu führen. Dabei hat sie sich einen [*ehrenkodex*] (B2, 305) auferlegt, dem sie seitdem folgt. Er bezieht sich auf das Führen einer guten Ehe [*ich <<lachend> WERde eine gute ehe führen>*] (B2, 308-309). Auch ihre Mutter hat schon solch einen Ehrenkodex abgelegt, den sie offensichtlich übernommen hat, denn sie zitiert [*so wie meine mutter*] (B2, 307). Damit wird der Ehrenkodex in die nächste Generation tradiert und enthält zu mindestens ein familiäres Deutungsschema. Da aber ihre Gottesfürchtigkeit als Meta-Deutungsmuster alles durchdringt lässt sich vermuten, dass dieser Entschluss auch oder vor allem religiös motiviert war, obwohl das in den Daten nicht explizit ausgesprochen wird. Zu einer guten Ehe gehört eine gute Ehefrau und auch eine gute Mutter.

Eine gute Ehefrau und Mutter
Dem Mann eine gute Frau zu sein gehört zu einer guten Eheführung dazu. Was Frau Bauer darunter versteht lässt aber sich nicht genau eruieren und ob das biblische

Deutungsmuster „die Frau sei dem Manne untertan" in ihrer Ehe eine Rolle spielt, ist ungewiss. Doch hat sie sich oft nicht gegen ihren Mann durchgesetzt, sondern vieles geschluckt, sich altruistisch aufgeopfert und sich keine eigenen Wünsche erlaubt. [*man möchte dagegen AUFbegehrn (.) aber schluckt (.) schluckt (.) schluckt*] (B1, 55-56). Die Auseinandersetzung damit, ob sie ihrem Sohn eine gute Mutter und ihr Mann ein guter Vater war, spielt ebenfalls in der Therapie eine Rolle. Frau Bauer hat sich eigentlich mehrere Kinder gewünscht und bedauert es, nur eines bekommen zu haben. Darüber, dass ihr Mann und sie ein Kind als Mittel zum Zweck bekamen, um gegen den Wunsch der Eltern heiraten zu können, empfindet sie Scham. Scham ist insofern ein sozialisiertes Gefühl, als sie mit Deutungsmustern einhergeht und moralische Implikationen beinhaltet. Auch hier können sowohl mundane, als auch religiöse Deutungsmuster wirken. Für religiöse Menschen sind Kinder ein Geschenk Gottes. Aber auch einige rein weltliche Deutungsmuster gehen davon aus, dass man Kinder um der Kinder Willen bekommen sollte, denn damit wird die Sorge der Eltern um deren Wohl gesichert. Aus biologischer Sichtweise ist dies für das Überleben und die Aufzucht der Nachkommen ein Vorteil. Als kategoriengebundene Aktivität gilt insofern, dass eine gute Mutter ihr Kind liebt und sich (aufopfernd) um dessen Wohl bemüht.

5.2 Der Themenstrang der Therapieziele

Da als auslösendes Erlebnis und [*hauptgrund erstmal hier zu sein*] (B1, 968) ein Ehestreit und [*konflikte zu hause*] (B1, 968) genannt wurden, orientieren sich die Therapieziele an der Ehe und dem Verhältnis zu ihrem Mann. Beziehungen und Gefühle spielen bei der Reflexion eine große Rolle, da sie die wichtigsten Bezugspunkte im subjektiven Erleben betreffen. „Feelings about and connection to others are crucial to reflexive practices, even within a climate of individualization" (Holmes 2010:143). Die enge Verbindung der Eheleute wird in der Wahl der Therapieziele deutlich, denn die ersten beiden Wünsche betreffen Frau Bauers Mann: [*auf KEINen fall mehr ne abwertende ÄUßerung*] (B1, 972) und dass wir [*für die zukUnft eine (.)LINie finden, dass wir nicht zu SEHR aneinander klammern*] (B1, 988-989). Diese Zielaussagen transformiert die Therapeutin in ihrer „Formulation" so um, dass sie nicht mehr auf den Mann gerichtet sind, sondern den Wunsch der Patientin von mehr Freiraum beinhalten:

Erstes Therapieziel: mehr Freiraum.
5.1. Transkript (B1, Zeile 995-1002)

1	T:	also äm (.) sie wünschen sich mehr freiraum für sich
2	P:	ja.
3	T:	äm zum einen äm (.) weil sie glauben, dass das auch inner
4		beziehung zu ihrem MAnn äm (.) ihnen beiden GUTtäte,

5   P: ja=a
6   T: äm sie wünschen sich dass er (.)
7   mehrwertschätzend mit ihnen umgeht,
8   P: ohja!
9   T: hmhm.

Die Patientin bezeichnet die Beziehung zwischen sich und ihrem Ehemann als
[*KLAmmern*] und wünscht sich, dass ihr Mann ein eigenes Hobby findet. Diese Aussage deutet die Therapeutin um in [*sie wünschen sich mehr freiraum für sich*] und
erweitert die von der Patientin bestätigte Umdeutung mit einem „Account" [*äm zum
einen äm (.) weil sie glauben, dass das auch inner beziehung zu ihrem MAnn äm (.) ihnen
beiden GUTtäte*]. Den zweiten Teil des Satzes leitet sie aber nicht mit „zum anderen
weil" oder „zweitens weil" ein, sondern mit der Umdeutung der früheren Aussage von
Frau Bauer, sie wolle keine [*abwertende ÄUßerung*] mehr hören in [*äm sie wünschen
sich dass er (.) mehrwertschätzend mit ihnen umgeht*]. Diese Umdeutung enthält durch
die Einleitung mit [*zum einen*] einen Gegensatz oder Aufzählungscharakter. Ähnlich einer kategorischen Formulierung wird dadurch eine implizite zweite Aussage
erwartet: „weil es Ihnen (der Patientin) gut-täte". Doch könnte solch eine Aussage als
egoistisch erscheinen und deshalb aus der Perspektive der Patientin dispräferiert sein.
Die diskrete Umwandlung in der „Formulation" wird von der Patientin ausdrücklich
bestätigt. Gleichzeitig hat die Therapeutin die beiden Äußerungen damit aus der für
die Patientin passiven Position herausgelöst. Solange sie sich etwas wünscht, was der
Ehemann tun sollte, bleibt sie selbst passiv. Sind die Wünsche so ausgedrückt, dass
sie Frau Bauer betreffen, kann sie etwas dafür tun, um ihr Ziel zu erreichen und aktiv
an der Therapie teilnehmen. Durch die Transformation und die Zustimmung der
Patientin kann die Therapeutin nun von den Wünschen an den Ehemann zu den
bearbeitbaren Zielen der Patientin übergehen.

Zweites Ziel: Stärke entwickeln, Wünsche äußern, nicht sofort beleidigt sein
5.2. Transkript (B1, Zeile 1007-1022)
1   T: was glauben sie äm (.) weil sie ja jetzt bei uns sind
2   P: hmm
3   T: und anfangen was für sich zu tun,
4   was glauben sie können sie für sich verändern,
5   damit sie ä auf dem weg nun weiterkommen?
6   P: ich möchte eigentlich äm (1) ein bisschen stArker
7   werden (.) dass ich meine (.) wünsche auch ÄUßer,
8   T: ja
9   P: und NIcht sofort also (.) in mich zurückziehe
10   und mich beleidicht fühle wenn (.)
11   ä eben äus äußerungen von meinem mann kommen (.)

12   eben halt (.) die mich immer wieder so klEIn gemacht haben.
13   T: okay (1) glauben sie dass da, dass äm (.)
14   wir hier angebote haben, die ihnen dabei helfen können?
15   P: die hab ich glaub ich schon

Auf die Frage der Therapeutin äußert die Patientin nun ein positiv formuliertes, aktiv erreichbares Ziel, sie möchte stärker werden und ihre Wünsche äußern können, anstatt beleidigt zu sein und sich zurückzuziehen. Da sie schon Angebote in der Klinik zur Entwicklung solch persönlicher Stärke gefunden hat, ist damit die Grundlage für die Therapie ausgehandelt und die Ziele festgesteckt. Die Aushandlung der Therapiemaßnahmen scheint in diesem Fall kein Problem zu sein, sie werden offensichtlich in einem späteren Gespräch abgesprochen.

Die Therapieziele am Ende der Therapie
Bei der Evaluation zum Schluss bezieht sich Frau Bauer doch wieder zunächst auf die Wünsche an ihren Ehemann. Der ist mit seinen Äußerungen inzwischen vorsichtiger [*mit äußerungen (.) is halt eben außer an diesem sonntag (.) äm (.) vorsichtiger geworden ist, also er spricht keine belEIdigungen mehr aus.*] (B3, 688-690) und er hilft sogar [*sehr sehr viel (.) im haushalt, was (.) wirklich NIE war*] (B3, 692), wobei sich Frau Bauer da inzwischen auch selbstkritisch betrachtet [*mm JEtzt so im NAchhinein (.) fällt mir auch auf ich hab ihm auch viel aus der HAnd genommen.*] (B3, 695-696). Das umformulierte Ziel von ‚mehr Freiraum' fällt mit dem zweiten Ziel zusammen, zu dem sie sich schon im zweiten Gespräch geäußert hat.

Zweites Therapieziel: Stärke entwickeln, Wünsche äußern, nicht sofort beleidigt sein.
5.3. Transkript (B2, Zeile 431-440)
1   P: ja. mm ich bin mir auch SICher, wenn ich gestärkt hier (.) aus
2   dieser gruppe heraus gehe aus diesem haus herAUS gehe (.) dass
3   ich dann auch mal äm halt so sachen für mich durchsetzte
4   wie=zum beispiel diesen volkshochschulkurs
5   T: hmhm
6   P: oder dass ich auch mal (.) für zwei wochen allein zu meinem
7   brUder fahre (.) in die berge. was der mir schon e:wig
8   angeboten hat und ich NIE zugegriffen hab.
9   T: hmhm
10   P: ne. also das habe ich fest vor.

Schon im zweiten aufgezeichneten Therapiegespräch äußerte Frau Bauer, sie werde sich sicherlich im Anschluss an die Therapie besser durchsetzen und ihre zwei Träume verwirklichen: einmal Urlaub bei ihrem Bruder machen und einen Kurs besuchen. Aber zum Ende der Therapie wird ihre neue Stärke auch an verändertem Verhalten deutlich, welches sie gegenüber dem Ehemann, aber auch gegenüber der Tochter zeigt. Anstatt sofort beleidigt zu sein und sich zurückzuziehen, setzt sie sich ihrer Erzählung nach am PC durch und löst ein Problem alleine. Sie sagt ihrem Mann, dass sie ärgerlich ist, nimmt sich den Freiraum einer tagesklinischen Anschlussbehandlung und sie grenzt sich zum Selbstschutz vorübergehend von den Erwartungen ihrer Tochter ab (Abschnitte 5.6. und 5.7.).

5.3 Zweiter Themenstrang: Die Ehebilanz

Die Ehebilanz wird hier stark verkürzt wiedergegeben. Sie bezieht eine Reflexion ihrer partnerschaftlichen Ehebeziehung ein, sowie ihre Hoffnungen und Wünsche bezüglich ihres Frauseins als Mutter und der Beziehung zu ihrem Kind, außerdem eine Reflexion über ihre Vorstellungen und Erwartungen an eine Vaterrolle und in wiefern ihr Mann diese erfüllt oder enttäuscht hat. Eine differenzierte Betrachtung vergangener Erlebnisse kann Beziehungen verändern. „Reflexivity, if thought of in emotional terms, can change paticipants' relations with others and change how they feel. The exigencies of lives within modernity often create confusion and guilt" (Holmes 2010: 148). Hier betrachtet Frau Bauer ihre ganze Ehe zunächst als unglücklich.

5.4. Transkript (B1, Zeile 818-823)
Eine unglückliche Ehe von Anfang an.

1	T:	gabs sone zeit wo sie sagen, das war auch (.)
2		da warn wir zusammen als familie (.)
3		äm so glücklich, wie ich mir das gewünscht hätte?
4	P:	nein (.) wir warn GAR nicht glücklich.
5	T:	von anfang an nicht?
6	P:	von anfang an nicht, nein.
7	T:	hmhm

Nach dieser festen Aussage, ihre Ehe sei von Anfang an nicht glücklich gewesen, berichtet Frau Bauer, sie habe sich mehr als nur ein Kind gewünscht, aber ihr Mann wollte das nicht und wurde in dieser Meinung von seinen und ihren Eltern unterstützt. In Anbetracht des unerfüllten Kinderwunsches äußert die Patientin, dass sie im Laufe ihrer Ehe vieles geschluckt und sich schön gemalt hat [*es hat wirklich viel viele äm (.) wenn ich jetzt so rückschau halte, viele situationen gegeben, wo ich HEUtzutage weiß, ich habe geschlUckt und so mir (.) das schön AUSgemalt*] (B1, Zeile 877-879). Bei der Reflexion über ihre Ehe wird auch darüber gesprochen, wie es zur Ehe kam. Dabei wird deutlich, wie Frau Bauer dazu kommt, von [*GAR nicht glücklich*] zu sprechen.

5.5. Transkript (B1, Zeile 785-799)
Scham weil Kind als Mittel zum Zweck:

1	P:	vier monate sechs monate so grad
2		und da hatten wir den ersten sexuellen kontakt
3		und DA war das schon im kopf,
4		ja und mitm KIND geht alles besser.
5		dann bin ich ganz schnell wohl schwAnger geworden (.)
6		war aber so KNAPP im dritten monat,
7		da ist es WEchgegangen, ABer von ALLeine.
8	T:	ACHso
9	P:	ja
10	T:	ja:
11	P:	und dabei hatte ich, von DEM zeitpunkt an,
12		war ich eigentlich nicht mehr (.) so: bereit äm (.)das
13		so bei unsren eltern so durchzusetzen mit einem KIND (1)
14	P:	ich bin dann aber ja trotzdem (.) ä schwAnger geworden,
15		weil ich ä ich habe mich geschÄMt zu dem zeitpunkt,
16		es ist (.) DUMM ja, ich habe mich geschÄmt
17		im sinne wir bloss (zusammen weil wir kinder) haben
18	T:	ja (.) das heißt …

Die Patientin berichtet, dass ihr Mann und sie schon sehr früh im Kopf hatten, sich mit einem Kind besser gegen die Eltern durchsetzen zu können. Dann hat sie das Kind aber in der Schwangerschaft verloren und sich danach geschämt denn [*das kind war (.) mittel zum zweck, quasi. also wir wOllten zusammen sein*] (B1, 765-766). Sie spricht hier nicht von ihrem Glauben, doch ist die Scham ein Hinweis auf eine Störung des ethischen Empfindens. Für einen religiösen Menschen ist auf jedem Fall Sexualität vor oder außerhalb der Ehe nicht erlaubt. Die Scham und das Unglück über das verlorene Kind überschatten das Eheglück über lange Jahre. Es ist aber nicht die Ehe an sich, die Frau Bauer Probleme bereitet, sondern das aktuelle Geschehen.

5.6. Transkript (B1, Zeile 912-916)
Vierzig Jahre Ehe-Unglück oder aktuelles Problem?

1	P:	ich würde sagen, es=is= das aktuELLe
2	T:	hmhm
3	P:	irgendwo mmm (.) sie könn=n sich vOrstellen,
4		wenn man so lANge zusAmmen ist,
5		gbts nicht nur schlechte tage,
6		wir habn auch wirklich SCHÖNe (.) ä schÖnes erlebt.
7	T:	ja

Sie gesteht ein, dass es auch schöne Zeiten gab und erläutert das etwas später anhand eines Beispiels [*also DAS war (.) n SEHr schönes erlebnis muss= ich sagen*] (B1, 946). Die anschließende Feststellung der Therapeutin, dass der Ehemann ihr auch entgegen gekommen ist [*dass sie also auch gemErkt haben ä:m (.)er ist durchaus (.) ihnen zugewandt*] und [*äm er bewegt sich auch äm auf sie zu wenn sie wenn sie wünsche äußern*] kann sie bejahen (B1, 948-951). Wichtig ist diese Unterscheidung, weil damit die Ausgangssituation und Prognose für die Ehe unterschiedlich ausfällt.

5.7. Transkript (B2, Zeile 303-310)
Ehrenkodex und Category-bound Activities:

1	P:	es gab ja zeiten mmm noch (.) mm in unserer jUNgen ehe (.)
2		da hatte ich im (.) zweiten ehejahr
3		die schEIdung eingereicht (.)
4		hab sie dann wieder zurückgenommen (.)
5		und von da ab ä wars n ehrenkodex in mir
6		kann ich ihnen gar nicht mal sagen (-) selber warum.
7		ich habe immer auch gesacht, so wie meine mutter:
8		ich lAsse mIch NICHT schEIden.
9		ich WERde jetzt das durchkämpfen,
10		ich <<lachend> WERde eine gute ehe führen>
11		°hh-ff ja .hh (-) hab ich mir selbst auferlegt.
12	T:	haben sie sich AUFerlegt

Die Patientin berichtet, sie habe sich im zweiten Ehejahr scheiden lassen wollen, habe das aber wieder rückgängig gemacht. Danach hat sie sich einen Ehrenkodex auferlegt, den auch ihre Mutter schon trägt und der insofern familiär tradiert ist. Über diesen Ehrenkodex hat sie noch nie mit einem anderen Menschen gesprochen. Ob und wie er mit ihrer tiefen religiösen Bindung zusammenhängt, wird nicht spezifiziert. Sicherlich aber beeinflusst ihre Einstellung darüber, was eine [*gute ehe*] ausmacht und die sie [*durchkämpfen*] will, ihr ganzes Leben und ihr Verhalten. Der Ausdruck [*selbst auferlegt*] erinnert an Buße für eine Schuld.

Frau Bauers Erzählung über eine Freundin, die sich scheiden lassen und damit [*freigeschwommen*] (B2, 279) hat, bringt die Therapeutin dazu sie zu fragen, was solche Ideen mit ihr machen. Für Frau Bauer steht eine Ehescheidung nicht zur Debatte, denn sie hat wieder Hoffnung. [*mmm es warn ja auch schöne er hat auch schÖne seiten gehabt, ich habe ja jetzt auch wieder hoffnung (.) ne dadurch dass mein mann sich ändert (.) dass wir doch (.) °h ja: gemeinsam doch (.) in harmonie alt werden können (-) ja.*] (B2, 382-385). Im Abschlussgespräch schlägt die Therapeutin ihr als Deutung vor, sie habe inzwischen für ihren Mann [*grade (.) eine deutlich (.) äm klarere persÖnlichkeit für ihn bekommen*] und [*andere kontUren.*] (B3, 836-837). Frau Bauer kann dieser Perspektive zunächst nicht folgen, überlegt dann aber, ob die Therapeutin doch Recht hat.

5.4 Dritter Themenstrang: Die Religion

Die Auseinandersetzung mit der Religion betrifft bei Frau Bauer ihr Meta-Deutungsmuster und ist deshalb sehr wichtig. Ihre tiefe religiöse Bindung wird aber erst im zweiten aufgezeichneten Therapiegespräch deutlich.

5.8. Transkript (B2, Zeile 43-51). Eigentlich sehr gläubig.

1	P:	und dann wollt=ich EIgentlich noch ein (.)
2		schwarzes KREUZ malen.
3		und das sollte dafür stehen mm dass ich im moment
4		ich bin (.) eigentlich sehr gläubig (.)
5		im moment ist aber RUHe in mir. .h-ff so (.) dies gefühl (--)
6		der hö hört mich nicht (.) oder will nicht mehr hören (.)
7		kann ich jetzt schlEcht (.) beschrEIben.
8	T:	also das das SCHWARze kreuz da hätten sie aktuell
9	P:	hm
10	T:	ihren GLAUben= zu=grabe getragen?
11	P:	äm nein nicht.

Im zweiten Therapiegespräch äußert Frau Bauer, sie sei eigentlich sehr gläubig, dass Gott sie aber momentan nicht erhört. In der Auseinandersetzung um das von ihr gemalte Symbol des schwarzen Kreuzes denkt die Therapeutin zunächst, Frau Bauer wolle ihren Glauben zu Grabe tragen und damit ihr stärkstes Deutungsmuster über Bord werfen. Dieser Transformation ihrer Äußerung widerspricht die Patientin hier aber.

5.9. Transkript (B2, Zeile 51-69). Fehlender Kontakt zu Gott.

1	P:	äm nein nicht. ä aber (.) äm diese frage (.) warum (.)
2		da spÜR ich nichts. ich habe ja so oft ä diesen
3		ZUfluchtsort (.) gefunden äm und wenn ich nur
4		nach der arbeit ganz schnell einfach in die kirche
5		gegangen bin (.) und habe mir da ein licht angezündet
6		und hab dann AUFgeschrieben m was mich bedrÜckt
7		und bin auch IMMer wieder gestärkt
8		ra (.) konnt ich immer wieder rausgehen.
9	T:	ja=a.
10	P:	und in der zeit ich HIER bin (.)
11		m es gelINGT mir irgendwo nicht und kön ja

12 T: in kontakt zu kommen?
13 P: ja
14 T: achja
15 P: s=ist einfach ruhig. das heißt nicht,
16   dass ich nicht glAUbe, [aber (.)
17 T: [°hh aber die
18   verbindung ist im moment nicht so gut?
19 P: nein-hh
20 T: funkstille? äm die ihnen mm wie sie (-)
21   aber die das ihnen FEhlt, hab ich den eindruck?
22 P: ja.

Frau Bauer versteht nicht, warum sie nichts spürt. Früher war die Kirche für sie ein Zufluchtsort, wo sie Stärke gefunden hat. Doch seit sie in der Klinik ist, gelingt ihr das nicht mehr. Die Therapeutin reformuliert die Frage der Patientin, warum sie nichts spürt in [*die verbindung ist im moment nicht so gut?*] und [*funkstille?*] und bemerkt dann in ihrer Transformation der Aussage, dass der direkte Kontakt Frau Bauer offensichtlich fehlt. Hier wird die religiöse Bindung das erste Mal richtig deutlich, so dass auch die Therapeutin diese Beziehungsstörung als Problem erkennt und genauer beleuchtet. Mit dieser Umdeutung ist sie aber nicht ganz sicher, so dass sie mit der angehängten Frage eine Bestätigung oder Ablehnung durch die Patientin einfordert.

Anschließend berichtet Frau Bauer, dass ihr der persönliche Kontakt zu Gott [*das war IMMer eher der persÖnliche kontakt*] (B2, 584) immer wieder [*auch wirklich ganz ganz viel krAft gegeben hat*] (B2, 588), da sie [*mit unter so entweder nAch der arbeit oder vOr der arbeit*] (B2, 590) in die Kirche ging und sie gesteht [*es=ist eine flUcht für mich*] (B2, 591).

5.10. Transkript (B2, Zeile 614-630). Ein neues Ritual finden.

1   T: aber dann würd ich ihnen wünschen,
2   dass sie hier wieder ein ritual finden (.)
3   denn sie sind ja im moment nicht mehr auf der flucht-
4   P: hm [hmm
5   T: [möglicherweise ist es deshalb eben
6   so ein bisschen (.) aus der übung gekommen wie ich
7   sprech= ich mit gott wenn ich nicht (.) für eine situation (.)
8   hilfe erflehe und nicht auf der flUcht mehr bin.
9   P: hm↑hm
10 T: und vielleicht fehlt ihnen da (.)
11   nur noch so ein bisschen äm (.) ä
12   jemand der die verbindung herstellt äm (.)

```
13      dass das ritual sich verändert
14      und ihrer aktuellen situation sich anpasst.
15  P:  hm↑hm
16  T:  dass sie wieder ein gebet finden
17      äm (.) dass besser (.) zu ihnen jetzt pAsst. (2.0)
18  P:  ich mein ich bin auch gerne in die kirche gegangen
19      und hab da auch mein lichtlein angezündet (stuhlruckeln) äm
20      wenn ich DAnkbarkeit empfunden hab
```

Die Therapeutin deutet die Ausführungen der Patientin über ihre regelmäßigen
Kirchgänge als Rituale und greift das Wort [*flucht*] der Patientin auf, indem sie äußert, sie sei jetzt nicht mehr auf der Flucht (vor der besprochenen Enge ihrer Ehe). Sie
wünsche ihr, dass sie neue Rituale findet, die ihrer neuen Situation angepasst sind.
Ihre Deutung, es sei vielleicht deshalb [*so ein bisschen aus der übung gekommen*], weil
sie nun nicht mehr bitten und flehen muss, wird von der Patientin abgelehnt. Die
hat sich nämlich nicht nur zum Bitten und Flehen an Gott gewandt, sondern auch
aus Dankbarkeit. Die Idee der Therapeutin, sie brauche vielleicht [*jemand der die
verbindung herstellt äm (.) dass das ritual sich verändert und ihrer aktuellen situation
sich anpasst.*] wird von Frau Bauer hier nicht aufgegriffen. Sie fühlt sich nicht richtig
verstanden und stellt das zunächst richtig: sie ist auch in die Kirche gegangen, wenn
sie nicht flehen musste, sondern um sich zu bedanken.

5.11. Transkript (B2, Zeile 662-668). Ein theologischer Begleiter.

```
1   T:  ich wollte grad sagen, vielleicht steht es ja, im gedankengang
2       ne sünde auch noch zwischen ihnen, dass sie sich nicht trauen,
3       wieder anzuklopfen? (1)
4   P:  das könnte AUch sein, ja=a. hmhm
5   T:  um so wichtiger finde ich, dass sie (.) einen theologischen
6       beglEIter bekommen
```

Zum Ende des zweiten Gespräches überlegt die Therapeutin, ob ihr [*im gedankengang
ne sünde*] dazwischen steht und vielleicht deshalb der Kontakt gestört ist. Da die Patientin diese Überlegung teilt und ihr zustimmt, betont die Therapeutin ihre vorherige
Vermutung, sie brauche vielleicht [*jemand der die verbindung herstellt*], was sie dann
in einen [*theologischen beglEIter*] umformuliert. Auch aus der vorherigen Vermutung,
dass nach Frau Bauers Empfinden eine Sünde zwischen Gott und ihr stehe, wird zu
einer klareren Vorstellung, die die Therapeutin nun als Vermutung in den Raum stellt
[*ich kanns mir vorstellen wenn sie so gläubich wie sie sich schildern (.) dass das noch zwI-
schen ihnen steht.*] (B2, 679-680) und die Patientin stimmt ihr zu [*hmm (.) stimmt*] (B2,
682). Nach diesem Aufdecken und Aushandeln macht die Therapeutin ihr einen Termin mit dem Pastor. Im dritten Gespräch wird das Thema nicht mehr angesprochen

und es bleibt unklar, wie ihr Deutungsmuster im Einzelnen modifiziert wurde. Durch den theologischen Begleiter wird das Meta-Deutungsmuster gefestigt, aber vermutlich inhaltlich modifiziert und moderner gedeutet, da Frau Bauer ihr Verhalten ändert. Hier ist der theologische Begleiter ein kompetentes Mitglied von Frau Bauers (Glaubens-)Gemeinschaft und wahrscheinlich kann sie seine Auslegung eher akzeptieren, als die eines Therapeuten. Da der Kontakt zum Pastor von der Therapeutin vermittelt wird ist anzunehmen, dass seine Deutung der des Therapeuten nicht widerspricht.

5.5 Interaktive Kategorisierungen der Krisensituation

Alle im Folgenden dargstellten Kategorisierungen beziehen sich auf die Auslösesituation für den Klinikaufenthalt und zeigen die interaktive Situationsausdeutung der Krise im Verlauf des Therapieprozesses. Der Streit vor der Krise führte letztlich zum Suizidplan, der wiederum im Nachhinein als Sünde bezeichnet wird. Dabei bleibt etwas unklar, wo genau „das Böse" beginnt, das in der Sünde endet.

5.12. Transkript (B1, Zeile 46-58)
Streit, Krise, Streitigkeiten: Kategorisierungen der Patientin:

1	P:	((papiergeräusch)) ähhf (.) das ganz akute (.)
2		äm der auslöser war (.) äm ein streit mit meinem ↑mann
3	T:	ja
4	P:	dazu muss ich sagen (.) dass er sehr oft (.) ä:m (-)
5		zu mir sacht (.) also in kri (.)
6		was heißt in krisensituationen (.) wir hatten streitigkeiten
7	T:	hmhm
8	P:	JA und man merkt dass du krank bist
9		oder du hast einen an der ↑klATsche (.) und das (.)
10		wissense=wenn sich das so wiederHOLt auch bei klEInigkeiten (-)
11		irgendwo (.) setzt sich im inneren was ↑fest (.)
12		man möchte dagegen AUFbegehrn (.)
13		aber schluckt (.) schluckt (.) schluckt.
14	T:	das heißt, sie könn in DEm moment nichts dagEgen halten
15	P:	nein.

Auf die Frage der Therapeutin nach dem Auslöser für ihren Suizidversuch, kategorisiert die Patientin diesen als einen Streit mit ihrem Mann. Dann verallgemeinert sie die Streitsituation [*sehr oft*] und wechselt dabei in die Kategorie Krise [*kri(.)*] über, was ihr aber anscheinend zu stark ausgedrückt ist, denn sie revidiert diese Kategorie sofort wieder [*was heißt in krisensituationen*] und wechselt zurück zur Kategorie [*streit*], den sie aber mit [*wir hatten streitigkeiten*] nun in der Mehrzahl wiedergibt. Es

geht offensichtlich nicht um eine einmalige Sache, sondern um etwas, worum schon
mehrfach gestritten wurde. Anschließend beschreibt sie die Category-bound Activity
ihres Mannes, nämlich ihr gegenüber Beleidigungen auszusprechen, die zu solchen
Situationen gehört und die sie in wörtlicher Rede wiedergibt [*JA und man merkt
dass du krank bist oder du hast einen an der ↑klATsche*]. Dann erklärt sie die Wirkung
dieser Aktivität, die durch die Wiederholungen [*auch bei klEInigkeiten*] auftritt, nämlich [*irgendwo (.) setzt sich im inneren was fest*]. Dieses sich festsetzen verallgemeinert
sie und schreibt es damit allen Menschen in solchen Situationen zu, was durch die
generalisierte Widergabe der Anschlussreaktion deutlich wird [*man möchte dagegen
AUFbegehrn (.) aber schluckt (.) schluckt (.) schluckt*]. Die Therapeutin will sich aber
nicht auf die allgemeine Deutungsebene einlassen und bezieht das Erleben in ihrer
„Formulation" [*das heißt, sie könn in DEm moment nichts dagEgen halten*] auf die
Patientin zurück und deutet die Aussage dabei als ein momentanes Geschehen, das
andere Möglichkeiten impliziert. Diese Umdeutung wird von der Patientin bestätigt.

5.13. Transkript (B1, Zeile 180-187)
Der Koller: Kategorisierung durch den Ehemann:

1	P:	jedenfalls kam dann (.) ich hab nur gemerkt,
2		also ich konnte nichts mehr SAgen,
3		und man sieht mir das dann wahrscheinlich auch an,
4		meine finger fingen leicht an zu beben.
5		dann hat er nur auf diese hände geschaut
6		und hat zu mir gesagt, kriegste wieder deinen ↑KOLLer,
7		also ganz ToTAL ABwertend!
8	T:	ja=a
9	P:	und ä (.) da fing das an da war (.)
10		eine kälte war da auf einmal die stieg hoch.
11		ich wollte mich auch gar nicht mehr WEHren,

Die Patientin beschreibt zunächst ihre körperliche Reaktion auf die Beleidigungen und verallgemeinert die Sichtbarkeit der Reaktion als Außenwirkung [*man
sieht mir das dann wahrscheinlich auch an*], nämlich, ihre [*finger fingen leicht an zu
beben*]. Diese Reaktion scheint dem Mann bekannt zu sein, denn er schaute auf
[*diese hände*] und ordnete ihre Reaktion als Category-bound Activity im Streit in
gewohnter Weise als [*kriegste wieder deinen ↑KOLLer*]. Diese sich wiederholende
Kategorisierung des Mannes empfindet Frau Bauer wiederum als [*ganz ToTAL AB-
wertend!*], eine Deutung, die ihr von der Therapeutin bestätigt wird. Anschließend
stellt Frau Bauer eine weitere Körperreaktion dar, die aufsteigende [*kälte*], mit der
jeder Widerstand verschwunden ist. Hier wird auch die enge Verknüpfung von
Wahrnehmung, Erleben und Denken in Zusammenhang mit einer körperlichen
Reaktion sichtbar.

5.14. Transkript (B1, Zeile 321-336)

Ausnahmesituation: Kategorisierung der Therapeutin:

1	T:	ich betON denn ich glaub auch, [sie sollten es ERNst nehmen
2	P:	[hm
3	T:	in was fürner AUSnahmesituation sie dort gewesen sind.
4	P:	hmm
5	T:	wie werden da SICHerlich nochmal drauf kommen,
6		aber dass SIE spÜ:ren, wie ernst es war
7		und dass sie auch an der reaktionen ihrer mitmenschen merken,
8		wie ERNst das war
9	P:	hmm
10	T:	jetzt grade find=ich, es ist ganz wichtig, das wahrzunehmen
11	P:	hmhm
12	T:	nicht abzutun, also=s (.)
13		war halt auch ne schwierige situation= [sondern ä sie
14	P:	[hm
15	T:	sie haben da sone grEnze erreicht, die wirklich (.)
16		äm ernstzunEhmen ist.
17	P:	ja

Die Therapeutin betont ausdrücklich, dass sie die zuvor von der Patientin beschriebene Situation des geplanten Suizids als Ausnahmesituation kategorisiert und gibt als „Account" dazu an, dass sie es deshalb tut, weil sie möchte, dass Frau Bauer es ernst nimmt. Dabei beginnt sie mit der Formulierung [es ERNst nehmen in was fürner AUSnahmesituation sie dort gewesen sind]. Dann kündigt sie vorausschauend an, sie werde bestimmt noch mal darauf zurückkommen, dennoch aber soll Frau Bauer selbst jetzt schon [spÜ:ren, wie ernst es war]. Damit paraphrasiert sie ihre erste Äußerung vom aktuellen [ERNst nehmen] auf die Vergangenheit [wie ernst es war]. Dann kehrt sie in die Gegenwart zurück, denn Frau Bauer soll an der Reaktion der Mitmenschen aktuell merken [wie ERNst das war]. Zuerst sprach sie von [spÜ:ren], dann von [merken] und schließlich davon, [das wahrzunehmen]. Damit hat sie zweimal eine Dreierliste benutzt, einmal zur Bezeichnung des Ernstes der Lage und zum anderen, um die Wahrnehmung dafür zu steigern. Wie Jefferson gezeigt hat, orientieren sich Sprecher bei der Listenbildung an einer dreiteiligen Struktur. Eine komplette Liste konstruiert einen Turn und der Hörer kann deshalb die dritte Komponente als Turn-Ende hören. Eine unvollständige Liste aus nur zwei Komponenten kann als schwach oder unzureichend empfunden werden (Jefferson 1990: 63). Hier hört die Therapeutin nach dem dreimaligen Hinweis aber nicht auf, sondern formuliert eine Litotes [nicht abzutun] und geht damit über die Dreierliste hinaus. Dann beginnt sie mit einer Umkategorisierung der [AUSnahmesituation] in [schwierige situation=] und formuliert einen Gegensatz zum abtun [sondern]. Nun wird die schwierige Situation auf [sone grEnze er-

reicht] spezifiziert, die jetzt zum vierten Mal und damit in der dritten Reformulierung nun [*wirklich (.) äm ernstzunEhmen ist*]. Damit greift sie die erste Formulierung wieder auf und rahmt die Situation als eine begrenzte, die dennoch grenzwertig und zugleich grenzüberschreitend war und deshalb in ihrer Bedeutung nicht zu unterschätzen ist. Sie inszeniert damit zugleich den grenzüberschreitenden Inhalt ihrer Aussage, betont durch mehrfachen Zeitwechsel und eng gedrängte Paraphrasierungen ihren Hinweis als [*ganz wichtig*]. Dabei setzt sie viermal das Wort [*ERNst*] ein, so dass letztlich auch die Patientin verstanden hat und das mit [*ja*] bestätigt.

5.15. Transkript (B1, Zeile 1097-1103)
Die ganz große Katastrophe: Kategorisierung der Patientin:
1   P: oder ich halt wenn wenn (.) ne GAnz große katstrophe ist
2   dass ä (.) dass ich fang WIrklich an zu zittern
3   und habe das nicht mehr unter kontrolle
4   T: okay
5   P: ne
6   T: wenn solche katastrophen sind,
7   dann melden sie sich aber bei uns
8   P: <<hauchend> ja>. [ja

Zum Ende des Gespräches hat die Patientin den Ernst der Situation begriffen und auch die Dimension, die sie für sie hat, denn nun kategorisiert sie diese als [*ne GAnz große katstrophe*]. Obwohl die Auslösesituation für den Suizidplan eine Ausnahme war, kennt sie offensichtlich die Wirkung solcher Katastrophen, die sie in der kategorischen wenn-dann Formulierung vorbringt und damit in einen Zusammenhang von eintretender Katastrophe und ihrer körperlichen Reaktion als Kontrollverlust beschreibt [*ich fang WIrklich an zu zittern und habe das nicht mehr unter kontrolle*]. Diesen Zusammenhang in der Formulierung akzeptiert die Therapeutin und nimmt die Patientin ebenfalls ernst, denn sie sichert sich vor möglichen Suizidversuchen auf der Station ab indem sie die Kategorisierung der Patientin aufgreift und fragt [*wenn solche katastrophen sind, dann melden sie sich aber bei uns*], was Frau Bauer bestätigt.

5.16. Transkript (B2 , Zeile 105-110)
Das Böse: der geplante Suizid etc.. Kategorisierung der Patientin:
1   T: ich wollte grad sagen was (.) ä:: wofür stEht diese wolke.
2   P: mm die steht dafür (.)
3   dass ich das (.) böse nicht nochmal alles miterleben mÖchte,
4   was ich in letzter zeit erlebt hab. bis zum äm
5   ich ging ja soweit bis zum geplanten (.) suizid (.)
6   und auch ä der weg (.)

7   den hatt= ich mir ja ganz klar vorgezeichnet.
8   das möchte ich auf KEInen fall mal mehr erleben,

In der Diskussion über ein Bild mit Wolke kategorisiert Frau Bauer die Wolke als Symbol für das Böse, die Krise, die sie erlebt hat, denn die führte als Category-bound Activity den [*geplanten (.) suizid*] mit sich. Es ist also nicht nur der Ehestreit gemeint, sondern auch, dass sie sich den Suizid als Weg schon fest vorgestellt hatte [*der weg (.)den hatt= ich mir ja ganz klar vorgezeichnet*]. Hier beinhaltet [*das (.) böse*] die ganze Krisensituation, sowohl die vorbereitenden Streitereien mit den Beleidigungen, als auch die Ausnahmesituation des einen Streites mit der Folge des Suizidplans.

5.17. Transkript (B3, Zeile 794-807)
Sünde: Die höchste Steigerung der Krisenkategorien von Frau Bauer:
1   T: was steckt denn eigentlich in dem satz,
2   das hätte ich ich dir nicht erwArtet?
3   P: hm (3)
4   P: vielleicht n bisschen kummer? oder dieses (.)
5   nee kummer würd ich nicht sagen, äm (.)
6   doch wieder ganz schnell (.)
7   jetzt dieser versuch einfach ausm wEg zu scheiden
8   T: ja [ja <<f> mir ist das natürlich weil sies ja auch als sünde
9   P: [und
10   T: betrach [ten, ä:m ganz
11   P: [((lacht))
12   T: klar äm (.) also (.) nein. für sie ist
13   sie haben ja mal gesacht,
14   sie betrachten es als sÜnde und von daher
15   P: ja

In der Diskussion über eine Reaktion des Ehemannes überlegt Frau Bauer, ob diese Reaktion sich auf ihren Suizidplan bezieht, den sie hier als [*versuch einfach ausm wEg zu scheiden*] bezeichnet. Doch die Therapeutin will auf etwas Anderes hinaus, das ihr [*ganz klar*] ist und wofür sie als „Account" angibt [*weil sies ja auch als sünde betrach[ten*]. Auf das Lachen der Patientin hin formuliert sie ihre Äußerung schnell um in [*sie haben ja mal gesacht, sie betrachten es als sÜnde*]. Damit bezieht sie sich auf eine frühere Kategorisierung der Patientin, in der sie ihren Suizidversuch als Sünde bezeichnet hat und die keine Steigerung mehr zulässt, denn die Patientin ist sehr gläubig und der Kontakt zu Gott ist für sie so wichtig, dass sie professionelle Hilfe in Anspruch nimmt, um ihn wieder herzustellen. Worauf sie ursprünglich hinaus wollte, wird hier nicht mehr spezifiziert.

5.6 Beobachtung des Switches in der Erfahrungserzählung

Wie schon in Kapitel 2 und 4 dargestellt, taucht in den Gesprächen häufig ein Erzählschema auf, welches in Erfahrungserzählungen mit einem Umdenken oder Lernen
einhergeht. Da das Gedankenzitat mit wörtlicher Rede manchmal so wirkt, als würde ein Fremdgedanke beschrieben, beinhaltet es einen Positionswechsel (Switch). Im
Folgenden werden einige dieser Darstellungen wiedergegeben.

5.18. Transkript (B1, Zeile 197-216). Verrückung eines Deutungsmusters oder Dar-
stellung suizidaler Kognitionen als fremdes Agens im Kopf.

1	P:	ja:, ich sach ist das dein voller ernst
2		ja wenn du willst, dann spring doch ausm
3		fEnster! .h und da war auf einmal irgendwo
4		son schnITT (.) ich habe gAr nichts mehr
5		gesagt, mein mann war stinksauer und
6		umgekEHRt, ich bin nach hause gefahren und
7		er hat, als wenn nichts ist hat sich aufs sofa
8		gesetzt seine zeitung genommen und (.) mir war
9		wIRklich, es wurd immer KÄLter bis zu den
10		zehenspitzen. ich hab denn nur meine JACke
11		genommen, meine tasche, bin wortlos
12		rausgegangen, was ich (.) ich glaub das hab
13		ich in unsrer LAngjährigen ehe erst zwei-dreimal
14		erst gemacht,
15	T:	hm↑hm
16	P:	und **da war der gedANke im kopf**, der war GANz klar,
17		der achso (.) jetzt setzte dich inn bUs, ich hatte
18		sowieso die fahrkarte mit, fährst bis zum X-platz,
19		gehst in den TUNNel, und wenn du dann an dem glEIs
20		stehst (.) **du** MUSST SOFORT gehn, GAR nicht lange
21		überlegen, **du** siehst die BAHN und du musst springen.
22	T:	so: konkret geplant?
23	P:	hmm.
24	T:	also in dEm moment, wo es so kalt war ihnen.
25	P:	ja
26	T:	hmhm

Die Patientin erzählt von der Situation zu Hause mit ihrem Ehemann, wobei sie
durch die wechselnde Intonation in Zeile 2 bis 3 die Worte ihres Ehemannes inszeniert, der ihr sagte [*dann spring doch ausm fEnster!*], was bei ihr einen [*schnITT*]
auslöste. Beide waren [*stinksauer*]. Das im Anschluss folgende Verhalten beider – sie

sagte nichts mehr und fuhr nach Hause, er setzte sich auf das Sofa und las Zeitung – verstärkte die empfundene Gefühlskälte [*bis zu den zehenspitzen*]. Daraufhin nahm sie ihre Sachen und verlies das Haus. Dieses Verhalten beschreibt sie als selten und damit außergewöhnlich, denn ihrer Erzählung nach hat sie es in ihrer [*LAngjährigen ehe*] nur zwei-dreimal getan.

Diese Aussage nimmt die Therapeutin mit [*hmm*] zu Kenntnis. Ohne genau zu sagen was sie verstanden hat, kann sie damit Verständnis signalisieren, sowohl für die außergewöhnliche Gefühlslage als auch für das Verhalten. Dann bezeichnet Frau Bauer ihre Kognition als inneren und damit unsichtbaren Vorgang [*und da war der gedANke im kopf*], den sie in Zeile 17 zunächst mit dem Attribut [*ganz klar*] belegt, dann aber stoppt [*der achso (.)*] und in die Situation selbst eintaucht indem sie zitiert, was sie damals gedacht hat. Die im Präsens wiedergegebenen damaligen Gedanken während der akuten Krise werden durch den Wechsel des Personalpronomens dargestellt. Gleichzeitig wird durch die Adressierung von außen an sich selbst suggeriert, der Gedanke könne von außen an sie herangetragen worden sein [*jetzt setzte dich inn bUs*].

Die beigefügte Erläuterung aus der Gegenwart dagegen [*ich hatte sowieso die fahrkarte mit*] wird in der ICH-Form beschrieben. Durch die Klarheit ihrer Darstellung mit dem Wechsel zwischen damals und heute wird deutlich, dass inzwischen eine Distanz zu damals besteht. Die kategorische Formulierung „wenn-dann" wird in das Gedankenzitat eingebaut, wodurch die Aussage einen natürlich zwingenden Charakter erhält. Der Handlungsplan oder die Zukunftsvision in den Äußerungen [*gehst in den TUNNel*] mit der Aufforderung [*du musst sofort gehen*] und [*gar nicht lange überlegen*] erhalten zusätzlich durch das Modalverb [*musst*] und der Zeitangabe [*sofort*] sowie durch die Listenbildung aufeinander folgender Handlungen etwas Zwingendes, Dringliches und wirken beschwörend [*du siehst die BAHN und du musst springen*]. Dreiteilige Listen führen dazu, dass der Hörer den dritten Teil als Zeichen für die bevorstehende Beendigung des Sprechturns hören kann (Jefferson 1990). Diese Funktion wird hier auch auf die Beendigung der Handlungsfolge übertragen, die durch das [*springen*] etwas unausweichlich Endgültiges bekommt.

Kategorische Formulierungen wie „wer-der" oder „wenn-dann" verknüpfen zwei Teile eines Handlungs-Paares miteinander (Ayaß 1999) und sind deshalb den „adjacency pairs" wie Gruß-Gegengruß, Frage-Antwort etc. ähnlich, allerdings ohne Sprecherwechsel. Wird der erste Teil eines solchen Paares formuliert, so führt dies zur normativen Erwartung der „quasi natürlich" dazugehörigen zweiten Handlung. In Zeile 19 äußert die Patientin [*und wenn du dann an dem glEIs stehst*] und löst damit beim Zuhörer die Erwartung aus, als nächstes käme die folgerichtig dazugehörige Handlung. Würde die Akteurin mit der Bahn fahren wollen, so bestünde in logischer Konsequenz die zweite Handlung im Einsteigen in die Bahn. Diese Handlung war aber nicht von ihr vorgesehen. Sie unterbricht sich nun und führt zunächst die Bedingungen des Gehens in den Tunnel aus [*du musst sofort gehen, gar nicht lange überlegen*] und kehrt dann zum fiktiven Stehen am Gleis zurück wo sie die Bahn sehen kann. An dieser Stelle setzt der zweite Teil der durch die „wenn-dann"-Formulierung verknüpften Handlungen ein [*und du musst springen*]. Durch die Unterbrechung und den Einschub der Bedingungen des Gehens in den Tunnel unterbricht sie die dem logischen Menschenverstand folgende Erwartung des „in die Bahn Einsteigens" und löst damit die quasi „natürliche" Verbindung dieser Verknüpfung auf. Durch die anschließende Ausführung der aktuellen Bedingungen des in den Tunnel Gehens in Folge des zugespitzten Ehestreites [*du musst sofort gehen, gar nicht lange überlegen*] verbindet sie nun die Bedingungen des Ehestreites mit dem zweiten Teil des Handlungspaares. Unter diesen Bedingungen und in dieser Gefühlslage konnte die eigentlich nicht dem logischen Menschenverstand folgende, nun bezeichnete zweite Handlung [*und du musst springen*] von ihr als logisch und dazugehörig empfunden werden. Gleichzeitig mit der Auflösung und Umdeutung der „wenndann"-Folge wird durch die gedrängte Form des Sprechens und Auflistung von sich folgenden Handlungen eine Steigerung produziert und eine fast zwingende Dringlichkeit hergestellt. Kategorische Formulierungen haben zudem eine zusammenfassende „kondensierende und die Sequenz abschließende Qualität" (Ayaß 1999: 110).

Diese bedrängende Darstellung wird von der Therapeutin mit der Frage [*so: konkret geplant?*] beantwortet, mit der sie zeigt, dass sie die Dringlichkeit erfasst hat und zugleich ihr Erstaunen über die Konkretheit, die der Vorsätzlichkeit der geplanten Handlung Ausdruck verleiht. Die Patientin kommentiert dies nur mit einem [*hmm*], woraufhin die Therapeutin eine Rückverbindung zu dem anfangs berichteten Kältegefühl herstellt [*also in dEm moment, wo es so kalt war ihnen*]. Die Patientin bestätigt nun diese Verknüpfung von Kältegefühl und konkreten Suizidgedanken mit einem [*ja*], was die Therapeutin wiederum mit [*hmhm*] zur Kenntnis nimmt. Auch hier wird die enge Verknüpfung zwischen Wahrnehmung, Denken und körperlicher Reaktion sichtbar.

Die in dem Grundmuster der Erfahrungserzählung enthaltene Anschlusshandlung des ausgeführten Suizides wurde von der Patientin nicht ganz bis zum Abschluss durchgeführt, allerdings begonnen. Sie war schon auf dem Weg, doch kurz bevor sie in den Tunnel ging erinnerte sie sich an einen „Pakt", den sie mit ihrem Arzt geschlossen hatte. Darin hat sie zugesagt auf jeden Fall in die Praxis zu kommen, wenn es ihr schlecht geht. Die Erinnerung an diesen Pakt hielt sie davon ab ihren Plan zu Ende zu bringen, sie besann sich und ging in die Praxis anstatt in den Tunnel.

Hier hat – rekonstruktiv dargestellt – die Veränderung eines üblichen Deutungsmusters durch die Auflösung von normativen wenn-dann-Beziehungen mit einer anschließenden Neuverknüpfung und Neubewertung der Situationsbedingungen und Gefühle stattgefunden. Die normale Funktion der Bahn als Transportmittel wird umfunktioniert zum Einsatz der Bahn als Tötungswerkzeug. Der Beschreibung nach findet also tatsächlich situativ eine „Ver-rückung" und eine Neu-Zusammensetzung von erwarteten Handlungsverknüpfungen statt.

5.19. Transkript (B2, Zeile 116-126).
Wiederauftauchende Suizidgedanken.

1	P:	und wenn ers draussen NICHt schafft,
2		dann wäre das für ihn ENDgültig der tod,
3		also dann wollte er auch nicht weiterlEben.
4	T:	hmhm
5	P:	und das hat mich eigentlich (.)
6		n bisschen m INNen AUFgerüttelt.
7	T:	hmhm.
8	P:	und son gANz kleinens bisschen kam wieder (.)
9		ja.ist doch klAR. wenn es überhAUPt nicht geht,
10		dann au **dann tust du**=
11		=und= das hat mich EIgentlich erschrOCKen.
12	T:	ja
13	P:	weil ich ja ich WILLs ja nicht.
14	T:	ja=a

Frau Bauer erzählt aus der Kunsttherapie von einem Mitpatienten, der, wenn er es draußen, außerhalb der Psychiatrie nicht schafft, letztlich den Tod als Lösung für sich in Betracht zieht. Diese negative Situationsbeschreibung oder Aussage hat sie [*INNen AUFgerüttelt*], denn – so ihre Kognition als „Account", [*son gANz kleinens bisschen kam wieder*]. Nicht sie hat gedacht, sondern es kam wieder und was da einfach so kam, gibt sie in quasi wörtlicher Rede als Gedankenzitat wieder [*ja. ist doch klAR. wenn es überhAUPt nicht geht, dann au dann tust du=*]. Der Gedanke [*dann tust du=*] bezieht sich auf ihre Aussage über [*das (.) böse*], das sie nicht noch mal erleben möchte [*ich ging ja soweit bis zum geplanten (.) suizid*]. Bei der Aussage zum Suizidplan positionierte sie sich als aktiv, nun ist es ein Gedanke, der kommt und sie ist dabei passiv. Dass dieser Gedanke aufkommt, hat sie erschrocken [*das hat mich EIgentlich erschrOCKen*], was die Therapeutin offensichtlich nachvollziehen kann. Trotzdem gibt Frau Bauer noch eine Erklärung für ihren Schreck [*weil ich ja ich WILLs ja nicht*], mit dem sie betont, dass sie eigentlich nicht will und der Gedanke unabhängig davon aufgekommen ist. Dass sie keine Kontrolle darüber hat kann sie einerseits von Schuld entlasten, andererseits ist sie aber auch in gewissem Sinne ausgeliefert und muss sich der Gedanken erwehren.

5.20. Transkript (B3, Zeile 438-459)
Kognitive Strategie in aktueller Realisierung

1	P:	und darum hab ich das auch NIcht (.) GEstern gemacht.
2		ich hätte=ä (.) ich hätte möglichkeiten gehAbt,
3		weil ja (.) plötzlich so viel MEnschen da warn,
4		ich hätte mich mit dem telefon ja zurÜckziehn können.
5		aber (.) ich wollte gAr nich. (1)

6   P: ich habe in DEm moment gedacht (.) **SO! das machst**
7   **DU (.) du schlÄfst eine nacht darüber (.) wie deine**
8   **entscheidung (.) auch au wie immer die auch ausfällt,**
9   eine nacht darüber schlAfen, in ruhe nochmal alles
10   durchzugehn,°h mit IHNen auch äm (.) zu besprEchen,
11   T: hm↑hm
12   P: und hier ä (.) mm <<all> kAnn mir nichts passiern.>
13   also ich (.) nehme auch NIcht an, ich glAube auch
14   nicht von mir, dass ich nochmal irgendwie °h solche
15   attAcken bekomme. so schwer (1) das gespräch auch (.)
16   ausgehn würde oder so schlEcht es ausgehn würde. (2)
17   T: ich denke sie haben sich SEhr gut vorbereitet,
18   P: hmm
19   T: und ich (.) denke sie könnn auch sehr zufrieden
20   sein, wie sie das gestern gelÖst haben,
21   P: hmhm
22   T: oder? (1)

Frau Bauer will sich auf ein schwieriges Gespräch mit ihrer erwachsenen Tochter vorbereiten. Diese hat sie am Vortag trotz eines vorherigen heftigen Streites angerufen und ihr zum Ehrentag gratuliert. Es war Besuch im Haus und sie hat es vermieden, den Streit mit ihr zu klären. Nun möchte die Patientin an diesem Abend mit ihr über die Streitsituation sprechen, ihre Position erklären und sich zugleich von der Tochter distanzieren, da sie Zeit für sich selbst braucht.

In Zeile 1 bezieht sich die Patientin zunächst mit [*darum*] darauf, dass sie zuerst mit der Therapeutin sprechen will und die Klärung des Streites am Vortag verschoben hat. Wie sie weiter oben ausgeführt hat, ist der Streit mit ihrer Tochter für sie eine äußerst schwierige Situation. Sie möchte sich von ihr distanzieren, ohne sie zu beleidigen. Obwohl sie Möglichkeiten gehabt hätte die Sache anzusprechen, wollte sie es nicht, ohne sich darauf vorzubereiten. Nach der Darstellung der Situation folgt in Zeile 6 die Bezeichnung der Kognition [*ich habe in DEm moment gedacht*], die Entscheidung und Plan werden in quasi wörtlicher Rede zitiert [*SO! das machst DU (.) du schlÄfst eine nacht darüber (.) wie deine entscheidung (.) auch au wie immer die auch ausfällt, eine nacht darüber schlAfen, in ruhe noch mal alles durchgehen*]. Der Switch beinhaltet die Darstellung eines kognitiven Planes, ein Vorhaben, welches sie sich am Vortag überlegt hat. Dabei positioniert sie sich selbst als Denkende. Anstatt sofort eine Anschlusshandlung zu vollziehen und mit der Tochter das heikle Thema zu besprechen, baut sie eine Zeitverzögerung zur Reflexion ein. Sie will ihre noch nicht ganz sichere Entscheidung überschlafen, in Ruhe noch mal alles überdenken und mit ihrer Therapeutin darüber sprechen [*°h mit IHNen auch äm (.) zu besprEchen*], was sie hier im Moment auch tut. Sie hat ihren Handlungsplan also durchgeführt, bzw.

befindet sich gerade im Vollzug der Durchführung, was die Reflexivität der Situation verdeutlicht. Dies nimmt die Therapeutin mit einem durch aufsteigende Intonation auffallenden [*hm↑hm*] scheinbar wohlwollend-bestätigend zur Kenntnis.

In dieser Rückbezüglichkeit zwischen Plan, Durchführung und aktueller Handlung wird der Kontext der Therapie ganz konkret, denn sie spricht mit der Therapeutin über den Plan. In Zeile 12 führt die Patientin dann ein weiteres Motiv führ ihr Zögern an [*und hier ä (.) mm <<all> kAnn mir nichts passiern.>*] wodurch auch die Klinik als eine Art Sicherheitszone indexikal einbezogen wird. Obwohl sie nicht glaubt, dass sie noch mal solche Attacken bekommt, gibt ihr die Klinik eine Art Rückendeckung für die schwierige Aufgabe. Das nachgeschobene [*so schwer*] scheint sich auf die Schwere der Attacken zu beziehen, doch wechselt sie nach einer Sprechpause mit [*das gespräch auch (.) ausgehen würde*] den Fokus auf das schwere ihr bevorstehende Gespräch und reformuliert in [*oder so schlEcht es ausgehen würde.*]. Unabhängig davon, wie schlimm das Gespräch für sie ausfallen wird, glaubt sie nicht, dass sie noch einmal so eine schwere Attacke bekommen wird. Ob mit [*attAcken*] hier eine weitere Kategorie des Suizidplanes eingeführt wird oder ob sie sich damit auf die emotionale Situation beim Streit mit der Tochter bezieht, bleibt etwas unklar.

Da sie nicht weiterspricht [*(2)*] ergreift die Therapeutin das Wort und bewertet Frau Bauers Verhaltensplan und ihr Vorgehen als sehr gut [*ich denke sie haben sich SEHr gut vorbereitet*], worauf Frau Bauer kaum reagiert. Die Therapeutin gibt ihr weiteren Rückhalt indem sie fortfährt [*und ich (.) denke sie könnn auch sehr zufrieden sein, wie sie das gestern gelÖst haben*], was Frau Bauer aber offensichtlich noch nicht ganz überzeugt, da sie es wiederum nur unspezifisch mit [*hmhm*] kommentiert. Wie um sie aus der Reserve zu locken hängt die Therapeutin eine Frage [*oder?*] an. Solche angehängten Fragen (tag-question) dienen dazu, den Turn abzugeben, wenn zuvor im Redezug nicht ausreichend deutlich gemacht wurde, dass ein Sprecherwechsel erfolgen soll (Sacks, Schegloff, Jefferson 1974. 718). Mit der angehängten Frage relativiert sie ihre Frage wieder und fordert damit eine Antwort ein.

5.21. Transkript (B3, Zeile 518-540). Verändertes Verhalten zu Hause.

1　P:　ä ja, bin dann schon wieder so is äm (.)
2　　　ich und der PC, PC und ich (.) äm (.)
3　　　so auf dem kriegsfuss stehn wir,
4　　　ich hab sone spannung in mir gemerkt, hab gedacht (.)
5　　　**zeich das jetzt blOSS nicht deinem mann!** (-)
6　　　ja und dann musst=ich dOch was frAgen.
7　　　und dann hab ich ne ganz ganz blö:de ANtwort bekommen von ihm,
8　　　na und dann (.) eskalierte das son bisschen, ne.
9　　　weil er gesacht hat, da bist du anscheinend doch zu blÖd dazu.
10　T:　hehm↓hm
11　P:　ja. (2)

12	P:	aber dann (.) das war dIEsmal nicht nur dass es wEhgetan hat
13		ich hab diesmal auch wirklich ZOrn (.) gespürt [und
14	T:	[hmhm hmhm
15	P:	hab ä (.) sOnst wäre meine reaktion so gewesen,
16		dass ich das (.) den PC AUsgeschaltet hätte und hätte (.) mir
17		mich in die ja beleidigte phase zurückgezogen.
18		aber so hab ich gedacht (.) SO! jetzt grAde (.) nicht.
19		dieses nachgeguckt, jenes nachgeguckt, mm das heißt,
20		und da war mir das einfach zu DUMM, und dann hab=ich (.)
21		ich hab mir einige information natÜrlich geholt ausm PC
22		und dann hab ich nämlich ganz eiskalt,
23		klingt jetzt blöd eiskalt nein (.)
24		°h also ganz konsequent die nummer ANgerufen,
25		der hotlein (.) von proweider-xy (.)denn ich hab gelesen
26		dass die vierundzwanzig stunden errEIchbar sInd, habe dann (...)

Frau Bauer war am Wochenende zu Hause und wollte nachsehen, ob die Kündigung ihres Internetzugangs erfolgreich war. Da ihr Mann ihr nicht geholfen hat und sie selbst mit dem PC [*auf dem kriegsfuss*] steht, fühlte sie sich gleich wieder unkompetent. Sie wollte ihrem Mann die Unsicherheit nicht zeigen und hatte dazu die Kognition, die sie als Zitat wiedergibt [*zeich das jetzt blOSS nicht deinem mann!*], hat dann aber trotz dieses Gedankens ihren Mann gefragt. Der reagierte wieder beleidigend mit [*da bist du anscheinend doch zu blÖd dazu*]. Auf diese [*blö:de ANtwort*] reagierte sich aber jetzt anders als sonst: anstatt sich beleidigt zurück zuziehen, betrachtet sie die Situation als Herausforderung und löst das Problem am PC alleine.

5.7 Die Deutungsmuster und Schemata am Ende der Therapie

Im Folgenden werden die zu Beginn beschriebenen Deutungsschemata und Deutungsmuster wieder aufgegriffen und ihre Modifizierung beschrieben.

Das Meta-Deutungsmuster: Ein gottesfürchtiges Leben führen.
Die religiöse Einstellung als Meta-Deutungsmuster beeinflusst alle anderen Deutungsmuster und Frau Bauers Zweifel, die sie in die schwarze Wolke geschrieben hatte (siehe Kap 6, Elizitierungstechniken) bezogen sich nicht auf ihren Glauben, sondern auf die Beziehung zu ihrem Mann. Das Meta-Deutungsmuster war durch den Suizidplan und den Kontaktverlust mit Gott irritiert, die stabilisierende Funktion, die der Glaube für Frau Bauer hat, bleibt aber erhalten. Sie lässt sich einen Termin beim Pastor vermitteln und damit einen theologischen Begleiter an die Seite stellen, der ihr helfen soll, neue Rituale für sich zu finden. Der gestörte Kontakt zu Gott

wird wieder aufgenommen, Frau Bauer bittet Gott um Verzeihung und bewegt sich innerhalb des christlichen Deutungsmusters, das davon ausgeht, dass Gott einem reuigen Sünder verzeiht. Verändert hat sich aber die Deutung darüber, woraus ein gottesfürchtiges Leben besteht. Da die Gespräche darüber mit dem Pastor geführt wurden und sie auch noch weiter über ihren Weg nachdenken will bleibt unklar, wie das Ergebnis aussieht.

Eine gute Ehe führen
Das oder die Deutungsmuster über eine gute Ehe bleiben innerhalb der Religiosität, wurden aber an modernere Deutungsmuster über die Stellung der Frau in Ehe und Gesellschaft angepasst, denn Frau Bauer hat ihr Verhalten verändert. Sie will alleine in Urlaub fahren, einen Kurs besuchen und geht selbstständiger mit dem Computer um. Wichtig ist dabei aber vor allem auch, dass sie es wieder wagt, mit ihrem Mann über ihre Gefühle und sogar über ihre Suizidgedanken zu sprechen.

5.22. Transkript (B3, Zeile 782-787). Tiefste Emotionen im Gespräch.

1	P:	ja das war ja wirklich,
2		das warn ja ganz ganz viel alles am letzten wOchenende ja auch,
3		ne. ich hab das dann ja auch gebEICHtet,
4	T:	das haben sie AUch mit ihm [jetzt besprOchen,
5	P:	[ja=a
6	P:	ja:
7	T:	ja=a

Am Wochenende hat Frau Bauer mit ihrem Mann über ihren damaligen Suizidplan gesprochen und darüber, dass sie es [*als sünde*] betrachtet. Der wusste bis dahin weder von den Suizidgedanken, noch dass es ihr damals so schlecht ging und weshalb sie eigentlich in Therapie ging. Infolgedessen wusste er auch nichts von ihren Schuldgefühlen darüber, eine Sünde begangen zu haben. Da sie sehr gläubig ist, sind diese Gefühle bei ihr sehr tief und es ist von großer Bedeutung für sie, wenn sie diese mit ihrem Mann teilen kann. Sie zeigt ihm damit ihr Vertrauen, denn vor dem Klinikaufenthalt hat er sie oft verletzt und sie ist an dieser Stelle besonders verwundbar. Die frühere schambesetzte Aussage über ihre moralische Verfehlung [*ich habe mich geschÄmt im sinne wir bloss (zusammen weil wir kinder) haben*], die sie später trotz Scheidungswunsch durch den selbstauferlegten Ehrenkodex und das viele Herunterschlucken gesühnt hat, wird nun quasi neu formuliert. Das gemeinsame Kind ist erwachsen, sie ist noch immer mit ihrem Mann zusammen, vertraut ihm wieder und sieht, wie er sich um sie bemüht. Er hat sich geändert und sie hat [*jetzt auch wieder hoffnung*] mit ihm [*in harmonie alt werden*] zu können. Sie hat ihre Ehe wieder auf eine ehrliche und offene Ausgangsbasis gestellt und damit die Voraussetzung für eine gute Ehe geschaffen, in der auch tiefe Gefühle Platz haben.

Eine gute Ehefrau sein

5.23. Transkript (B3, Zeile 421-428). Frau Bauer nimmt sich Zeit für sich.
1   P: denn ich brauche wIrklich zeit.
2   T: hm↑hm.
3   P: um mal ä (.) auch (.) einn objektiven und klaren (.)gedAnken
4   oder weg übern weiteren weg zu finden und zu sehen. (1)
5   P: ich muss jetzt erst ganz ganz dringend (.)
6   für mIch noch was erlEdigen.
7   T: °h u [nd
8   P: [und darum bin ich auch froh,
9   dass=ich in die tAgesklinik gehe.

Zu Beginn der Therapie hat Frau Bauer erzählt, ihr Mann würde sehr schnell ärgerlich wenn sie Zeit für sich haben wollte und es gab schon Streit, wenn sie nur einen Tag für sich, bzw. für den Haushalt einforderte. Als es um den stationären Klinikaufenthalt ging hatte ihr Mann vorgeschlagen, sie könne doch in die Tagesklinik gehen und bis zu dem Zeitpunkt wäre sie seinem Wunsch auch aus Mitleid gefolgt, denn dann wäre er abends nicht so allein geblieben. Insofern war der stationäre Klinikaufenthalt schon ein erstes Aufbegehren gegen seine Vereinnahmung. Jetzt gesteht sie sich mehr Zeit zu [*denn ich brauche wIrklich zeit*], die sie zum einen in der Abgrenzung ihrer Tochter gegenüber vertritt und zum anderen mit einer anschließenden tagesklinischen Behandlung auch ihrem Mann gegenüber durchsetzt. Es ist für sie das erste Mal, dass sie ihre eignen Belange so in den Vordergrund stellt, doch sieht sie da jetzt Dringlichkeit geboten [*ich muss jetzt erst ganz ganz dringend (.) für mIch noch was erlEdigen*]. Sie möchte [*einn objektiven und klaren (.) gedAnken*] fassen können und über den weiteren Weg nachdenken. Mit dieser Aussage zeigt sie, dass ihre Umstellungsphase noch nicht beendet ist.

Da ihr Ehemann ihr inzwischen wieder zeigt, dass er sie liebt, sich mit seinen Beleidigungen zurückhält, ihr im Haushalt behilflich ist und sie wieder Hoffnung auf ein gemeinsames Altwerden in Harmonie hat, ist das Deutungsmuster zur guten Ehe modifiziert. Sie kann eine gute Ehefrau sein, auch wenn sie sich Zeit für sich nimmt (was der Mann akzeptiert und diese Deutung damit für ihre Ehe ratifiziert) und sie kann auch eine gute Mutter sein, wenn sie sich mal Raum für sich nimmt, denn sie grenzt sich gegen Vorwürfe ab:

Eine gute Mutter sein

Mit dem Vorwurf, sie sei eine schlechte Mutter, hat Frau Bauer sich auseinandergesetzt.

5.24. Transkript (B3, Zeile 263-270). Selbstevaluation: Genug getan.
1   P: und dann (.) äm (.) das war für mich s=so ein ABwägen.

2		und dann hab ich für MIch (.) entschlossen,
3		mich SO zu sehen, dass ich doch GENUG getan habe,
4	T:	ja
5	P:	und nicht diese schrEckliche MUTTer bin, die ich eigentlich
6		(.) n bisschen lauter auch sage (.) sein soll.
7	T:	j:a. die (.) die ihnen ihr schwIEgersohn [vorgeworfen hat.
8	P:	[mhmhm

Frau Bauer ist nach längeren Überlegungen zu der Ansicht gekommen, sie sei nicht eine so schreckliche Mutter gewesen, wie ihr der Schwiegersohn in einem Streit vorgeworfen hat. Sie ist sich sicher, dass sie das, was sie tun konnte, auch getan hat. Mit dieser Äußerung zeigt sie ihre zurückgewonnene persönliche Stärke, sich trotz tiefer Betroffenheit von beleidigenden Vorwürfen zu distanzieren. Sie hat in Ruhe abgewogen und ist dann zu dem Schluss gekommen, dass die Vorwürfe nicht gerechtfertigt sind [*dann hab ich für MIch (.) entschlossen, mich SO zu sehen, dass ich doch GENUG getan habe*]. Damit positioniert sie sich als jemand, der ein Recht auf ein eigenes Leben und eigene Bedürfnisse hat. Da sie ihrer Tochter zugesagt hat, wieder Kontakt mit ihr aufzunehmen sobald sie sich stark genug fühlt, hat sie deutlich gemacht, dass es nicht ganz allgemein um Ablehnung geht, sondern nur um etwas Zeit für sich zum Nachdenken über ihr Leben. Das Deutungsmuster, immer und jederzeit selbstlos für Mann und Kind zur Verfügung stehen und sich aufopfern zu müssen, scheint sich damit ebenfalls geändert zu haben. Wie unter Kapitel 2.3. „Erzählen als Ethno-Methode rekonstruktiver Wissensgenerierung" schon dargestellt, bleibt aber letztlich das Fremdbewusstsein immer intransparent, auch wenn verschiedene Indikatoren auf bestimmte Kognitionen verweisen. „Zu dem, was der Andere denkt, weiß oder beabsichtigt, gibt es (…) keinen direkten Zugang, es muss indirekt aus Manifestationen – Äußerungen und Verhalten – erschlossen werden" (Bergmann/ Quasthoff 2010:22).

Teil C

Einige Spezifika im Prozessablauf

Teil C ergänzt die Fallstudien unter Hinzuziehung weiterer Therapiegespräche mit Datenkollektionen zu verschiedenen Themen. Zunächst werden einzelne Verfahren des Umgangs mit innerpsychischen Vorgängen isoliert, dann die Erfahrungserzählung mit Switch analysiert. Im letzten Kapitel werden die therapeutischen Aufgaben, die Teilaspekte des Veränderungsprozesses und die Praktiken im Umgang mit den im Prozessverlauf auftretenden Dynamiken aufeinander bezogen.

6 Zwei spezifisch therapeutische Elizitierungsverfahren

[und in dieser DUnklen wolke
hab ich (.) ä=geschrieben (.)mm
zweifel (--) und halt ANgst vor verlEtzungen]

Im Alltagsleben gibt es verschiedene Mittel um sich über Gedanken und Gefühle klar werden zu können, die im Prinzip jedem zur Verfügung stehen. Außer Gesprächen mit nahe stehenden Personen können zum Beispiel Tagebücher, Aufzeichnungen oder Malen hilfreich sein. Solche Hilfsmittel oder Externalisierungstechniken wurden für therapeutische Zwecke kultiviert und werden gezielt therapeutisch eingesetzt. Die „Förderung von Emotionen" und „Klärung" als Ziele der Interpersonellen Psychotherapie nach Schramm sollen „auf der Ebene des Bewussten" erarbeitet werden (Schramm 2003: 122). Die Gefühlswahrnehmung ist dabei die Voraussetzung für die Klärung der Zusammenhänge zwischen Situationen, Gefühlen und Gedanken. „Emotions are done in interaction with others; they involve bodies, thought, talk and action. Feelings make embodied social selves and selves and lives are made within the social constraints of place and time" (Holmes 2010: 149). Deshalb werden Gefühle innerhalb der Therapie häufig erfragt. Manchmal erfolgen darauf klare Gefühlsbenennungen (Enttäuschung, Scham, Trauer, etc.). Einige Gefühle werden aber vor allem sehr körperlich wahrgenommen und dargestellt, wie zum Beispiel die Angst bei Frau Dörfler. Viele Patienten können ihre Gefühle gar nicht oder nur verzerrt wahrnehmen wie zum Beispiel ein Kältegefühl statt Ärger im Erleben von Frau Bauer oder sie können ihre Gefühle und Gedanken nicht an konkreten Situationen festmachen wie Frau Huber. Patienten, die Probleme damit haben ihre Gefühle wahrzunehmen oder auszudrücken, können sich in der Musik- oder Gestaltungstherapie ihren Gefühlen annähern. Die Zeichen und Symbole der Bilder werden anschließend mit dem Gestaltungs-Therapeuten besprochen und später in der Einzeltherapie weiter ausgedeutet, wobei die Symbole auch in Form von Metaphern weiterhin zur Elizitierung der Bildbedeutung dienen können.

Während im ersten Verfahren Frau Bauer versucht ihre Gefühle durch Malen und Metaphern fassbar zu machen, bemüht sich Frau Huber ihre schematisierten Gedanken anhand von Deutungsmustern und Phrasen zu erklären. Während das erste Elizitierungsverfahren über die Metapher der Wolke Wissen anhäuft bis das situativ durcheinander geratene metaphorische Konzept herausgearbeitet ist, erarbeitet das zweite Verfahren die Wissenskomponenten und benutzt sie gleichzeitig für die weitere Explikation bis die kumulierte schemabildende Kernaussage herausgeschält ist. Beide Verfahren beginnen jeweils bei der gemeinsamen Wissensbasis zwischen Therapeut und Patient, der nach und nach weitere Wissenskomponenten als Präparate der Elizitierungsarbeit zugefügt werden und die damit in den Common Ground eingehen. Sie erweitern die gemeinsame Wissensbasis und finden im weiteren Verfahren direkte Anwendung indem auf das Wissen zurückgegriffen wird. Siehe dazu auch Schröder (2012a).

Lakoff/Johnson zeigen in ihrem Buch „Metaphors We Live By" (1980), dass menschliche Denkprozesse zu einem großen Teil metaphorisch ablaufen, wobei mit dem Begriff Metapher hier metaphorische Konzepte gemeint sind (Lakoff/Johnson 1998: 14). Ihrer Darstellung nach besteht das Wesen der Metapher „darin, daß wir durch sie eine Sache oder einen Vorgang in den Begriffen einer anderen Sache bzw. eines anderen Vorgangs verstehen und erfahren können" (Lakoff/Johnson 1998: 13). Außerdem „kann eine Metapher niemals unabhängig von ihrem Ursprung in der Erfahrung verstanden oder sogar angemessen repräsentiert werden" (ebd.: 28). Lakoff/Johnson verweisen auf die Systematik, die innere Konsistenz und kulturelle Kohärenz der grundlegenden metaphorischen Konzepte, die das Denken (die Kognitionen) und das Handeln partiell strukturieren und damit das gesamte Alltagsleben durchdringen.[20] Metaphorische Konzepte wie zum Beispiel „oben ist mehr" sind kulturell geprägt und drücken einen ganzen Komplex von Erfahrungen aus, deren Sinnzusammenhang in semantischen Feldern gebündelt wird. Die so beschriebenen metaphorischen Konzepte beruhen auf kulturell vermittelten Wertvorstellungen und sind abstrakte Vorstufen, die durch persönliche Erfahrung im Handlungsvollzug zu Schemata der Erfahrung und Deutungsmustern werden. Bourdieu spricht von einem

> gemeinsamen Stamm von grundlegenden Wahrnehmungsmustern, deren primäre Objektivierungsebene in allgemein verwendbaren Gegensatzpaaren von Adjektiven vorliegt, mit denen Menschen wie Dinge der verschiedenen Bereiche der Praxis klassifiziert und qualifiziert werden" wie zum Beispiel hoch-niedrig, leicht-schwer, etc. (Bourdieu 1987: 730).

Dieses weitläufige Netz der Gegensatzpaare sind eine „Art Matrix aller *Gemeinplätze*, die sich nicht zuletzt so leicht aufdrängen, weil die gesamte soziale Ordnung auf ihrer Seite steht" (ebd.: 731, Hervorhebung im Original). Buchholz bezeichnet „die Metapher als das zentrale Sinnesorgan für unsere soziale und kognitive Welt" (Buchholz 1998: 8). Er

---

20   1993 fasst Lakoff die Natur der Metapher folgendermaßen zusammen: „Metaphor is the main mechanism through which we comprehend abstract concepts and perform abstract reasoning. Much subject matter, from the most mundane to the most abstruse scientific theories, can only be comprehended via metaphor. Metaphor is fundamentally conceptual, not linguistic, in nature. Metaphorical language is a surface manifestation of conceptual metaphor. Though much of our conceptual system is metaphorical, a significant part of it is nonmetaphorical. Metaphorical understanding is grounded in nonmetaphorical understanding. Metaphor allows us to understand a relatively abstract or inherently unstructured subject matter in terms of a more concrete, or at least more highly structured subject matter" (Lakoff 1993: 244f).

verweist darauf, dass „sich zentrale therapeutische Prozesse" in einem „mentalen Raum zwischen Logik und Phantasie" abspielen, der durch Metaphern erzeugt wird und bezeichnet metaphorische Konzepte als „die Paradigmen unseres Selbstverständnisses". Solche Paradigmen können zu „Para-Dogmen" mutieren, in denen sich zum Beispiel jemand immer nur als Versager sieht. Die therapeutische Leistung bestehe darin, solche mutierenden Paradigmen durch alternative Metaphern zu korrigieren (ebd.: 9).

Wenn metaphorische Konzepte „Paradigmen unseres Selbstverständnisses" sind, bilden sie Schemata der Erfahrung ab, die den sinnhaften Zusammenhang zwischen persönlichen Erlebnissen, Wertvorstellungen und Kognitionen umfassen. Durch die als persönlich relevant gesetzten Werte (die sich verändern können) vermittelt die kulturelle Kohärenz das persönliche Sinn-System mit sozialen Deutungsmustern, die auf gemeinsamem Wissen beruhen. Die metaphorische Sprache bildet dabei die Oberflächenmanifestation metaphorischer Konzepte. „Methaphorical language is a surface manifestation of conceptual metaphor" (Lakoff 1993: 244). Je nach Perspektive bildet metaphorische Sprache als Oberflächenmanifestation kognitiver Inhalte entweder Spuren ab, denen ein Beobachter oder Zuhörer folgen kann oder sie wirkt als Botenstoff, der im „Recipient Design" vom Subjekt formuliert wird, weil es vom Zuhörer auf eine bestimmte Weise verstanden werden möchte.

Durch die metaphorische Sprache können Metaphern mit Phrasen zu metaphorischen Phraseologismen verschmelzen, indem sie eine Verbindung mit idiomatischen, vorgeformten Ausdrücken eingehen. Phraseme gelten „als Zeichen, die das Lexikon dem Sprecher zur Verfügung stellt, der sie dann bei Bedarf reproduziert". Dabei wird die „Verwendung eines Phrasems als Reproduktion einer prinzipiell fertigen Formulierung verstanden". Es wird durch Polylexikalität, Stabilität und Idiomatizität definiert, entscheidend ist dabei die Idiomatizität. „Konversationsanalyse und Formulierungstheorie betrachten Phraseme und Texte nicht als fertige Produkte, sondern unter dem Gesichtspunkt ihrer Herstellung" (Dausendschön-Gay/Gülich/Krafft 2007a: 474). Das von Dausendschön-Gay/Gülich/Krafft (2007) beschriebene Konzept der Vorgeformtheit enthält die zwei Dimensionen der persönlichen Vorgeformtheit und der sozialen Vorgeformtheit, die in zwei Typen von Modellen unterschieden werden, den „individuellen" und denen „in Diskursgemeinschaften konventionalisierten". Sie dienen als „Ressource für anstehende Formulierungsaufgaben" und werden interaktiv hervorgebracht (Dausendschön-Gay/Gülich/Krafft 2007b: 185)

6.1 Erstes Verfahren: Von der sprachlichen Oberfläche zum metaphorischen Konzept

Das Verfahren zur Elizitierung des metaphorischen Konzeptes wird von Frau Bauer und ihrer Therapeutin vermittels Bild- und Metaphernanalyse durchgeführt, sie eruieren Frau Bauers Gefühle und deren Bedeutung für sie. Alle Transkriptausschnitte sind aus dem zweiten aufgezeichneten Gespräch. Der Bedeutungsinhalt bzw. das metaphorische Konzept hinter der Metapher der „Wolke" muss von den Beiden interaktiv hervorgebracht werden. Der jeweils gewählte sprachliche Ausdruck für die Metapher der Wolke dient als Botenstoff für den Transport kognitiver Inhalte, über die eine gemeinsame Wissensbasis, ein Common Ground hergestellt wird.

Teilabschnitte bei der Explikation des metaphorischen Konzeptes und seine Umdeutung:
1. Zweifel und Angst vor Verletzungen (unklar bleibt, worüber Zweifel bestehen)
2. Die Wertvorstellung: das Böse bis zum geplanten Suizid
3. Aktuelle Suizidgedanken, Todeswunsch
4. Gefühle: belastend, erdrückend, bedrohlich, momentan wenig beeinflussbar
5. Situative Einflüsse: aktueller Suizid und Suizidalität im sozialen Umfeld
6. Zweifel, den Suizidgedanken etwas entgegen setzen zu können. (Keine Zweifel an Gott und dem Zweifel an der Ehe steht schon wieder Hoffnung gegenüber)
7. Therapeutische Anwendung der Wolkenmetapher durch Elizitierung lebensbejahender Wünsche und Träume, die auf die Wolke übertragen werden.

6.1. Transkript (B2, Zeile 31 -41)
Einführung der Wolkenmetapher durch die Patientin
1   P: ich habe (.) wieder angefangen zu lAchen,
2   T: hmhm
3   P: hOffnung bekOmmen (.) fühl mich beschützt. und dann hab ich
4   dazu noch einen kamInofen gemalt mit dem warmen FEUer (-) was
5   mich dann aber n bisschen erschrOcken hat, ä=dieses (.)
6   AUßerhalb. da war dann die **graue REgenwolke (-) mit diesen**
7   **ganz vielen regentrOpfen,** (2.0) und ganz rechts in der
8   ecke doch son bisschen (.) am zaun blÜhende blumen, (-)
9   und in dieser **DUnklen wolke** hab ich (.)ä=geschrieben (.)mm
10   zweifel (--) und halt ANgst vor verlEtzungen.
11 T: <<p> aja>

Frau Bauer ist mit der Bildbeschreibung befasst, anhand derer sie ihre Gefühle beschreibt. Die Zeichnung enthält ein Innen und ein Außen, wobei „das Innen" die Psychiatrie mitsamt der Gruppe der Mitpatienten zeigt, Außen dagegen meint außerhalb der Psychiatrie. Innen fühlt sie sich wohl und was das heißt führt sie anschließend in einer Dreierliste aus. Die spezifischen Bedeutungen, die die verschiedenen gemalten Symbole für sie haben, werden später im Gespräch expliziert. Erschrocken hat sie sich über das [außerhalb], das bis auf ein paar blühende Blumen am Zaunrand ganz durch [die graue Regenwolke (-) mit diesen ganz vielen regentrOpfen] beherrscht wird. Diese zunächst neutral als [graue REgenwolke] bezeichnete symbolische Gefühlsdarstellung wird dann von ihr reformuliert und in eine konnotativ aufgeladenen Phrase umgewandelt indem sie die Metapher der [*DUnklen wolke*] einführt, in die sie sich ihre Bedeutung geschrieben hat [*zweifel(--) und halt ANgst vor verlEtzungen*]. Diese tiefen Gefühle werden von nun an immer in ihre Erinnerung gerufen, wenn von dem metaphorischen Phraseologismus der „dunklen Wolke" die Rede ist, während die neutrale Darstellung über die Metapher der „Wolke" gleichzeitig eine Distanzierung ermöglicht. Damit wird das Sprechen über den Inhalt einfacher.

Ein metaphorischer Phraseologismus besteht aus einer kulturell vermittelten Metapher in Verbindung mit einem Phrasem. Die prinzipiell fertige Formulierung beinhaltet die Aspekte der „Vorgeformtheit", was als Formulierungsressource beschrieben wird. Die dunkle Wolke ist ein metaphorischer Phraseologismus, da die Metapher schon zur Verfügung stand, bevor sie hier als Phrase benutzt wurde. Die dunkle Wolke von Frau Bauer ist das vorgeformte Modell einer Diskursgemeinschaft, allerdings einer sehr großen und unklar definierten Diskursgemeinschaft. So hängt die dunkle Wolke wie ein Damokles-Schwert über der sozialen Lebenswelt der Patientin außerhalb der Psychiatrie. Die vorher in der Regenwolke dargestellten [*ganz vielen regentrOpfen*] können eventuell als Tränen gewertet werden. Im Zusammenhang mit der [*DUnklen wolke*] und vor allem bei christlich religiöser Bindung können sie auch an Sintflut erinnern und an biblische Strafen für die Sünden der Gefallenen. In der Alltagskonnotation kann die Metapher der dunklen Wolke ‚Gefahr durch Blitzschlag' oder ‚Wut als Gefahr für andere' bedeuten, Frau Bauer hat sie mit „Zweifeln und Angst vor Verletzungen" gefüllt. Der Wechsel von der eigenen Formulierung der „Regenwolke" auf die metaphorisch aufgeladene vorgeformte Phraseologie der dunklen Wolke mit den eingeschriebenen Worten [*zweifel*] und [*angst vor verlEtzungen*] verweist auf die Relevantsetzungen der Patientin und bringen die Therapeutin dazu, eine leise Bemerkung zu machen [<<p> aja>]. Nach diesem etwas unspezifischen Kommentar fährt Frau Bauer fort und erwähnt im Gespräch, sie sei [*eigentlich sehr gläubig*], was die Assoziation an Sintflut und biblische Strafen verstärkt. Sie erlebt ihren Kontakt zu Gott momentan als gestört, betont aber, dass sie nicht an Gott zweifelt.

6.2. Transkript (B2, Zeile 97-104)
Ausgangsbasis des metaphorischen Konzeptes.

1	T:	aber draussen unter der **regenwolke** warn sie nicht;
2	P:	nein.
3	T:	hmhm
4	T:	in dieser **dunklen wolke** waren denn auch
5		diese angst vor verletzung u:nd
6		(2.0)
7	P:	ja
8	T:	hmhm
9	P:	einfach angst

Zum Einstieg und Übergang in das Thema greift die Therapeutin zunächst den neutralen Begriff der Regenwolke auf und geht danach auf die Metapher der [*dunklen
wolke*] über. Dabei greift sie die Worte der Patientin auf und folgt ihrer Wortwahl.
Auch für die erste Aufladung der Wolke zitiert sie deren Worte [angst vor verletzung
und], zögert dann aber und lässt die [*zweifel*] in der Pause [*(2.0)*] diskret wegfallen.
Dass für Frau Bauer die Religion ein wichtiges Thema ist, hatte sie schon deutlich
gemacht und da hier im Gespräch noch unklar ist, worauf sich ihre Zweifel beziehen,
ist es diskret, diese erst einmal nicht zu erwähnen. Die Patientin bestätigt mit [*ja*]
und rückt dann die [*angst*] deutlich in den Vordergrund. Durch diese Reaktion fällt
der Therapeutin die Aufgabe zu, herauszufinden woran sie zweifelt und das metaphorische Konzept, das Frau Bauers Verhalten zugrunde liegt, zu explizieren. Sie leitet
zur Analyse ohne Bild über.

6.3. Transkript (B2, Zeile 105). Übergang.
1   T: ich wollte grad sagen was (.) ä:: wofür stEht **diese wolke;**

Für den Übergang wählt die Therapeutin in ihrer anschließenden Nachfrage einen
neutraleren Begriff [*diese wolke*], und eröffnet damit der Patientin die Möglichkeit,
selbst einen Zusammenhang zu den von ihr ins Gespräch gebrachten assoziierten
dunklen Anteilen herzustellen. Als Reaktion darauf füllt Frau Bauer die Wolke mit
dem Bösen, das Angst und Zweifel bewirkt oder umgekehrt erst als Folge von Angst
und Zweifeln auftreten kann.

6.4. Transkript (B2, Zeile 106-113). Explikation der Wertvorstellung.
2   P: mm die steht dafür (.) dass ich das (.) böse nicht nochmal
3   alles miterleben mÖchte, was ich in letzter zeit erlebt hab.
4   bis zum äm (.) ich ging ja soweit bis zum geplanten (.) suizid,
5   (.) und auch ä der wEg (.)den hatt= ich mir ja gAnz klar
6   vorgezeichnet. das möchte ich auf KEInen fall mal mehr erleben,
7   was mich n bisschen (.)aufgerüttelt hat heute, warum dann
8   plötzlich äm (.) jemand ANdres aus der gruppe hatte das kreuz
9   gemalt u:nd (...)

Auf die Frage der Therapeutin produziert Frau Bauer ihre religiös geprägte Wertvorstellung und füllt die Wolke durch [*das (.) böse*], das mit [*alles*] unspezifisch ihre Beziehung zur Familie und das Verhalten von Ehemann und Kindern mit einschließen
kann, sich vor allem aber auf ihren [*geplanten (.) suizid*] bezieht.
        Dass ein Mitpatient es wagte, das Kreuz in sein Bild zu setzen, obwohl er sich
nicht ganz von seinen Suizidgedanken distanzieren kann, hat sie durcheinander gebracht und aufgewühlt. Im anschließenden Gespräch darüber wird deutlich, dass
sie durch das Wiederauftauchen ihrer eigenen suizidalen Gedanken irritiert und er-

schreckt wurde und darüber, dass der Todeswunsch ihr momentan kein schlechtes Gewissen macht [*ich möchte und schäm= mich nicht*] (Zeile 153). Das bringt die Therapeutin dazu, sich den Ursachen der Suizidgedanken anzunähern. In ihrer Reaktion berührt die Therapeutin den Kern der Zweifel [*weil's ihnen nicht so leicht fällt die von sich wegzuhalten*] (131), den sie dann mit dem Wolkenbild in Zusammenhang setzt und dabei zu den Gefühlen überleitet.

6.5. Transkript (B2, Zeile 146-147). Übergang

1	T:	ja. aber ich denke, es passt ja auch zu ihrem **dunklen**
2		**wolkenbild,**
3	P:	hmm

Für den Übergang zur Erarbeitung der Gefühle benutzt die Therapeutin wieder eine neutralere Zwischenform, die des dunklen Wolkenbildes. Mit dem [*dunklen*] verweist sie auf die noch unklaren Gefühle und das [*wolkenbild*] umfasst alle Komponenten ohne zu differenzieren.

6.6. Transkript (B2, Zeile 148-158). Explikation von Gefühlen.

4	T:	denn sone **dunkle wolke** ist mmm mm was drückt die aus, wie wie
5		wie=erlebt man **dunkle wolken?**
6	P:	<<p> ja belastend>
7	T:	hmmmm
8	P:	hmhm
9	T:	es
10	P:	manchmal erdrückend, ne
11	T:	ja (1.0) es ist überall (.) bedrOhlich
12	P:	hmm
13	T:	und äm (.) wenig äm (.) beeinflussbar
14	P:	hm (.) im momEnt

Da Frau Bauer ihre Suizidgedanken ins Spiel gebracht hat, versucht die Therapeutin nun ihre durch die [*dunkle wolke*] dargestellten Gefühle zu eruieren, die als Auslöser der Suizidalität in Frage kommen. Zunächst will sie den Zusammenhang mit den Kognitionen mit einer verallgemeinerten Aussage zur Metapher der dunklen Wolke erklären [*denn sone dunkle wolke ist mmm*]. Stattdessen unterbricht sie sich aber, gibt die Deutungshoheit über das Bild an Frau Bauer zurück und versucht sie zu einer längeren Ausführung zu bewegen, indem sie ihr eine Frage mit Frageparaphrase stellt [*mm was drückt die aus, wie wie wie=erlebt man dunkle wolken?*]. Durch die zwei Fragen eröffnet sie der Rezipientin einen breiten Spielraum für eine längere Ausführung und lenkt gleichzeitig die Aufmerksamkeit in eine bestimmte Richtung (vergl. Bergmann 1981), in diesem Fall auf ihr Gefühlserleben, das mit dem metaphorischen Phraseologismus dargestellt wird. Damit transferiert die Therapeutin die verallgemeinerte Deutung der Metapher [*man*] auf das subjektive Empfinden der Patientin. Außer der schon benannten Angst empfindet Frau Bauer die Wolke als [*belastend*]. Beide stimmen dieser Deutung zu, dann beginnt die Therapeutin mit [*es*], was die Patientin wiederum aufgreift und weiterführt [*manchmal erdrückend, ne*], wobei sie anscheinend eine Erwartung der Therapeutin zu erfüllen sucht, denn sie versucht die Zustimmung der Therapeutin mit dem angehängten [*ne*] einzuholen. Die Therapeutin bestätigt das, erweitert aber gleichzeitig die Deutung der Patientin durch die metaphorische Alltagskonnotation der dunklen Wolke [*ja (-) es ist überall (.) bedrohlich*]. Da Frau Bauer unspezifisch bleibt erweitert die Therapeutin ihre Deutung [*und äm (.) wenig äm (.) beeinflussbar*], wobei das Zögern auf ihre Suche nach dem passenden Begriff verweist. Diese Aussage wird aber von Frau Bauer nicht ganz akzeptiert und zeitlich eingeschränkt.

Im weiteren Gesprächsverlauf versucht die Therapeutin die Patientin aus ihrer passiven Haltung zu holen und zu aktivieren. Auch dazu bedient sie sich der Wolke. Sie stellt die Frage nach ihrem Wunsch [*an diese **dunkle wolke**?*] (B2, 172), was die Patientin mit [*dass sie (.) zumindest **verdrÄngt** wird*] (173) beantwortet. Während die Antwort der Patientin der Wolke Passivität zuschreibt, ist sie in der reformulierten Antwort der Therapeutin aktiv [*hmhm, dass sie sich verzieht*] (174) was Frau Bauer als [*<<lachend> noch besser>*] (175) einordnet. Nun beginnt die Therapeutin wieder zu deuten [*also verdrängt wäre sie nochn bisschen da aber es stünde noch was anderes*] (B2, 176-178), unterbricht sich aber zunächst ohne weiter in die Tiefe zu gehen. Nach einer Phase lockeren Erzählens kommt die Therapeutin auf das Thema zurück und benutzt dazu auch hier wieder einen neutralen Ausdruck, der das Thema wieder aufnimmt ohne schon metaphorisch aufgeladen zu sein.

6.7. Transkript (B2, Zeile 233-234). Übergang.
1   T: verbinden sie das **bild mit der wolke** mit bestimmten SItuationen
2   oder PErsonen aktuell?

Das für den Übergang eingesetzte neutrale [*bild mit der wolke*] schließt das alte Thema ab und wird nun zur Ausgangsbasis für Assoziationen zu konkreten Situationen oder Personen, die im Leben der Patientin gerade aktuell sind und zu den vorher explizierten Gefühlen führen.

6.8. Transkript (B2, Zeile 235-242). Explikation situativer Einflüsse.
3   P: äm ja=a. und zwar habe ich=äm (.) schlEchte nachrichten (1.5)
4   von der arbeit bekommen
5   T: aha
6   P: dass sich eine ehemalige (.) mitarbeiterin das war die
7   (......................) umgebracht hat (1.0)
8   T: oh

Die Patientin bestätigt die Frage nach einem aktuellen Geschehen und gibt dann einen „Account", nämlich schlechte Nachrichten, die sie an ihre eigene Suizidalität erinnert haben. Damit schließt Frau Bauer an ihre anfangs geäußerten Suizidgedanken wieder an und weist implizit auf deren Aktualität hin, was die Therapeutin mit einem betroffen wirkenden [oh] zur Kenntnis nimmt.

Nach einem längeren Gespräch über die Suizide und eine bewunderte Freundin, wird die Bewunderung für diese angesprochen. Die Freundin hat ihren Mann verlassen und sich [super frEIgeschwommen] (279). Die Frage, ob Frau Bauer fürchte ihre Ehe sei nicht zu halten, wenn sie sich ähnliche Ideen erlaubt, kann Frau Bauer weder positiv noch negativ beantworten. Sie hat sich solche Gedanken immer verboten. Inzwischen hat sie aber wieder Hoffnung, gemeinsam mit ihrem Mann [in harmonie alt werden] (385) zu können. Mit dieser Aussage ist der in die Wolke eingeschriebene Zweifel praktisch im Ausschlussverfahren eingegrenzt und umschrieben worden. An Gott zweifelt sie nicht und bezüglich der Ehe gibt es wieder Hoffnung, bleibt also der Zweifel, den Suizidgedanken etwas entgegensetzen zu können.

Von hier an findet die Metapher der dunklen Wolke therapeutische Anwendung. Die Therapeutin übernimmt die Aufgabe die Patientin aufzulockern und für Neues zu öffnen; damit wird zum einen der Suizidalität vorgebeugt und zum anderen die Zukunft anvisiert. Das erarbeitete Wissen wird in der Therapie direkt angewandt, in der es darum geht, [die dunkle wolke zu verdrÄngen]. Nachdem die Therapeutin ein allgemeines Deutungsmuster gegen das Erfahrungsschema der Patientin gehalten hat (Kapitel 2, agensfreie Form, B2, 345-348), wiederholt sie in einem Kurzdurchlauf noch einmal alle angesprochenen Themenbereiche und betont, eine Ehe können auch gewinnen, wenn Träume und Ideen wahrgenommen werden.

6.9. Transkript (B2, Zeile 409-420). Die Wolke verdrängen.

1   T: und ich MERke ja sie sind ne frau mit ideen und fantasien
2   und haben auch wünsche und träume und (.)
3   ich fänds schön sie würden sich zu mindestens erlAUben
4   die erstmal so WAHRzunehmen.
5   P: hmm (1.5)
6   T: es geht ja auch ein bisschen darum, die **dunkle wolke**
7   **zu verdrÄngen.**
8   P: ja
9   T: und die lebt natürlich von all dem, was für sie schön
10   und (.) erlEBenswert ist
11   P: hmm
12   T: ne dass **man** die **zur sEite drängen kann**
13   P: ja

Die Therapeutin spricht Frau Bauer als kompetente kreative Person mit Ideen, Fantasien und Träumen an, die zum Teil zuvor besprochen wurden. Mit ihrer persönlichen Bewertung [*ich fänds schön*] unterstreicht sie den möglichen positiven Effekt, der sich ergeben könnte, wenn die Patientin sich erlaubt ihre Träume [*erstmal so WAHRzunehmen*]. In ihrer Begründung, es ginge auch ein bisschen darum [*die dunkle wolke zu verdrÄngen*], greift sie auf den Wunsch der Patientin an die Wolke zurück, sie möge zu mindest verdrängt werden und zugleich auf die Metapher [*dunkle wolke*], deren Aufladung mit Angst, fraglichen Zweifeln an ihrer Ehe und aktuellen suizidalen Gedanken zuvor gemeinsam expliziert wurde. Damit ruft sie diskret und implizit noch einmal das ganze Szenario der bildlichen Darstellung auf. Orientierung am Modell heißt: „Der Sprecher formt seine Äußerung so, dass er für die Beteiligten ein bestimmtes Szenario aufruft" (Dausendschön-Gay/Gülich/Krafft 2007b: 208). Das Wieder-Aufgreifen der Metapher dient auch als Beendigungselement für den Themenstrang, durch welches alles in diesem Zusammenhang Besprochene noch einmal aufgegriffen und zusammenfassend benannt wird. Dem bisher Besprochenen kann Frau Bauer mit [*ja*] zustimmen.

Der gemeinsam vorgeformte metaphorische Phraseologismus des Wolkeverdrängens umrahmt die zusätzliche Komponente und Neufüllung der Wolke, die von der Therapeutin eingebracht wird. Während die Dunkle Wolke zunächst Todeswunsch und Bedrohung symbolisierte, wird sie nun zu einem Gefäß für positive Assoziationen der Patientin, die sie sich versagt. Die neue Füllung und Umdeutung besteht in der Aussage zur Wolke [*und die lebt natürlich von all dem, was für sie schön und (.) erlEBenswert ist ne dass man die zur seite drängen kann*] (B2, 416-419), zu der Frau Bauer Assoziationen entwickeln kann. Damit wird die Metapher der dunklen Wolke von der Therapeutin zur Trägerin lebensbejahender Wünsche umfunktioniert. So wird die Bedrohlichkeit der Wolke durch die Patientin beeinflussbar indem sie sich Wünsche erfüllt oder versagt. Gleichzeitig wird die Todessehnsucht in den Hintergrund gedrängt. Dabei hat Frau Bauer selbst die Kontrolle darüber in der Hand, wieviel sie in ihrem Leben ändern möchte. Nebenbei repariert die Therapeutin damit auch einen früheren Hinweis auf die Festlegung und Einengung in der Ehe, der auch so hätte gehört werden können, als wollte sie Frau Bauer nahe legen sich eventuell scheiden zu lassen. Kurz danach gibt die Patientin die erste Neufüllung der Wolke preis: sie plant einen Volkshochschulkurs und Urlaub bei ihrem Bruder.

6.1.1 Das metaphorische Konzept der Dunklen Wolke

Die bildliche Darstellung der dunklen Wolke enthält zwei Relevantsetzungen, zum einen den aktuellen Zweifel und zum anderen die Angst vor Verletzungen, die aus den vergangenen Ehejahren mitgenommen wurde. Da ausgeschlossen wurde, dass

Frau Bauer nicht an Gott zweifelt und auch für ihre Ehe wieder Hoffnungen hegt, bleibt der Zweifel daran, ob sie den aktuellen Suizidgedanken etwas entgegensetzen kann. Das ursprüngliche metaphorische Konzept mit der Wertvorstellung „Suizid ist böse" und „Suizid ist verboten", wurde von ihr mit dem Suizidplan überschritten und in Folge davon die Bindungskraft des Deutungsmusters fraglich. Zusätzlich wirken als entgegengesetzte Zugkräfte aktuelle situative Einflüsse, die Frau Bauer aufwühlen. Die mitgeschleppten Gefühle der Angst vor Verletzungen, verbunden mit dem Erschrecken über das Wiederauftauchen der eigenen Suizidgedanken ohne Scham, belasten die Patientin, die sich innerhalb des Deutungsmusters als schlecht, böse und Sünderin kategorisieren müsste. Zur dunklen Wolke kumuliert wirken Gefühle und Suizidgedanken erdrückend, bedrohlich und sind momentan wenig beeinflussbar. Die therapeutisch eingesetzte zusätzliche Komponente lebensbejahender Wünsche verändert in der Zukunft das in der bildlichen Darstellung ausgedrückte metaphorische Konzept der inneren Widersprüche.

6.1.2 Das Verfahren

Das Verfahren orientiert sich an der von der Patientin vorgegebenen Metapher und nutzt sie zur Elizitierung ihres aktuellen Befindens. Die Therapeutin lässt die Patientin das Bild beschreiben und selbst deuten bis ein Problem auftaucht, das von Frau Bauer nicht alleine gelöst werden kann. Die Elizitierung vollzieht sich in der etappenweisen Hervorbringung von Wissenskomponenten, die vermittels indexikaler Verweise und Zitationen von Patientenäußerungen als Common Ground die Basis für das weitere Vorgehen bilden. Themenwechsel und Übergänge werden durch Rückgriff auf neutrale Bildbeschreibungsbegriffe der Wolke gestaltet, mit der eventuell vorher aufgetauchte Emotionen neutralisiert werden. Dadurch entsteht Raum für neue Relevantsetzungen und Fokussierungen. Die Metapher der Dunklen Wolke wird von der Therapeutin da eingesetzt, wo es um das Herstellen von Zusammenhängen geht, zunächst zwischen persönlichem Erleben und Suizidgedanken, dann zum Therapieziel, die dunkle Wolke zu verdrängen.

Verfahrensschritte und Mittel
1. Aufforderung zur Bildbeschreibung mit Gefühlsanalyse
2. Spezifizierung anhand der Bildbeschreibung
3. Allgemeine Nachfrage zum Übergang der Analyse ohne Bildbeschreibung
4. Erzählaufforderung zum persönlichen Erleben durch Frage mit einfacher Frageparaphrase
5. Erweiterte Deutung des Erfahrungsinhaltes der Wolke
6. Frage mit Fokus auf aktuelle situative Einflüsse
7. Spezifizierung der Zweifel durch Ausschluss

8. Deutungsmuster vs individuelles Deutungsschema (siehe Kapitel 8, B2: 345-346)
9. Aufrufen des gesamten Szenarios
10. Neufüllen der Metapher durch lebensbejahende Wünsche und Ziele

Übergänge:
Die Übergänge werden jeweils durch einen neutralen Bildbeschreibungsbegriff der Wolke gestaltet. Der Regen als Symbol für Trauer und Tränen wird dabei zurückgelassen. Die Therapeutin beendet so das jeweils laufende Thema und setzt sozusagen „zurück auf Null", während sie gleichzeitig das neue Thema einleitet. Durch die anschließende Relevantsetzung und Fokussierung steuert sie die Assoziationen der Patientin und den Gesprächsverlauf.

1. Bildbeschreibung: Regenwolke // Metapher: Dunkle Wolke
2. Übergang von der Bildbeschreibung zur Metaphernanalyse (diese Wolke)
3. Übergang zum Deutungszusammenhang zwischen Bild und Suizidgedanken (dunkles Wolkenbild)
4. Übergang vom persönlichen Erleben zu aktuellen Situationen und beteiligten Personen (Bild mit der Wolke)
5. Übergang und Einleitung vor der Umdeutung auf lebensbejahende Wünsche und Aspekte: die Zitation des metaphorisch vorgeformten Zieles (die dunkle Wolke verdrängen)

In den abgebildeten Transkripten wird sichtbar, wie die Nutzung von allgemeinen Zeichen und Bildern oder bekannten Metaphern als Ressource zur Elizitierung von Gefühlen und Bedeutungen dienen kann. Beim Besprechen von Metaphern besteht für den Therapeuten allerdings die Gefahr, die spezifische subjektive Deutung seiner Patienten zu übersehen und die Deutung unter eine verallgemeinerte Metapherndeutung zu subsumieren. Möglich ist auch, dass Therapeuten Erzählungen oder Metaphern vor dem Hintergrund subjektiver Erlebnisse oder durch vorgeformte Metapherninhalte anderer Patienten anders verstehen, als es der Situation angemessen ist. Bei der professionellen Ausbildung von Therapeuten ist das ein Problem. Nach einer Beobachtung von Frommer-Reichmann erfolgt das Verständnis der von den Patienten erzählten Geschichten vor dem Hintergrund eigener Erlebnisse: „a key problem in the training of therapists and the practice of therapy is listening to the stories of others without having those stories mobilize in the therapist subsequent stories („second stories") of their own experience" (Frommer-Reichmann zitiert in Schegloff 1997 „Narrative Analysis": Fußnote). Nur in der gemeinsamen Formulierungsarbeit kann die inhaltliche Bedeutung aufgedeckt und dem gemeinsamen Wissen zugerechnet werden. Dabei sind Einschränkungen oder Gegendeutungen der Patienten ebenso wichtig, wie Gesprächstechniken und Deutungsvorlagen durch den Therapeuten.

6.2 Zweites Verfahren:
Von Deutungsmustern über Phrasen zum Deutungsschema

Im Folgenden wird ein Verfahren gezeigt, durch das eine Therapeutin ihre Patientin dazu bringt, sich selbst nicht mehr nur wie von außen durch ein Deutungsmuster hindurch zu bewerten, sondern die Bewertung bei sich selbst als persönliches Deutungsschema zu verorten. Auch hier werden gemeinsam Wissenskomponenten hervorgebracht, Common Ground hergestellt und anschließend einbezogen. Die erarbeiteten Wissenskomponenten stehen in einem zunächst unbestimmten Zusammenhang zur Traurigkeit der Patientin, die zusammen mit Deutungsmustern und Phrasen die Vorboten der schematisierten Kognitionen bilden. Im Gespräch wird die Eigenverantwortung von Frau Huber bei der Schemabildung nach und nach immer stärker integriert.

Bis zum dargestellten Gesprächsausschnitt hat die Patientin über ihre älteste Tochter gesprochen, der es nicht gut geht. Sie fühlt sich immer schnell für alles verantwortlich und ist deshalb sehr belastet. Das wiederum belastet Frau Huber und macht sie traurig. Da der Therapeutin kein direkter Bezug zwischen der aktuellen Situation und der tiefen Traurigkeit der Patientin ersichtlich ist, fällt ihr die Aufgabe zu, diesen mit ihr zu explizieren. Sie beginnt damit, die Traurigkeit aus der Unbestimmtheit zu holen und in der Realität des Therapiegesprächs zu manifestieren. Mit ihrer Frage [*können sie grad seufzen, dann guck ich mal nachm taschentuch*] (H1, 232) regt sie die Patientin dazu an, ihren Tränen freien Lauf zu lassen. Sie erklärt und betont, dass es in der Therapie um ein ganz konkretes, an der Realität orientiertes Hingucken und Analysieren gehen soll, weshalb auch der Ausdruck von Trauer in der Realität willkommen ist. Frau Huber soll ihre Gefühle und Gedanken akzeptieren, aussprechen und sich eingestehen, dass es ihr schwer fällt, nicht davor wegzulaufen. So ermutigt versucht diese einen Zusammenhang zu ihrer Traurigkeit herzustellen und bringt zunächst eigene Kinder, die Wunschkinder sind ein, dann ein soziales Deutungsmuster, nach dem Eltern normalerweise wollen, dass es ihren Kindern gut geht, sowie eine moralische Bewertung dazu [*irgendwie hat das überhaupt nicht funktioniert*] (H1, 267-268) (siehe dazu Kapitel 2, Generalisierung mit MCD). Im Zusammenhang zwischen Traurigkeit, Versagen und Deutungsmuster stehen die Patientin mit ihren vier Wunschkindern sowie einige weitere Komponenten, die als Common Ground erarbeitet werden.

Wissens-Komponenten des situativen Zusammenhangs:
1. Die Patientin und ihre Wunschkinder
2. Eltern der Kinder: Frau Huber und ihr Exmann
3. Schwierige Verhältnisse und Krankheiten der Eltern
4. Belastung der Kinder und Trauma der jüngsten Tochter
5. Versagensgefühle der Patientin, Zusatzbelastung durch ihre Mutter

6. Angenommene Botschaft (Deutungsmuster): Versagen bezüglich der Erziehung
7. Mutierendes Deutungsschema: Verallgemeinerte Botschaft als allgemeines Versagen

Zur Elizitierung des Deutungsschemas wird die unspezifische Aussage der Patientin zu Deutungsmuster und moralischem Versagen gemeinsam mit der Therapeutin immer weiter spezifiziert. In ihren Formulierungen fokussiert die Therapeutin bestimmte Themen und steuert damit das Gespräch.

6.10. Transkript (H1, Zeile 270-271)
Explikation der durch das Deutungsmuster bewerteten Personen
1   T: an wen denken sie jEtzt?
2   P: ((schnieft)) an meinen EXmann und mIch °hh (2.5)

Die Therapeutin reagiert auf die Äußerung der Patientin indem sie das eingebrachte Deutungsmuster als gemeinsames Wissen und Botschaft über einen unbestimmten Zusammenhang zwischen Kindern und Wertvorstellungen der Patientin im Hintergrund lässt, mit ihrer spezifizierenden Nachfrage auf die beteiligten Personen zielt und dabei das [jEtzt] betont, womit sie die Suche nach dem aktuellen Zusammenhang als relevant setzt. In ihrer Antwort bindet Frau Huber daraufhin das unbestimmte Verfehlen an ihren Exmann und sich. Dabei ist noch immer unklar, was nicht funktioniert hat und wer das so beurteilt.

6.11. Transkript (H1, Zeile 273-280)
Spezifizierende Assoziation zum Deutungsmuster.
1   T: und wAs daran fällt ihnen grade ein, dass sie das so sagen?
2   (2.5)
3   P: ja dass einfach äm (.) dass meine kinder, (.) naja ich glaube
4   jeder wünscht sich was ANdres für seine kinder, aber dass die
5   eben n vater ä= n alkoholoker als vAter haben, und (.) <<p< ja:
6   (.) mich als mutter > (.) ((schnieft)) oder (.) ne mutter mit
7   dieser krAnkheit (.) so! (4.5)

Wieder stellt die Therapeutin eine spezifizierende Nachfrage, diesmal nach dem Inhalt in Frau Hubers aktuellen Assoziationen. Die reagiert darauf, indem sie von ihren Kindern spricht und ihre stereotype Zuschreibung zu den allgemeinen Wunscherwartungen von Eltern gemäß des Deutungsmusters relativiert [jeder wünscht sich was ANdres]. Dennoch formuliert sie wieder ein Deutungsmuster mit stereotyper Wunschzuschreibung, das sie mit [aber] absetzt: was immer man sich für seine Kinder wünscht, man wünscht ihnen keinen Alkoholiker als Vater und von da ausgehend wieder konkret auf sich bezogen [mich als mutter]. Diese konkret auf sich bezogene

Aussage reformuliert Frau Huber sofort indem sie sich distanziert und verallgemeinert auf [*ne mutter mit dieser krAnkheit (.) so!*] wechselt. Wieder nimmt sie die Perspektive imaginierter Personen ein, die auf ihre Familie blicken, während sie selbst ganz unberührt davon zu sein scheint. Aber nicht nur die Außenperspektive und ihre Unbeteiligtheit erschweren die Analyse, Frau Huber blickt auch nur in die Vergangenheit, an der nun nichts mehr geändert werden kann und über die die Therapeutin auch nichts Genaues weiß. Sie lässt sich nicht auf das aktuelle Geschehen ein, wodurch der aktuelle Zusammenhang zur Traurigkeit weiterhin implizit bleibt. Deshalb bemüht sich die Therapeutin darum, dass Frau Huber Einzelheiten erzählt und ihre generalisierten Aussagen spezifiziert.

6.12. Transkript (H1, Zeile 281-328)
Inszenierte Problemsuche elizitiert Phrasen mit Beispielerzählungen

1	T:	und (.) was habm (.) hat wEr (1.0) davon davongetrAgen, also=
2		was= ist= ihre (.) äm was sehen sie vor augen an (1.0) wenn sie
3		sich diese (.) dieses bIld machen, (1.0) ne, die haben UNs und
4		eigentlich (.) müsste es denen gUt gehn, was vor(.) was haben
5		sie für (1.0) vor augen, was da (.) nicht gUt gelaufen ist;
6		oder was sie ihnen gewÜnscht hätten, ich= kann= nämlich= im=
7		AUgenblick (.) nur das so als son (.) ne, (.) son thEma sehn,
8		(.) aber nIcht womit sie sich selbst daran auch quÄlen, also
9		was (.) isses im momEnt, was (.) das TRIggert? (1.5)
10	P:	ich weiß nicht sie habens einfach extrem schwEr gehabt °hh äh
11		(2.0) diese ganzen letzten jAhre wo: mein exmann und ich noch
12		zusAmmengelebt haben, =wo sie natürlich= auch= viel=
13		mItgekricht= haben weil=se (.) also auch bewUsst mitgekricht
14		haben weil=ses ALter hatten und (2.5) ja immer so dieses (.)
15		((schnieft)) diese dinge auch im NAcken. (2.0) also irgendwie
16		auchn vAter der nich (.) nicht klarkommt, und (.) naja ne
17		mUtter die nicht klarkommt, ((schnieft))(1.0) und es sind vIele
18		dinge gelaufen, von denen ich damals nicht mal was wUsste, (.)
19		ä:m (3.0) weiß= ich= nich= mein (.) mein= exmann= hat= ihnen
20		zum bEispiel erzählt, da= warn= als= das (.) losing= mit=
21		den= depressionen, da= warn= meine= kinder= so: ((schnieft))
22		sieben, acht, (2.0) zehn und dreizehn oder so(.)da hat er ihnen
23		erzählt (.) äm (1.0) dass= er= angst= hat= dass= ich= mich=
24		UMbringe, und meine (.) jüngste tochter, die hat mir das neulich
25		mal erzählt,(.) der ist mittags immer nach hause gekommen und
26		hat gedacht,(.) mal kucken, ob mama noch da: ist (1.0) und
27		dIEse dinge. (2.0) die so IHR leben auch so schwer gemacht
28		ha:ben (1.5) so ANstrengend (1.0)

Die Therapeutin versprachlicht ihre Suche im Unspezifischen in der Performanz ihrer Reaktion. Sie inszeniert die Suche für die Patientin anhand einer einem Baumkuchen ähnlichen, schichtweise aufgetürmten Anhäufung von Fragen und Abbrüchen oder Reformulierungen und Frageparaphrasen: [*was habm (.) hat wEr*], [*was= ist= ihre (.) äm was sehen sie vor augen*] und bezieht die Assoziation der Patientin als Bild mit ein. Sie reformuliert ihre Frage wieder mehrfach beginnend und bindet die unspezifische Aussage der Patientin mit dem metaphorischen Phraseologismus [*nicht gUt gelaufen*] in eine der Frageparaphrasen ein. Mit ihren ziellos und suchend erscheinenden Reformulierungen changiert die Therapeutin zwischen Deutungsmuster und persönlichen Vorstellungen oder Wünschen von Frau Huber hin und her. Damit versucht sie die Patientin aus der distanzierten Verallgemeinerung hin zu einer personifizierten und auf sich bezogenen Perspektive zu ziehen und fordert sie zugleich zu einer breiter angelegten Antwort auf. Der „rush-through" bei der Einführung des „Accounts" verweist auf emotionale Beteiligung als sie erläutert, dass sie zwar [*son thEma sehn,*], aber keinen konkreten Zusammenhang zum aktuellen Problem der Patientin finden kann. Schließlich zielt sie in einer abschließenden Frageparaphrase auf eine Kernaussage zum Zusammenhang mit dem aktuellen Geschehen: [*also (.) was (.) isses im momEnt, was (.) das TRIggert?*]. Dabei fasst sie alle vorherigen Fragen oder durch Abbrüche implizierten Assoziationen und Nebenkonnotationen mit dem indexikalen Verweis [*das*] wie in einem „Szenario" zusammen.

Auf diese Formulierungsaufforderung reagiert die Patientin mit langen Bemühungen um eine adäquate Ausführung, bleibt dabei aber phrasenhaft. Frau Huber leitet ihre Ausführung unbestimmt mit [*ich weiß nicht*] ein und verallgemeinert die Situation [*sie habens einfach extrem schwEr gehabt*], die sie auf die Zeit zu Beginn ihrer Depression festlegt, wobei ihr schnelles Sprechen auf emotionale Beteiligung verweist. Die Probleme umschreibt sie genauso phrasenhaft mit [*diese dinge*] und erläutert die Phrase dann, weiterhin unbestimmt, mit dem [*irgendwie*] des Deutungsmusters, das einen Vater und eine Mutter negativ beurteilt [*nicht klarkommt*]. Sie bezieht sich dabei mit ihrer Wortwahl auf die von der Therapeutin genutzte Phrase [*nicht gUt gelaufen*] und versucht ihr Phrasem [*vIele dinge*] mit dem was [*gelaufen*] ist, zu verbinden. Die erläuternde Beispielerzählung über den Vater wird wieder mit der Anfangsphrase [*weiß= ich= nich*] eingeleitet, die beide Male als „Storypreface" für eine längere Ausführung dient und die vorherige unklare Darstellung bearbeitet. Der dreimalig auftretende „rush through" verweist auf emotionale Beteiligung für die Zeit der Ehe und den Beginn der Depressionen, wobei aufkommende aktuelle Emotionen durch die Geschwindigkeit des Sprechens in den Hintergrund gerückt und durch die Phrasen abgefangen bzw. neutralisiert werden. Die anschließende, die Problematik verschärfende und gleichzeitig bezeugende Beispielgeschichte der jüngsten Tochter wird mit der Phrase [*und dIEse dinge*] zusammengefasst und mit der anschließenden Erläuterung als Belastung der Kinder gesetzt. Damit hat das Deutungsmuster zwei Situationsbeschreibungen mit zeitlicher Festlegung zur Erläuterung für die negative moralische Bewertung erhalten, die phrasenhaft als [dIEse dinge] bezeichnet werden. Die metaphorischen Phraseologismen vermitteln hier als Botenstoff die kognitive Verknüpfung von assoziierten Situationen in der biografischen Erinnerung der Patientin mit Wertvorstellungen des Deutungsmusters.

6.13. Transkript (H1, Zeile 330-339). Spezifizierung der Beispielerzählung.

1	T:	was wissen sie davOn, also außer dass sie das (.) mItfü:hlen,
2		jetzt wenn sies auch erzählen und sich vOrstellen, was wissen
3		sie von den (.) ANstregungen ihrer kinder? also wer sprIcht da
4		wIe (-) drüber beispielsweise ihre jüngste tochter? (--) was
5		wissen sie von diesen ANstrengungen?
6	P:	ach nur noch dass=sie das ganz schrecklich für sie war, dass=
7		sie= eben= immer= nicht wußte= wenn= sie= nach= hause= kam=
8		ob= ich= noch= DA= bin. (7.0)

Die anschließende Frage der Therapeutin mit ihren drei Frageparaphrasen zielt auf eigenes Wissen oder Erleben der Patientin. In ihrer Fokussierungstätigkeit greift sie zunächst unspezifisch mit dem [davOn] auf die Erzählung über den Vater und die das Problem bezeugende Beispielerzählung der jüngsten Tochter zurück. Dann schließt sie das Mitgefühl der Mutter als vorhandenen Common Ground für die nächste Antwort aus und fokussiert die Anfangsfrage in der Reformulierung auf die Anstrengungen der Kinder. Diese Frageparaphrase spezifiziert sie weiterhin mit der nach der Kernaussage suchenden Frage [also] nach dem [wer] und [wIe], fokussiert auf die jüngste Tochter und paraphrasiert schließlich die eingangs gestellte Frage mit dem [davOn] noch einmal, wobei sie mit [diesen ANstrengungen] diesmal auf die jüngste Tochter zielt. Mit [nur] bagatellisiert Frau Huber ihr Wissen und inszeniert im Schnelldurchlauf das Schreckliche, was ihre Tochter in solchen typisierten Situationen [immer] ängstigte, nämlich das Nichtwissen, ob die Mutter noch da sein würde. Hier bindet sich Frau Huber selbst ein, denn sie spricht nicht von der Mutter, sondern von sich [ob= ich= noch= DA= bin] und zeigt ihre emotionale Beteiligung durch das schnelle Sprechen. Dabei wird die Emotionalität diesmal nicht von einer Phrase abgefangen, sondern bleibt in einer Sprechpause hängen, in der das traumatische Erleben der Tochter vorstellbar wird. Der Therapeutin fällt nun die Aufgabe zu, die Emotionalität auf aktuelle Situationen zu beziehen.

6.14. Transkript (H1, Zeile 340-348)
Transformation der emotionalen Reaktion auf die aktuelle Situation

1	T:	was bedEUtet das für sie heute, (--) dieser sAtz oder dAs,
2		woran sie sich erInnern oder was sie sich manchmal auch nAH:
3		holen als erinnerung, was bedEUtet das für sie wenn wir das (.)
4		äm sich so: sa:gen oder sich nochmal so vOrstellen (-)

5   P: es tut mir einfach lEId, dass das alles so schIef gelaufen ist.
6   (2.0) <<pp> das> (8.0)

Wiederum greift die Therapeutin das von der Patientin Explizierte als Common
Ground auf und versucht ihn durch einen aktuellen Bezug zu erweitern, während
Frage und Frageparaphrase den Common Ground umschließen. Indem sie dabei
das Schreckliche als persönliche Erinnerung und Vorstellung der Patientin darstellt,
rückt sie das wachgerufene Trauma der Tochter wieder in den Hintergrund. Dafür
wird Frau Hubers aktuelle Situation betont, in der das Sich-Nahholen und das damit
verbundene implizite Ihr-Nahgehen eng verknüpft sind und die Eigenbeteiligung der
Patientin in das Geschehen einbezogen. Die Antwort der Patientin bleibt allgemein
[*es tut mir einfach lEId*] und phrasenhaft indem der Phraseologismus der Therapeutin [*nicht gUt gelaufen*] in [*schIef gelaufen*] umformuliert wird. Unklar bleibt, ob die
Patientin hier in Erinnerungen oder Trauergefühlen versinkt, sie wird ganz leise und
versinkt in Schweigen, weshalb die Therapeutin weiter spricht.

6.15. Transkript (H1, Zeile 349-379)
Explikation des Schiefen (moralische Verfehlung).
1   T: sie sagen schIef gelaufen, was meinen sie mit (.)
2   schIEfgelaufen; also (.) speziell für dieses bEIspiel, dass äm
3   (-) wie sie sAgen (.) als die depressionen losgingn ihr mann
4   (1.0) irgendwie mitgeteilt hat, dass sie (-) gefÄhrdet sind (.)
5   dass ihr sohn (-) das dann auch (.) als (1.0) etwas worauf er
6   gUcken will (.) AUFgenommen hat, (2.5) also einfach nochmal die
7   (.) diese (.) diese frAge, was was ist äm (-) dA schief
8   gelaufen aus ihrer sicht- (3.0)
9   P: ich weiß nicht, wie ich das erklä:ren soll abe:r (.) ich denke
10   mal wenn man n kInd kricht wünscht man ihm ja ne intakte
11   familie in der es wachsen (.) und gedeihen kann, (1.0) und ä:m
12   (3.0) ja, bei uns waren die familienverhältnisse einfach s
13   (4.5) zum wachsen hats gerEicht, aber obs auch zum gedEihen
14   gereicht hat (1.5) <<f> ich hab das gefühl äh > (8.5)
15   <<p> ja, dass ich das eben NIch so auf die rEIhe gekricht hab;
16   ((schnieft) (3.0) und so eben ist mir grade so bewusst
17   geworden, dass meine mutter ja auch immer fleißig darin
18   rumrÜHRt, (4.0)

Die Therapeutin zitiert den metaphorischen Phraseologismus [*schIef gelaufen*] und
rahmt die Beispielerzählung als Common Ground in Frage und Frageparaphrase
ein, wobei sie mit dem wiederholten Zitat die Ausschlussrahmung verstärkt. Mit
[*dA*] legt sie den Fokus auf den Beginn der Depressionen und bindet den situativ

und zeitlich begrenzten Fokus gleichzeitig mit [*aus ihrer sicht-*] an die Perspektive der Patientin. Das schwebende Satzende dient der Relativierung der vorherigen Aussage, hier wirkt es wie eine zusätzliche Erzählaufforderung, die gleichzeitig die Assoziationen an die persönliche Sichtweise der Patientin zurückbindet. Frau Huber leitet ihre Antwort wieder mit der Unsicherheitsphrase [*ich weiß nicht*] ein und versucht ihre Aussage zu spezifizieren, greift aber dafür doch wieder auf das soziale Deutungsmuster [*wenn man n kInd kricht wünscht man*] zurück. Dieses Deutungsmuster bearbeitet und spezifiziert sie wiederum mit einer Phrase [*ne intakte familie in der es wachsen (.) und gedeihen kann*]. Der vorgeformte Ausdruck von [*wachsen (.) und gedeihen*] bezeichnet etwas Ganzes, das als Einheit in einer intakten Familie vorkommt, auf deren Humusboden sich die Kinder gut entfalten können. Im Gegensatz dazu sieht sie die Probleme ihrer Familie, mit denen ihre Kinder aufwachsen mussten. Der Bruch wird inszeniert indem sie auch die Phrase in zwei Teile bricht [*zum wachsen hats gerEicht*] aber in Frage steht, [*obs auch zum gedEihen gereicht hat*]. Nach diesem Bruch kommt Frau Huber zum ersten Mal und durch Lautstärke hervorgehoben auf ihr Gefühl zu sprechen [<<f> *ich hab das gefühl äh* >], unterbricht sich aber, so als erschrecke sie durch die plötzliche Lautstärke oder ihren Mut und versinkt wieder in Schweigen [*(8.5)*]. Diesmal wird die Stille nicht von der Therapeutin beendet, so dass Frau Huber schließlich leise fortfährt und nun sich selbst vermittels einer Phrase in das zerbrochene Ganze einbringt [*ja, dass ich das eben NIch so auf die rEIhe gekricht hab;*]. Nach dieser Selbsteinbindung ihres Versagens fällt ihr noch eine weitere Mitschuldige ein, nämlich ihre Mutter, die [*ja auch immer fleißig darin rumrÜHRt,*]. Auch das „Darin-Herumrühren" ist eine Phrase, mit der sie es sich erleichtert, Abstand zu ihren eigenen Gefühlen einzunehmen und sich zu distanzieren. Unklar ist noch immer, was sie nicht konnte. Nach einer hier nicht abgebildeten Explikation von Assoziationen zur Mutter vermittels einfacher Frage mit Frageparaphrase kommt noch eine Beispielerzählung, die die Therapeutin aufgreift. Dabei bezieht sie die Mitverantwortung der Patientin bei der Wahrnehmung der Botschaft ein.

6.16. Transkript (H1, Zeile 413-427)
Explikation der wahrgenommenen Botschaft.

1	T:	was haben sie denn rausgehört aus diesem (.) erzählen ihrer
2		mutter, dass (.) sie es sozusagen sich selbst ä (1.0)
3		ANgenommen haben; (.) an was haben sie rAusgehört aus
4		[der geschichte
5	P:	[JA dass ich das nicht hingekricht habe.
6	T:	WAs genau?
7	P:	die erziehung (2.5)
8	T:	das heißt die BOTschaft heißt,(2.0) du hast
9	P:	<<flüsternd> versa:gt > (1.5)

Die Frage danach, was sie rausgehört hat, betont in der Reformulierung die Eigenbeteiligung und Mitverantwortung, die in der Frageparaphrase mittransportiert und
damit als Common Ground einbezogen werden. Die Patientin paraphrasiert daraufhin ihre frühere Aussage [*JA dass ich das nicht hingekricht habe*] ohne zu benennen,
worauf sie sich bezieht und die Therapeutin stellt eine spezifizierende Nachfrage, die
mit [*die erziehung*] beantwortet wird. Diese Aussage will die Therapeutin in eine
Botschaft umdeuten, die die Patientin den Äußerungen der Mutter entnimmt und
zielt auf die Kernaussage [*das heißt*] der Botschaft. Dabei macht sie sich die Regeln
des Turn-Taking-Systems zu nutze, denn sie produziert den ersten Teil eines Satzes
[*die BOTschaft heißt,*], der sowohl als Frage gehört werden kann, wie auch als Aufforderung den Satz zu beenden. Da Frau Huber nicht reagiert wird die Therapeutin deutlicher. Sie fordert durch den Satzbeginn [*du hast*] die Vollendung des Satzes
mit der erwarteten Botschaft ein. Damit macht sie nun unverkennbar klar, was sie
hier von der Patientin erwartet: eine Deutungsformulierung aus der Perspektive der
Mutter als wahrgenommene Botschaft in wörtlicher Rede gerichtet an sich selbst.
Auf diese starke Vorgabe reagiert die Patientin erwartungsgemäß mit [<<*flüsternd>
versa:gt>*]. Doch ist sie offensichtlich nicht bereit oder in der Lage, dieses Versagen
genauer auszuführen.

6.17. Transkript (H1, Zeile 428-456)
Deutung des Problems als Schemabildung persönlicher Erfahrung.

1	T:	in was genau? (1.5) bei dem beispiel (.) taschentücher hinter
2		sich werfen (5.5)
3	P:	<<p> ich weiß nicht, bei der entzi / erziehung zur ORdnung oder
5		(.) disziplin oder kEine ahnung wahrscheinlich bei ALlem,>(1.0)
6	T:	und das ist das (.) das ist wahrscheinlich das probLEM,
7		das <<staccato> inzwischen wirken die teilbotschaften wie ein >
8		(.) wie= eine= gesAMTbotschaft. (1.5) ne, wenn ich sie hÖre
9		sind sie (.) ganz schnell (-) nicht mehr bei (.) situationen
10		und der frage (.) was halte ich eigentlich davon, sondern (.)
11		**die botschaft kommt an (.) du hast sowieSO** (1.5)
12		würden sie [das sagen versA:gt oder fAlsch gemacht
13	P:	[die kam immer an
14	T:	oder du schAFFst es nicht, (2.5)
15	P:	hmhm (3.0)
16	T:	und die frAge EBen (1.0) wie sEhr bin ich mit dieser eigenen
17		botschaft verbunden! (1.0) ja? (1.0)
18	P:	<<flüsternd> ja>

Wieder versucht die Therapeutin ihre Aussage zu spezifizieren und bezieht den Fokus
auf das Beispiel. Erst nach einem längeren Zögern leitet Frau Huber leise mit ihrer

Phrase [*<<p> ich weiß nicht*] eine Aussage ein und produziert dann eine Dreierliste [*bei der entzi / erziehung zur ORdnung oder (.) disziplin oder kEine ahnung wahrscheinlich bei ALlem,>*]. Wie Jefferson (1990) beschrieben hat, enthält die typische Form einer Dreierliste zwei konkrete Punkte und macht mit dem dritten eine alles umfassende verallgemeinernde Aussage, die den Turn abschließt. Damit bringt Frau Huber hier zwar scheinbar die erwartete Spezifikation ein, doch wird diese sofort durch die abschließende generalisierende Aussage rückgängig gemacht und die Unsicherheit zusätzlich noch mit der Phrase [*kEine ahnung*] als zweitem Unsicherheitsmarker verstärkt. Diese verschwommene Aussage nimmt die Therapeutin nun als Ansatz dafür, die schemabildende Generalisierung als das eigentliche Problem zu erklären, das sie für die Patientin in Worte fasst [*<<staccato> inzwischen wirken die teilbotschaften wie ein > (.) wie= eine= gesAMTbotschaft*]. Sie erläutert ihre Erklärung damit, dass Frau Huber ganz schnell nicht mehr differenziert darüber nachdenkt, was eine Situation mit ihr zu tun hat, sondern – und hier setzt sie der soeben im Litotes verneinten Aussage eine positiv formulierte Aussage entgegen [*die botschaft kommt an (.) du hast sowieSO*], wobei das [*sowieSO*] die Typisierung und Schemabildung der Gesamtbotschaft abbildet. Wieder erwartet sie von der Patientin, dass diese den von ihr gesetzten Teilsatz vollendet, doch die kommt der Aufforderung nicht nach. Daraufhin gibt die Therapeutin mehrere Möglichkeiten vor, doch außer der Zustimmung [*die kam immer an*] verweigert die Patientin es, die Vorgaben zu wiederholen. Daraufhin verweist die Therapeutin noch einmal auf ihre Eigenbeteiligung und Mitverantwortung indem sie das mangelnde differenzierende Hinterfragen von Situationen mit [*wie sEhr bin ich mit dieser eigenen botschaft verbunden!*] paraphrasiert. Die Betonung des [*sEhr*] und die Einrahmung unterstreichen die Eigenbeteiligung der Patientin bei der Schemabildung, die Frau Huber akzeptiert [*<<flüsternd> ja>*].

6.18. Transkript (H1, Zeile 457-469)
Explikation der Gesamtbotschaft ohne Schemabildung

1	T:	und und das wär nämlich weil ich ihre kinder (.) naja auch äm
2		(.) in teilen kennen gelernt habe, ne gAnz wichtige frAge für
3		mich- und zwar (.) jetzt auch für **diesen tag, wo sie jetzt hier**
4		SItzen (.) <<staccato> wAnn (.) sind sie besser imprägniert
5		GEGen diese botschaft, > weil= sie= sagen, das (.) gibts schon
6		immer, diese botschaft, du (.) probbiern=sie=s nochmal selbst
7		(.) du schAffst es nicht, oder du versagst oder wie würden sie
8		es denn sagen? bei was ist das was bei ihnen ANkommt? (1.0)
9	P:	**ja (.) du versAgst (.) du schaffst das (.) du machst das nicht**
10		**RIchtig,** (1.0)

Danach gibt die Therapeutin einen „Account" und hinterfragt betont durch eine Dreierliste den aktuellen Zusammenhang. Die anschließende Frage mit Frageparaphrase rahmen den Common Ground über die schemabildende Botschaft ein, der bisher durch die Wiederholungsverweigerung der Patientin noch unbestätigt geblieben ist. Die Aufforderung, die Botschaft selbst zu artikulieren zielt darauf, den Common Ground abzusichern bevor ein Themenwechsel erfolgt, der in der Frage angedeutet wird. Die Therapeutin bezieht sich auf die Botschaft, die sie mit dem Rückbezug [*gibts schon immer*] als prägnant wirkendes Deutungsschema identifiziert und wiederholt ihre Aufforderung, die Botschaft durch die Satzbeendigung hervorzubringen. Dabei gibt sie wieder die drei Deutungsvorgaben und fordert Frau Huber direkt dazu auf, ihre eigene Wahrnehmung darzustellen [*wie würden sie es denn sagen?*]. Dann paraphrasiert sie diese Frage anschließend indem sie auf das fokussiert, was bei der Patientin [*ANkommt*]. Damit unterscheidet sie die Mitteilung bzw. Botschaft der Mutter von der Wahrnehmung der Tochter und mildert damit die beleidigende Wirkung der mütterlichen Aussage, während gleichzeitig die Mitverantwortung der Tochter einbezogen wird. Danach ist es Frau Huber möglich die rhythmische Dreierliste der vorgegebenen Deutung aussprechen, ohne die schemabildende Verallgemeinerung [*sowieSO*] beim dritten Punkt mitzuführen. Nachdem die Patientin somit den Common Ground gesichert und die Botschaft ohne Schemabildung wiederholen konnte, wird das Thema gewechselt und die Wende zur Erarbeitung der Bedingungen, unter denen es zur Schemabildung kam, vollzogen.

6.2.1 Das Deutungsschema als Paradigma des Selbstverständnisses

Das Deutungsschema setzt sich aus Deutungen verschiedener Situationen zusammen, in denen die Patientin sich die Botschaft annimmt, sie habe versagt. Situative Einflüsse der Vergangenheit ergeben sich durch Deutungsmuster der Umwelt, speziell aber durch nicht erfüllte Erwartungen der Mutter. Durch die Reaktivierung und Inszenierung der Emotionen verbindet Frau Huber die Vergangenheit mit der Gegenwart, Deutungsmuster übernehmen die Aufgabe des Botenstoffes für übernommene Kognitionen und Wertvorstellungen, Phrasen symbolisieren die Übergänge zu assoziierten situativen Zusammenhängen im metaphorischen Konzept. Ohne differenzierende Situationsanalyse kommt es zur schematisierenden Generalisierung des allgemeinen Versagens in der Erziehung, danach zur Generalisierung des Versagens auf alles. Je fester das Deutungsschema, desto stärker deprimierend wirkt es und kann, nach Buchholz, zu einem Para-Dogma führen. Mitverantwortung bei der Schemabildung wird von Frau Huber nicht wahrgenommen und erst bei der Elizitierung in der Therapie eingebunden.

6.2.2 Das Verfahren

Das Verfahren zur Elizitierung der schemabildenden Botschaft aus einem unspezifischen Zusammenhang orientiert sich an den Assoziationen der Patientin. Die

Therapeutin folgt dem Assoziationsstrang der Patientin, den diese – angeregt durch die Fragen der Therapeutin – hervorbringt. Die Therapeutin formt und steuert die Assoziationen durch ihre Fragen, Deutungserweiterungen, Relevantsetzungen und Fokussierungen. Dabei werden das Deutungsmuster selbst und phrasenhafte Beschreibungen ebenso wie die erarbeiteten Wissenskomponenten zurückgelassen. Je unspezifischer die Aussage der Patientin ist, desto umfangreicher die Frageparaphrasen, deren Inhalte auch als Assoziationshilfen dienen.

Verfahrensschritte:

11. Realisieren der Trauer durch Weinen
12. Explikation der durch das Deutungsmuster bewerteten Personen
13. Spezifizierende Assoziation zum Deutungsmuster
14. Inszenierte Problemsuche mit „Szenario"
15. Spezifizierung der Beispielerzählung
16. Transformation der emotionalen Reaktion auf die aktuelle Situation
17. Explikation des Schiefen (moralische Verfehlung)
18. Explikation der wahrgenommenen Botschaft (Deutungsschema)
19. Deutung des Problems als Schemabildung persönlicher Erfahrung
20. Explikation der schemabildenden Gesamtbotschaft

Die Übergänge

In der Fokussierungstätigkeit bei den Übergängen wird durch Wortzitate der erarbeitete Common Ground in die nächste Frage mit Frageparaphrase ein- und damit zur nochmaligen Bearbeitung ausgeschlossen, ein neues Thema fokussiert, der Ausschlussrahmen eventuell durch Zitationen verstärkt. Dabei wird auf vorhandene Inhalte das gemeinsame Wissen aus Beispielerzählungen, Assoziationen oder die prosodisch inszenierte Emotionalität als Ressource zurückgegriffen und das Ziel des aktuellen Zusammenhanges anvisiert.

Außer normalen und spezifizierenden Fragen werden bei dem Verfahren zwei spezifische Fragetechniken eingesetzt: zum einen die Frage mit Frageparaphrasen in vier Varianten und zum anderen der Satzbeginn mit Beendigungsaufforderung.

Spezifische Fragetechniken zur Elizitierung und Steuerung:

1. Fragen mit Frageparaphrasen als fokussierende Erzählaufforderung
2. Sandwich-Frageparaphrase: Frage und Frageparaphrase mit Einbindung von Common Ground und Ausschluss der Wiederbearbeitung, evtl. Zitate zur Rahmenverstärkung
3. Frage mit drei Frageparaphrasen zur Differenzierung von zwei Beispielerzählungen im eingebundenen Common Ground

4. Baumkuchen-Frageparaphrase: Frage und Frageparaphrasen gefüllt mit Assozi-
    ationshilfen und abschließendem Aufruf des gesamten Szenarios im eingebun-
    denen Common Ground
5. Satzbeginn mit Beendigungsaufforderung als Frageersatz

7 Veränderungsdarstellung und -legitimation in der Erfahrungserzählung mit Switch

[und GAnz zum schluss hab ich gedacht (.)
nee, jetzt quÄlste dich nicht mehr und
jetzt wÄhlste=s taxi an und fErtig]

Die Erfahrungserzählung mit Switch und ihr sequenzielles Schema wurde in Kapitel 2 schon erläutert und wird hier nicht mehr beschrieben. Als Mittel zur Beobachtung von Veränderungen im therapeutischen Prozess wurde sie schon in den Kapitel 4 und 5 mitgeführt. An dieser Stelle soll sie nun unter dem Aspekt der Lösung für ein Problem analysiert werden.

Die Erfahrungserzählung ist eine der bedeutendsten Grundlagen für die Sozialisation und Kulturevolution, durch die Wissen an andere Menschen und die nächste Generation weitergegeben werden kann. Da gibt es das gelernte Faktenwissen, aber auch das durch die Sozialisation internalisierte Wissen, Praxiswissen sowie das biographische Wissen durch eigene Erfahrung. Die Weitergabe von Wissen ist für das Leben und Überleben der Gemeinschaft sehr wichtig und sichert das Überleben. Für die Wissensweitergabe werden Zeichen und Symbole sowie Bilder, Graphiken etc. benutzt (vergl. Psathas 1979), für die Weitergabe von Erfahrungswissen aber spielen Mimik, Gestik und insbesondere die Sprache die wichtigste Rolle. Ob die Erzählung eine eigene Erfahrung beinhaltet oder nicht bleibt dabei oft vage, manchmal wird es durch den Kontext der Äußerung deutlich oder es muss, falls daran Interesse besteht, durch Nachfragen geklärt werden.

Es gibt verschiedene Erfahrungserzählungen, von denen die einfachste als Wiedergabe einer generalisierten Erfahrung an ein Du adressiert erscheint, wie „wenn Du nach Berlin fährst, musst Du durch die DDR fahren". Dabei bleibt unklar, ob die Erfahrung bzw. das Erlebnis eine persönliche ist und der Sprecher gerade aus reflexiver Perspektive in seine Vergangenheit blickt oder ob er sein Wissen von anderen übernommen hat. Schütz schreibt bei seiner Analyse über Sinn von Erlebnissen: „Daß ich überhaupt des Sinns eines Erlebnisses inne werde, setzt voraus, daß ich es in den Blick fasse und aus allen anderen Erlebnissen, in denen ich lebe, ‚heraushebe'." (Schütz 1932/1960:39). Dadurch wird es ein „wohlumgrenztes Erlebnis" und man kann „von ihm aussagen, dass wir mit ihm einen ‚Sinn verbinden'" (ebd.: 39-40), Hervorhebung im Original). Eine Erfahrungserzählung beinhaltet eine Rückschau oder Reflexion über das Erlebnis und hebt es aus anderen Erinnerungen heraus. Eine tief greifende Lernerfahrung oder die Erfahrung eines Umdenkens ist in der Reflexion für das Subjekt eine in sich sinnvolle Erfahrungseinheit, die unter bestimmten

Umständen stattgefunden hat und deren Teilabschnitte sich auch in der Erzählung sinnvoll als Sequenzen aneinanderreihen müssen, um für den Zuhörer logisch zu erscheinen. Dabei können einerseits die Aussagen anderer oder eigene Gedanken in wörtlicher Rede zitiert und das Erlebnis reinszeniert werden oder es kann auch eine Vermischung von innen und außen stattfinden. Viele Erfahrungserzählungen über einen Veränderungsprozess enthalten Wiedergaben wörtlicher Rede oder Gedanken-zitate in wörtlicher Rede, die einen Personalpronomenwechsel von „ich auf du" mit verschiedenen Bedeutungen enthalten können, wie zum Beispiel die Inszenierung ei-nes Wechsels (Switch) der Rollenposition (Footing) als wörtliche Rede einer anderen Person oder auch eine Veränderung der persönlichen Haltung in der Vergangenheit. Barnes/Moss (2007) haben bei ihren Untersuchungen zu „reported private thought" (RPT) ähnliche Beispiele mit vielen Positionswechseln im Footing gefunden, doch wird der Personalpronomenwechsel, auf dem hier der Fokus liegt, von ihnen nicht untersucht.

Die Einnahme einer veränderten Haltung verlangt vom Akteur eine Distanzierung von seinem früheren Denken und Handeln, also eine Distanzierung von sich selbst, was nur durch eine gewisse Selbstreflexion möglich ist. Die sprachliche Darstellung solch einer Veränderung geschieht in der Erfahrungserzählung häufig durch biogra-phisches Auseinanderziehen (diesmal-sonst, früher-jetzt), durch das „downgrading", wobei etwas, das früher als wertvoll galt und geschätzt wurde, nun herabgewürdigt wird, kann aber auch durch den Switch dargestellt werden.

Für den Erzähler ist aber nicht nur die eigene Distanzierung zu seiner früheren Haltung wichtig, sondern auch die Legitimation dieser Veränderung für das soziale Umfeld. Eine Entscheidung gegen das normale Verhalten kann Trennung oder Aus-grenzung aus der Gruppe bedeuten, wenn es für diese nicht nachvollziehbar ist und im therapeutischen Kontext hat die Logik der Darstellung auch eine Auswirkung auf die Diagnose. Wenn die Gemeinschaft verstehen kann, weshalb der Akteur anders denkt oder sich anders verhält, verringert die Gefahr von Ablehnung und Stigmatisierung er-heblich. Wie Deutungsmuster mit bestimmten kulturell geprägten Normalitätserwar-tungen einhergehen, so ist auch Stigma eng verbunden mit moralischen Erwartungen. Goffman bezeichnet diejenigen, „die von den jeweils in Frage stehenden Erwartungen nicht negativ abweichen" als die „Normalen" (Goffman 1975: 13). Der Begriff des Stig-mas wird von ihm in Beziehung auf eine Eigenschaft definiert, „die zutiefst diskredi-tierend ist" (ebd.: 11). „Erving Goffman (1968) defined ‚stigma' as an expectation of a discrediting judgement of oneself by others in a particular context" (Manzo 2004: 401). Das Stigma ist nicht an die Eigenschaft als solche gebunden, sondern entsteht erst durch die Beziehung zwischen der vorliegenden Eigenschaft und der Erwartung an den Ste-reotyp, der dem Individuum zugeschrieben wird. Goffman unterscheidet drei Typen von Stigmata: die physischen Deformationen, die individuellen Charakterfehler und die „Phylogenetischen Stigmata von Rasse, Nation und Religion" (Goffman 1975: 13).

Die Legitimation der Veränderung von Deutungsschemata und Deutungsmustern mit verändertem Verhalten hat zwei Implikationen: Erstens kann der Wechsel einer Haltung in Bezug auf Deutungsmuster und Schemata leicht als moralische Verfehlung und individuelle Charakterschwäche bzw. als Charakterfehler gedeutet werden, da die Normalitätserwartungen durch die neue Haltung irritiert werden. Die Erzählung darüber kann also leicht zu einem Face-Verlust des Erzählers führen. Der Switch mit Einnahme einer anderen Haltung verweist auf etwas moralisch Fragliches, denn es deutet auf ein Umdenken oder eine Erkenntnis, die von den Menschen in seiner Umgebung nicht in gleichem Maße nachvollzogen wird. Die moralische Implikation und die Nähe zu krisenhaftem Erleben in unterschiedlichen Ausmaßen spiegelt die gesellschaftliche Situation, in der sich ein Subjekt während eines Umdenkprozesses befindet. Es muss sich von eigenen früheren Gedanken und Gefühlen distanzieren und wird damit zeitweise für sich selbst, in jedem Fall aber für Familie und Freunde befremdlich. Gleichzeitig symbolisiert der Switch mit Personalpronomenwechsel in manchen Fällen auch einen Kontrollverlust, wobei Gedanken anderer unkontrolliert aus der Erinnerung auf den Akteur eindringen und sein Fremdheitsgefühl verstärken. Je fester das Deutungsmuster der Umgebung und je stärker die emotionale Bindung zur Gemeinschaft und deren Erwartungshaltungen an ihre Mitglieder, desto befremdlicher und moralisch prekärer wirkt das Subjekt auf die Mitmenschen und umso eher wird sein Verhalten als deviant oder krankhaft gedeutet.

Zweitens besteht das Problem des Erzählers von Wendepunkten und Positionswechseln auch darin, die eigene veränderte Haltung deutlich zu machen, logisch zu begründen und zu legitimieren, ohne dabei die Anderen zu brüskieren, die ihre Position beibehalten. Eine Lösung dafür ist das Gedankenzitat, denn Gedanken sind eine höchst persönliche, intime Erfahrung oder enthalten persönliche Erkenntnis. Auch durch die Bezugnahme auf die ganz persönliche und negativ bewertete Ausgangssituation mit eben in diesem Kontext auftretenden Kognitionen wird die Veränderung bzw. Entscheidung gegen die Norm nicht so gesichtsverletzend, je nach Situation eher für den Erzähler oder für den Rezipienten. Durch das Gedankenzitat wird die Erfahrungserzählung authentisch, es verweist auf den Höhepunkt der vergangenen dramatischen Situation, in der Distanzierung, Erkenntnis, Umdenken, Erfahrung oder Lernen stattgefunden hat. Der Zuhörer wird vom Erzähler quasi mitgenommen in den subjektiven Innenraum des Erzählers, er erlebt die intimen Denkvorgänge des Erzählers in der Situation mit und kann dessen Reaktionen folgen. Ein Umdenken wird damit für den Rezipienten logisch nachvollziehbar und „accountable" (Garfinkel 1967) und macht die Erfahrungserzählung mit Switch zu einer der „accounting practices", die dem Rezipienten Wissen über den Sprecher vermitteln. Die Erfahrungserzählung mit Gedankenzitat dient insofern sowohl der Legitimation des Sprechers als auch der intersubjektiven Wissensgenerierung.

Außer der Darstellung einer Distanzierung vom eigenen Denken durch Selbstreflexion und die Legitimation vermittelt das Gedankenzitat mit Du-Adressierung drittens auch Empathie. Durch die Adressierung mit ‚Du' kann sich der Zuhörer angesprochen und einbezogen fühlen, sowie Mitgefühl entwickeln und die Reaktion nicht nur logisch, sondern auch empathisch nachvollziehen. Da der Erzähler oft nicht weiß, ob der Zuhörer selbst schon einmal einen größeren Wendepunkt oder Einbrüche im Leben erfahren hat, weiß er auch nicht, ob der Andere sich in sein dramatisches Erleben einfühlen kann. Der Wechsel des Personalpronomens in der Erfahrungserzählung symbolisiert den Positionswechsel einer Haltung, den Umschwung zwischen einem früheren Denken und einem neuen Denken. Der Du-Turn im Redezug stellt den Umschwung dar, ohne aber die ganze Dramatik mitzutransportieren. Insbesondere jüngeren Subjekten, die selbst noch keine größeren Krisenerlebnisse hatten, bleibt die Dramatik der Erfahrung in ihrem ganzen Ausmaß oft verschlossen. Je nach Inhalt kann der ‚Switch in die Du-Position' im Gedankenzitat deshalb als indexikaler Verweis auf die schwierigen Umstände der Auseinandersetzung mit der Umwelt dienen, ohne dass sie konkret ausgeführt werden müssen. Bergmann weist darauf hin, dass indirekte Anspielungen nur von denjenigen in ihrem ganzen Ausmaß erkannt werden können, die die Anspielung verstehen (Bergmann 1992: 151). Zu einer Anspielung wird der Personalpronomenwechsel vor allem dann, wenn es sich bei der Veränderung um die Anpassung eines größeren Deutungsmusters handelt, da bei der Durchsetzung in die praktische Realität gegen viele im alten Denken verhaftete Personen standgehalten werden muss und die Anpassung zumeist krisenhaft verläuft.

Viertens kann die Erfahrungserzählung mit Switch aber auch dafür genutzt werden, um kognitive Strategien weiterzugeben und Erfolge in der Therapie darzustellen oder beobachtbar zu machen. Durch das Abwenden und sich Herauslösen aus sozialisierten Deutungsmustern oder Schemata der Erfahrung findet eine zunehmende Individuierung statt, die sich später im Handeln des Subjektes ausdrückt. Nach Luckmann wird die „nachhaltige Stabilisierung der persönlichen Identität" immer mehr zur Privatsache und „man könnte analog zur Privatisierung von Religion und Moral auch von einer Privatisierung der persönlichen Identität sprechen" (Luckmann 2003: 393). Die Erfahrungserzählung mit Gedankenzitat kann deshalb je nach spezifischem Inhalt als Störung oder aber auch als ein Zeichen von Individuierung gehört werden.

7.1 Krise und Kognition in der Therapie von Frau Dörfler

Frau Dörfler ist eine junge Frau, die nach der Geburt ihrer Zwillinge eine Depression entwickelt und die Kinder abgelehnt hat. In den Gesprächen wird reflektiert, wie die heutige Situation entstand. Nach langer Wohnungssuche zog sie mit ihrem Partner in ein großes Wohnblock-Siedlungsgebiet, in der auch sein Bruder und seine Eltern lebten.

7.1. Transkript (D1, Zeile 878-918). Übernahme der mütterlichen Deutung.

1	P:	(-) u:nd äm (.) erst <u>später</u> ist mir eigentlich ä (.)
2		ich glaub ich war ich war so: froh, dass wir endlich
3		ne wOHnung gefunden haben, dass wir ENdlich zusammenziehn,
4		dass ich <u>überhaupt nicht (.)geschnallt habe (.)</u>
5		**äm (-) wo wo wo ziehst du eigentlich hin?**
6	T:	hmm
7	P:	ne alsos mei (.) das hat äm (.) ich glaube (.) meine
8		mama hat ganz (.) daran äm sehr lange zu knabbern
9	T:	hmmhm
10	P:	<u>also für sie ist das so,</u> ich hab sie verlassen, oder
11		ich hab (d=wohng von ihr) verlassen bin nach x-stadt
12		gezogen in (.) SEIne familie.
13	T:	hmhm
14	P:	für mich (.) hat das NIE so ausgesehen, ne. das war
15		ja einfach ne schÖne und gÜnstige wohnung,
16	T:	ja
17	P:	und wir können sparen,
18	T:	hmhm
19	P:	u:nd uns irgendwann ein haus kaufen, ne.
20	T:	hmhm
21	P:	was so angedacht ist
22	T:	hmhm
23	P:	u:nd äm (1) ja und <u>irgendwann</u> (.) also ich hab immer
24		zu meinem freund gesagt, ä (.) das ist ja wohl klar,
25		dass wir nicht jeden tag bei deinen ELtern sitzen
26	T:	ja
27	P:	oder bei seinem bruder oder umgekehrt.
28		neeneenee, wErden wir auch nicht.
29	T:	hmhm
30	P:	ja und dann (.) kam es halt, dass sein bruder
31		bei uns ins hochhaus gezogen ist, seine eltern
32		bei uns ins hochhaus gezogen sind während des sommers
33	T:	a:ch so, hmhm
34	P:	°h und äm (.) das eigentlich auch die ganze zeit
35		son kampf zwischen uns ist
36	T:	hmhm, immer noch ist
37	P:	immer noch ist, ja
38	T:	hmhm (1) das war ja nun eigentlich das, was sie sich NIcht
39		so vorgestellt hatten. ne, dass die famIElie dann (.)
40	P:	nee

Die Patientin berichtet, dass sie trotz täglichen Streits mit ihrem Freund zusammen-ziehen wollte. Schließlich fand der Freund eine Wohnung in einem Großstadtvorort und in der Nähe seiner Familie. In einer Andeutung macht Frau Dörfler dann darauf aufmerksam, dass später etwas geschehen bzw. eine Veränderung eingetreten ist. Das Personalpronomen [mir] verweist auf eine Veränderung in ihrer Wahrnehmung und das [eigentlich] darauf, dass sie es auch schon eher hätte bemerken können. Sie unter-bricht sich mit einem eingeschobenen „Account" in dem sie mit dreifacher Betonung erklärt, sie sei so froh gewesen. Mit dem lang gezogenen [so:] betont sie die Freude, danach die [wOHnung] und in der Reformulierung durch das wiederholte und be-tonte [ENdlich] das erhoffte Ende einer schwierigen Zeit. Wegen dieser dreifach be-tonten Freude über das Ende der Unsicherheit hat sie etwas nicht bemerkt. Mit dem Personalpronomen[21] [mir] gibt sie sich selbst als den Denker an, der sich hier durch Nichtdenken auszeichnet. Sie hat gerade nicht aus der Situation Schlüsse gezogen [nicht geschnallt], nicht eine reflexive Haltung eingenommen und sich die Frage [wo wo wo ziehst du eigentlich hin?] nicht gestellt. Die Frage zielt auf die Bedeutung oder die Auswirkung, die der Umzug an einen bestimmten Ort auf das Leben der Patien-tin haben könnte. Darüber hat sie offensichtlich bis dahin nicht nachgedacht.

Die anschließende Erläuterung erklärt die Weltsicht der Mutter, die ihr diese Frage anscheinend gestellt hat. Während der erste Teil des Satzes außer dem Umzug auch das Verlassenheitsgefühl der Mutter beinhaltet, weist die eingeschobene Refor-mulierung auf den sachlichen Tatbestand des Auszuges der Tochter aus der Wohnung hin, den die Mutter als Hinziehen in die Familie des Mannes betrachtet. Beide Male wird der Terminus [verlassen] gewählt und damit vom Zuhörer als relevant gehört. Der nachgeschobene prosodisch betonte Hinweis [in (.) SEIne familie] verschiebt die negative Emotion in diese Richtung und wirkt durch die gehörte Verkopplung von „verlassen – in seine Familie" als Indikator für eine möglicherweise emotional ge-steuerte, verkürzt-schematisch ablaufende kognitive Verkopplung von Verlassen ei-nerseits und Hinziehen andererseits. Diese wertende Sinnzuschreibung persönlichen Erlebens beinhaltet den moralischen Vorwurf des Verlassens, der durch soziale Deu-tungsmuster gespeist wird, denn Kinder sollten sich um ihre Eltern kümmern. Ein anderes Deutungsmusters geht davon aus, dass die Frau nach der Hochzeit mehr oder weniger in den Besitz des Mannes oder seiner Familie übergeht und die Ursprungs-familie ihren Einfluss verliert. Dieses Weltbild hat in der westlichen Gesellschaft allerdings kaum eine Bedeutung. Von dieser Perspektive der Mutter distanziert sich Frau Dörfler klar und betont mit [NIE]. Stattdessen hält sie ihre Perspektive dage-gen und weist das Verhalten des jungen Paares mit [was so angedacht ist] als übliche Category-bound Activities eines jungen Paares aus, das nach einem eher bürgerlich verankerten Deutungsmuster eine günstige Wohnung nimmt, spart und sich später Eigentum anschafft. Dieses Deutungsmuster hat sie höchstwahrscheinlich mit der

---

21   Auch Harvey Sacks hat sich mit Personalpronomen beschäftigt, siehe dazu Sacks (1992).

Sozialisation von ihren Eltern übernommen, da ihre Bindung an die Mutter sehr eng erscheint, denn sie hat noch bei ihr gewohnt und bezeichnet sie mit der Koseform [*meine mama*].

Nach dieser Darstellung der gegensätzlichen Weltbilder greift die Patientin mit [*irgendwann*] das [*erst später*] aus Zeile 1 wieder auf, führt aber auch jetzt nicht aus, was sie sagen will. Stattdessen rekonstruiert sie die Vergangenheit, in der ihr Freund und sie sich über eine gewisse Distanz zu seiner Familie einig waren und zitiert in Zeile 28 seine Zustimmung in einem Switch ohne Adressierung. Diese Distanz wurde für Frau Dörfler unvorhergesehen durch seine Familie wesentlich verringert indem diese kurz entschlossen die Gelegenheit ergriff, in ihr Hochhaus zu ziehen. Dadurch wuchs sich das Distanzhalten zu einem [*kampf*] aus, der [*immer noch*] andauert. Nun deutet die Therapeutin das, was die Patientin mit ihren Andeutungen eingeführt, bisher aber nicht ausgesprochen hat, nämlich ihre Nichtwahrnehmung oder die fehlende Vorstellung [*NIcht so vorgestellt*] darüber, dass seine [*famIElie*] sich so in ihr Leben drängen und die Situation so beherrschen würde.

Damit erhält die Frage der Mutter [*wo ziehst du eigentlich hin?*] als Anspielung auf den Ort in der Nähe der Familie des Mannes im Nachhinein eine für Frau Dörfler objektivierte Berechtigung und wird zu einer Frage, die sie sich auch selbst stellt. Es ist kein oder nicht nur ein durch Verlassenheitsgefühle gespeistes, von der Mutter subjektiv erlebtes, aber längst überholtes soziales Deutungsmuster, in dem die Familie des Mannes von dessen Ehefrau Besitz ergreift oder das Leben der jungen Familie beherrscht, sondern die Deutung verankert sich durch die persönliche Erfahrung der Tochter als gültiges gelebtes Deutungs- und Handlungsmuster, das sie nun zwar als existent hinnimmt, sich aber dennoch dagegen wehrt. Damit hat Frau Dörfler eine Haltungsänderung vollzogen, indem sie das Mit- und Nebeneinander zwei verschiedener Denk- und Lebensweisen als gültig erlebt.

Ambigue Du-Form
In diesem Gesprächsausschnitt geht es um die akute Krise von Frau Dörfler. Die Therapeutin hatte der Krise zunächst einen längeren Vorlauf zugeordnet, was die Patientin aber aus ihrer Perspektive als falsch darstellt und die Krise als plötzlich auftretendes Ereignis beschreibt.

7.2. Transkript (D1, Zeile 1120-1140)
1   P: neinnein (.) ich hab ja das sofort bemerkt,
2   also den freitag hatt=ich noch besuch von meiner
3   freundin
4   T: ja
5   P: und deren freund,
6   T: ja
7   P: und das war total gUt und wir saßen bis halb eins

8   uhr nachts und das war total schön
9   T: hmmmhm
10   P: und samstag habm hab ich mit meinem mann
11   gefrü:hstückt, wir sind aufn kinderflohmarkt
12   gegangen (-) gefahrn (.) das war auch noch
13   ↑schön, und dann (.) am späten nachmittag (.)
14   hab ich zu ihm gesagt, du hörmal, ich fühl mich,
15   als wär ich nicht in meiner hAUt,
16   T: hmhmh
17   P: als würd ich NEben mir stehn. ↓ **ACH das ist bestimmt**
18   **irgendwie=n nebenwirkung von deiner grippeimpfung**
19   **(.) hab ich dann auch so [ged↑acht.**
20   T: [selber
21   T: hmhm. ja, das ist das, was sie (.)
22   wIrklich= zur= zeit= erleben
23   P: genau
24   T: hmhm
25   P: dann halt am sonntag, dann ging es wEIter.

Mit [*neinnein*] widerspricht die Patientin der Annahme der Therapeutin, ihre Krankheit habe einen längeren Vorlauf gehabt und erklärt [*ich hab ja das sofort bemerkt*]. Danach beginnt sie, Vorlauf und Geschichte ihrer akuten Krise, die sie zum Arzt und in die Klinik führte, zu beschreiben [*also den freitag hatt=ich noch besuch von meiner freundin und deren freund*], was die Therapeutin jeweils mit [*ja*] kommentiert. Dabei bleibt unklar, ob sie diese Aussage schon kennt und dieses Wissen nun mit der jeweiligen Aussage abgleicht oder ob sie damit nur deutlich macht, dass sie verstanden hat. Wenn ungewöhnliche Ereignisse erzählt werden, muss auch die im Gegensatz dazu normale Situation dargestellt werden, damit die Abweichung für den Zuhörer deutlich wird. Der Erzähler stellt sich selbst damit als eigentlich ganz normal dar und streicht gleichzeitig die Ungewöhnlichkeit des aktuellen Erlebnisses hervor. Wooffitt (1992) schreibt, er folge Neisser (1982) indem er sagt, dass banale Zustandsbeschreibungen zur kulturellen Konventionen für das Erzählen außergewöhnlicher Erscheinungen gehören. Der Erzähler ist in die Konstruktion des Phänomens verwickelt und muss seine eigene Normalität darstellen. Durch die Banalität wird die Unschuld des Erzählers vor dem Auftauchen des Phänomens belegt, gleichzeitig kann sie die Kernaussage einleiten. Der Zuschauer soll das Ereignis als unabhängig vom Erzähler wahrnehmen und durch die Normalität der Situation wird der Kontrast verdeutlicht, die wörtliche Rede soll den objektiven und paranormalen Charakter der Erfahrung wiedergeben. Personen, die als Zeuge der Situation beigewohnt haben, werden benannt um zu zeigen, dass das Phänomen auch von anderen so beobachtet wurde und tatsächlich ungewöhnlich ist (Wooffitt 1992: 188ff).

Genauso verfährt Frau Dörfler indem sie zunächst erzählt, was alles noch schön war, bevor die Situation ins Negative gekippt ist [*das war auch noch ↑schön,*]. Durch die prosodische Hervorhebung des [↑*schön*] zeigt sie das Ende ihrer Aufzählung an und bereitet den Umschwung vor, der in der Zeit zwischen vormittags und dem [*späten nachmittag*] stattgefunden haben muss. Während nachts mit den Freunden und auf dem Flohmarkt noch alles gut war, fühlte sie sich am späten Nachmittag plötzlich nicht mehr okay und machte ihren Mann darauf aufmerksam [*hab ich zu ihm gesagt, du hörmal, ich fühl mich, als wär ich nicht in meiner hAUt,*]. Das kommentiert die Therapeutin nicht näher, so dass die Patientin ihre Aussage in einer Paraphrase reformuliert und genauer erläutert [*als würd ich NEben mir stehen.*], eine Erfahrung, die sie offensichtlich noch nicht kannte.

Im folgenden Satz setzt sie die Antwort durch die fallende Intonation ab und könnte damit die Deutung des Ehemannes über ihren außergewöhnlichen Zustand wiedergeben, obwohl sie dies nicht eindeutig durch die Voranstellung der Kognitionsbezeichnung mit Personenzuordnung markiert [↓*ACH das ist bestimmt irgendwie=n nebenwirkung von deiner grippeimpfung*]. Da sie keine klare Markierung setzt, ob diese Äußerung die Antwort ihres Mannes darstellt, – wie zum Beispiel ein „dann hat er gesagt" oder ihre eigene Kognition „hab ich gedacht" klarstellen würde – bleibt unsicher was sie ausdrücken möchte. Erst durch den Anhang [*hab ich dann auch so ge↑dacht.*] macht sie deutlich, dass sie selbst diese Deutung für sich zu mindestens akzeptiert hat. Auch der Therapeutin ist bisher noch nicht ganz klar, was die Patientin ausdrücken will und fordert mit ihrer Deutung [*selber*] eine Bestätigung oder Richtigstellung ein. Da auf diese fremd-initiierte Reparaturmaßnahme keine Ablehnung erfolgt, nimmt die Therapeutin das als Bestätigung [*hmhm*]. Eine mögliche Geste oder ein Kopfnicken der Patientin könnte hier ebenfalls Zustimmung signalisieren, was aber anhand der Tonbandaufzeichnung nicht zu ermitteln ist. Daraufhin deutet die Therapeutin die Aussage [*ja, das ist dass, was sie (.) wIrklich= zur= zeit= erleben*], was die Patientin nun bestätigt [*genau*]. Durch die Verständnisabsicherung der Therapeutin und die Bestätigung der Patientin ist nun klar, dass sie nicht nur die Antwort des Ehemannes dargestellt hat. Wäre es ausschließlich die Antwort des Ehemannes, dann wäre die Äußerung nicht relevant für die Diagnose. Nun ist aber eindeutig, dass die Erfahrung der Patientin beschrieben wurde, die von der Therapeutin als Symptom bewertet werden kann. Die Bestätigung der Patientin wird von der Therapeutin mit [*hmhm*] noch einmal registriert, damit ist die Situation endgültig geklärt. Die Patientin fährt nun fort und die Beiden klären das Missverständnis der Therapeutin auf, das Krankheitsphänomen habe eine lange Vorgeschichte.

In dem Transkript geht es um die Elaboration des Fremdheitsgefühles der Patientin im Vorfeld vor und als Symptomerlebnis während der Krise, deshalb beinhaltet die Frage einen Bezug zur Einschätzung und Diagnose des Erlebens durch die Therapeutin, womit der Kontext der Therapie an dieser Stelle des Gespräches wieder in den Vordergrund rückt. Diagnostische Symptomabklärungen können jederzeit während

der Therapie auftreten (Antaki et al. 2005: 631). Gleichzeitig ist in dem Transkriptausschnitt aber auch ein Gedankenzitat mit Personalpronomenwechsel enthalten, dessen inhaltliche Aussage sich auch auf die Deutung des Ehemannes beziehen könnte.
Was die Patientin meint, wird erst durch die Reparatur-Nachfrage der Therapeutin
geklärt. Die „Prinzipien der Verständigungssicherung", das prophylaktische „Recipient Design" und Reparaturen werden von Bergmann (1988: III: 39-46) beschrieben,
Kindt/Rittgeroth (2009) unterscheiden zwischen problemvermeidenden und prob-
lemverarbeitenden „Strategien zur Verständigungssicherung".

Verändertes Verhalten am Ende der Therapie
Frau Dörfler hat nach der Geburt ihrer Kinder eine Depression entwickelt. Sie ist
mit der moralischen Erwartung, dass sie ihre Kinder nicht nur liebt, sondern sich
auch liebevoll darum kümmert, überfordert und lehnte bzw. „stieß" die Zwillinge
zeitweise ab. Wie Frau Bauer in Kapitel 5, so ist auch sie viel damit beschäftigt, sich
als „gute" Ehefrau zu zeigen, ist aber nicht durch ein religiöses Meta-Deutungsmuster
zusätzlich festgelegt. Sie ist in der Therapie, damit sie die Sorge für die Kinder übernehmen und Hilfe innerhalb der Familie akzeptieren kann, ohne ihre Überforderung
in Panikattacken auszuleben. Zum Ende der Therapie muss sich Frau Dörfler auf die
Situation zu Hause vorbereiten. Der folgende Gesprächsausschnitt stammt aus dem
therapeutischen Abschlussgespräch. Nach einem Belastungsurlaub zu Hause wird
über eine für sie beängstigende Alltagssituation gesprochen, bei der die Patientin allein zu Hause war und mit den Kindern zur medizinischen Vorsorge-Untersuchung
fahren musste. Da es sich um den Abschluss der Therapie handelt, muss sie zeigen,
dass sie solche Situationen beherrscht.

7.3. Transkript (D3, Zeile 135-163)
1   T: was warn das für gefühle genau?
2   P: jaha das wieder son (.) da hab ich die kinder
3   wieder abgestoßen
4   T: ja
5   P: in dieser situation
6   T: hmmm
7   P: u::nd (.) ganz HEIß und richtig so (.) ja,
8   son seelischer schmerz, ne.
9   T: hmhm hmhm
10   P: u:nd
11   T: gabs auch noch mal so impUlse also (.) dass
12   sie sich sElber irgendwie (.) schÄdigen wollten,
13   P: ja:. aber nicht [ä (.) dass ich genaue vOrstellung
14   T: [hmm
15   P: habe, sondern einfach so dieses, also ich bin dann

16		einfach rumgelaufen zu hause wie n PUma im KÄfig.
17	T:	hmhm
18	P:	ne hin-und-her und hin-und-her und ich wusst nich,
19		was ich mAchen soll, ne. u:nd äm (.) hab mich
20		versucht abzulenken bin diese ganze liste (.)
21		im kopf durchgegangen was ich zu tUn habe
22	T:	hmm
23	P:	ne WAnd knau:tschen und able:nken [und .h musikhörn
24	T:	[hmhm
25	P:	oder irgendwie (.) [sowas
26	T:	[ja.ja.
27	P:	und GAnz zum schluss hab ich gedacht, **nee, jetzt**
28		**quÄlste dich nicht mehr und jetzt wählste=s taxi**
29		**an und fErtig.**
30	T:	hmhm
31	P:	und dann war vorbei
32	T:	hmhm
33	P:	ne (.) und dann war gut (.) ja.

Auf die Frage der Therapeutin reflektiert Frau Dörfler ihre Gefühle in der Situation zu Hause, als sie alleine mit den Zwillingen zum Arzt musste. Wieder hatte sie das Gefühl die Kinder abstoßen zu wollen, was die Therapeutin mit [*ja:*] als nicht unerwartet für sie zur Kenntnis nimmt. Mit [*in dieser situation*] differenziert die Patientin das Gefühl nun sofort als ein nicht (mehr) ständig vorhandenes, sondern nur (noch) in dieser einen spezifischen Situation aufgetretenes, womit sie ausdrückt, dass es ihr besser geht. Da die Therapeutin nicht reagiert fährt Frau Dörfler zögernd fort, wobei das lang gezogene [*u::nd*] sowohl Formulierungsarbeit ausdrückt, als auch auf Dispräferiertheit hindeutet während sie ihre Gefühle beschreibt. Mit ihrem doppelten Continuer [*hmhm hmhm*] scheint die Therapeutin mehr hören zu wollen, was die Patientin dazu bringt, erneut aber weiterhin zögernd auszuholen [*u:nd*].

Hier kürzt die Therapeutin ab und formuliert zielgenau was sie hören möchte, nämlich eine Auskunft darüber, ob dabei wieder Impulse zur Selbstverletzung aufgetreten sind. Diese Frage hat diagnostische sowie rechtliche Implikationen und verweist auf den Kontext der Psychiatrie und seinen gesellschaftlichen Auftrag. Die Klärung dieser Frage ist eine grundlegende Aufgabe der Therapeuten in der Psychiatrie, wo es um Heilung und um Schutz von Leben geht. Dabei wird zwischen Selbst- und Fremdgefährdung unterschieden, die beide jeweils eine Indikation für die Einweisung auf eine geschlossene Station durch ein psychologisches Krankengutachten (PsychKG) sein können. Insbesondere in diesem Fall, wo die junge Mutter die Verantwortung für einen bzw. zwei Säuglinge hat und das Fremdheitsgefühl sowie die „Abstoßung" der Kinder gerade den Grund für die Therapie bilden, gehört nicht nur die Behandlung der Mutter und Kontakt zu den Angehörigen zu den Aufgaben der Therapeuten, sondern auch die Gewährleistung der Sicherheit der Kinder. Die Abstoßung durch eine Mutter, die sich selbst verletzt und sich nicht unter Kontrolle hat, kann die Sicherheit der Kinder durchaus gefährden.

Wieder leitet Frau Dörfler ihre Antwort zögernd und auf Dispräferiertheit hinweisend mit einem prosodisch lang gezogenen [ja:] ein und stimmt dann auch nur teilweise zu. Bei ihrem Formulierungsversuch [aber nicht ä] scheint die Therapeutin schon zu verstehen, dass die Antwort differenzierter ist [hmm] und Frau Dörfler führt aus, dass sie keine klare Vorstellung hatte, sondern Unruhe verspürt hat, die sie am Beispiel eines Pumas im Käfig erläutert. Sie hat versucht das Problem zu lösen und die Situation vermittels einer kognitiven Strategie zu beherrschen, indem sie eine Liste im Kopf durchgegangen ist [diese ganze liste im kopf durchgegangen was ich zu tun habe]. Die Liste verweist wiederum auf den Kontext der Psychiatrie. In der Therapie erarbeiten sich die Patienten eine Art „Notfallkoffer", der aus einer Liste von individuellen Möglichkeiten zur Beherrschung schwieriger Situationen besteht. Dass eben diese Liste und nicht irgendeine andere gemeint ist, wird durch die Ausführung der Patientin in den Zeilen 23-25 deutlich, in der sie einige Beispiele auflistet [wand knau:tschen und able:nken und °h musikhören oder irgendwie (.) so was]. Diese Ausführung kommentiert die Therapeutin mit einem [ja.ja], mit dem sie schon nach dem [irgendwie] einsetzt und signalisiert damit, dass sie versteht was die Patientin berichtet und die Liste kennt, die sie ja als Einzel-Therapeutin und Fallverantwortliche vermutlich selbst mit ihr erarbeitet hat.

Danach kommt Frau Dörfler direkt zum Schluss [und GAnz zum schluss]. Sie markiert ihr kommendes Gedankenzitat durch die Überleitung als einen Gedanken, den sie sofort in quasi wörtlicher Rede und mit der Adressierung ‚Du' an sich selbst ausführt [hab ich gedacht, nee, jetzt quälste dich nicht mehr und jetzt wählste=s taxi an und fErtig]. Sie hat das Problem gelöst indem sie beschlossen hat sich nicht weiter zu quälen und stattdessen eine Entscheidung zu treffen. Durch Markierung und Ausführung der Kognition als Zitat aus der Position eines Du bzw. eines Anderen zeigt sie auch, wie sie sich von ihren Angstgefühlen distanziert und ihre schwierige Gefühlslage durch die Entscheidung für eine Handlung [wählste=s taxi] beendet hat, die sie dann trotz ihrer Ängste auch ausführte. Die Therapeutin bleibt unbestimmt, woraufhin die Patientin sicherheitshalber ihre Aussage paraphrasiert und das gute Ende betont [und dann war vorbei]. Da Frau Dörfler eher nach Hause entlassen werden möchte als ursprünglich vorgesehen, ist es für sie besonders wichtig der Therapeutin plausibel zu machen, dass sie es in der Therapie gelernt hat, nicht die Kontrolle zu verlieren und die Situation zu beherrschen. Wieder reagiert die Therapeutin nur mit einem Continuer, was die Patientin dazu veranlasst, ihre Aussage noch ein drittes Mal als kontrolliert abgeschlossen darzustellen [ne (.) und dann war gut (.) ja.].

7.2 Erfahrungserzählungen mit Switch in der Therapie von Frau Cerny

Frau Cerny berichtet von einem physisch-psychischen Zustand, in dem sie nicht mehr handlungsfähig ist, sie kann dann nicht einmal mehr denken. Um ihren Zustand zu verbessern, nutzt sie verschiedene kognitive Strategien. Kognitive Strategien bleiben allerdings nichts als eine Idee oder ein Gedanke, wenn sie nicht in die Alltagsrealität umgesetzt werden. In einem Zustand, in dem sie nichts mehr konnte und nicht mehr ansprechbar war, hat sich Frau Cerny andere Patienten als Vorbild genommen: [*dann hab ich mir immer wieder gesacht, die habens geschAfft. und wenn DIE das schaffen, schaffst du das AUch. das mUss wieder gehn*] (C3, Zeile 249-251). Dabei gibt sie die Kognition in ihrer Erfahrungserzählung so wieder, als spreche sie sich selbst von außen an oder als rede ihr jemand von außen gut zu.

Akute Krise mit kognitivem Totalausfall
Die Patientin hatte am Vortag eine Panikattacke in einem Supermarkt, in dem sie einkaufen wollte. Anhand dieses Erlebnisses wird nun im Therapiegespräch nach ähnlichen Situationen mit Panikattacken gesucht. Zunächst fiel der Patientin eine Situation mit Bällen in der Bewegungstherapie dazu ein, dann beschreibt sie ähnliche Zustände bei Krisen zu Hause.

\# 7.4. Transkript (C1, Zeile 190-217)

1	T:	äm haben sie ne situation (.) in erinnerung wo
2		ihnen das zuletzt in ihrem ALLtag auch OHNe bälle
3	P:	hmmm
4	T:	und ohne (.) kAUfhaus eng war
5	P:	ja (.) natürlich. wo ich das gefühl hatte, ich=ä
6		schAFFe das alles nicht mehr. das war einfach=ä (.)
7		zuviel. es fängt ja ganz sporadisch an nur son bisschen
8		immer mal dann reißt **man** sich zusammen und denkt (.)
9		**ach das machst du morgen,**
10		**heute schaffst=es ja nicht, aber morgen.**
11	T:	[beispielsweise? was machen sie mOrgen?
13	P:	[beispielsweise äm (.) müsste ich drIngend fEnster
14		putzen.<<dim> und dann hab ich mir gesagt (.)
15		nee heute nicht, **das machst du morgen.**
16		morgen hab ich dann gedacht (.)
17		**ja jetzt machste (.) machst EINS,**
18		aber nach einem fenster war ich total ALLe
19		und dann (.) hab ich gedacht (.)
20		**MEIn gott, aber jetzt musst du ja heute noch (.)**
21		**erstmal auch noch kOchen, also läßt du das fEnster sein,**

22   **dann machste erstmal DAS.**
23   JA dann kommt es dazu, dass **man**, ich hab ja den (vemute),
24   dass staub geputzt werden muss. dann hatte ich ja auch
25   noch die EINkommenssteuererklärungen da liegen, die dringend
26   weg mussten. °hh ja und dass=ä (.) hab ich dann (.)ja da hatt
27   ich auch das gefühl, **es** schlägt über mich zusammen.
28   T: hmm
29   P: und dann hab ich ja GAR nichts mehr gemacht
30   <<p> hab ich ja nur noch im bett gelegen>.
31   T: und was dazu gedacht?
32   P: gar nichts. einfach nur die DEcke und ich
33   <<all> ä ich will gar nicht sehen, wies aussieht,
34   ich hab die (.) jalousIe runtergemacht im schlafzimmer
35   dann sAh ich das nicht und > °h (.) das wArs dann.

Die Therapeutin fragt, ob Frau Cerny sich an noch eine andere Situation in ihrem Alltag erinnert, in der ihr eng war. Mit dem Ausdruck [*ohne bälle*] bezieht sie sich darauf, dass die Patientin aus der Bewegungstherapie berichtet hat, womit sie den Kontext der Therapie und die klinisch-therapeutische Organisation einbringt. Mit [*ohne kAufhaus*] bezieht sie sich auf die Panikattacke im Supermarkt am Vortag. Die Patientin beginnt mit [*ja (.) natürlich*], was darauf hindeutet, dass Panikattacken für sie nichts Neues und Ungewöhnliches sind, sondern öfter vorkommen. Das Gefühl, alles komme auf sie zu wie bei den Bällen in der Bewegungstherapie, kennt sie von Situationen, in denen sie sich überfordert fühlt [*wo ich das gefühl hatte, ich=ä schAFFe das alles nicht mehr. das war einfach=ä (.) zuviel.*]. Indem sie diese Situationen in Bezug zur Enge und als Überforderung beschreibt, stellt sie einen Zusammenhang zwischen Überforderung und Panikattacke her. Mit dem [*natürlich*] und dem unspezifischen [*wo*] schon eingeleitet, verallgemeinert sie den typischen Ablauf solcher Situationen im nächsten Satz [*es fängt ja ganz sporadisch an nur son bisschen immer mal dann reißt man sich zusammen*], die sich aus ihrer Sicht unabhängig von ihrer Person auch bei anderen so zu ereignen scheinen. Die Attacke erscheint unkontrolliert und von ihr nicht steuerbar, wobei aber zunächst typischerweise unter sporadischem Auftreten ein Zusammenreißen noch möglich ist. In dieser negativ bewerteten und verallgemeinerten Situation ist es aus ihrer Sicht normal zu denken [*ach das machst du morgen, heute schaffst=es ja nicht, aber morgen*] und die Tätigkeit zu verschieben. Dabei wird das Sprechen mit sich selbst wie an ein [*du*] in das Normale einbezogen. Das eigene Handeln wird in einen allgemeingültigen Zusammenhang gestellt und damit von persönlicher Verantwortung entlastet. Als sich Sacks (1975) damit befasste, wie eine verallgemeinerte Aussage als wahr oder falsch überprüft werden kann und die Verallgemeinerung „everyone" in „Everyone Has to Lie" untersuchte, hat er drei Möglichkeiten der Zuordnung beschrieben: die programmatische Relevanz einer Gruppe, das Umfassen einer kleineren

Gruppe als tatsächlich Alle und die Einordnung in Kategorien. Frau Cerny ordnet das Denken und Verschieben als eine kategoriengebunden-normale Tätigkeit einer Person mit solch einer Attacke ein, also in eine kleinere Gruppe, unter deren Programm sich die Patientin einordnet. Dabei wird der Zuhörer durch die Generalisierung und den Switch mit Du-Adressierung mitgenommen und zu einem potentiellen Akteur, der unter gleichen Bedingungen ebenso Denken und Handeln würde.

Die Therapeutin lässt die Verallgemeinerung nicht so stehen, sie fragt nach einer Spezifizierung. Dabei fordert sie nicht nur ein konkretes Beispiel für die verschobene Arbeit an, sondern sie führt auch die generalisierte Aussage der Patientin auf diese [sie] zurück und fokussiert mit [mOrgen] auf die Tätigkeit am nächsten Tag. Frau Cerny beginnt ihre Antwort gleichzeitig mit der Therapeutin [beispielsweise äm (.) müsste ich drIngend fEnster putzen] und zeigt damit, dass sie schon weiß, was von ihr erwartet wird. Dann beschreibt sie immer leiser werdend ihre Kognition dazu, die diesmal keine verallgemeinerte ist, sondern ihre persönliche [und dann hab ich mir ge- sagt (.)]. Die verallgemeinerte Aussage über das normale „Programm" bzw. Verhalten der Gruppe versucht Frau Cerny nun am eigenen Beispiel als wahr zu erklären. Sie weißt sich damit selbst als Kenner solcher Situationen aus, der eigene Erfahrungen in das Wissen einbringt, so dass ihre Beschreibung als Beleg gelten kann. Sie führt drei Beispiele an, wie sie sich etwas vornimmt, das sie dann aber doch in einer Um- entscheidung zu einem großen Teil wieder auf den nächsten Tag verschiebt. Der Hal- tungswechsel und die Entscheidung werden dabei jeweils durch das Gedankenzitat mit Personalpronomenwechsel deutlich gemacht.

Nach den drei Beispielen aus ihrem Leben wechselt die Patientin wieder von sich persönlich auf die Verallgemeinerung [JA dann kommt es dazu, dass man], unterbricht sich und positioniert sich wieder in einer konkreten Situation, die vermutlich kurz vor ihrer Einweisung in die Klinik stattfand. Dann zählt sie weiter auf, was sie ihrer Meinung nach in dieser Situation noch alles hätte tun müssen. Sie beschreibt eine Kumulation von Anforderungen, die sie nicht nach Relevanzen geordnet in eine sinnvolle Reihenfolge bringen und erledigen konnte. Dabei reinszeniert sie mit ihren mehrfachen Haltungs- wechseln ihre Unsicherheit, die sich im Gespräch spiegelt und fortsetzt [°hh ja und dass=ä (.) hab ich dann (.)] bis sie das Gefühl bekommt, alles schlage über ihr zusammen [ja da hatt ich auch das gefühl, es schlägt über mich zusammen]. Mit dem [auch] bezieht sie sich zurück auf die initiierende Frage der Therapeutin nach einer weiteren Situation.

Sie bleibt ganz bei sich als sie beschreibt, sie habe sich angesichts der anschei- nend unüberwindbaren Anforderungen ins Bett zurückgezogen [und dann hab ich GAR nichts mehr gemacht, nur noch im bett gelegen]. Da Frau Cerny hier keine Kog- nition benennt und zitiert, fragt die Therapeutin noch einmal explizit nach was sie gedacht hat. Doch sie hat nichts gedacht [gar nichts. einfach nur die DEcke und ich]. Dann fügt sie in einem „rush through" (Schegloff 1982: 76) eilig einen „Account" hinzu [<<all> ä ich will gar nicht sehen, wies aussieht, ich hab die (.) jalousIe runterge- macht im schlafzimmer dann sAh ich das nicht und > °h (.) das wArs dann]. Um die

Arbeit nicht sehen zu müssen, hat sie die Jalousie heruntergezogen. Da sie den ersten Teil des Satzes im Präsens formuliert [*ich will gar nicht sehen*], beinhaltet er außer der vergangenen Situation auch die heutige Haltung der Patientin in solch einer Situation. Ein anderes Verhalten oder Umdenken war ihr bis jetzt noch nicht möglich. Dass sie die Situation zu Hause auf die Frage nach ähnlichen Situationen wie bei der Bewegungstherapie oder im Kaufhaus beschreibt, die während ihres Klinikaufenthaltes auftraten, verweist darauf, dass das „Liegen-und-nichts-mehr-Denken" auch ihr Verhalten bei Überforderungssituationen in der Klinik wiedergibt.

Darstellung eines veränderten Zustandes
Im folgenden Gesprächsausschnitt geht es um die Frage woran die Patientin merkt, dass es ihr ein wenig besser geht und in diesem Zusammenhang fragt die Therapeutin auch nach kleineren Erfolgen (siehe auch Kapitel 3; Maße aushandeln).

7.5. Transkript (C2, Zeile 37-50)
1   T: hmhm. wie gings ihnen denn gestern bei dem
2   vOrhaben ä vielleicht anzufangen den brief
3   zu schreiben? oder die karten zur erstkommunion
4   P: hab ich noch nicht.
5   T: das heißt, es steht noch AN.
6   P: das steht an (.) wird geschoben (.) ne jetzt
7   hab ich erstmal ZEItung gelesen.
8   T: hmm
9   P: AUchn zeichen. ich lese die zeitung ä (.) in
10   EIns durch. und nicht nach einer hälfte dann
11   **weiß=ich nicht mehr, was hAste gelesen, und**
12   **leg=se erstmal wieder anne seite**, also die zeitung
13   les=ich jetzt (.) an einem stück durch! wenn=ich
14   die zeit dazu habe.
15   T: hmhm
16   P: das sind so merkmale, wo ICH es dran merke.

In Zeile 1 bis 3 bezieht sich die Therapeutin auf ein Gespräch zwischen Therapeutin und Frau Cerny, das am Vortag oder noch davor stattgefunden haben muss, wodurch der klinisch-therapeutische Kontext aufscheint. Das Gespräch ist Teil einer langen Kette von Gesprächen, die relativ kurz aufeinander folgen und aneinander anknüpfen. Sie fragt, wie es der Patientin mit ihrem Vorhaben gegangen ist, einen Brief oder Karten zur Erstkommunion zu schreiben. Durch den Hinweis auf die Erstkommunion werden zugleich die Jahreszeit (Sonntag vor Ostern), aber auch die bevorstehenden Familien-Feiertage zu einem möglichen Thema. Die Patientin greift in ihrer Antwort allerdings keine dieser Möglichkeiten auf. Mit der schnellen und knappen Antwort unterbricht sie den Satz der Therapeutin [*hab ich noch nicht.*], die gerade darauf zu-steuerte, mögliche Adressaten [*an den*] zu benennen. Mit ihrem Einwurf vermeidet die Patientin lange Ausführungen oder Spekulationen über die Bedeutung des Brie-fes. Die Therapeutin folgert daraus, dass sie diese Aufgabe noch lösen muss [*das heißt, es steht noch AN*]. In ihrer Deutung und durch die Betonung des letzten Wortes macht sie das Vorhaben zu einer problematischen Herausforderung, die bisher nicht erfolgreich gelöst wurde und noch bevorsteht. Damit rücken mögliche Befürchtun-gen oder Ängste der Patientin in Bezug auf das Schreiben in den Vordergrund.

Frau Cerny bestätigt die Deutung [*das steht an*] und ergänzt mit den nächsten zwei Worten kurz und knapp, dass dieses Vorhaben verschoben wird und insofern kein direktes Problem für sie darstellt. Solche Partikel wie [*ne*] (pursuits) können zur Vermeidung von Ablehnung möglicherweise dispräferierter Antworten dienen „a pri-or speaker might attempt to counter, override, interrupt, an ‚unfavorable' response" (Jefferson 1981: 54). Mit dem nach Bestätigung suchenden und Antwort elizitierenden Partikel [*ne*], das hier wie ein verkürztes „nicht wahr" erscheint, wird die von der Therapeutin angesprochene Frage oder das Thema, aber auch die Antwort darauf als möglicherweise für die Therapeutin dispräferiert antipiziert. Die Patientin leitet nun auch keine Begründung für das Verschieben ein, sondern bietet der Therapeutin eine Ersatzleistung für die von ihr erwartete Handlung an [*jetzt hab ich erstmal ZEItung gelesen*]. Dass hier überhaupt eine Erwartung auf eine Art „Bringeschuld" und Ko-operationsbereitschaft bestehen kann, verweist auf das für Therapien oder auch Aus-bildungsverhältnisse bestehende Hierarchiegefälle oder auf die Asymmetrie zwischen Arzt und Patient (Heritage 1997: 163f), (ten Have 1991). Der Therapeut erwartet, dass bestimmte vom Patienten selbst gewählte Vorhaben auch durchgeführt werden oder aber eine Begründung für die Verzögerung genannt wird.

Diese Begründung wird nun in Zeile 9 von der Patientin eingebracht, indem sie das beschriebene Zeitungslesen als ein Zeichen deutet, das ihren verbesserten Ge-sundheitszustand markiert. Da diese Deutung für andere Personen aber nicht sofort als Verbesserungszeichen erkennbar ist, muss die Folie des früheren „Schlechtgehens" dagegen gehalten werden. Diese Kommunikationsaufgabe erledigt Frau Cerny indem sie den Einschub zu ihren Erfahrungen aus der Vergangenheit [*und nicht nach einer hälfte dann weiß=ich nicht mehr, was hAste gelesen, und leg=se erstmal wieder anne seite,*] als Gegensatz im Litotes formuliert. Diesen Einschub rahmt sie durch eine Paraphrase, die den Einschub biographisch absetzt. Die Abschlussbemerkung betont das Besonde-re der aktuellen Situation und erklärt, was das Zeichenhafte ausmacht [*wenn=ich die zeit dazu habe*], nämlich die Möglichkeit der Selbstbestimmung über ihre Zeit, in der sie sich darauf konzentrieren möchte. In ihrer Satzkonstruktion wird der Gegensatz durch den Einschub markiert, der durch die Verneinung des Gegenteils (Litotes) ein-geleitet wird. Hätte sie sich früher nach der ersten Hälfte gefragt was sie gelesen hat, so hätte sie festgestellt, dass sie es nicht mehr weiß und sich danach gesagt, es sei besser die Zeitung erstmal wieder zur Seite zu legen. Diese komplizierte Aussage wird durch die Satzkonstruktion mit Switch ins Du elegant abgekürzt und wesentlich vereinfacht. Er symbolisiert die typisierte reflexive Haltung, die sie sowohl früher als auch heute beim Lesen einnimmt und verdeutlicht mit der Gegensatzformulierung die eingetretene Veränderung in der sonst typischen Situation. Unterstützt wird der Gegensatz durch das [*jetzt*] in der Paraphrase und die abschließende Bemerkung weist darauf hin, dass sie jetzt im Gegensatz zu damals die Kontrolle über den Vorgang hat. Mit der Einschränkung [*wenn=ich die zeit dazu habe*] zeigt sie, dass heute eine mögliche Unterbrechung des Zeitungslesens nicht mehr von ihrem Gesundheitszustand abhängig ist, sondern nur mit mangelnder Zeit zusammen hängt. Dann betont sie mit [*das sind so merkmale, wo ICH es dran merke.*] ihre Deutung des Vorgangs als persönliches Anzeichen zum Erkennen des Gegensatzes für „jetzt besser" im Vergleich zu „vorher". Die Zeitung in eins durchlesen zu können wenn die Zeit es ihr erlaubt, ist für sie ein Merkmal, an dem sie selbst erkennt, dass es ihr besser geht.

Mit dem betonten [*ICH*] zeigt sie ihre Eigenständigkeit gegenüber der Therapeutin in der Deutung über Zeichen und Merkmale, die sich auf ihr persönliches Erleben beziehen und ihre Kompetenz in der Bewertung ihres eigenen Innenlebens. Sie macht sich damit zur Expertin über die Ausdeutung ihres Verhaltens gegenüber der möglicherweise bestehenden Erwartungshaltung der Therapeutin, sie müsse das Vorhaben mit den Karten zu Ende bringen, um Fortschritte über ihre Krankheit zu zeigen. Barnes/Moss zeigen eine ähnliche Situation, in der ein Autoritätskonflikt zwischen Patient und Therapeut auftritt, weil der Patient an seiner normalen Deutungshoheit über seine eigenen Erlebnisse orientiert ist. Die ist aber in der Therapie aufgehoben, es besteht eine gemeinsame Deutungshoheit oder „shared authority" (Barnes/Moss 2007: 138). Die Eignung der Messinstrumente für Therapierfolge muss deshalb interaktiv ausgehandelt werden, wobei unterschiedliche Vorstellungen und Erwartungen zu verschiedenen Deutungen führen und einen Autoritätskonflikt beinhalten können.

Generalisierte Lern-Erfahrung als Strategie zur aktuellen Alltagsbewältigung
Frau Cerny war es gewohnt an Feiertagen Gäste einzuladen und zu kochen, womit sie sich aber seit ihrer akuten Erkrankung überfordert fühlte. Nun möchte sie während der Therapie diese Gewohnheit wieder aufgreifen, doch könnte die Planung solch eines Festes während der Therapie für sie vielleicht zu viel werden. Im Folgenden nutzt die Patientin eine generalisierte Lern- Erfahrung und setzt diese strategisch ein, um Überforderung in der Zukunft zu vermeiden.

7.6. Transkript (C2, Zeile 592-608)
1   T: vielleicht sich nicht so (.) zu übernehmen
2   mit dem WAS dann alles gemacht wer[den soll
3   P: [nee so ist
4   das hAlt mal so, ne

5   T: aber es kAnn ihnen n gutes gefühl offensichtlich
6   geben
7   P: hmm
8   T: auch DA wieder die EIGene HAUT (.) anzunehmen.
9   und dann sich nÄher zu kommen
10 P: [ja das ist also das ist
11 T: [das sehn sie AUch so (.) ja
12 P: ja °h dass ich immer so das gefühl im ä (.)
13   rücken hab, **mensch du kannst gehn,** wennde wenn's
14   nicht mehr ist und hIEr kannste **dich** hinlegen
15   und schlafen. oder einfach aus dem gewühl wenns
16   nachher ZUviel wird einfach RAUs.
17 T: hmhm
18 P: sind so ACHt leute (.) IS schon ne menge oder
19   NEUn manchmal
20 T: allerdings
21 P: jaja mhmh

Die Therapeutin rät der Patientin sich nicht zu überfordern, wobei ihr die Patientin spontan noch während sie spricht zustimmt und sich mit [*nee so ist das hAlt mal so, ne*] auf ihre Krankheit bezieht. Dies greift die Therapeutin mit dem [*aber*] auf. Auch wenn es nicht perfekt ist, kann das Kochen für die Patientin wichtig sein, da es ihr [*n gutes gefühl*] geben kann und zwar deshalb, weil sie damit ihre [*EIGene HAUT*] oder ihre alte Gewohnheit wieder aufgreift und es ihr helfen kann, [*sich nÄher zu kommen*]. Viele Patienten äußern in der Therapie, sie fühlten sich „nicht in ihrer Haut" oder Ähnliches und leiden an dieser Selbstentfremdung. Auch Frau Cerny hat davon gesprochen, dass sie soweit geht und in solchen Situationen wie zum Beispiel im Supermarkt [*ein ANderes*] (C1, 314) ist. Später unterscheidet sie zwischen einem Subjekt mit eigenem Ich und einem Menschen mit Depressionen [*dass man kein eigenes ICh hat (1) dass man einfach, ja (.) nichts hörn und sehen will und einfach liecht und (.) ja einfach (.) n ANderer MEnsch ist (.) mit depression*] (C2, 73-76). Da auch der Aufenthalt in der Klinik anders als zu Hause ist, ist es auf dem Weg von der Krankheit zurück in das alltägliche Leben wichtig, einen Platz im gesellschaftlichen Leben zu finden, der an das vorherige Dasein des Patienten adäquat anknüpft. Dabei werden durch die Krankheit verlorengegangene gesellschaftliche Kompetenzen oder vorher eingenommene „Plätze" [*da*] sozusagen zurückerobert [*wieder die EIGene HAUT anzunehmen*].

In Zeile 10 und 11 sprechen Patient und Therapeutin überlappend in einem kleinen „floor-fight" (Schegloff 1982: 76). Während die Patientin die Aussage der Therapeutin bestätigt [*ja dass ist also das ist*], beendet die Therapeutin ihren Turn, indem sie die Aussage der Patientin schon mit einbezieht [*das sehn sie AUch so (.) ja*]. Nach einer nochmaligen Bestätigung [*ja°h*] kommt die Patientin endlich dazu, eine komplette Antwort zu geben. Mit dem Frequenzanzeiger [*immer*] verallgemeinert sie die Erfahrung [*dass ich immer so*]. Die Erfahrung wird von ihr eher als Gefühl wahrgenommen und nicht als eine Kognition angekündigt [*das gefühl im ä (.) rücken hab*]. Der Inhalt der Kognition wird wieder als Gedankenzitat mit quasi wörtlicher Rede an sich selbst dargestellt [*mensch du kannst gehen, wennde*]. Das [*wennde*] reformuliert sie schnell in [*wenn's nicht mehr ist*], wechselt also von „du" auf „es ist", womit sie die Situation agensfrei und face-wahrend darstellt. Nicht sie kann nicht mehr, sondern die Situation ist eben so, „es ist nicht mehr". Mit dieser Ausdrucksweise gibt sie die Verantwortung für ihren möglichen Rückzug an die Krankheit ab.

Damit vermeidet sie es „wenn du nicht mehr kannst" oder „es ist nicht mehr möglich" auszusprechen, womit sie sich als unfähig darstellen würde. Dann wechselt sie den Modus von der verallgemeinerten Situation in die Gegenwart des Therapiegespräches, das jetzt gerade in der Klinik stattfindet [*und hIEr kannste dich hinlegen und schlafen,*]. Außer der Möglichkeit zurück in die Klinik zu gehen, könnte sie auch einfach rausgehen wenn es ihr zu eng wird [*oder einfach aus dem gewühl wenn's nachher ZUviel wird einfach RAUs.*]. Diese Erfahrung hat Frau Cerny in vorangegangenen Situationen schon gemacht, sie kann sich aus einer Situation zurückziehen wenn es ihr zu viel wird und auch in die Klinik zurückkehren wenn sie möchte. Dabei ruft sie sich in ihrem Gedankenzitat vermutlich auch die Aussage ihrer Therapeutin ins Bewusstsein zurück, die sie übernommen hat und für sich selbst wiederholt, so dass sie sie auf andere, ähnliche Situationen transferieren kann. Nun spezifiziert die Patientin das, was ihr möglicherweise zuviel werden könnte [*sind so ACHt leute*] und stimmt im nächsten Teilsatz einer möglichen Überforderungssituation schon vorauseilend zu [*IS schon ne menge oder NEUn manchmal*]. Indem sie selbst die Situation als schwierig darstellt greift sie einer Bemerkung der Therapeutin vor, gleichzeitig macht sie deutlich, dass ihre typische Feiertagskocherfahrung acht bis neun Personen umfasst. Das kommentiert die Therapeutin mit [*allerdings*], stimmt ihr also zu und verstärkt damit die Aussage [*IS schon ne menge*], woraufhin die Patientin ihr wiederum mit [*jaja mhmhm*] noch einmal Recht gibt. Durch diese gegenseitige Verstehensabsicherung ist nun beiden klar, dass der jeweils andere die Situation kritisch sieht. Gleichzeitig erhält die Aussage [*immer*] in der verallgemeinerten Erfahrung zusätzliche Relevanz, denn für die Patientin ist die Erkenntnis, sich zurückziehen zu können umso wichtiger, je größer die Herausforderung für sie ist. Diese generalisierte Erfahrung kann sie nun an den Feiertagen noch einmal üben und später unabhängig von der Klinik auch als Strategie für die Zukunft nutzen, womit das Thema vorerst abgeschlossen ist.

Nach der Therapie: Vorsatz und Aufgabe
In den Abschlussgesprächen geht es oft um eine Bewertung der Therapie, aber auch um die Planung des weiteren Lebens für den Patienten. Frau Cerny plant, in etwa drei Wochen wieder in ihre alte Arbeit einzusteigen. Sie wird gefragt, wie sie sich die Zwischenzeit bis dahin gestalten will.

7.7. Transkript (C3, Zeile 292-321)

1	T:	was würden sie bis dahin gerne äm (.) machen.
2	P:	°hh-hhh ich mache erstmal n bisschen im haushalt (-)
3		und werde dann auch sehn wie WEIt ich damit komme.
4		es ist für mich schon ä schwer (.)an einer bestimmten
5		stelle einfach AUfzuhörn und zu sagen,
6		**so XX das wArs für heute.** also DAS ist schon schwer
7		(-) nech also (.) mir so klEIne (-) sachen
8		vorzunehmen nur **und nicht zu denken das musst du**
9		**jetzt heute alles machen.** also ganz pö a pö voran
10		zugehen und dann merke ich ja (.) bekommt mir das
11		jetzt, oder mache ich jetzt erstmal wieder pause
12		(.) also das ist gAnz wichtig für mich (-) also
13		und das muss schon (.) das ist schon ne aufgabe.
14	T:	sogar n richtiges übungsfeld
15	P:	ja
16	T:	ein MINENfeld [ein ÜBUngsfeld
17	P:	[ja. für mich ja. (.) wo ich nicht
18		stillsitzen kann.
19	T:	hmhm
20	P:	aber ich habs mir fest vOrgenomen, das gAnz pö a
21		pö anzugehn.
22	T:	kÖnnte es dabei überrAschungen gEben?
23	P:	°hhh-hhh dass ich wieder zurückfalle. ((la [cht))
24	T:	[das zum
25		beispiel, gäbs noch überraschungen? (1)
26	P:	überraschungen?
27	T:	wo sie sich über sich wUndern würden.
28	P:	ä: (.) ich würde mich dAnn drüber wundern, wenn ich
29		denke, **MENsch (.) du hast jetzt DAS schon, dann**
30		**könnteste ja heute auch DAS noch machen, denn dir**
31		**geht es ja IMMernoch gut** (.) das wär ne überrAschung
32		(1) denn ich=ä habe mir fEst vorgenommen in mich
33		hinEInzuhören und zu mErken, ob ich das mAche
34		oder machen mÖchte oder nIcht.
35	T:	hm↑hm.

Frau Cerny leitet ihre Antwort auf die Frage der Therapeutin mit einem Seufzer bzw. einer tiefen Ein-Ausatmung ein und beschreibt, dass sie ein bedachtsames Vorgehen plant. Das begründet sie mit ihrer Schwierigkeit, aufhören zu können [*es ist für mich schon ä schwer (.) an einer bestimmten stelle einfach AUfzuhörn*]. Sie ist eine Frau, die

mit der Doppelbelastung von Haushalt und Beruf kämpft und dem Leistungsdeutungsmuster gemäß versucht, trotz der Arbeit einen „perfekten Haushalt" zu führen.
Das Aufhören verbindet sie mit einer Kognition [*mir vorzunehmen*], in der sie sich
selbst adressiert und sich sagt, dass es genug für heute ist [*und zu sagen, so XX (Vor-
name der Patientin) das wars für heute.*]. Dabei spricht sie sich selbst mit Namen an,
so als spreche wieder ein anderer zu ihr, der die Verantwortung für sie übernimmt.
   Durch die Paraphrasierung [*also DAS ist schon schwer (-) nech also (.)*] betont sie
die Schwierigkeit noch einmal, wobei sie das „Aufhören" mit der jetzt an die Therapeutin adressierten Äußerung [*mir so klEIne(-)sachen vorzunehmen nur*] noch einmal
aufgreift und zudem auch die an sich selbst adressierte wörtliche Rede, noch einmal
gegensätzlich im Litotes reformuliert [*und nicht zu denken das musst du jetzt heute alles
machen.*], denn das könnte leicht wieder zu Überforderungsgefühlen führen. Mit [*also*]
fasst sie das Aufhören, ,nur kleine Sachen vornehmen' und sich selbst zu begrenzen zusammen und paraphrasiert es noch einmal [*ganz pö a pö voran zu gehen*], bevor sie wiederum ihre antizipierte Kognition dazu benennt [*und dann merke ich ja*]. Der Vorgang
des Merkens muss erst in der Zukunft erfolgen, sie muss es einüben wahrzunehmen
und zu entscheiden, ob ihr etwas [*bekommt*] oder ob sie besser [*erstmal wieder pause*]
machen soll. Wiederum mit [*also*] greift sie nun noch einmal auf alles bisher Gesagte,
das gemeinsame Wissen zurück und betont in ihrer Zusammenfassung die Bedeutung
für sie, setzt noch einmal an [*also und das muss schon*] unterbricht sich, vermeidet es
auszusprechen, das müsse schon geübt werden und reformuliert schließlich in [*das ist
schon ne aufgabe*]. Das fünffache [*also*] zeigt, wie sie immer wieder ihre Aussage zusammenfasst und neu bearbeitet, um sich präziser auszudrücken. Wie Pomerantz (1984)
gezeigt hat, werden dispräferierte Aussagen durch Verzögerungen, Pausen, Wortver-
längerungen, Reformulierungen und Einschübe verzögert wiedergegeben.
   Hat sich die Patientin bis hierher schon schwer getan, ihre Herausforderung als
Aufgabe zu bezeichnen, so greift die Therapeutin dies nun auf, reformuliert und verstärkt die Aufgabe in [*sogar n richtiges übungsfeld*], was Frau Cerny bejaht. Die Therapeutin belässt es aber nicht dabei, sondern spitzt die Aussage noch einmal dramatisch
zu [*ein MINENfeld ein ÜBUngsfeld*], wobei der Ausdruck ,Minenfeld' auf im Weg
liegende Bomben/Minen hindeutet und damit auf ein kriegsnahes Geschehen verweist, wo jederzeit plötzliche Explosionen auftreten können. Die anschließende Reformulierung zurück auf ,Übungsfeld' impliziert, dass die mögliche Umgehung oder
Entschärfung von Minen geübt werden muss. Gleichzeitig mit [*ein ÜBUngsfeld*] in
Zeile 16 setzt die Patientin an und bestätigt das Minenfeld collaborativ [*ja. für mich
ja*], woraufhin sie den „Account" dazu liefert [*wo ich nicht stillsitzen kann*]. Mit [*aber*]
markiert die Patientin nun einen Gegensatz zum bisher Üblichen und formuliert ihre
Entscheidung [*ich habe mir fest vOrgenommen, das gAnz pö a pö anzugehen*]. Durch
den indexikalen Verweis [*das*] und die Paraphrasierung der vorherigen vorgeformten
Aussage [*pö a pö voran zu gehen*] als [*pö a pö anzugehen*] ergibt sich eine merkwürdige
Wendung, denn es wird nicht ganz deutlich, ob das Problem der Selbstüberforderung

durch das ‚langsam an Dinge herangehen' gemeint ist oder das langsame „Angehen"
bzw. das Üben an sich.

Diese ambigue Aussage wird von der Therapeutin nicht direkt hinterfragt, sie
fragt nach Überraschungen was die Patientin mit einem durch Stöhnen eingeleite-
ten möglichen Rückfall [°*hhh-hhh dass ich wieder zurückfalle*] beantwortet und lacht.
Doch die Therapeutin hakt nach und fragt nach weiteren möglichen Überraschungen. Durch die Pause [*(1)*] und die Nachfrage [*überraschungen?*] macht die Patientin
deutlich, dass sie nicht versteht was gemeint sein könnte, so dass die Therapeutin ihre
Frage reformuliert und die möglichen Überraschungen einschränkt, indem sie diese auf möglicherweise verwunderliches Verhalten der Patientin bezieht. Die bemüht
sich nun um eine adäquate Antwort und greift zunächst in Zeile 28 die Frage wieder
auf [*ä: (.) ich würde mich dAnn drüber wundern,*], wobei sie die Kognition ‚wundern'
der Kognition ‚denken' mit einer „wenn-dann" Formulierung wie natürlich zusammengehörend zuordnet [*wenn ich denke,*]. Dann gibt sie den verwunderlichen Gedanken in quasi wörtlicher Rede wieder [*MENsch (.) du hast jetzt DAS schon, dann
könnteste ja heute auch DAS noch machen, denn dir geht es ja IMMernoch gut*] und
bindet das Zitat anschließend mit [*das wär ne überraschung*] an die vorherige Frage
der Therapeutin zurück.

Der erste Teil ihrer Äußerung mit Selbstadressierung in Du-Form gibt ihre normale, aber sie krankmachende Gedankenlage wieder, denn sie hat ja oben beschrieben, dass sie nicht aufhören und stillsitzen kann und immer meint, sie müsste noch
mehr machen. Der zweite Teil der Formulierung [*denn dir geht es ja IMMernoch gut*]
stellt dagegen vor dem Hintergrund ihrer Krankheit und ihrem Erleben der letzten
Wochen für sie eine Überraschung dar. Bei dieser Deutung ist sie überrascht, dass es
ihr immer noch gut geht, so dass sie im Prinzip weitermachen könnte. Eine andere
Deutung ihrer Aussage könnte es aber auch sein, dass sie überrascht wäre, wenn sie
trotz der Therapie noch immer denken würde, sie müsse noch mehr tun, obwohl sie
schon ganz viel geschafft hat. Im Folgenden begründet sie ihre Aussage indem sie nun
als festen Vorsatz formuliert, was vorher von ihr als schwierig dargestellt wurde [*in
mich hineinzuhören und zu mErken, ob ich das mAche oder machen mÖchte oder nIcht*].
Durch diesen „Account" wird die zweite Variante ihrer ambiguen Aussage wahr-
scheinlicher, nämlich dass sie sich über solch ein Verhalten bei sich wundern würde,
obwohl sie sich fest vorgenommen hat in sich hineinzuhören. Dieser Variante stimmt
die Therapeutin mit einem durch betonte Intonation hervorgehobenen [*hm↑hm*] zu,
da sie eine aus therapeutischer Sicht positive Veränderung darstellt.

Die implizite „wenn-dann" Bindung der obigen Aussage „wenn du das schon
hast", – dann – [*könnteste ja heute auch DAS noch machen*] weist darauf hin, wie stark
die Kopplung zwischen ‚gut gehen' und ‚du musst das alles noch machen' als Denk-
Verhaltensmuster bei Frau Cerny ist. Es scheint, als habe sie nun verstanden worum
es geht und sich auch [*fEst vorgenommen*] sich zu überprüfen, aber die Realisierung
liegt noch in der Zukunft. Sowohl die Entscheidung als auch das neue Handeln

muss, wie von der Therapeutin mit Übungs- und Minenfeld bezeichnet wurde, erst noch in vielfältiger Weise gefestigt und eingeübt werden.

7.3 Mögliche Positionen im Switch

Wie in den Analysen deutlich wurde, kann die Darstellung von Kognitionen durch Gedankenzitate mit Switch den Wechsel zu verschiedenen kognitiven Positionseinnahmen darstellen, aus denen heraus der Sprecher sich selbst mit „du" anspricht. Insgesamt wurden in dieser Studie 17 Beispiele von Erfahrungserzählungen mit solchen möglicherweise auftretenden Positionswechseln untersucht, die hier noch einmal aufgelistet werden. Die darin vorgefundenen Positionswechsel werden zusammengefasst, wobei der Switch in einer der Darstellungen nicht auftritt.

Herr Ellerbrock (Kapitel 2): Beispiel zur Erklärung des Schemas

Herr Grosser (Kapitel 4): Vorwurfsvolle Frage von außen und Frage an sich selbst (G1, 121-137); Negativer Vergleich in wörtlicher Redewidergabe der Mutter (G1, 1556-174); Internalisiertes Deutungsschema in der Rede an sich selbst (G1, 609-627); Kognitive Handlungsstrategie und bewusste Umentscheidung (G1, 716-744). Das aufgebrochene Deutungsmuster (G3, 44-57), Darstellung ohne Switch.

Frau Bauer (Kapitel 5): Verrückung eines Deutungsmusters oder Darstellung suizidaler Kognitionen als fremdes Agens im Kopf (B1, 197-216); Wiederauftauchende Suizidgedanken (B2, 116-126); Kognitive Strategie in aktueller Realisierung (B3, 438-459); Verändertes Verhalten zu Hause (B3, 518-540).

Frau Dörfler (Kapitel 7): Übernahme der mütterlichen Deutung (D1, 874-918); Ambigue Du-Form (D1, 1120-1140); Verändertes Verhalten am Ende der Therapie (D3, 135-163).

Frau Cerny (Kapitel 7): Akute Krise mit kognitivem Totalausfall (C1, 190-217); Darstellung eines veränderten Zustandes (C2, 37-50); Generalisierte Lernerfahrung als Strategie zur aktuellen Alltagsbewältigung (C2, 592-608); Nach der Therapie: Vorsatz und Aufgabe (C3, 292-321).

Mögliche Positionswechsel im Switch:
0.   (Normale Wiedergabe wörtlicher Rede anderer Personen)
1.   Switch als ein ambigues Neben-sich-stehen, Fremdheitsgefühl (Gedanke in Du-Form)
2.   Switch in die Position eines anderen, der im Du-Turn zum Erzähler spricht (fremdes Agens, z. B. Mutter, Therapeut, Krankheit, Schmerz)
3.   Typisiert-verallgemeinerte Zuordnung der Erfahrung als normales Denken von Gruppenmitgliedern in solch einer Situation (depressive Menschen in akuter Krise), eigene Erfahrung als Beleg (Sprechen mit sich selbst im Du-Turn)

4. Distanzierte Positionseinnahme zu Gefühlen, die eine rationale Entscheidung ermöglicht (Sprechen mit sich selbst im Du-Turn)
5. Symbol für eine auf sich selbst bezogene, typisierte reflexive Haltung durch Vergangenheitseinschub mit Selbstgespräch im Du-Turn
6. Kognitive Strategie in aktueller Realisierung (Sprechen mit sich selbst)
7. Transformation einer Lernerfahrung auf die Zukunft (Sprechen mit sich selbst)

Die verschiedenen Varianten der Erfahrungserzählung beinhalten sowohl rekonstruktive als auch aktuelle Erlebnisdarstellungen, mit denen die Erzähler versuchen ihr Denken und Handeln als logisch und kohärent zu erklären und damit für den Rezipienten „accountable" zu machen.

In den Erfahrungserzählungen ist es besonders schwierig, die in Kapitel 1 theoretisch entworfene Trennschärfe zwischen Kognition und Kommunikation zu erhalten, insbesondere bei der Deutung von Äußerungen als kognitive Handlungsstrategien, die ja Prozesse des Innenlebens sind. Das Problem besteht darin, dass vom Patienten eine vergangene Situation rekonstruiert und gleichzeitig mit dem Zitat der Kognition präsentiert wird, während die Kognition Rede oder Ratschläge an sich selbst beinhaltet, die damals direkt in Handlungen umgesetzt wurden. So zum Beispiel bei Herrn Grosser „Kognitive Handlungsstrategie und bewusste Umentscheidung" [du machst jetzt hier (.) pausen du machst nicht nebenbei schon n (.) gottwEIßwas ...] (G1, Zeile 715-743).

Die als kognitive Handlungsstrategien gedeuteten Äußerungen des Patienten sind Prozesse des Innenlebens, die in der Rekonstruktion und Deutung des Erzählers damals über Stunden oder Tage in einem reflexiven Ablaufprozess zwischen Wahrnehmen, Denken und Handeln umgesetzt wurden. Aktuell sichtbar wird diese Reflexivität über einen längeren Zeitraum besonders bei Frau Bauer, da der Prozess noch nicht abgeschlossen ist. Sie hat am Vortag nicht mit ihrer Tochter gesprochen, um zunächst ihr Problem mit der Therapeutin zu reflektieren, ein Plan, den sie gerade in diesem aufgezeichneten Gespräch ausführt (B3, Zeile 438-459).

Ob diese Prozesse tatsächlich so stattgefunden haben oder nur eine Darstellung sind, bleibt letztlich offen, da sie nur in der Rekonstruktion erscheinen. Die Therapeuten üben es aber, mit den Patienten solche Pläne aufzustellen (Handlungsplan Herr Grosser zum Pause machen mit Stoppkarte zur Erinnerung) und Zeiträume zur differenzierten Betrachtung einzuräumen. Die Patienten lernen solche Praktiken zur besseren Bewältigung ihres Innenlebens und wenn sie davon berichten, nehmen die Therapeuten die Aussagen ernst: mal soll jemand weiter üben, mal wird das beschriebene Vorgehen positiv gewertet. Die Therapeuten „akzeptieren" die beschriebenen Kognitionen als gegeben, eventuell auftretende Widersprüche sollen in der kognitiven Verhaltenstherapie vom Patienten selbst in seinen Aussagen hervorgebracht werden.

8 Globaler Prozessablauf und therapeutische Aufgabenlösungen

[ist die frage
ob nicht wenigstens trÄUme
erlAUbt sein dürfen,
einfachmal HINzugucken]

Nachdem in den vorherigen Kapiteln viele Datenbeispiele zum Verlauf des Veränderungsprozesses analysiert wurden, wird in diesem Kapitel eine These über den Veränderungsprozess selbst aufgestellt. Das Konzept enthält sieben wichtige Komponenten des Prozesses und verschiedene Dynamiken, die diese Teilaspekte miteinander zu einem geschlossenen Ganzen verbinden. Ein zweiter Teil der These besagt, dass sich die Aufgaben der Therapeuten zum einen am institutionellen Kontext und zum anderen ganz individuell an den Problemen des Patienten sowie an seinem fortschreitenden Veränderungsprozess orientieren.

Wie Peräkylä erklärt, ist Therapie nicht in institutionell vorgeschrieben Phasen organisiert, sondern die Therapeuten folgen dem, was der jeweilige Patient in die Therapie einbringt. Er vermutet deshalb, dass sich die Konversationsanalyse in der Psychotherapie in Zukunft eher mit der Aufgeschlossenheit und den Reaktionen befassen wird „the search for increased understanding of the means of responsiveness – that is, alignment, affiliation, as well therapeutically meaningful non-alignment and non-affiliation – in the therapeutic interaction (cf. Voutilainen et al., 2010)" (Peräkylä 2011: 241). Da sich die therapeutischen Aufgaben und Handlungen aber wie oben erwähnt sowohl am institutiuonellen Kontext, als auch an Problemen des Patienten sowie an seinem fortschreitenden Veränderungsprozess orientieren, ist es wichtig, sowohl institutionelle Aufgaben zu erfassen, als auch den Veränderungsprozess selbst zu verstehen, denn die Reaktionen der Therapeuten hängen davon ab. In diesem Kapitel werden deshalb Komponenten des Veränderungsprozesses, Dynamiken und am Veränderungsprozess des Patienten orientierte therapeutische Verhaltensweisen und Mittel miteinander verbunden. Die Therapeuten versuchen ihre Aufgaben bei der Begleitung des Prozesses zu lösen, indem sie je nach vorherrschender Dynamik verschiedene Verfahren und Praktiken anwenden oder bestimmte Gesprächstechniken einsetzen. Der Veränderungsprozess wird als globaler, allerdings im Inneren eines Subjektes ablaufender Prozess gedacht, auf den durch das Verhalten des Subjektes in der Interaktion Rückschlüsse gezogen werden können.

8.1 Das Konzept zum Veränderungsprozess und seinen Dynamiken

In der bisherigen Untersuchung wurden verschiedene Komponenten des Veränderungsprozesses deutlich. Unabhängig vom therapeutischen Geschehen spielen diese Komponenten bei der Veränderung von Deutungsmustern und Schemata durch Subjekte eine Rolle, auch wenn der Veränderungsprozess ganz ohne therapeutischen Beistand verlaufen sollte. Sie lassen sich vermutlich allgemein auf Veränderungsprozesse generalisieren.

Die sieben Komponenten können eventuell weitere Teilkomponenten enthalten, doch bilden sie die Grundlage des gesamten Prozessverlaufes ab. Voraussetzung für die Einleitung von Veränderung ist ein Bedarf oder Interesse, der sich langsam oder plötzlich aus einer subjektiven Relevanzverschiebung oder durch äußere Ereignisse ergeben hat und zu einer unbefriedigenden oder negativ bewerteten Ausgangssituation führte. Das kann auch negative Zukunftsperspektiven betreffen. In der Psychiatrie sind diese negativen Bewertungen der Grund für die Therapie. Die negativ bewertete Ausgangssituation ist vermutlich die grundlegende Voraussetzung für Veränderung, denn im paradiesischen Zustand einer gänzlich positiv bewerteten Situation gibt es keinerlei Grund nach Veränderung zu streben. In der rekonstruktiven Erfahrungserzählung von Wendepunkten oder Veränderungen wird deshalb auf die negative Ausgangsposition zurückgegriffen, sie stößt den Wunsch nach Veränderung an und legitimiert den Veränderungsprozess. Die mit der Ausgangssituation verbundene Dynamik ist die des Auslösens, Anstoßens oder Öffnens.

Zweitens verbessert eine gewisse Offenheit für die Einführung von Veränderungen den möglichen Erfolg der Therapie. Dass nicht alle Patienten der psychiatrischen Station zur Teilnahme an der Therapie bereit sind, wird durch die Therapieabbrüche deutlich. Nicht immer besteht Offenheit für Veränderung, auch wenn die Situation nicht positiv erscheint. So könnten sich zum Beispiel Verlustängste bremsend auswirken. Besonders tief sitzende Verhaltensroutinen vor dem Hintergrund größerer oder sehr fester Deutungsmuster, bzw. tief in der Kindheit eingeprägte Deutungsschemata erschweren den Veränderungsprozess und machen eventuell therapeutische Hilfe erforderlich. Beispiele dafür sind die Patientin Frau Bauer, die immer „geschluckt hat", ohne sich wehren zu können oder auch der Patient Herr Grosser, der in seiner Selbsthilfegruppe nicht weiterkam und sich deshalb schließlich zunächst auf eine andere therapeutische Behandlung einließ und später in die Klinische Psychotherapie kam. Ein sicherer Rahmen, hier durch die Klinik und die therapeutische Beziehung hergestellt, begünstigt die Offenheit. In Verbindung mit der Offenheit und Bereitschaft steht die Dynamik des Öffnens oder Aufdeckens.

Die dritte Komponente besteht in der Herstellung einer gemeinsamen Wissensbasis über die Geschehnisse und ihre Einordnung. Das wird zum einen durch Psychoedukation der Patienten erreicht sowie durch die Rekonstruktion der biographischen Erfahrungen des Patienten. Bei der Psychoedukation wird im Gespräch und in Gruppen wissenschaftliches bzw. professionelles Wissen an die Patienten vermittelt. Auf der Basis dieses Wissens können die Patienten die Einordnung und Diagnostik der Therapeuten teilweise verstehen bzw. sich selbst einordnen. Die Rekonstruktion der Ereignisse wird interaktiv vorgenommen und ist Voraussetzung für eine Reflexion der Geschehnisse. Eine Neubewertung der Situation setzt eine relativ genaue Rekonstruktion der Ereignisse voraus, die negative und positive Aspekte beinhalten. In der Rekonstruktionsarbeit der Therapie wird eine gemeinsame Wissensbasis erarbeitet, so dass die Neubewertungen interaktiv vorgenommen werden können. Bewertungen sind das Produkt von Teilhabe an einem bestimmten Wissen und der Sprecher zeigt mit einer Bewertung, dass er Wissen über das von ihm Bewertete hat (Pomerantz 1984: 57). Diverse explizite und diskrete Erzählaufforderungen dienen zur Unterstützung des gemeinsamen Wissensaufbaus. Dass zur Veränderung ein gewisses Maß an Selbstreflexion eine Rolle spielt, wird nicht nur aus den Interaktionen in den Gesprächsdaten ersichtlich, sondern auch daran, dass die Therapeuten Frau Bauer und ganz besonders Herrn Grosser zum Schluss der Therapie für ihre Fähigkeit zur Selbstreflexion loben. Außerhalb der Therapie kann Selbstreflexion in Interaktion mit Freunden und anderen Personen wie zum Beispiel Familienmitgliedern und mit Hilfe von Tagebüchern etc. vorgenommen werden. Für eine umfassende Rekonstruktion werden auch Gefühle ins Bewusstsein gerufen und Gedanken ausgesprochen, die bis dahin unklar waren. In der Therapie werden dafür Hilfsmittel eingesetzt wie Gestaltungs-, Musik-, und Bewegungstherapie, spezifische Übungen oder die Metaphernanalyse und das Hinterfragen von Phrasen. Rekonstruktion, Reflexion und Umdeutung gehen ineinander über, denn durch die Erinnerung an zusätzliche und dadurch neue Aspekte aus der Vergangenheit laufen Umdeutungen schon implizit mit. Die rekonstruierten Vorgänge gehen in das gemeinsame Wissen ein, sie werden konsolidiert und dienen von da an als bestehender Common Ground, bzw. als Ressource oder Basis für das weitere Geschehen in der Therapie. Die damit in Verbindung stehenden Dynamiken sind das Herstellen von Zusammenhängen und Konsolidieren von Wissen.

Als vierte Komponente kann vor dem Hintergrund des aufgebauten Wissens über die Vergangenheit diese gedeutet, bewertet und unter Umständen neu bewertet werden, wobei das mit der Rekonstruktion wie oben beschrieben in enger Verbindung steht. Dabei werden verallgemeinerte und typisierte Erfahrungen auf spezifische Einzelereignisse zurückgeführt, die dann vor dem jeweiligen Hintergrund der damaligen und heutigen Perspektive neu bewertet werden können. Die Bewertung und Umdeutung ist ein längerer Prozess, der Zeit erfordert und dessen Phasen sich mehrfach überschneiden können. Während ein Deutungsmuster oder Schema langsam einer Veränderung zugeführt wird, können andere wieder verankert werden. Zum Beispiel verändert Frau Bauer ihr Bild über ihr Frausein und ihre Ehe in der Therapie, nicht aber ihr religiöses Empfinden. In enger Verbindung mit der Komponente des Umdeutens stehen die Dynamiken des Aufdeckens und Hinterfragens, des Herstellens von Zusammenhängen, des Reformulierens oder Erweitern von Deutungen.

Vor dem Hintergrund der analysierten situativ gebundenen Gefühle und Gedanken können fünftens Wünsche wahrgenommen, Ideen entwickelt, Strategien und Pläne entworfen werden. Schon das Zulassen der Wahrnehmung von Wünschen kann Probleme bereiten wie bei Frau Bauer. In der Therapie kann der Therapeut Ideen und Strategien vorschlagen, Pläne können gemeinsam entworfen und bewertet werden. Die Komponenten von Wahrnehmung und Zulassen sind mit der Dynamik des Erweiterns im Denken verbunden.

Sechstens werden Entscheidungen getroffen, die ein neues Verhalten herbeiführen. Entscheidungen werden gemeinsam von Therapeut und Patient vorbereitet und im Vorfeld bewertet. Außerhalb von Therapie können Wünsche, Ideen und Pläne in der Interaktion mit anderen Subjekten auftauchen und überdacht werden. Durch Projektion in die Zukunft und Imagination werden mögliche Folgen abgeschätzt (worst scenario) oder rechtliche Grundlagen geprüft. Eine Entscheidung beinhaltet den Schnitt bzw. die Dynamik des Trennens oder Loslassens von überholtem Denken und Verhalten.

Als siebte Komponente wird der Veränderungsprozess durch die Umsetzung der Entscheidung bzw. des neuen Denkens aus der mentalen Virtualität in die Realität vollendet. Dabei werden Handlungsweisen verändert wie zum Beispiel Frau Bauer es in Interaktion mit ihrem Computer und dem Ehemann beschreibt. Mögliche Pläne können vor dem Hintergrund der Sicherheit des therapeutischen Rahmens ausprobiert und eingeleitet werden, kleine Schritte können noch im therapeutischen Rahmen eingeübt und ihre Wirksamkeit jeweils überprüft werden, wie zum Beispiel bei Herrn Grosser. War das neue Verhalten erfolgreich, dann kann es verankert und auch außerhalb der Therapie wiederholt und gefestigt werden bis es selbstverständlich in die Routine des Alltagshandelns eingeht. Mit dieser Komponente verbunden ist die Dynamik der Transformation aus der Virtualität in die Realität.

8.2 Verfahren und Praktiken als professionelle Lösungen zur Aufgabenbewältigung

Eng verbunden mit den Komponenten und Dynamiken sind die Aufgaben der Therapeuten, die den Prozess begleiten und neue Erfahrungen ermöglichen sollen. Die übergeordneten Aufgaben der Therapeuten im Prozess der Psychotherapie wurden schon in Kapitel 3 beschrieben und werden hier zur besseren Übersicht noch einmal kurz aufgegriffen. Erstens das Schaffen eines geeigneten äußeren Rahmens, mit Legitimierung der Therapie vor Krankenkassen und Kollegen sowie zum Patienten hin, das Erstellen von Diagnosen und Prognosen sowie das Absichern des Handlungsspielraumes durch Finanzierung und Verhaltensvorgaben für den Patienten sowie die Förderung der Akzeptanz der Krankheit bzw. der Akzeptanz der Therapie. Zweitens die Her- und Bereitstellung einer tragfähigen therapeutischen Beziehung, in der der Therapeut eine professionelle Balance zwischen Nähe und Distanz hält und drittens die Stärkung eines positiven Selbstbildes, das bei depressiven Patienten zumeist nicht gegeben ist. Dazu gehört zum Beispiel die Stärkung des Selbstvertrauens des Patienten durch die Zuweisung von Selbstkontrolle und Eigenverantwortung in bestimmten Bereichen oder das Vermeiden negativer Wertungen sowie einige „frühe Erfolge" bei der Umsetzung kleinerer Teilziele in die Realität. Viertens ist es Aufgabe des Therapeuten, mit dem Patienten eine differenzierte Betrachtung seiner Erfahrungen durchzuführen. Dazu gehören die interaktive Rekonstruktion der Ereignisse und das Elizitieren von Deutungsmustern, Gefühlen und Deutungsschemata. Fünfte Aufgabe ist die Begleitung des Veränderungsprozesses vermittels der interaktiven Umdeutung und Gewichtung, Konkretisierung und Spezifizierung, das Anstoßen der verschiedenen Dynamiken wie das Herstellen von Zusammenhängen oder Erweitern des bisherigen Denkens, sowie Unterstützung bei der Entscheidung und Umsetzung neuer Einsichten oder neuen Verhaltens. Sechstens ist es Aufgabe des Professionellen die Therapie zu einem adäquaten Abschluss zu führen und den Patienten unter Berücksichtigung bestimmter Absicherungen oder Sicherheitsvorkehrungen zu entlassen. Zur Erledigung dieser Aufgaben haben die Therapeuten bestimmte Verfahren und Praktiken entwickelt, die zum Teil durch die Profession vorgegeben sind und zum professionellen Wissen der Therapeuten gehören, andere Praktiken sind durch individuelle Eigenarten und persönliche Erfahrungen eines Therapeuten geprägt. Im Folgenden werden Beispiele für Lösungen der Aufgaben mit Daten aus den Therapiegesprächen gezeigt. Dabei unbeachtet bleibt in dieser Analyse, welche der Praktiken individuelle Lösungen und welche als gelerntes professionelles Wissen gelten, da die Ausbildungshintergründe der Therapeuten sehr unterschiedlich fundiert und nicht bekannt sind.

Das alles geschieht vor dem Hintergrund der therapeutischen Beziehung, die von gegenseitiger Kooperationsbereitschaft profitiert und von gemeinsamer Interaktion lebt. Der Therapeut bemüht sich darum, den Patienten da abzuholen, wo er in seinem Denken und Erleben steht ohne ihn zu übergehen oder zu überfordern und der Patient muss sich abholen lassen und mitgehen, wenn er profitieren will. Veränderungen können leichter herbeigeführt werden, wenn der Patient aktiv an der Therapie teilnimmt und sich einlässt. Herr Ellerbrock (Kapitel 2) zum Beispiel wartete ausschließlich darauf, dass die Therapie „anschlägt" und hat sie dann abgebrochen. Obwohl hier vor allem die Aufgaben und Handlungen der Therapeuten fokussiert werden, wird doch vom Patienten Kooperation erwartet, er sollte Wünsche äußern, Grenzen aufzeigen, Relevanzen setzen usw.. Die Aktivitäten der Patienten werden hier nicht alle einzeln aufgezählt, sie kommen aber in den Analysen überall vor.

Da sich das Verhalten der Therapeuten am Kontext und an den jeweiligen Anforderungen durch den Patienten orientiert, werden im Folgenden verschiedene therapeutische Aufgaben und Verhaltensweisen aufeinander bezogen. Die Aufgabe 6:

„Den Veränderungsprozess begleiten und Dynamiken anstoßen" bezieht entstehende Dynamiken im Verlauf des Veränderungsprozesses des Patienten mit ein. Diese werden von den Therapeuten aufgegriffen und sie entwickeln Praktiken oder Techniken, die ihnen den Umgang mit den Dynamiken ermöglichen und die den Prozess möglichst positiv beeinflussen sollen.

Aufgabe 1.
Einen geeigneten äußeren Rahmen schaffen: Legitimieren und Absichern
Zur Legitimierung vor Krankenkassen und der Institution Psychiatrie gehören Diagnosen und Prognosen und wenn die Diagnose nicht in das Konzept der Klinik passt, muss der Patient abgewiesen oder verlegt werden wie zum Beispiel Patientin A, die wegen ihrer Diagnose in eine andere Klinik überwiesen wurde. Die Diagnosen werden mit den Patienten besprochen und ihnen teilweise erklärt. Wie in den Psychoedukationsgruppen wird den Patienten auch auf diese Weise das medizinische Deutungsmuster nahe gebracht und erläutert, sie können sich darunter einordnen, bzw. die Einschätzung der Therapeuten nachvollziehen. Damit wird der Patient in das Geschehen einbezogen, so dass er sich ernst genommen und respektiert fühlen kann, ihm wird der medizinische Hintergrund und das Handeln „accountable", erklärbar oder sichtbar gemacht. Sein Wissen wird auf das zur Therapie notwendige Maß angehoben und angepasst. Solche Erklärungen dienen deshalb zugleich der Legitimierung der Maßnahmen gegenüber dem Patienten, wie auch seinem Selbstvertrauen. Im folgenden Transkript wird die therapeutische Vorgehensweise als Category-bound Activity legitimiert, indem das wissenschaftliche Deutungsmuster über Diagnose und die dazu passende Behandlung an den Patienten weitergegeben wird.

8.1. Transkript (C1, Zeile 334-347)
1   T: und (.) aus UNserer sicht ist das
2   P: hm
3   T: weil ihr ja hAUptsymptom ja die STIMmung ist
4   P: ja
5   T: erst einmal auch okay, hätten sie eine ANGststörung,
6   P: hm
7   T: das heißt also (.) grUndsätzlich in solchen situationen
8   diese gefÜHLe, das ist ja ne angststörung
9   P: ja
10   T: dann würden wir mit ihnen das ÜBen wollen, ja (.)
11   in den supermarkt zu gehen (.) UM [(.) zu erleben,
12   P: [hmmm
13   T: dass ihnen nichts passiert auf
14   körperlicher ebene und (.) dass sie sich SO orientieren,
15   dass das gefühl IM supermarkt (.) wieder besser ist

Mit [*UNserer sicht*] bezieht sich die Therapeutin auf die professionelle Perspektive, die auf dem wissenschaftlichen Deutungsmuster beruht. Da das von der Patientin angegebene Hauptsymptom in ihrer schlechten Stimmung liegt und nicht in der Angst, ist das von ihr zuvor beschriebene Bedürfnis nach Ruhe und Entspannung zunächst aus professioneller Sicht tolerabel. Anders wäre es im Falle einer Angststörung, wie hier erläutert wird. Die Therapeutin legitimiert damit ihr jetziges Vorgehen und deutet gleichzeitig an, dass dieses Zugeständnis an das Bedürfnis der Patientin sich unter Umständen ändern könnte, nämlich wenn die Diagnose sich aufgrund anderer Symptome verschiebt.

Das Absichern kann sich auch auf andere Dinge beziehen, wie zum Beispiel das Einholen verlässlicher Zusagen, ein Transkript dazu findet sich in Kapitel 5, Transkript (B1, Zeile 1097-1103).

Aufgabe 2.
Eine tragfähige therapeutische Beziehung aufbauen und aufrechterhalten
Beim Aufbau einer therapeutischen Beziehung spielen verschiedene Komponenten eine Rolle, die teilweise von den beteiligten Individuen abhängig sind. Da die Patienten einen großen Teil ihrer Selbstbestimmung abgeben müssen, verlieren sie damit auch an Kontrolle, die sie an das therapeutische Team abtreten müssen. Paradox mutet es deshalb an, wenn die Therapeuten den Patienten Selbstkontrolle zusichern, dennoch ist es eine wichtige Praktik, die dem Patienten größtmögliche Selbstbestimmung zugesteht und damit sein Selbstbewusstsein ein wenig aufbaut, gleichzeitig wird damit die Macht des Therapeuten scheinbar ein wenig reduziert, bzw. sie wird invisibilisiert. Der Patient kann sich eher mit ihm auf einer Augenhöhe empfinden. Indem die Therapeutin dem Patienten ausdrücklich Selbstkontrolle über sein Privatleben zusagt, gibt sie ihm Vertrauen. Damit stärkt sie sowohl die therapeutische Beziehung als auch das Selbstwertgefühl des Patienten, beides gehört zur Therapie. Die Zuweisung von Verantwortung und Selbstkontrolle kommt mehrfach vor, zum Beispiel auch in Kapitel 6, wo die Therapeutin die Metapher der Wolke neu „unterfüttert" und damit auf indirekte Weise Selbstkontrolle vermittelt: Transkript: Die Wolke verdrängen (B2, 409-420).

Aufgabe 3.
Ein positives Selbstbild stärken, Heben der Verfassung
Komplementär zur Vermeidung von Konfliktthemen zu Beginn und Vermeidung negativer Bewertungen im Allgemeinen, nimmt die Positiv-Deutung in der untersuchten Therapie einen sehr großen Raum ein und durchzieht den gesamten Veränderungsprozess. Da die depressive Stimmung zumeist mit mangelndem Selbstwertgefühl einhergeht, kann das positive Bewerten und Suchen nach positiven Aspekten im Leben des Patienten dessen Selbstwertgefühl aufwerten. Dieses Vorgehen bezeichnet die Therapeutin einmal als das [*EINpumpen von (.) auch positiven aspekten*].

8.2. Transkript (C1, Zeile 434-443)

1	T:	also das EIne (.) was (.) iss=es nOch? weil ich finde (.)
2		wenn sie sich HIer HEUte mit mir am tisch mal ein bisschen (.)
3		auch erzÄhlen (.) was an IHnen offenbar so ist,
4		dass man ihnen GErne etwas gibt.
5	P:	hmm
6	T:	dann ist das auch eine HEbung (.)
7		ihrer EIgenen verfASSung im augenblIck,
8	P:	hmhm
9	T:	wir nennen das so ein bisschen (.) EINpumpen von (.)
10		auch positiven aspekten.
11	P:	hmm

Die Therapiesitzung wird dafür genutzt mit der Patientin nach positiven Aspekten zu suchen. Sie soll erzählen, was andere Menschen an ihr mögen. Auf diese Weise wird sie sich über einige ihrer persönlichen Merkmale bewusst, die von anderen positiv bewertet werden. Die Therapeutin begründet ihr Anliegen durch eine [*HEbung (.) ihrer EIgenen verfASSung im augenblIck*]. Allein durch das Vorhandensein auch positiver Aspekte wird die Dominanz der negativen Erfahrungen gemildert. Zum [*EINpumpen von (.) auch positiven aspekten*] gehört auch die positive Bewertung von Handlungen der Patienten, Transkript (B3, Zeile 477-479), das Übertragen positiver Erfahrungen auf andere Situationen, Transkript (B1, Zeile 1155-1163) und Erfolge explizit wahrzunehmen, Transkript (G1, Zeile 625-628).

Aufgabe 4.
Den Prozess vorbereiten, differenzierte Betrachtung ermöglichen
Wie Hautzinger erläutert, muss es „Ziel einer Depressionstherapie, die an kognitiven Strukturen ansetzt" sein, „den Patienten dabei zu helfen, das ‚depressiv-unreife' Denken in ein differenziertes, reiferes Denken zu überführen" (Hautzinger 2011: 109). Voraussetzung für reiferes Denken und die Neubewertung von vergangenen Ereignissen sind eine differenzierte Betrachtung und möglichst genaue Analyse einzelner Teilabschnitte. So soll zum Beispiel Frau Huber Teilabschnitte ihres Lebens daraufhin untersuchen, ob sie wirklich nur negative, oder auch positive und leichte Aspekte enthalten: Transkript (H1, Zeile 534-537). Damit werden die positiven Aspekte aus der Masse hervorgehoben und können allein durch ihr Vorhandensein das negative Bild schrumpfen lassen. Außerdem sollen Zeitpuffer zur Bewertung eingeräumt werden. Dabei setzt die Therapeutin mehrere Praktiken ein, um die Patientin dazu zu bringen, sich trotz ihrer Bedenken Zeit einzuräumen.

8.3. Transkript (C1, Zeile 611-626)

1	T:	hmhm. das heißt, das wäre EIne idee,	Zusammenfassende
2		wies ihnen gutgehen kÖnnte,	Deutung
3		aber das müssten sie AUsprobieren	
4	P:	richtich	
5	T:	wenn sie merken dass sie EInklappen,	
6	P:	hmhm	
7	T:	dass sie sich im lIEgen gut helfen	positive Erfahrung
8		und sich in der situation noch mal zu öffnen.	mobilisieren
9	P:	hmhm	
10	T:	das DARf sich ANstrengend ANfühlen,	Erlaubnis
11	P:	hm	
12	T:	weil sie sind noch in der depressiven PHAse,	Erklärung
13	P:	hmhm	
14	T:	und es darf offensichtlich nicht sofort	Expertise
15		mit dem daumen nach unten bewErtet werden, ne.	Zeitpuffer
16		wolln wir das so machen?	
17	P:	ja. wir machen das. (Nebengeräusche durch Stühlerücken)	
18		wir gehn dann erst nur (...)	

Die Patientin Frau Cerny wurde ermuntert, sich trotz ihrer Anspannung nicht gleich hinzulegen, sondern herumzulaufen und sich umzuschauen, was sie sehr anstrengend findet. Daraufhin wird sie gefragt, ob es für sie zu anstrengend wäre, so dass sie das Wachbleiben von vornherein ganz ablehnt. Als die Patientin sich bereit erklärt es zu versuchen, beginnt die Therapeutin mit einer zusammenfassenden Deutung [*das müssten sie AUsprobieren*]. Dann greift sie auf eine Ressource der Patientin zurück [*sich im lIEgen gut helfen*] und mobilisiert damit die positive Erfahrungen in der Erinnerung der Patientin, die sich unterstützend auswirken können. Mit ihrer Erlaubnis in Zeile 10 [*das DARf sich ANstrengend ANfühlen*] deutet sie das Erleben als normal und setzt damit mögliche Befürchtungen der Patientin zurück. Mit ihrer Erklärung zur Diagnose positioniert sie sich als Expertin, der es zusteht die Situation zu bewerten: im Rahmen der Depression darf [*nicht sofort mit dem daumen nach unten bewErtet werden*]. Dann holt sie sich das Einverständnis der Patientin, die mit dem Vorgehen einverstanden ist.

Aufgabe 5.
Die Zuweisung der Rolle des Kranken und Vermitteln von professionellem (wissenschaftlichem) Wissen
Diese Aufgabe durchzieht den ganzen Therapieprozess und kann sowohl zu Beginn, als auch zum Schluss notwendig erscheinen. Es kann zum Beispiel durch eine Einordnung der Störung des Antriebs, nicht abgebildetes Transkript (D1, Zeile 111-133)

im Rahmen der Diagnose geschehen: Die von Frau Dörfler beschriebenen Symptome werden von der Therapeutin in das wissenschaftliche oder professionelle Paradigma eingeordnet und der Patientin erläutert. Damit weist sie ihr zum einen die Rolle der Kranken zu, die ebendiese Symptome hat, und zugleich erläutert sie der Patientin den Grund für ihre Diagnose. So macht sie ihr Vorgehen für die Patientin einsichtig und erklärbar. Die Zuweisung der Krankheit entlastet auch von Verantwortung für das Versagen.

Der [*teufelskreis der angst*] wird Frau Dörfler als professionelles Deutungsmuster weitergeben.

8.4. Transkript (D3, Zeile 214-239)

```
1   T:  hmhm (.) so beginnt ja der teufelskreis der angst
2       so das, was sie jetzt beschreiben, ne äm (.)
3       dass sie äm dass sie äm (.) etwas empfinden
4       wie herzra:sen und sich dann darauf konzentrieren,
5       sich selber beobachten, sich gedanken dazu machen,
6       wird es gleich noch schlimmer o:der was könnte
7       alles passIErn äm (.) dass dann äm (.)
8       kÖrperliche reaktionen auftreten, die gefühle von angst
9       eben auch stÄrker werden, über äm (.)das vegetative
10      nervensystem ausgelöst, ne. dass dann (.)vermehrt
11      adrenalin und solche hormone ausgeschüttet werden
12      und dann eben äm (.) angstgefühle (.) äm (.) ZUnehmen.
13      die sie dann wiederum beobachten und so weiter
14      und so fort ne, das ist dieser (.)
15      das was wir teufelskreis nennen
```

Die Therapeutin erklärt das von den Professionellen als „Teufelskreis der Angst" bezeichnete Erleben, wobei die Patientin sie mit regelmäßigen Continuern [*hmhm*] nach jedem Halbsatz begleitet, die hier nicht mit abgebildet sind. Es wird professionelles Wissen an die Patientin vermittelt. Dadurch kann Frau Dörfler ihre Erfahrung als ein allgemein auftretendes Symptom erkennen. Nicht nur sie allein erlebt diese körperlichen Zustände, sondern sie sind für Angstpatienten typisch. Die Professionellen haben sogar für die Phänomene eine spezifische Bezeichnung gefunden, wodurch deutlich wird, dass die Phänomene bei vielen Patienten auftreten und nicht nur sie allein betreffen.

Zur Ermöglichung einer differenzierten Betrachtung gehört auch die interaktive Rekonstruktion der Ereignisse. Die Erlebnisse des Patienten vor seinem Klinikaufenthalt werden durch das Erzählen des Patienten und gemeinsames Einordnen in einen Sinnzusammenhang interaktiv hervorgebracht. Diese Rekonstruktion dient zum einen der

Vorbereitung, zum anderen ist sie schon Teil des Veränderungsprozesses und nimmt einen großen Raum ein. Die Therapeuten benutzen explizite und indirekte Erzähl- oder Formulierungsaufforderungen, mit denen sie die Patienten zum Erzählen bewegen können. Die krisenhafte Ausgangssituation vor dem Klinikaufenthalt dient der Diagnose sowie auch als Folie, vor deren Hintergrund Verbesserungen sichtbar werden.

Aufgabe 6.
Den Veränderungsprozess begleiten und Dynamiken anstoßen
Teil einer differenzierten Betrachtung ist unter anderem die Auseinandersetzung mit Idealvorstellungen, Typisierungen, Schemata und Deutungsmustern. Zu den Aufgaben innerhalb des Veränderungsprozesses gehören auch das Konkretisieren von Aussagen und das Anstoßen verschiedener Dynamiken. Auf der praktischen Vollzugsebene begleitet der Therapeut die Umsetzung der veränderten Denkroutinen in praktisches Verhalten.

In der Auseinandersetzung mit Typisierungen, Schemata und Deutungsmustern wird die von Berger/Luckmann beschriebene Internalisierung während der Sozialisation und Weitergabe von Deutungen mitsamt ihrem kategoriengebundenen Routinehandeln (Category-bound Activities) sichtbar. In den Therapiegesprächen sprechen die Therapeuten nicht von Deutungsschemata oder Deutungsmustern, sondern von Botschaften, die die Eltern an ihre Kinder vermittelt haben oder von einem Familienmotto. Damit geben sie den Patienten das Gefühl eines individuellen Geschehens innerhalb ihrer Biographie und einer ganz individuellen Behandlung, während die Begriffe Deutungsschemata oder -muster unpersönlicher erscheinen.

Verschiedene Dynamiken bringen Bewegung in den Prozess und verbinden die Komponenten, die den Prozess ausmachen. Die Dynamik des Aufdeckens dient dem Öffnen sowie der Rekonstruktion der Ereignisse. Durch das Aufdecken neuer Faktoren und Herstellen von Zusammenhängen wird Umdeutung möglich.

Dynamik 1: Aufdecken

Beispiel. 1: Aufdecken durch Konkretisieren und Spezifizieren
8.5. Transkript (C1, Zeile 195-201)
1   P: es fängt ja ganz sporadisch an nur son bisschen
2   immer mal dann reißt man sich zusammen und denkt (.)
3   ach das machst du morgen,
4   heute schaffst=es ja nicht, aber morgen.
5   T: **[beispielsweise? was machen sie mOrgen?**
6   P: [beispielsweise äm (.) müsste ich drIngend fEnster
7   putzen.<<dim> und dann hab ich mir gesagt (.)
8   nee heute nicht, das machst du morgen.

Die Patientin beschreibt den Beginn ihrer Überforderungsgefühle, die sie als verallgemeinerte Symptomatik darstellt. Die Therapeutin lässt die Verallgemeinerung der Patientin nicht so stehen, sie fragt nach einer Spezifizierung. Dabei fordert sie nicht nur ein konkretes Beispiel für die verschobene Arbeit an, sondern sie führt auch die generalisierte Aussage der Patientin auf diese zurück [*was machen sie*]. Konkretere Beispiele können genauer betrachtet und reflektiert werden, während unspezifische verallgemeinerte Aussagen keine genaue Analyse ermöglichen. Die Spezifizierung dient auch der Rekonstruktion der Ereignisse und den Dynamiken des Konsolidierens von Wissen sowie der Dynamik des Aufdeckens.

Beispiel 2: Aufdecken von Deutungsmustern in Form einer Familientradition
8.6. Transkript (D2, Zeile 678-685)
1   T: sie hatten das mal so (.) so schÖn gesagt ä (.)
2   bei meiner mUtter war das so und bei meiner
3   grOßmutter wars auch so
4   P: ja=a
5   T: die waren immer ganz (.) perfeEkt, so:
6   P: ja=a
7   T: im (.) in der häuslichkeit so in (.) als hausfrau und mutter
8   P: hmhm ja
9   T: ne, so (.) so etwas, was mir auch VORschwebt, so als vorbild

Die Therapeutin bezieht sich auf die Aussagen der Patientin, die in ihrer Erzählung die Kategorien der guten Haus- und Ehefrau und ihren Perfektionismus als von Mutter und Großmutter übernommen darstellte. Indem sie diese Typisierungen hervorhebt und als Vorbild beschreibt, weist sie die Patientin auf die Übernahme dieses innerhalb ihrer Familie gültigen Deutungsmusters hin.

Das Deutungsmuster kann auch als Familienmotto mit typisierten Kategorien, Transkript (D2, Zeile 749-769) beschrieben werden oder als das Aufdecken der „Botschaft" bzw. des Deutungsmusters der Mutter als Hintergrund für das Deutungsschema von Frau Huber. Letzteres wurde schon ausführlich in Kapitel 6 beschrieben: Transkript (H1, Zeile 432-443).

Dynamik 2: Konfrontation und Hinterfragen oder Öffnens
Konfrontation und In-Frage-Stellen dienen sowohl dem Aufdecken als auch der Herstellung von Offenheit und der Bereitschaft zur Veränderung, wie hier im Beispiel durch die Konfrontation mit unerträglichen Gefühlen.

Beispiel 1
8.7. Transkript (D2, Zeile 788-803)
1   P: und dann äm (.) erst wenn **man** selber dann in

2   soner situation ist, versteht **man** warum (.)
3   jetzt meine schwägerin so:
4   T: hmhm
5   P: so reaglErt hat, sie wollte einfach für ihr KInd da sein und
6   T: ja=a. das heißt die schere ging auseinander auch
7   P: immer mehr
8   T: zwischen dem, was sie ja eigentlich äm (.) als **ideAl**
9   P: hmhm
10   T: ä im kOpf hatten **und ä dem (.) was sie eigentlich (.)**
11   **noch LEIsten konnten** dann
12   P: ja
13   T: hmm
14   P: ja=a.
15   T: hmhm. hmhm. und das ist natürlich ne
16   ne schier unerträgliche situation [dann
17   P: [stimmt

Die Patientin fasst ihre Kernaussagen zusammen und generalisiert sie mit [*man*] als eine typische Erfahrung. Ihre frühere moralisch negative Bewertung der Schwägerin führt sie auf ihr damaliges Unverständnis zurück. Erst als sie in der gleichen Situation war, konnte sie sich in die Schwägerin hineinversetzen und deren Verhalten verstehen. Die Therapeutin deutet der Patientin diese Erfahrung als das Auseinanderklaffen der „Schere" zwischen eigenem Ideal und eigener Leistung, die sie als [*ne schier unerträgliche situation*] beschreibt und damit sowohl Empathie andeutet als auch Zusammenhänge herstellt. Da die Patientin hier die ganze Zeit mit der deutenden Zusammenfassung der Therapeutin einverstanden ist, geht sie durch das offene Aussprechen in das gemeinsame Wissen ein.

Wie schon beim Aufdecken des Familienmottos deutlich wurde, sind Aufdecken und das Herstellen von Zusammenhängen häufig eng verknüpft und beinhalten auch zum Teil schon Umdeutungen. Zusammenhänge können auf unterschiedlichen Ebenen hergestellt werden: im praktischen Erleben zwischen Situationen, Gefühlen und Gedanken; zwischen heutigen und vergangenen Erlebnissen oder auch zwischen dem Verhalten eines Subjektes in Übertragungssituationen zu einem Anderen.

Beispiel 2: Die Konfrontation eines sozialen Deutungsmusters gegen ein individuelles Deutungsschema kann zum Nachdenken anregen.

8.8. Transkript (B2, Zeile 345-346)
1   T: ist die frage ob nicht wenigstens trÄUme erlAUbt sein dürfen,
2   einfachmal HINzugucken

Durch die agensfreie Form stellt die Therapeutin die Frage nicht als ihre, sondern als allgemeine Frage dar. Mit der Formulierungstechnik rekurriert sie nicht direkt auf das Subjekt Frau Bauer, sondern verallgemeinert die Fragestellung, die sich ganz allgemein wie eine philosophische Betrachtung ausmacht. Dadurch entspricht der Inhalt der Frage einem Deutungsmuster nach dem es normal und erlaubt ist, Träume zu haben und einfach mal hinzugucken. Mit dieser Frage setzt sie gleichzeitig dem festgefahrenen Deutungsschema oder Denkmuster der Patientin ein soziales Deutungsmuster entgegen und stellt es in Frage oder weicht es möglicherweise auf.

Dynamik 3: In Frage stellen
Äußerungen und Deutungen in Frage zu stellen kann auch eine diskrete Konfrontation oder Kritik beinhalten. Die offene Konfrontation wird vermieden, dennoch werden hier durch diskretes Changieren zwischen verallgemeinerten Aussagen und subjektbezogenen Relativierungen Widersprüche angedeutet.

8.9. Transkript (G1, Zeile 1055-1064)

```
1    T:   das ä ja (.) find ich auchn wichtiges ziel (.)
2         es ist auch gut möglich, dass sich diese ziele
3         gegenseitig bedingen, ne. also (.) [zum bei
4    P:                                        [das ist bestimmt so
5    T:   ja. ne, dass menschen mit nem (.) niedrigen
6         selbstwertgefühl denken sie müssten sehr sehr viel
7         leisten um ANerkannt zu sein bei andern menschen.
8         und das führt dann automatisch dazu, dass man seine
9         kraftreserven überstrapaziert.
10   P:   ja
11   T:   hmm (-) also da gibt es zusammenhänge. sehr wahrscheinlich.
```

Durch die Verallgemeinerung [*menschen*] formuliert die Therapeutin die Aussage taktvoll und diskret für den Patienten, der sich genauso verhält, wie die [*menschen mit nem (.) niedrigen selbstwertgefühl*]. Als Expertin entlastet sie mit dem [*automatisch*] die zuvor verallgemeinerten Menschen von der Verantwortung. Sie schreibt der Angelegenheit einen Automatismus zu, für den niemand etwas kann. Ihre Formulierung wird von dem Patienten bestätigt. Anschließend formuliert sie zusammenfassend so, dass der Patient die Aussage auf sich beziehen muss. Die feste Aussage [*also da gibt es zusammenhänge*] kann durch die Verallgemeinerung vom Patienten eher akzeptiert werden, wobei das [*sehr wahrscheinlich*] die Aussage wieder relativiert. Mit der Relativierung führt sie ihre Verallgemeinerung auf den Patienten zurück und deutet diskret auch einen Zusammenhang in seinem Leben an. Der Patient wird zwar einbezogen, gleichzeitig aber nicht direkt angesprochen, so dass seine emotionale Beteiligung weiterhin ruhen kann.

Dynamik 4: Herstellen von Zusammenhängen, Konsolidieren
Das Herstellen von Zusammenhängen konsolidiert bisheriges Wissen, es formt und kristallisiert die interaktiv gefestigten Deutungen, die als Common Ground bereits akzeptiert wurden.

8.10. Transkript (C1, Zeile 180-191)

1	T:	hmhm. und das gefühl erdrÜckt zu werden (.)
2		hatten sie in ihrem ALLtag zuletzt wAnn?
3		weil (.)ich würd ganz gern mal gucken,
4		ob wir ne brücke finden zwischen diesem ENgegefühl
5	P:	hmhm
6	T:	denn es sind ja ENgegegefühle
7	P:	hmm
8	T:	die auch begleitet sind von dem gefühl (.) SCHAFF ich das noch?
9	P:	hmhm
10	T:	also auchn REgressiver gedanke (.) und ängstlich auch, beides
11	P:	hmm
12	T:	äm haben sie ne situation (.) in erinnerung wo ihnen das
13		zuletzt in ihrem ALLtag auch OHNe bälle (...)

Die Patientin hat geäußert, sie habe das Gefühl erdrückt zu werden, was die Therapeutin aufgreift und explizit nachfragt [wAnn] es zuletzt aufgetaucht ist. Damit macht sie deutlich, dass sie davon ausgeht, dass dieses Gefühl in verschiedenen Situationen vorhanden ist. Trotz der Frage gibt sie den Turn nicht ab, sondern bindet einen „Account" ein. Sie würde gerne eine [brücke finden] zwischen dem Gefühl, welches sie als Engegefühl deutet, und etwas das hier zunächst unbenannt bleibt. Sie wiederholt ihre Deutung und reformuliert sie bestätigend [denn es sind ja ENgegegefühle] und da die Patientin keinen Einspruch erhebt, erweitert sie den bisherigen Wissensstand um das [gefühl (.) SCHAFF ich das noch?]. Hier wechselt sie von einem Gefühl zu einer mit dem Gefühl verbundenen Kognition, die sie zitiert, nämlich einer Frage, die die Patientin sich in solchen Momenten stellt. Dann greift sie auf den Gedanken zurück und deutet ihn als regressiv, bevor sie das Gefühl nun als [ängstlich] bezeichnet und die beiden kombiniert [beides]. Ihre erweiterten Deutungen bleiben unwidersprochen im Raum stehen. Daraufhin fragt die Therapeutin explizit nach weiteren als den bisher benannten Situationen, in denen dieses Engegefühl aufgetreten ist. Durch die Verschiebung des Fragefokus in der mit einem „Account" gefüllten Frageparaphrase stellt sie Zusammenhänge her und fordert gleichzeitig indirekt zu einer längeren Erzählung auf.

Dynamik 5: Erweitern
Während die oben dargestellte Erweiterung des Wissensstandes der Herstellung von Zusammenhängen und Konsolidierung von Wissen dient, bezieht sich die Nächste

auf das Zulassen von Neuem. Die Rekonstruktionen werden einerseits gefestigt und gehen als gemeinsames Wissen in den Common Ground ein, andererseits wird das Denken auch erweitert und umgedeutet.

8.11. Transkript (B2, Zeile 397-414)

1   T: das wär meine ANregung äm (1) dass sone ehe natürlich auch
2   gewINNen kann (.) wenn man ihr erlaubt sich (.) zu
3   positionIEren zwischen den alternativen und dass auch die
4   innere haltung zu so einer ehe (.) sich verä:ndern kann (.)
5   **wenn man sich AUch erlaubt mal anzugucken, was es sonst noch**
6   **GÄbe (-)** wenn man sich so auf EIns festlegt (.) dann wächst
7   natürlich auch das gefühl, des EINgezwängt seins. (1) und ich
8   MERke ja sie sind ne frau mit ideen und fantasien und haben
9   auch jetzt schon **wünsche und träume** und (.) ich fänds schön sie
10   würden sich zu mindestens erlAUben die erstmal so
11   WAHRzunehmen. (1) es geht ja auch ein bisschen darum, die **dunkle**
12   **wolke** zu verdrÄngen.

Die Therapeutin versucht durch die Anregung und Erlaubnis [*anzugucken, was es sonst noch GÄbe*] die Festlegung der Patientin zu lockern. Sie erläutert den Sinn, der darin liegen kann, sich Träume zu erlauben und Alternativen überhaupt erst zu entdecken. Die Zukunft erscheint damit nicht nur dunkel, sondern kann auch Chancen beinhalten. Das Erweitern von Denken beinhaltet das Zulassen von etwas Neuem. In einem hier nicht abgebildeten Beispiel wird die Deutung so lange erweitert, bis die Patientin eine Grenze setzt und die Situation auf den Moment beschränkt: Transkript (B2, Zeile 146-158).

Viele der aufgezeigten Praktiken wie Erlaubnisse, Erklärungen, Deutungen geben etc., kommen auch als typische professionelle Verhaltensweisen in pädagogischen Institutionen vor oder bei der Erziehung von Kindern im Alltagsleben ganz allgemein. Im therapeutischen Rahmen beziehen sie sich allerdings immer auf die in der Therapie besprochenen Inhalte.

Dynamik 6: loslassen und trennen. Entscheidungen treffen

Das Treffen von Entscheidungen beinhaltet das Loslassen und eventuell die Trennung von etwas zugunsten von etwas anderem. In der Therapie werden wichtige Entscheidungen gemeinsam vorbereitet und getroffen. So wie der Patient die Deutungshoheit über seine Erfahrungen an den Therapeuten abtritt, tritt er auch seine Entscheidungsmacht zu einem großen Teil ab. Entscheidungsmöglichkeiten werden gemeinsam überdacht und Folgen abgeschätzt.

8.12. Transkript (C2, Zeile 489-500)

1   T: und das heißt das risiko darf welches sein?

2 P: °hhh-hhh ja.<<f> ich=ä hab mir einfach gesagt,
3   dass ich das schAffe. > son RIsiko seh ich gAr nicht. (1)
4 T: hmhm
5 P: und wEnn es dann so ist (0,5) ich wEIß es nicht.
6   also im moment is so, dass ich denke,
7   dass=ä (.) dass ich das so: (.) schaffe.
8 T: das ist doch erstmal ne gute
9 P: ja
10 T: ausgangsform

Frau Cerny will bald wieder in ihren Beruf einsteigen und eine medizinische Belastungsprobe aus der Klinik heraus machen, bei der sie täglich zwei Stunden arbeiten geht. Rechtliche Möglichkeiten, Krankheitszustand und Risiko werden besprochen und die Entscheidung damit auch gemeinsam vorgenommen.

Dynamik 7: Transformation
Die Transformation aus der virtuellen mentalen „Wirklichkeit" in die Realität des Alltagslebens findet bei allen bewussten Handlungen statt. Hier werden neue Verhaltensweisen gegen Handlungsroutinen gesetzt.

8.13. Transkript (G1, Zeile 752-761)
1 P: dann ist es sehr ANstrengend
2 T: hmhm. weil sie habens bisher immer ANders gemacht, ne
3 P: [ja
4 T: [das lief (.) das lief ja fast automAtisch
5 P: ja
6 T: die dinge, wie sie sie gemacht haben, ne.
7 P: ja
8 T: jetzt haben sie EIgentlich
9   ne komplett andere struktUr reingebracht
10   und das ist klar, dass das erstmal anstrengend ist, ne.
11   das ist völlig normal.

Der Patient äußert, dass er die Umstellung zu Hause als anstrengend empfindet. Die Therapeutin erklärt ihm, dass er dafür einige Automatismen oder Handlungssschemata durchbrechen muss. Zwar schränkt sie mit [EIgentlich] ihre Aussage etwas ein, denn noch hat sie die Therapie nicht beendet und die neue Struktur nicht in seinem Leben verankert, doch deutet sie es für ihn als [völlig normal], dass diese Einführung von neuem Verhalten [erstmal anstrengend] ist. Sie positioniert sich damit als Expertin, denn sie erklärt den Zusammenhang und durch das ihr als Expertin zugestandene professionelle Mehrwissen hat sie die Kompetenz etwas als normal zu deuten, da sie die Abläufe kennt. Insofern hat die Positionierung auch eine strategische Funktion, sie gibt ihr die Legitimierung „normal" und „nicht normal" zu beurteilen.

Aufgabe 7.
Den Therapieabschluss vorbereiten
Vor der Entlassung bereiten die Therapeuten die Patienten auf das Leben außerhalb der Therapie auf unterschiedliche Weise vor. Zum einen werden Herr Grosser und Frau Bauer in weiterführende Therapien überwiesen, zum anderen auf mögliche Vorfälle vorbereitet. Die Umsetzung von neuen Erkenntnissen gegen Handlungsroutinen ist schwierig, sie kann sich über Jahre hinziehen und begegnet manchmal scheinbar unüberwindbaren Widerständen.

Beispiel 1: Rückfälle sind erlaubt und normal.
8.14. Transkript (G3, Zeile 471-479)
1   T: gut ich kann ihnen von mEIner seite noch mal sagen,
2   das ganze team steht auch dahinter
3   dass rÜckschläge erlaubt sind ne (.) wir haben das (.)
4   häufiger schon erlebt, dass patienten, die hier
5   in behandlung warn, auch nochmal wIedergekommen sind.
6   ne, das ist also nIcht UNgewöhnlich. und das ist
7   einm auch ä erlaubt. ne, wenn man über jahre (.)
8   gewisse (.) mit gewissen schwächen leben musste,
9   mit va ä mit äm ja verhaltensmustern,
10   die einem nicht gUt taten (.) dann darf das auch passiern,
11   dass man auch mal=n rÜckschlag erleidet ne (.)
12   also das muss nicht von heute auf morgen alles weg sein.

Die Therapeutin als Expertin weist ihn auf mögliche Rückschläge hin und bezieht dabei die Meinung des ganzen Expertenteams mit ein. Damit verstärkt sie die Kompetenz ihrer Aussage für den Patienten und stärkt sein Selbstbewusstsein (siehe auch Kapitel 4).

Beispiel 2: Positives Feedback
8.15. Transkript (B3, Zeile 487-492)
1   T: und (.) und was ich auch finde (.)sie haben sich SEhr gut
2   auch über sich gedanken gemacht. mit sich
3   P: hmm
4   T: beschäfticht, was ihnen wichtich ist, welche themen äm (.)
5   da angesprochen sind und (.) wie sie dazu stehn.
6   P: ja

Die Therapeutin gibt der Patientin ein persönliches, positives Feedback. Dadurch wird auch deutlich, dass Selbstreflexion Teil der Therapie ist. Auch Herr Grosser bekommt in einem hier nicht abgebildeten Transkript (G3, Zeile 501-507) positives Feedback zum Ende der Therapie. Die Therapeutin erklärt ihm, dass sie gerne mit ihm gearbeitet hat, weil er ein [*sEhr reflektIErter mensch*] (Zeile 502) sei, was sie sehr beachtenswert findet.

Sich mit der persönlichen Vergangenheit auseinander zu setzen braucht viel Motivation, den Willen und Fähigkeit zu reflektieren und die Bereitschaft dazu, sich Fehler einzugestehen. Es wird deutlich, wie wichtig die Rekonstruktion der Ereignisse sowie die Selbstreflexion über Gefühle und Gedanken ist, besonders wenn es um sehr tief verankerte Deutungsschemata geht. Sie ist nicht nur Teil der Therapie sondern kann die Notwendigkeit zur Therapie auch im Vorfeld verringern.

8.3 Einige Gesprächstechniken der Therapeuten

Nach Hautzinger sind für eine kognitive Verhaltenstherapie bei akuter Depression „Echtheit und Aufrichtigkeit, Empathie und Verständnis, Akzeptanz und Wärme, Beruhigende Versicherungen, Fachliche Kompetenz und Sicherheit, Professionell-entspanntes Verhalten" grundlegend (Hautzinger 2011: 108). Dieses therapeutische Verhalten wird unter anderem durch spezielle Gesprächstechniken verwirklicht. Als eine Verhaltensregel in der Therapie oder auch als Gesprächstechnik gilt es, stets moralische Verantwortungs- und Schuldzuweisungen zu vermeiden. Das kommt zum Beispiel durch die Wahl agensfreier Formen zum Tragen, wie unter Aufgabe 6, Dynamik: Konfrontation, Bsp. 2, Transkript (B2, Zeile 345-346). In Kapitel 3 wird darauf hingewiesen, dass der Therapeut im Rahmen der kognitiven Verhaltenstherapie beim Arbeiten an kognitiven Mustern „den sogenannten ‚sokratischen Dialog'" verwirklicht. „Diese Interaktionsform besteht aus gelenkten offenen Fragen, um den Patienten selbst dazu zu bringen, Widersprüche und den Überzeugungen zuwiderlaufende Erfahrungen zu berichten, zu erkennen und zuzulassen" (ebd.: 108). Auch dazu werden Gesprächstechniken benötigt. Zum einen gibt es Explorationstechniken, zum anderen auch Techniken zum Vermeiden und Ablenken von unerwünschten Themen. Zusammen mit diskreten Formulierungen, therapeutischen „Formulations" und diversen Zustimmungsaufforderungen bilden Sie einen bedeutenden Teil des therapeutischen Handwerkzeuges.

Direkte Formulierungsaufforderungen
Da die Rekonstruktion der Ereignisse für die Therapie besonders wichtig ist, kommen verschiedene Arten von Erzähl- und Formulierungsaufforderungen häufig vor, deren einfachste die direkte Aufforderung ist. Hier ein Beispiel mit versetzter Satzstellung:

8.16. Transkript (C1, Zeile 180-181)
1   T: hmhm. und das gefühl erdrÜckt zu werden (.)
2   hatten sie in ihrem ALLtag zuletzt wAnn?

Eine besonders von der Therapeutin der Frau Cerny benutze Formulierungsaufforderung ist die mit versetzter Satzstellung. Indem die Therapeutin die übliche Stellung
des Fragewortes [*wAnn?*] aushebelt und es an das Ende des Satzes stellt, gibt sie ihm
durch die auffallende Stellung zusätzliche Betonung und eine spezielle Relevanz, zugleich signalisiert sie damit die Abgabe des Rederechtes mit der Zuweisung des Turns
an die Patientin. In diesem Zusammenhang ist es eine sehr massive Aufforderung an
die Patientin zur Exploration.

Eine weitere Explorationsaufforderung, die sich das Turn-Taking-System zunutze
macht, ist die direkte Satzbeendigungsaufforderung, der Beginn eines Satzes oder
einer Phrase, den der andere vervollständigen soll. Diese offene Aufforderung zu einer
bestimmten Aussage wirkt allerdings sehr invasiv und ist damit gewissermaßen auch
aggressiv.

8.17. Transkript (H1, Zeile 423-426)
1   T: das heißt die BOTschaft heißt, (2.0) du hast
2   P: <<flüsternd> versa:gt >

Die Therapeutin gibt die erste Sequenz eines Satzes vor wobei der zweite Teil offen
bleibt. Da das Wissen zur Beantwortung und damit die Fortsetzung des Satzes bei
der Patientin liegt, kann nur sie den Satz vollenden. Unterlässt sie es wie im Beispiel
nach dem ersten Teilsatz (2.0), dann hängt der Satz in der Luft. Der zweite Ansatz
der Therapeutin [*du hast*] ist nun eine so starke Vorgabe, dass Frau Huber die dispräferierte Äußerung schließlich ausspricht.

Indirekte Erzähl- oder Formulierungsaufforderungen
Fishing. Beim „fishing" (Pomerantz 1980) wird auf indirekte Weise versucht, unsiche-
res Wissen über den Rezipienten durch dessen Wissen aus erster Hand zu ersetzen.
In „Telling my side" hat Pomerantz gezeigt, wie das Erzählen einer Erfahrung zur
Elizitierung von Informationen dienen kann. Indem ein Akteur eine Erfahrung im
Hinblick auf den Rezipienten oder sein Teil-Wissen im Zusammenhang mit ihm im
Gespräch wiedergibt, versucht er von diesem autorisiertes Wissen zum Thema aus
erster Hand zu bekommen. Will der Rezipient das Gesagte nicht einfach so stehen
lassen, ist er mehr oder weniger genötigt es richtig zu stellen oder auszuführen. Dieses
Vorgehen dringt durch das implizite Fischen nach Mehrwissen in die Privatsphäre
ein und ist deshalb moralisch dispräferiert. Der Teilnehmer behandelt das Gespräch
darüber mit wem jemand spricht, wo er ist oder was er tut als dessen Privatsphäre,

zeigt aber gleichzeitig an, dass es jetzt relevant ist, sein Wissen darüber preiszugeben. „The ‚my side' tellings display an orientation to and acknowledgement of our right to privacy while not fully respecting it to the extent of no recourse" (Pomerantz 1980: 198).

Deutungsvorgaben und Vermutungen. Die Äußerung von Deutungsvorgaben und Vermutungen wirkt ähnlich wie das Fishing, denn sie beinhalten die Erwartung, dass der Rezipient mit einer Zustimmung oder Klarstellung reagiert und seine Deutung in das gemeinsame Wissen einbringt.

Frage- und Frageparaphrase. Zu den indirekten Erzähl- oder Formulierungsaufforderungen gehören auch Frage- und Frageparaphrase. Dabei wird „zunächst durch die fokussierende Kraft einer einzelnen Frage die Aufmerksamkeit auf einen spezifischen Punkt" gelenkt und dann vermittels einer zweiten Frage ein größerer Entwicklungsspielraum zu einer Erzählung oder Darstellung gegeben. Das Äußerungsformat „dient in erster Linie als Technik der Thema-eröffnung, – als ‚Topic Opener', wie Harvey Sacks' (1972) Formulierung lautete" (Bergmann 1981: 133). Umgekehrt kann ein zunächst sehr breit gespannter Explorations-Spielraum auch nachträglich durch eine Frageparaphrase auf ein Thema fokussiert werden. Solch eine „Reparatur" kann unter anderem auch dazu eingesetzt werden, den Rezipienten aus einer für den Sprecher unübersichtlichen thematischen Orientierung abzuholen und mitzunehmen. Die Korrekturbedürftigkeit einer potentiell abgeschlossenen Äußerung kann auch vom Sprecher durch „ein intonatorisch in der Schwebe gehaltenes ‚Oder-'" angedeutet werden. Der Sprecher gibt damit dem Rezipienten zu verstehen, „daß die Frage – falls für die Beantwortung erforderlich – von ihm auch reformuliert werden kann" (ebd.: 135, Hervorhebung im Original).

Auch in der Schwebe gehaltene Satzenden mit „oder-", „und-", „also-", können als Erzählaufforderung gewertet werden, denn die fehlende sinkende Intonation verweist auf die Unabgeschlossenheit der Äußerung oder relativiert die Aussage und fordert den Rezipienten dazu auf, mehr zu erzählen. Beispiele dazu finden sich auch bei Schröder (2012a). In den vorliegenden Daten wurden verschiedene Arten von Frage mit Frageparaphrasen gefunden, die in Kapitel 6 dargestellt sind.

Zustimmungsaufforderungen

Angehängte Fragen (tag-questions) dienen dazu, den Turn abzugeben (Sacks, Schegloff, Jefferson 1974), denn der Patient muss irgendwie darauf reagieren. Eine Technik, die Zustimmung des Patienten zu einer Deutung zu bekommen, ist es zum Beispiel, mit angehängten Fragen sein Einverständnis zu erheischen oder abzusichern. Das angehängte „ne" dient auch dazu, einer ungünstigen negativen Antwort vorzubeugen, sie zu unterbrechen oder zu übergehen (Jefferson 1980: 54). In jedem Fall ist sie Zustimmung erheischend und ein Hindernis für Ablehnung. Auch das oben schon beschriebene angehängte [*oder?*] fischt nach Zustimmung, indem es eine vorherige Aussage relativiert und Klärung einfordert.

8.18. Transkript (G1, Zeile 1070-1074)

1   T: und ä (.) genau. das wir da nochmal (.) gucken welche
2   ANsatzpunkte gibt es da (.) wie können wir daran arbeiten
3   und ä (.) dass wir auch hin und wieder nochmal in ihre
4   geschichte zurückgehen. was ihre familie angeht (-)
5   wenn sie damit EInverstanden sind.
6   P: es gab ne zeit, da war ich das nIcht (...)

Die Therapeutin fasst ihr Vorhaben für die nächsten Sitzungen zusammen und erwähnt dabei die Notwendigkeit, in die Vergangenheit der Familiengeschichte zurückzuschauen. Da die Rückschau in die Familiengeschichte vom Patienten dispräferiert ist, beugt sie mit der angehängten „Frage" bzw. Vorbedingung einer Ablehnung vor und fischt nach Zustimmung. Sie braucht das Einverständnis des Patienten, denn die Rekonstruktion der Vergangenheit kann nur interaktiv hergestellt werden. Dass ihre Vorwarnung nicht unbegründet ist, macht der Patient in seiner Reaktion deutlich, in der er erwähnt, dass er dem früher nicht zugestimmt hätte.

Techniken zum Vermeiden und Ablenken
Da Herr Grosser zu Beginn seiner Therapie der festen Überzeugung ist er sei nicht krank, und damit die Diagnose Depression auch nicht akzeptieren kann, benutzt die Therapeutin verschiedene Techniken, um das Thema zu vermeiden. Gleichzeitig fördert sie den „Sokratischen Dialog" (Hautzinger 2011:108), indem sie ihn dazu bringt, das ganze Spektrum seiner Symptome zu schildern, Zusammenhänge mit seinem Vater zu erläutern und die „zentrale Botschaft" der Mutter zusammen mit der Therapeutin aufzudecken. Danach auf das zuvor vermiedene Thema angesprochen, ist der Patient mit einem Aufenthalt in der Klinik einverstanden. Auf der einen Seite werden also Techniken zur Exploration, auf der anderen Seite Techniken zum Vermeiden und Ablenken des unerwünschten Themas benötigt. Das sensible Multitasking der Therapeutin in der Interaktion beinhaltet aber viel mehr als nur die Kenntnis und den Einsatz der Techniken und kann an dieser Stelle nicht ausführlich dargestellt werden. Einige der Techniken zum Vermeiden und Ablenken sind zum Beispiel: Mit der Frage implizieren, dass keine Frage besteht, Transkript (G1, 13-22); Ablenken durch das Einfordern eines praktischen Beispiels, Transkript (G1, 43-35); Fokus verschieben in Frageparaphrase, Transkript (G1, 90-92) und Ablenken durch Diagnostische Einordnung und Thema fallenlassen, Transkript (G1, 111-113).

Diskrete Formulierungen und therapeutische „Formulations"
Die diskreten Formulierungen (zum Beispiel Kapitel 6, B2, 97-104) wurden von Bergmann anhand von psychiatrischen Aufnahmegesprächen beschrieben. Dabei werden Abschwächungen, Beschönigungen, Auslassungen oder auch die rhetorische Figur Litotes, die Benennung des Gegenteils, vom Psychiater angewandt. So spricht

der Psychiater zum Beispiel von „nicht ganz angezogen", anstatt von nackt. Dabei werden aber gerade die durch die diskrete Behandlung nicht direkt benannten oder vermiedenen Verhaltensweisen moralisch aufgeladen (Bergmann 1992). Diskrete Formulierungen kommen in den Daten häufig vor (siehe oben), unter anderem auch in Verbindung mit den „therapeutischen Formulierungen", den „Formulations" die in Kapitel 3 beschrieben wurden. Sie bestehen aus einer Art Zusammenfassung oder Kernaussage mit den Komponenten „delete, select, and transform" und der „projection of *agreement*" (Antaki 2008: 31).

Hier kommen in Kapitel 4.6 und 4.7. auch erweiterte bzw. verlängerte Formen vor, die aus mehreren Komponenten bestehen: ein bis zwei diskrete Formulierungen (delete), Fokussierung und Untermauerung der Haltung des Patienten (select) und einer Erweiterung bzw. Transformation vermittels einer persönlichen Begründung für die positive Bewertung, die die Bewertung des Patienten umschließt. Vermittelnd wirken dabei die Positionsübernahmen des Patienten durch die Therapeutin in Ich-Form. Siehe dazu Kapitel 4.6: Umdeutung des Meta-Deutungsmusters durch die Therapeutin (G3, 363-370) und 4.7: Nach der Therapie: Leben mit der Krankheit (G3, 444-458).

Schluss

In der vorliegenden Studie wurde eine Untersuchung über Veränderungen von Deutungsmustern und Schemata der Erfahrung anhand therapeutischer Gespräche durchgeführt. Dabei war es Ziel, sowohl Wissen über den Veränderungsprozess selbst zu gewinnen, als auch die Bedingungen zu untersuchen, die den Wandel bewirken oder begünstigen. Im Folgenden werden die wichtigsten Ergebnisse der vorgelegten Studie noch einmal zusammengefasst und thematisch gebündelt beschrieben.

Die psychiatrische Profession und das Dilemma des individuellen Falls
Die Fallbehandlung ist ganz allgemein ein institutionelles Phänomen, das je nach Profession und Organisation unterschiedliche Ausprägungen entfaltet. Kliniken sind zugleich Unternehmen, die ökonomisch und funktional im gesellschaftlichen Auftrag handeln sollen. Fallbehandlung steht deshalb immer in dem Dilemma zwischen institutionellen Gegebenheiten, typisierten Fallkategorisierungen im Rahmen des professionellen Wissens und dem subjektiven und ganz individuellen Erleben einzelner Subjekte, die sich in ihrer Interaktion begegnen. Dieses Paradox zwischen der allgemein-typischen Fallbehandlung und der Individualität des Subjektes wird im „Individuellen Fall" vermittelt. Auf der subjektiven Ebene ist größtmögliche Individualität gefragt, jeder Patient oder Klientin soll und möchte sich selbst als im Mittelpunkt der Behandlung stehend erleben. Aus diesem Grund wird die Fallarbeit in der Psychologie/Psychiatrie meistens soweit wie möglich für den Patienten unsichtbar gemacht.

Die Fallkonstruktion ist ein interaktives Geschehen mit vielen Akteuren. Sie besteht aus mündlichen und schriftlichen Aspekten, wobei die Akte den Angelpunkt bildet und die Vielstimmigkeit der am Fall beteiligten Akteure ausdrückt, zu denen auch der Patient gehört. Wie Bergmann (1980, 1992) gezeigt hat, steht die Psychiatrie als gesellschaftliche Institution in einem Kontext zwischen Medizin und Moral. Im untersuchten Therapieverfahren folgt sie einem medizinischen Behandlungsauftrag und zugleich einem Erziehungsauftrag, mit dem auch moralische Bewertungen transportiert werden. Die Veränderung von Deutungsmustern und Schemata der Erfahrung zielt zum einen auf Hilfe für den Patienten, dient zum anderen aber auch der Anpassung gesellschaftlich abweichender Denk- und Lebensweisen. Eine zusätzlich prekäre Note erhält die Behandlung weil sie nicht nur offen, sondern zum Teil auch suggestiv und manipulativ erscheinen kann, wie bei der Darstellung der Praktiken deutlich wird. Dennoch werden Umdeutungen in der Psychotherapie unter Mitwirkung und mit Einverständnis des Patienten vollzogen.

Professionalität und Praxiswissen
Das Professionswissen besteht aus Wissen über den institutionellen Kontext, organisationsbedingte Vorgaben, über eine bestimmte Palette an Hilfsmitteln und Denk-

Alternativen, aus theoretischem Wissen über psychologische Modelle und Wissen über diagnostische Einordnungen und Bewertungen. Aber es beinhaltet auch Praktiken, Verfahren und Gesprächstechniken, die teilweise gelernt und explizierbar sind und teilweise aus angewandtem und verkörpertem Praxiswissen (embedded practices) bestehen. In ihrer Ausbildung lernen Therapeuten Exploration, Umgang und Verhalten gegenüber Patienten zu einem großen Teil durch Anwesenheit, Beobachtung und Reflexion über die Arbeit, denn Praxiswissen lässt sich nur schwer versprachlichen. Die von den Therapeuten eingesetzten Mittel zur Exploration entsprechen weitgehend den Explorationstechniken aus dem Alltagsleben. Diese alltagspraktischen Gesprächstechniken werden innerhalb der Profession spezifisch ausgebaut, für die Ziele der Therapie angepasst und durch andere Techniken wie zum Beispiel Fragebögen ergänzt. Dabei ist die Sprache ein mächtiges Instrument, das der Beförderung von Umdeutungen dienen kann und Gesprächstechniken bilden das Handwerkszeug der Therapeuten.

Zu den Aufgaben von Therapeuten gehört es auch, das jeweilige Stadium des Patienten im Prozessverlauf zu erkennen, um notwendige Maßnahmen einleiten zu können und adäquate Dynamiken anzustoßen. Die Aufgaben der Therapeuten orientieren sich an den institutionellen Vorgaben sowie den Komponenten und Dynamiken des Veränderungsprozesses. Um den Veränderungsprozess beobachten zu können, wurden Methoden erarbeitet, die auch den Therapeuten zur Einschätzung des Prozessvorgangs zur Verfügung stehen. Sie ziehen Rückschlüsse aus Verhalten, Gesprächsinhalten und Formulierungstätigkeiten der Patienten. Dazu brauchen sie Indikatoren zur Identifizierung von Denkschemata und spezifische Elizitierungsverfahren. Einige der Verfahren, Praktiken und Techniken zur Exploration oder Umdeutung konnten gezeigt werden: zum Beispiel die zwei Elizitierungsverfahren in Kapitel 6, aber auch die Orientierung der Therapeuten am Veränderungsprozess des Patienten, ihre Arbeit mit den Dynamiken und die Möglichkeiten der Beobachtung von Veränderung, die für die Therapeuten so wichtig ist. Es wurden bestimmte Beobachtungsebenen und Themenstränge eruiert, sich wandelnde Kategorisierungen und der Switch in der Erfahrungserzählung analysiert. Gegenseitige Kooperationen sind eine wichtige Voraussetzung für den Erfolg der Therapie, die sich durch einen respektvollen und achtsamen Umgang mit den Patienten im Gespräch auszeichnet, während dabei zugleich therapeutischen Zielen gefolgt werden muss.

Deutungsmuster und Schemata im Umbruch
Meta-Deutungsmuster dienen der Stabilisation, unter deren programmatischen Relevanz kleinere Deutungsmuster oder subjektive Deutungsschemata organisiert und anpasst werden können. Im Veränderungsprozess können sich aber auch mehrere Schemata gleichzeitig verschieben und dabei das Meta-Deutungsmuster abwandeln. Bei solchen Positions- oder Haltungsänderungen kommt es durch langsam oder plötzlich in Krisen eintretende Relevanzverschiebungen und differenzierte Betrach-

tungen zu Umbewertungen. Deutungsschemata oder Deutungsmuster lockern sich und treten in den Hintergrund, neue Zuordnungen erhalten dafür mehr Gewicht, sie rücken in der Relevanz nach Vorne und finden im Verhalten Ausdruck. In der Therapie geschieht das interaktiv in den Interaktionen zwischen Therapeut und Patient. Manchmal berufen sich Subjekte auf soziale Deutungsmuster, um sich für ein Verhalten zu rechtfertigen oder die Verantwortung für ihr Handeln auf Andere zu verschieben. Differenzierte Betrachtungen werden aber auch durch affektiv verkürzte Denkschemata oder starke Fokussierung auf etwas Anderes verhindert. In der Therapie wird der Veränderungsprozess gezielt gefördert und von den Therapeuten begleitet. Die Praktiken der Therapeuten orientieren sich dabei an dem, was die Patienten in die Therapie einbringen.

Gleichzeitig mit der Zuschreibung einer Krankheit, der Zuweisung der Rolle des Patienten und der damit verbundenen Stigmatisierung bietet die Psychiatrie hier einen Schutzraum, in dem die Patienten zur Ruhe kommen und Verhalten und Denkmuster interaktiv mit dem Therapeuten reflektieren können. Solche Reflexionen sind die Basis der Veränderung. Während im Alltagsleben Selbstreflexionen breiter in Zeit und Raum verteilt und wechselnde Subjekte beteiligt sind, wodurch die Interaktivität von Reflexionen weitgehend unbeobachtbar ist, wird in der Therapie die Reflektion oder Bearbeitung subjektiver Erfahrungen des Patienten konzentriert im Geheimnisraum der Therapie vollzogen, weitgehend nach außen verlagert und Umdeutungen interaktiv durchgeführt. Durch Visualisierungen von Wissen, Vorstellungen, Kognitionen und Gefühlen werden diese schriftlich oder mündlich in Darstellungen und Beschreibungen, in assoziativen Beispielerzählungen, Metaphern und bildlichen Darstellungen in die Interaktionen eingebracht. Reflexionen orientieren sich an sozialem Verhalten, sie beziehen sich auf Interaktionen und Wirkungen auf das soziale Umfeld sowie auf die damit in Verbindung stehenden Gefühle und Kognitionen, die körperlich eingebettet sind. Durch die Abläufe bei der interaktiven Reflexion in der Therapie lässt sich vermuten, dass Selbstreflexion auch im Alltag sehr viel stärker nach außen verlagert stattfindet, als üblicherweise angenommen wird.

Das Konzept Kognition-Kommunikation und die Handlungs-Wahrnehmungs-Denk-Matrix

Das theoretische Konzept über Kognition und Kommunikation geht davon aus, dass subjektinterne Vorgänge wie Kognitionen und Gefühle, Motive und Intentionen, Erfahrungsschemata und Deutungsmuster sowie Identitätszuschreibungen grundsätzlich unbeobachtbar sind. In der Kommunikation bzw. sprachlichen Interaktion können die von den Subjekten vorgenommenen sinnhaften Zuordnungen oder Differenzierungen indirekt wahrgenommen und erschlossen werden. Diese Deutungen werden – unterstützt von Mimik, Gestik und körperlichem Ausdruck – zu interaktiven Deutungen mit situativ-lokaler Geltung. Direkt beobachten lässt sich nur, was in der Interaktion geschieht:

Die Unterstellung von kollektiv oder biographisch geteiltem Wissen, das Operieren mit Erwartungsmustern und Inferenzschemata bei der Zuschreibung von Wissensbeständen auf der Grundlage von beobachtbarem Verhalten sowie der fortwährende Einsatz von ‚accounting practices' bilden zusammen ein Ensemble von Verfahren für den effektiven Umgang mit der Unbeobachtbarkeit von Wissen (Bergmann/Quasthoff 2010: 26).

In einer Handlungs-Wahrnehmungs-Denk-Matrix (Bourdieu 1976) gibt es abstrakte Vorstufen von Erfahrungsschemata und Deutungsmustern, die in einem Netzwerk von gegensätzlichen Adverbien (Bourdieu 1987) wie „oben-unten" Ausdruck finden und eine Art versprachlicht-virtuelles Orientierungssystem bilden. Sie wirken sich mitstrukturierend auf die Wahrnehmung der Subjekte, ihr Denken und Handeln aus, aus dem sich Gesellschaftsstrukturen formen. Metaphorische Konzepte (Lakoff/ Johnson 1998) wie „oben ist mehr" oder „ich bin xy" (ich bin oben, Sieger, reich, mächtig) erlauben Differenzierungen zwischen den Kategorien, die mit innerer Konsistenz und kultureller Kohärenz systematisch aufeinander bezogen sind. Sie erlauben Erweiterungen, Differenzierungen, Abstufungen und Wertverschiebungen zwischen den Kategorien und den ihnen zugeschriebenen kategorien-gebundenen Aktivitäten (Sacks 1965, 1966, 1967), die ständig als Wissen vorausgesetzt, in den Interaktionen hingenommen oder ausgehandelt und angepasst werden. Solche Vorstufen können durch typisierte subjektive Erfahrungen zu Schemata der Erfahrung (Schütz 1932) werden und Paradigmata des Selbstverständnisses bilden. Diese wiederum können zu subjektiven Para-Dogmen (Buchholz 1998) wie „ich bin immer ein Versager" gerinnen und damit krankmachende Wirkung entfalten.

In Interaktion und Aushandlung mit anderen Gesellschaftsmitgliedern können Denkschemata zu Deutungsmustern (Schütz 1932) mit größerer Reichweite werden und damit sowohl Denken und Handeln einzelner Subjekte, als auch Denken und Habitus von Gruppen, Milieus und Kulturen oder Gesellschaftsstrukturen beeinflussen. Sprache, Mimik und Gestik vermitteln den Sinn, den die Subjekte aufgrund ihrer Relevantsetzungen und Bewertungen mit dem Erleben verbinden. Die kulturellen Ausprägungen des gesellschaftlichen Zusammenlebens werden nicht nur durch geteilte Werte beeinflusst, sondern sie werden durch die subjektiven Sinnzuschreibungen und Relevantsetzungen der Gesellschaftsmitglieder situativ und lokal geformt. Die metaphorischen Konzepte vermitteln die Schemata der Erfahrung durch ihre kulturelle Kohärenz über Category-bound Activities mit sozialen Deutungsmustern.

Das Konzept des Veränderungsprozesses mit globalem Prozessverlauf in Krisen oder Wandlungszeiten
Bei der Analyse hat sich herausgestellt, dass der Veränderungsprozess aus immer gleichen, regelmäßig bei allen Patienten auftauchenden Komponenten besteht, die in ihrem Verlauf aufeinander folgen oder sich phasenweise überschneiden und gemeinsam die Einheit des Veränderungsprozesses ausmachen. Er wird durch sieben

Komponenten geformt, die durch Subkomponenten ergänzt und verschiedene Dynamiken vermittelt werden. Ausgehend von einer als negativ bewerteten Situation ist als zweite Komponente Offenheit für Neuerungen notwendig. Es folgt drittens der Aufbau einer Wissensbasis, die in der Therapie als gemeinsames Wissen die Basis für Umdeutungen bildet. Viertens wird die Vergangenheit gedeutet und bewertet sowie teilweise umgedeutet und neu bewertet. Fünftens müssen auf dieser neuen Basis Wünsche wahrgenommen, Ideen entwickelt, Strategien und Pläne entworfen werden. Sechstens werden Entscheidungen getroffen, die neues Verhalten herbeiführen. Zur Vollendung des Veränderungsprozesses ist siebtens die Umsetzung der Entscheidung oder des neuen Denkens in die Realität erforderlich. Diese Komponenten spiegeln sich zum Teil auch in der Erfahrungserzählung, mit der die Akteure anderen ihre Veränderung plausibel machen und sie legitimieren.

Die Komponenten des Veränderungsprozesses lassen sich vermutlich ganz allgemein auf Veränderungsprozesse übertragen, sowohl auf Subjekte innerhalb verschiedener Kulturen als auch auf Abläufe in größeren Krisen, bei strukturellem Wandel oder Katastrophen, dann allerdings unter Beteiligung vieler Subjekte, die den Verlauf jeweils in individueller Ausprägung erleben. Krankheiten, persönliche Verluste und Arbeitslosigkeit können sich traumatisierend auswirken und (Natur-) Katastrophen bringen besonders häufig „körperliche Beschwerden, depressive und Angststörungen sowie posttraumatische Belastungsreaktionen" hervor (Faust 2010), die gelegentlich auch als „Katastrophen-Syndrom" bezeichnet werden. Die Rekonstruktion der Ereignisse durch Experten, das Aufarbeiten von Verantwortlichkeiten, das Erstellen von Prognosen, Entwickeln von Zukunftsplänen und die Umsetzung in die Realität sind an sozialen Notwendigkeiten orientiert. Sie werden in größeren Gremien durchgeführt und von nicht direkt betroffenen Subjekten stärker in ihrem äußeren, materiellen Geschehen wahrgenommen, welches von Medien vermittelt wird.

Die vorgelegte Studie ist der Versuch, Wissen aus verschiedenen wissenschaftlichen Disziplinen und Ansätzen füreinander fruchtbar zu machen, so dass durch weitere empirische Forschungen mehr Wissen über den Zusammenhang zwischen Subjekt und Gesellschaft erarbeitet werden kann.

Konsequenzen für das Forschungsfeld
Es konnte Wissen über Praktiken erarbeitet werden, das mit einer anderen Methode nicht hätte gewonnen werden können, diese rücken nun stärker in das Bewusstsein der Handelnden: die Orientierung der Handlungspraktiken am Veränderungsprozess, das Denken in „Fällen" und die interaktive Fallkonstruktion mit vielen Akteuren und einem ständigen Wechsel zwischen mündlicher und schriftlicher Fallkonstruktion sowie die spezifischen Verfahren zur Elizitierung und Wahrnehmung des Veränderungsprozesses. Da die angewandte Forschungsmethode als Interaktionsstudie mit Ethnomethodologie und Konversationsanalyse in der Psychologie/Psychiatrie

bisher wenig bekannt ist bleibt zu hoffen, dass nun das Interesse an der Durchführung von Interaktionsstudien größer wird.

Ansätze zur weiteren Forschung
Es gibt zahlreiche Ansätze für weitere Forschungsstränge: so könnten zum Beispiel mehr Interaktionsstudien zur Medizinsoziologie oder zur Soziologie der Psychiatrie durchgeführt werden. Außerdem können vermutlich noch weit mehr therapeutische Praktiken eruiert werden, wenn das Wissen über die Orientierung der Therapeuten am Veränderungsprozess der Patienten einbezogen wird. In Zusammenarbeit mit der Linguistik werden weiterführende Untersuchungen zur Diagnostik über den Switch in der Erfahrungserzählung erfolgreich sein. Trotz schon vorhandener Fragebögen zur Diagnostik könnte auch die Interaktion in Arztpraxen Aufschluss über die Wahrnehmung und Behandlung von Depressionen geben.

Das Wissen über den Veränderungsprozess ist auch insofern relevant, als die Bedingungen für Veränderungsprozesse in das Alltagsleben übertragbar sind. Sie sind auch außerhalb der Therapie gültig und kommen ständig in alltäglichen Interaktionen vor, dann aber wohl kaum so gehäuft, wie in der klinischen Zusammenstellung. Interaktionsstudien in alltäglichen und institutionellen Settings, die speziell auf Sinnkonstruktionen und Kognitionen ausgerichtet sind, können mehr Wissen über kulturelle Praktiken im Umgang mit dem Fremdpsychischen erarbeiten und sie ins Bewusstsein heben. So bleibt es eine Herausforderung epistemische Praktiken, den Umgang mit Kognitionen und Veränderungsprozesse innerhalb und außerhalb von Therapie weiter zu erforschen.

Literaturverzeichnis

Ackerknecht, Erwin H. (1992): Geschichte der Medizin. 7. überarbeitete und ergänzte Aufl. von Axel Hinrich Murken. Stuttgart: Enke: 146-152 und 170-172.

Alexander, Jeffrey (ed.) (1987) The Micro-Macro Link. Berkeley, Los Angeles, London: University of California Press: 207-234.

Altmeyer, Martin/Thomä, Helmut (Hg.) (2006): Die vernetzte Seele. Stuttgart: Klett-Cotta

Antaki, Charles (2006): Producing a "cognition". In: Discourse Studies 8. 2006. 9-15.

Antaki, Charles (2008): Formulations in psychotherapy. In: Peräkylä/Antaki/Vehviläinen/Leudar (eds.): (2008): 62-42.

Antaki, Charles (eds.) (2011): Applied Conversation Analysis. Intervention and Change in Institutional Talk. Hampshire, Engl: Palgrave Macmillan.

Antaki, Charles/Widdicombe, Sue (1998): Identity as an Achievement and as Tool. In: Antaki/Widdicombe (eds.): (1998): 1-14.

Antaki, Charles/Widdicombe, Sue (eds.) (1998): Identities in Talk. London: Sage Publications Ltd..

Antaki, Charles/Barnes, Rebecca/Leudar, Ivan (2005): Self-disclousure as a situated interactional practice. In: British Journal of Social Psychology 44. 2005. 181-199.

Antaki, Charles/Barnes, Rebecca/Leudar, Ivan (2005): Diagnostic formulations in psychotherapy. In: Discourse Studies 7. 2005. 627-647.

Arminen, Ilkka (2005): Institutional interaction: studies of talk at work. Aldershot [u.a.]: Ashgate

Atkinson, Maxwell J./Drew, Paul (1979): Order in Court: The Organization of Verbal Interaction in Judicial Settings. Atlantic Highlands, New Jersey: Humanities Press.

Atkinson, Maxwell J./Heritage, John (1984): Structures of social action – studies in conversation analysis. Cambridge: Cambridge University Press.

Ayaß, Ruth (1999): Form und Funktion Kategorischer Formulierungen. In: Bergmann/Luckmann (1999): 106-124.

Ayaß, Ruth/Bergmann, Jörg R. (2006): Qualitative Methoden der Medienforschung. Reinbek bei Hamburg: Rowohlt.

Bagnara, Sebastiano/Crampton Smith, Gillian (eds.) (2006): Theories and Practice in Interaction Design. Mahwah, N.J.: Lawrence Erlbaum Associates, Inc. Publishers.

Baker, Carolyn D. (2001): Ethnomethodological Analyses of Interviews. In: Gubrium/Holstein (eds.): Handbook of Interview research. Context & Method. Thousand Oaks, California: Sage Publications (2001): 777-794.

Barnes, Rebecca/Moss, Duncan (2007): Communicating a feeling: the social organization of „private thoughts". In: Discourse Studies 9. 2007. 123-148.

Becker, Ulrich/Kingreen, Thorsten (Hg.) (2010): SGB V. Gesetzliche Krankenversicherung. München: Verlag C. H. Beck oHG, 2. Aufl..

Berger, Peter L./Luckmann, Thomas (2003): Die gesellschaftliche Konstruktion der Wirklichkeit. Frankfurt: Fischer Verlag, 19. Aufl.. Originalausgabe (1966): The Social Construction of Reality. Garden City, New York: Doubleday, Inc..

Bergmann, Jörg R. (1980): Interaktion und Exploration. Eine konversationsanalytische Studie zur sozialen Organisation der Eröffnungsphase von psychiatrischen Aufnahmegesprächen. Dissertation Universität Konstanz.

Bergmann, Jörg R. (1981a): Ethnomethodologische Konversationsanalyse. In: Schröder/Steger (Hg.) (1981): 9-51.

Bergmann, Jörg R. (1981b): Frage und Frageparaphrase: Aspekte der redezuginternen und sequenziellen Organisation eines Äußerungsformats. In: Winkler (Hg.) (1981): 128-142.

Bergmann, Jörg R. (1982): Schweigephasen im Gespräch – Aspekte ihrer interaktiven Organisation. In: Soeffner (Hg.) (1982): 143-184.

Bergmann, Jörg R. (1985): Flüchtigkeit und methodische Fixierung sozialer Wirklichkeit. Aufzeichnungen als Daten der interpretativen Soziologie. In: Bonß/Hartmann (Hg.) (1982): 299-319.

Bergmann, Jörg R. (1987): Klatsch. Zur Sozialform der diskreten Indiskretion. Berlin/New York: de Gruyter.

Bergmann, Jörg (1988): Ethnomethodologie und Konversationsanalyse. (Studienbrief mit 3 Kurseinheiten). Fernuniversität GHS Hagen. Hagen.

Bergmann, Jörg R. (1991): Deskriptive Praktiken als Gegenstand und Methode der Ethnomethodologie. In: Herzog/Graumann (Hg.) (1991): 86-102.

Bergmann, Jörg R. (1992): Veiled morality: notes on discretion in psychiatry. In: Drew/Heritage (eds.) (1992): 137-162.

Bergmann, Jörg R. (1993). Alarmiertes Verstehen: Kommunikation in Feuerwehrnotrufen. In: Jung/Müller-Doohm (Hg.) (1993): 283-328.

Bergmann, Jörg R. (1999): Diskrete Exploration: Über die moralische Sinnstruktur eines psychiatrischen Frageformats. In: Bergmann/Luckmann (Hg.) (1999): 169-190.

Bergmann, Jörg R. (2000a): Konversationsanalyse. In: Flick/von Kardorff/Steinke (Hg.) (2000): 524-537.

Bergmann, Jörg R. (2000b): Reinszenierungen in der Alltagsinteraktion. In: Streeck (Hg.) (2000): 203-221.

Bergmann, Jörg R. (2006): Qualitative Methoden der Medienforschung – Einführung und Rahmung. In: Ayaß/Bergmann (2006) (Hg.): 13-41.

Bergmann, Jörg R./Luckmann, Thomas (1995): Reconstructive Genres of Everyday Communication. In: Quasthoff (Hg.) (1995): 289-304.

Bergmann, Jörg R./Luckmann, Thomas (Hg.) (1999): Kommunikative Konstruktion von Moral. Bd. 1: Struktur und Dynamik der Formen moralischer Kommunikation. Opladen: Westdeutscher Verlag.

Bergmann, Jörg R./Luckmann, Thomas (Hg.) (1999): Kommunikative Konstruktion von Moral. Bd. 2: Von der Moral zu den Moralen. Opladen: Westdeutscher Verlag.

Bergmann, Jörg R./Quasthoff, Uta (2010): Interaktive Verfahren der Wissensgenerierung: Methodische Problemfelder. In: Dausendschön-Gay/Domke/Ohlhus (Hg.) (2010): 21-69.

Bergmann, Jörg R./Dausendschön-Gay, Ulrich/Oberzaucher, Frank (Hg.): Der Fall – Studien zur epistemischen Praxis professionellen Handelns. Bielefeld: transcipt Verlag

Boden, Deidre/Zimmerman, Don H. (eds.): (1991): Talk and Social Structure: Studies in Ethnomethodology and Conversation Analysis. Berkeley: University of California Press.

Bogen, David/Lynch, Michael (1989): Taking Account of the Hostile Native: Plausible Deniability and the Production of Conventional History in the Iran-Contra Hearings. In: Social Problems 36. 1989. 197-224.

Bonß, Wolfgang/Hartmann, Heinz (Hg.) (1985): Entzauberte Wissenschaft. Zur Relativität und Geltung soziologischer Forschung. Soziale Welt. Sonderband 3.

Boothe, Brigitte (2000): Manual der Erzählanalyse Jakob. Neue, überarbeitete Version (Berichte aus der Abteilung klinische Psychologie 48. Universität Zürich: Psychologisches Institut, Abt. Klinische Psychologie.

Boothe, Brigitte (2001): Erzähldynamik und psychischer Verarbeitungsprozess. In: Psychotherapie und Sozialwissenschaft. Psychosozial-Verlag. 2001. 28-51.

Boothe, Brigitte (2006): Einleitung. In: Luif/Thoma/Boothe (Hg.) (2006): 11-15.

Bourdieu, Pierre (1972/1976): Entwurf einer Theorie der Praxis auf der ethnologischen Grundlage der kabylischen Gesellschaft. Frankfurt: Suhrkamp: 189-202.

Bourdieu, Pierre (1987): Die feinen Unterschiede. Kritik der gesellschaftlichen Urteilskraft. Frankfurt: Suhrkamp.

Brannigan, A./Lynch, M. (1987): On Bearing False Witness: Perjury and Credibility as Interactional Accomplishments. In: Journal of Contemporary Ethnography 16 (2). 1987. 115-146.

Buchholz, Michael B. (2006): Konversation, Erzählung, Metapher. Der Beitrag qualitativer Forschung zu einer relationalen Psychoanalyse. In: Altmeyer (Hg.) (2006): 282-313.

Buchholz, Michael B. (1998): Vorwort. In: Lakoff/Johnson (1998). Vorwort.

Button, Graham (1991) (eds.): Ethnomethodology and the human sciences. Cambridge: Cambridge University Press.

Burger, Harald/Dobrovol'skij, Dimitrij/Kühn, Peter/Norrik, Neal R. (2007): Phraseologie Phraseology. Ein internationales Handbuch der zeitgenössischen Forschung. 1 Hb, Vol 1. Berlin, New York: Walter de Gruyter.

Cicourel, Aaron V. (1973): Cognitive Sociology. Language and Meaning in Social Interaction. London: Penguin Education.

Clark, Herbert H. (2007): Using language. Cambridge [u.a.]: Cambridge University Press, 7. Aufl..

Cmejrková, Svetla/Danes, Frantisek/Havlová, Eva (Hg) (1994): Writing vs Speaking. Language, Text, Discourse, Communication. Proceedings of the Conference held at the Czech Language Institute of the Academy of Sciences of the Czech Republic, Prague, October 14-16, 1992. Tübingen: Gunter Narr Verlag.

Coulter, Jeff (1973b): Approaches to Insanity: A Philosophical and Sociological Study. London: Martin Robertson. New York: John Wiley.

Coulter, Jeff (1979): Beliefs and Practical Understanding. In: Psathas (eds.) (1979): 163-186.

Coulter, Jeff (eds.) (1990): Ethnomethodological Sociology. Aldershot, Engl.: Edward Elgar Publishing.

Coulter, Jeff (1991): Cognition: ‚cognition‘ in an ethnomethodological mode. In: Button (eds.) (1991): 176-195.

Coulter, Jeff/Sharrock, Wes (2007): Brain, Mind, and Human Behavior in Contemporary Cognitive Science. Critical Assessments of the Philosophy of Psychology. Lewinston, New York: The Edwin Mellen Press.

Dausendschön-Gay, Ulrich (2001): Rituale und Höflichkeit. In: Iványi/Kertész (Hg.) (2001): 17-42.

Dausendschön-Gay, Ulrich/Domke, Christine/Ohlhus, Sören (Hg.) (2010): Wissen in (Inter-) Aktion. Verfahren der Wissensgenerierung in unterschiedlichen Praxisfeldern. Linguistik, Impulse & Tendenzen, 39. Berlin/New York: Walter de Gruyter.

Dausendschön-Gay, Ulrich/Krafft, Ulrich (2000): On-line-Hilfe für den Hörer: Verfahren zur Orientierung der Interpretationstätigkeit. In: Wehr/Thomaßen (Hg.) (2000): 17-77.

Dausendschön-Gay, Ulrich/Gülich, Elisabeth/Krafft, Ulrich (2007a): Phraselogische formelhafte Texte. In: Burger/Dobrovol'skij/Kühn/Norrick (2007): 468-481.

Dausendschön-Gay, Ulrich/Gülich, Elisabeth/Krafft, Ulrich (2007b): Vorgeformtheit als Ressource im konversationellen Formulierungs- und Verständigungsprozess. In: Hausendorf (Hg.): 181-219.

Davies, Peggy/Thomas, Philip./Leudar, Ivan (1999): The dialogical engagement with voices. In: British Journal of Medical Psychology 72. 1999. 179-187.

Davis, Kathy (1986): The process of problem (re)formulation in psychotherapy. In: Sociology of Health & Illness 8. 1986. 44-74.

Deppermann, Arnulf/Schmitt, Reinold (2007): Koordination. Zur Begründung eines neuen Forschungsgegenstandes. In: Schmitt (Hg.) (2007): 15-54.

Derry, Sharon J./Schunn, Christian D./Gernsbacher, Morton Ann (eds.) (2005): Interdisciplinary Collaboration. An Emerging Cognitive Science. Mahwah, N. J. [u.a.]: Erlbaum: 85-121 (Reprint from: Social Studies of Science, 25, 237-279, Sage Pub. 1995).

DIMDI (Hg.) (1999): Internationale statistische Klassifikation der Krankheiten und verwandter Gesundheitsprobleme. Amtliche deutschsprachige Ausgabe Bd. 1 – Systematisches Verzeichnis, 10. Revision (ICD-10). Bern [u.a.]: Verlag Hans Huber: F32. 344-346.

Dörner, Klaus/Plog, Ursula (1984): Irren ist menschlich. Lehrbuch der Psychiatrie/Psychotherapie. Bonn: Psychiatrieverlag, 2. Aufl..

Drew, Paul (2006): When Documents ,Speak': Documents, Language and Interaction. In: Drew (eds.) (2006): 63-80.

Drew, Paul (ed.) (2006): Talk and interaction in social research methods. London [u.a.]: Sage.

Drew, Paul/Heritage, John (eds.) (1992): Talk at Work. Cambridge: Cambridge University Press.

Ehlich, Konrad (1980): Erzählen im Alltag. Frankfurt am Main: Suhrkamp.

Faust, Volker (2010): Arbeitsgemeinschaft „Psychiatrische Katastrophenforschung: Seelische Folgen durch technische und Naturkatastrophen", PDF-Download vom 09.09.2010. www.psychosoziale-gesundheit.net/psychiatrie/naturkatastrophen.html

Fengler, Christa/Fengler, Thomas (1994): Alltag in der Anstalt: wenn Sozialpsychiatrie praktisch wird. Bonn: Psychiatrie-Verlag, Reprint der Erstausgabe 1980 (Psychiatrie-Verlag, Rehburg-Loccum).

Finzen, Asmus (1985): Das Ende der Anstalt. Vom mühsamen Alltag der Reformpsychiatrie. Bonn: Psychiatrie-Verlag.

Fleck, Ludwik (1935/1999): Entstehung und Entwicklung einer wissenschaftlichen Tatsache. Einführung in die Lehre vom Denkstil und Denkkollektiv. Frankfurt am Main: Suhrkamp Verlag.

Flick, Uwe/von Kardorff, Ernst/Steinke, Ines (Hg.) (2000): Qualitative Forschung. Ein Handbuch. Reinbek bei Hamburg: Rowohlt Taschenbuch Verlag.

Ford, Cecilia E./Fox, Barbara A. /Thompson, Sandra A. (eds.) (2002): The language of turn and sequences. Oxford, Oxford University Press.

Foucault, Michel (1973): Wahnsinn und Gesellschaft. Frankfurt am Main: Suhrkamp: 19-98.

Foucault, Michel (2005): Die Macht der Psychiatrie. Vorlesung am Collège de France 1973-1974/Michel Foucault. Hg. Von Jacques Lagrange. Frankfurt am Main: Suhrkamp.

Freud, Sigmund/Breuer, Josef (1895): Studien über Hysterie. Frankfurt am Main: Fischer Taschenbuch Verlag.

Frey, Dieter/Irle, Martin (1985): Theorien der Sozialpsychologie Bd. 3, Motivations- und Informationsverarbeitungstheorien. Bern [u.a.] Hans Huber Verlag.

Frommer, Jörg (2006): Depressive Verlaufskurve und therapeutischer Wandlungsprozess. In: Luif/Thoma/Boothe (Hg.) (2006): 296-319.

Frommer-Reichmann zitiert in Schegloff Emanuel A. (1997): ‚Narrative Analysis'. Thirty Years Later. In: Journal of Narrative and Life History 7 (1-4). 2006. 97-106, Fußnote Seite 104.

Gardner, David (eds.) (2007): The ‚right' connections: Acknowledging epistemic progression in talk. In: Language in Society 36. 2007. 319-341.

Garfinkel, Harold (1963): A conception of, and experiments with, ‚trust' as a condition of stable concerted actions. In: Harvey, O. J. (1963): 187-238. Nachdruck in: Coulter (eds.) (1990): 3-54.

Garfinkel, Harold (1967): ‚Good' organizational reasons for ‚bad' clinical records. In: Garfinkel (1967): 186-207.

Garfinkel, Harold (1967): Passing and the managed achievement of sex status in an intersexed person, part 1. In: Garfinkel (1967): 116-185.

Garfinkel, Harold (1967): Studies in Ethnomethodology. Englewood Cliffs, New Jersey: Prentice-Hall.

Garfinkel, Harold/Sacks, Harvey (1970): On Formal Structures of Practical Actions. In: McKinney/Tiryakin (eds.) (1970): 337-366.

Garfinkel, Harold/Wieder, Lawrence D. (1992): Two Incommensurable, Asymmetrically Alternate Technologies of Social Analysis. In: Watson/Seiler (eds.): 175-206.

Gerhards, Jürgen/Hitzler, Ronald (Hg.) (1999): Eigenwilligkeit und Rationalität sozialer Prozesse. Festschrift zum 65. Geburtstag von Friedhelm Neidhardt. Opladen/Wiesbaden: Westdeutscher Verlag.

Goffman, Erving (2006): On Face Work. In: Jaworski/Coupland (eds.) (2006): 299-310. Originalausgabe (1955): On face work. In: Psychiatry 18. 1955. 213-31.

Goffman, Erving (1973): Asyle. Über die soziale Situation psychiatrischer Patienten und anderer Insassen. Frankfurt am Main: Suhrkamp Verlag. Original (1961): Asylums: Essays on the Social Situation of Mental Patients and Other Inmates.

Goffman, Erving (1975): Stigma. Über Techniken der Bewältigung beschädigter Identität. Frankfurt: Suhrkamp. Originalausgabe (1963): Stigma. Notes on the Management of Spoiled Identity. Prentice Hall, Inc., New York: Englewood Cliffs.

Goffman, Erving (1971): Interaktionsrituale. Über Verhalten in direkter Kommunikation. Frankfurt am Main: Suhrkamp Taschenbuch Wissenschaft, 2. Aufl.. Originalausgabe (1967): Interaction Ritual. Essays on Face-to-Face Behaviour. New York. Anchor Books.

Goffman, Erving (1974): Das Individuum im öffentlichen Austausch. Mikrostudien zur öffentlichen Ordnung. Frankfurt: Suhrkamp. Originalausgabe (1971): Relations in Public. Microstudies of the public order. London: Lane The Penguin Press.

Goffman, Erving (1977): Rahmenanalyse. Ein Versuch über die Organisation von Alltagserfahrungen. Frankfurt am Main: Suhrkamp.

Goffman, Erving (1981): Forms of Talk. Philadephia: University of Pennsylvania Press.

Goodwin, Charles (1979): The interactive construction of a sentence in natural conversation. In: Psathas (eds.) (1979): 97-121.

Goodwin, Charles (1987): Forgetfulness as an Interactive Resource. In: Social Psychology Quarterly 50 (2). 1987. 115-131.

Godwin, Charles (2000): Action and embodment within situated human interaction. In: Journal of Pragmatics 32. 2000. 1489-1522.

Goodwin, Charles (2005): Seeing in Depth. In: Derry/Schunn/Gernsbacher Morton (eds.) (2005): 85-121.

Goodwin, Charles (2006): Participation and Community. In: Bagnara/Crampton Smith (eds.): Theories and Practice in Interaction Design. Mahwah, N.J.: Lawrence Erlbaum Associates, Inc., Publishers: 127-135.

Goodwin, Charles (2007): Interactive Footing. In: Holt/Clift (2007): 16-46.

Goodwin, Charles (2010): Building Action by Combining unlike Resources. (Plenary Speech, 5.7.2010). International Conference on Conversation Analysis, 4-8.07.2010. Mannheim, Germany.

Greschke, Heike Monika (2009): Daheim in www.cibervalle.com. Zusammenleben im medialen Alltag der Migration. Stuttgart: Lucius & Lucius, Qualitative Soziologie.

Gülich, Elisabeth (1980): Konventionelle Muster und kommunikative Funktionen von Alltagserzählungen. In: Ehlich (1980): 335-384.

Gülich, Elisabeth (1994): Formulierungsarbeit im Gespräch. In: Cmejrková/Danes/Havlová (Hg.) (1994): 77-95.

Gülich, Elisabeth/Schöndienst, Martin/Suhrmann, Volker (2003): Schmerzen erzählen Geschichten – Geschichten erzählen Schmerzen. In : Psychotherapie und Sozialwissenschaft 5 (3). 2003. 220-249.

Hahn, Alois/Eirmbter, Willy H./Rüdiger, Jakob (1999): Expertenwissen und Laienwissen. Über Deutungsunterschiede bei Krankheitsvorstellungen. In: Gerhards/Hitzler (Hg.) (1999): 68-96.

Harvey, O. J. (eds.) (1963): Motivation and social interaction: cognitive determinants. New York: Ronald Press.

Hausendorf Heiko (Hg.) (2007): Gespräch als Prozess. Linguistische Aspekte der Zeitlichkeit verbaler Interaktion. Tübingen: Gunter Narr Verlag.

Hausendorf, Heiko/Quasthoff, Uta M. (1996): Sprachentwicklung und Interaktion. Eine linguistischeStudie zum Erwerb von Diskursfähigkeiten. Opladen, Westdeutscher Verlag.

Hautzinger, Martin (2011): (Hg.): Depressive Störungen. In: Hautzinger (2011): 99-117.

Hautzinger, Martin (2011): Kognitive Verhaltenstherapie. Behandlung psychischer Störungen im Erwachsenenalter. Weinheim [u.a.]: Beltz-Verlag, 1. Aufl..

Heath, Christian (1982): Preserving the consultation. Medical record cards and professional conduct. In: Sociology of Health and Illness 4 (1). 1982. 56-74.

Heritage, John (1984): The Morality of Cognition. In: Heritage (1984a): 85-102.

Heritage, John (1984b): A change-of-state token and aspects of its sequential placement. In: Atkinson/Heritage (eds.) (1984): 299-347.

Heritage, John (1984c): Conversation Analysis. In: Heritage (1984): 231-192.

Heritage, John (1984a): Garfinkel and ethnomethodology. Cambridge: Polity Press.

Heritage, John (1985): Analyzing news interviews. Aspects of the production of talk for an overhearing audience. In: Van Dijk (eds.) (1985): 95-117.

Heritage, John (1997): Conversation Analysis and Institutional Talk. Analysing Data. In: Silverman (eds.) (1997): 161-182.

Heritage, John (1998): Oh-prefaced responses to inquiry. In: Language in Society, 27. 291-334.

Heritage, John (2002): Oh-prefaced responses as assessments. In: Ford/Fox/Thompson. (eds.) (2002): 81-122.

Heritage, John/Watson, Rod (1979): Formulations as conversational objects. In: Psathas (1979) (eds.): 123-162.

Heritage, John/Watson, Rod (1980): Aspects of the properties of formulations. In: Semiotica 30 (3/4). 1980. 245-262.

Heritage, John/Greatbatch, David (1991): On the institutional character of institutional talk: The case of news interviews. In: Boden/Zimmerman (eds.) (1991): 93-137.

Heritage, John/Raymond, Geoffry (2005): The terms of agreement: Indexing epistemic authority and subordination in talk-in-interaction. In: Social Psychology Quarterly 68. 2005. 15-38.

Heritage, John/Robinson, Jeffrey D./Elliot, Marc N./Beckett Megan & Wilkes Michael (2007): Reducing Patients' Unmet Concerns in Primary Care: The Difference One Word Can Make. In: Journal General Internal Medicine 22 (10). 2007. 1429-1433.

Heritage, John/Robinson, Jeffrey D. (2011): ‚Some' versus ‚Any' Medical Issues: Encouraging Patients to Reveal Their Unmet Concerns. In: Antaki (Hg.) (2011): 15-31.

Hester, Stephen/Eglin, Peter (1992): A sociology of crime. London, New York: Routledge.

Hester, Stephen/Eglin, Peter (1997): Membership Categorization Analysis: An Introduction. In: Culture in Action: Studies in Membership Categorization Analysis. Studies in Ethnomethodology and Conversation Analysis No. 4. Washington D. C.: International Institute for Ethnomethodology and Conversation Analysis. University Press of America. 1-23.

Herzog, Max/Graumann, Carl Friedrich (Hg.) (1991): Sinn und Erfahrung – Phänomenologische Methoden in den Humanwissenschaften. Heidelberg: Asanger.

Hill, Jane H./Irvine, Judith T. (eds.) (1993): Responsibility and evidence in oral discourse. Cambridge, UK: Cambridge University Press.

Hofmann, Wilhelm (1996): Karl Mannheim zur Einführung. Hamburg: Junius.

Holmes, Mary (2010): The Emotionalization of Reflexivity. In: Sociology 44 (1). 2010. 139-15

Holt, Elizabeth/Clift, Rebecca (2007): Reported talk. Reported speech in interaction. Cambridge [u.a.]: Cambridge University Press.

Hutchins, Edwin (1996): Cognition in the wild, Cambridge, Mass [u.a.], MIT Press, 2. Aufl..

Ihwe, Jens (eds.) (1973): Literaturwissenschaft und Linguistik, Bd. 1. Frankfurt am Main: Suhrkamp.

Iványi, Zsuzsanna/Kertész, Andtás (Hg.) (2001): Gesprächsforschung. Tendenzen und Perspektiven. Metalinguistica. Debrecener Arbeiten zur Linguistik, Bd. 10, Frankfurt am Main [u.a.]: Peter Lang Verlag.

Jaworski, Adam/Coupland, Nicolas (eds.) (2006): The Discourse Reader. London [u.a.]: Routledge.

Jayyusi, Lena (1991): Values and moral judgement: communicative praxis as moral order. In: Button (eds.) (1991): 227-251.

Jefferson, Gail (1978): Sequential Aspects of Storytelling in Conversation. In: Studies in the Organization of Conversational Interaction. New York, San Francisco, London: Academic Press, Inc.: 219-248.

Jefferson, Gail (1981): The Abdominable Ne? An Exploration of Post-response Pursuit of Response. In: Schröder (Hg.) (1981): 53-88.

Jefferson, Gail (1973/1990): List-Construction as a task of Resource. In: Psathas (ed.) (1990): 63-92.

Jung, Thomas/Müller-Doohm, Stefan (Hg.) (1993): Wirklichkeit im Deutungsprozeß. Verstehen und Methoden in den Kultur- und Sozialwissenschaften. Frankfurt a. M.: Suhrkamp.

Kallmeyer, Werner/Schütze, Fritz (1977): Zur Konstitution von Kommunikationsschemata der Sachverhaltsdarstellung. In: Wegener (Hg.) (1977): 159-274.

Kim, Kwang-ki (2003): order and agency in modernity. talcott parsons, erving goffman and harold garfinkel. New York: State University of New York Press, Albany.

Kindt, Walther/Rittgeroth, Yvonne (2009): Strategien der Verständigungssicherung. Zur Lösung einer universellen Aufgabe von Kommunikation. Wiesbaden: Verlag für Sozialwissenschaften Research: Language & Cognition.

Kjolseth, Rolf/Sack, G. (1971): Zur Soziologie der Sprache. Ausgewählte Beiträge vom 7. Weltkongress der Soziologie. Opladen: Westdeutscher Verlag.

Knoblauch, Hubert (2005): Wissenssoziologie. Stuttgart: UVK-Verlagsgesellschaft.

Knorr-Cetina, Karin/Mulkay, Michael (eds.) (1983): Science observed. New perspectives on the social study of science. London: Sage.

Knorr-Cetina, Karin (2002): Wissenskulturen. Ein Vergleich naturwissenschaftlicher Wissensformen. Frankfurt: Suhrkamp.

Kozart, Michael Frederick (2002): Understanding Efficacy in Psychotherapy: An Ethnomethodological Perspective on the Therapeutic Alliance. In: American Journal of Orthopsychiatry 72 (2). 2002. 217-231.

Kuhn, Thomas S. (1967): Die Struktur wissenschaftlicher Revolutionen. Frankfurt: Suhrkamp Verlag. Originalausgabe (1962): The Structure of Scientific Revolutions. The University of Chicago.

Labov, William (1972): The transformation of experience in narrative syntax. In: Labov (1972):354-396.

Labov, William (1972): Language in the Inner City: Studies in Black English Vernacular. Philadelphia, PA: University of Pennsylvania Press.

Labov, William/Waletzky Joshua (1973): Erzählanalyse: mündliche Versionen persönlicher Erfahrung. In: Ihwe (eds.) (1973): 78-126. Originalausgabe (1967): Narrative Analysis: Oral Versions of Personal Experience. In: J. Helm (eds.): Essays on the verbal and visual arts. Seattle, London.

Lakoff, George/Johnson, Mark (1998): Leben in Metaphern. Konstruktion und Gebrauch von Sprachbildern. Heidelberg: Carl-Auer-Systeme, 1. Auflage. Originaltitel: (1980) Metaphors we live by. Chicago: University of Chicago.

Lakoff, George (1993): The contemporary theory of metaphor. In: Ortony (1993): Metaphor and Thought. Cambridge: Cambridge University Press, 2. Aufl..

Leudar, Ivan/Antaki, Charles/Barnes, Rebecca (2006): When psychotherapists disclose personal information about themselves to clients. In: Communication & Medicine 3 (1). 2006. 27-41.

Levine, Murray/Wishner, Julius (1977): The case records of the psychological clinic at the University of Pennsylvania (1896-1961). In: Journal of the History of the Behavioral Sciences 13. 1977. 59-66 .

Levinson, Stephen C./Brown, Penelope (2004): Politeness: some universals in language usage. Cambridge: Cambridge Uni Press, 14. Aufl.: 61-84.

Livingston, Eric (1986): The ethnomethodological foundations of mathematics. London [u.a.]: Rouledge & Kegan Paul.

Lucius-Hoene, Gabriele/Deppermann, Arnulf (2004): Rekonstruktion narrativer Identität. Ein Arbeitsbuch zur Analyse narrativer Interviews. 2. Aufl. Wiesbaden: Verlag für Sozialwissenschaften.

Luckmann, Thomas (1986): Grundformen der gesellschaftlichen Vermittlung des Wissens: Kommunikative Gattungen. In: Kölner Zeitschrift für Soziologie und Sozialpsychologie. Sonderheft 27, Kultur und Gesellschaft. 1986. 191-211.

Luckmann, Thomas (1988): Kommunikative Gattungen im kommunikativen „Haushalt" einer Gesellschaft. In: Smolza-Koerdt/Spangenberg/Tillmann-Bartylla (Hg.) (1988): 279-288.

Luckmann, Thomas (2003): Von der ‚Entstehung' persönlicher Identität. In: Wenzel (Hg.) (2003): 383-397.

Luhmann, Niklas (1984): Soziale Systeme: Grundriß einer allgemeinen Theorie. Frankfurt: Suhrkamp.

Luhmann, Niklas (1985): A Sociological Theory of Law. London: Routledge & Kegan Paul.

Luif, Vera/Thoma, Giesela/Boothe, Brigitte (Hg.) (2006): Beschreiben-Erschließen-Erläutern. Psychotherapieforschung als qualitative Wissenschaft. Lengerich [u.a.]: Pabst Science Publishers.

Lynch, Michael (1984): Turning Up Signs in Neurobehavioral Diagnosis. In: Symbolic Interaction 7 (1). 1984. 67-86.

Lynch, Michael (1985): Art and artifact in laboratory science: a study of shop work and shop talk. London: Routledge & Kegan Paul.

Lynch, Michael (1993): Scientific Practice and Ordinary Action: ethnomethodology and social studies of science. New York: Cambridge University Press.

Lynch, Michael (2006): Cognitive activities without cognition? ethnomethodological investigantions of selected ‚cognitive' topics. In: Discourse Studies 8. 2006. 95-104.

Lynch, Michael (2007): The origins of genome architecture. Sunderland, Mass.: Sinauer Associates.

Lynch, Michael/Livingston, Eric/Garfinkel, Harold (1983): Temporal order in laboratory life. In: Knorr-Cetina/Mulkay (eds.) (1983): 205-238.

Mannheim, Karl (1969): Ideologie und Utopie. Frankfurt am Main: Verlag G. Schulte-Bulmke, 5. Aufl..

Manzo, John F. (2004): On the Sociology and Social Organization of Stigma: Some Ethnomethodological Insights. In: Human Studies 27. 2004. 401-416.

McKinney, John C./Tiryakin, Edward A.: (1970): Theoretical Sociology. Perspectives and Develoments. New York: Meredith Corporation.

Mead, George Herbert (1973): Geist, Identität und Gesellschaft. Aus der Sicht des Sozialbehaviorismus. Frankfurt: Suhrkamp. Originalausgabe (1934): Mind, Self and Society. From the standpoint of a social behaviorist. Chicago: Chicago University Press.

Meuser, Michael/Sackmann, Reinhold (1992): Zur Einführung: Deutungsmusteransatz und empirische Wissenssoziologie. In: Meuser/Sackmann (Hg.) (1992): 9-37.

Meuser, Michael/Sackmann, Reinhold (Hg.) (1992): Analyse sozialer Deutungsmuster. Beiträge zur empirischen Wissenssoziologie. Pfaffenweiler: Centaurus-Verlagsgesellschaft.

Moerman, Michael/Sacks, Harvey (1988): On ‚Understanding' in the Analysis of Natural Conversation. In: Moerman (1988): 180-186.

Moerman, Michael (1988): Talking Culture: ethnography and conversation analysis. Philadelphia, PA: University of Pennsylvania Press.

Moore, Joyce L./Rocklin, Thomas R. (1998): The Distribution of Distributed Cognition: Multiple Interpretations and Uses. In: Themenheft „Distributed Cognition", Educational Psychology Review 10 (1). 1998. 97-113.

Oevermann, Ulrich (2001): Die Struktur sozialer Deutungsmuster – Versuch einer Aktualisierung. In: sozialersinn. Zeitschrift für hermeneutische Sozialforschung. 2001. 35-81.

Ortony, Andrew (1993): Metaphor and Thought. Cambridge: Cambridge University Press, 2. Aufl.

Peräkylä, Anssi (2011): A Psychoanalyst's Reflection on Conversation Analysis's Contribution to His Own Therapeutic Talk. In: Antaki (eds.) (2011): 222-242.

Peräkylä, Anssi/Vehvilfinen, Sanna (2003): Conversation Analysis and the Professional Stocks of Interactional Knowledge. In: Discourse and Society 14 (6). 2003. 727-750.

Peräkylä, Anssi/Antaki, Charles/Vehviläinen, Sanna/Leudar, Ivan (eds.) (2008): Conversation Analysis and Psychotherapy. Cambridge: Cambridge University Press.

Pollner, Melvin (1979): Explicative Transactions: Making and Managing Meaning in a Traffic Court. In: Psathas (eds.) (1979): 227-255.

Pomerantz, Anita (1980): Telling My Side. "Limited Access" as a "Fishing" Device. In: Sociological Inquiry. Language and Social Interaction 50 (3-4). 1980. 186-198.

Pomerantz, Anita (1984a): Giving a source or basis: the practice in conversation of telling ‚How I know'. In: Journal of Pragmatics 8. 1984. 607-625.

Pomerantz, Anita (1984b): Agreeing and disagreeing with assessments: some feature of preferred/dispreferred turnshaps. In: Atkinson/Heritage (eds.) (1984): 57-101.

Pomerantz, Anita (1986): Extreme case formulations: A way of legitimizing claims. In: Human Studies. Martinus Nijhoff Publishers, Dordrecht: 219-229.

Pomerantz, Anita (1988): Constructing scepticism: Four devices used to engender the audience's scepticism. In: Research on Language and Social Interaction 22. 1988/89. 293-314.

Popitz, Heinrich (2006): Soziale Normen. Frankfurt: Suhrkamp.

Potter, Jonathan/Hephurn, Alexa (2005): Qualitative interviews in psychology: problems and possibilities. In: Qualitative Research in Psychology. 2005 (2). 281-307.

Psathas, George (1979): Organizational Features of Direction Maps. In: Psathas (eds.) (1979): 203-225.

Psathas, George (eds.) (1979): Everyday Language. Studies in Ethnomethodology. New York: Irvington Publishers, Inc..

Psathas, George (eds.) (1990): Studies in Ethnomethodology and Conversation Analysis, No. 1, Interaction Competence. Washington, D. C.: International Institute for Ethnomethodology and Conversation Analysis & University Press of America.

Quasthoff, Uta (Hg.) (1995): Aspects of Oral Communication. Berlin: de Gruyter.

Raymond, Geoffrey/Heritage, John (2006): The epistemics of social relations: Owning grandchildren. In: Language in Society 35. 2006. 677-705.

Resnick, Lauren B./Levine, John M./Teasley, Stephanie D. (eds.) (1991): Perspectives on socially shared cognition. Washington, DC: American Psychological Association.

Roth, Andrew L. (2002): Sociological epistemology in broadcast news interviews. In: Language in Society 31. 2002. 355-381.

Sachweh, Patrick (2009): Deutungsmuster sozialer Ungleichheit: Wahrnehmung und Legitimation gesellschaftlicher Priviligierung und Benachteiligung. Frankfurt [u.a.]: Campus-Verlag.

Sacks, Harvey (1966): The search for help: No one to turn to. Diss. University of California, Berkeley (1966) (UM: 67-05155).

Sacks, Harvey (1965/66/67): The baby cried. The mommy picked it up. Part II, Lect. 1+2, Part III; Lect. 1+2, Part V; Lect. 13. Und Caterory-bound Activities: (1966): Part III Lect. 8 und (1967): Part V; Lect. 11, 12, 13, 14). In: Sacks (1992): Lectures on Conversation. Vol. I. Oxford, UK: Blackwell Publishing, 5. Aufl..

Sacks, Harvey (1971): Das Erzählen von Geschichten innerhalb von Unterhaltungen. In: Kjolseth/Sack (1971): 307-314.

Sacks, Harvey (1972a): An Initial Investigation of the Usability of Conversational Data for Doing Sociology. In: Sudnow (eds.) (1972): 31-74.

Sacks, Harvey (1975): Everyone Has to Lie. In: Sanches Mary; Blourt Ben G. (eds.) (1975): 57-80.

Sacks, Harvey (1980): Button, Button; Who's Got the Button? In: Sociological Inquiry 50 (3/4). 1980. 318-327.

Sacks, Harvey (1985): The Inference-Making Machine: Notes on Observability. In: Van Dijk (1985): 13-23.

Sacks, Harvey (1988/89): On Members' Measurement Systems. In: Research on Language and Social Interaction 22. 1988. 45-60.

Sacks, Harvey edited by Gail Jefferson (1992): 225, 238, 246, 247, 248, 249,259, 260, 585

Sacks, Harvey edited by Gail Jefferson (1992): Lectures on Conversation. Vol. I. Oxford, UK: Blackwell Publishing, 5. Aufl..

Sacks, Harvey/Schegloff, Emanuel A./Jefferson, Gail (1974): A Simplest Systematics for the Organization of Turn-Taking for Conversation. In: Language 50 (4, 1). 1974. 696-735.

Sanches, Mary/Blourt, Ben G. (ed.) (1975): Sociocultural dimensions of language use. New York: Academic Press.

Schegloff, Emanuel A. (1968): Sequencing in Conversational Openings. In: American Anthropologist 70 (6). 1968. 1075-1095.

Schegloff, Emanuel A. (1972): Notes on a conversational practice: Formulating place. In: Sudnow (1972): 75-119.

Schegloff, Emanuel A. (1979): Identification and Recognition in Telephone Conversation Openings. In: Psathas (1979): 23-78.

Schegloff, Emanuel A. (1982): Discourse as an interactional achievement: some uses of ,uh huh'and other things that come between sentences. In: Tannen (eds.) (1982): 71-93.

Schegloff, Emanuel A. (1987): Between Micro and Macro: Contexts and Other Connections. In: Alexander/Giesen/Münch/Smelser (eds.) (1987): 207-234.

Schegloff, Emanuel A. (1991): Conversation analysis and socially shared cognition. In: Resnick/Levine/Teasley (eds.) (1991): 150-171.

Schegloff, Emanuel A. (2007a): A tutorial on membership categorization. In: ScienceDirect. Journal of Pragmatics 39. 2007. 462-482.

Schegloff, Emanuel A. (2007b): Sequence Organization in Interaction. A Primer in Conversations Analysis I, Cambridge: Cambridge University Press.

Schegloff, Emanuel A./Jefferson, Gail/Sacks, Harvey (1977): The Preference for Self-Correction in the Organization of Repair in Conversation. Language 53 (2). 1977. 361-382.

Schmitt, Reinhold (Hg.) (2007): Koordination. Analysen zur multimodalen Interaktion. Tübingen: Gunter Narr Verlag gnv.

Scholz, Karsten (2010): § 12 Wirtschaftlichkeitsgebot. In: Becker/Kingreen (Hg.) (2010): 98-101

Schramm, Elisabeth (2003): Interpersonelle Psychotherapie bei Depressionen und anderen psychischen Störungen. Stuttgart, New York: Schattauer, 2. Aufl..

Schröder, Peter (Hg.) (1981): Dialogforschung. Jahrbuch 1980 des Instituts für deutsche Sprache. Sonderdruck aus Sprache der Gegenwart. Schriften des Instituts für deutsche Sprache. Band LIV. Düsseldorf: Pädagogischer Verlag Schwann.

Schröder, Ulrike E. (2012a): Fallpräparation in der klinischen Psychotherapie. In: Bergmann/Dausendschön-Gay/Oberzaucher (Hg.): Der Fall – Studien zur epistemischen Praxis professionellen Handelns. Bielefeld: transcript Verlag, Kap. 3.2.

Schröder, Ulrike E. (2012b): Ein Fall in Psychiatrie und Psychotherapie. In: Bergmann/Dausendschön-Gay/Oberzaucher (Hg.): Der Fall – Studien zur epistemischen Praxis professionellen Handelns. Bielefeld: transcript Verlag: Kap. 2.5.

Schütz, Alfred (Hg.) (1953/1971): Common-sense and scientific interpretations of human action. In: Collected Papers. Vol. 1: The problem of social reality. The Hague: Nijhoff. 3-47.

Schütz, Alfred (1932/1960): Der sinnhafte Aufbau der sozialen Welt. Wien: Springer Verlag. Englische Ausgabe (1960): The Phenomenology of the Social World. London: Heinemann Educational Books.

Schütz, Alfred 1962/1971): Collected Papers I, The Problem of Social Reality. Part I: On the Methodology of the Social Sciences. Common-sense and scientific interpretation of human action: The Hague, Netherlands, Martinus Nijhoff: 3-27.

Schütz, Alfred (1962/1971): Collected Papers II, Studies in Social Theory. Part I: Pure Theory. The Dimensions of the social world. The Hague, Netherlands, Martinus Nijhoff: 29f.

Schütz, Alfred (1971): Über die Mannigfaltigen Wirklichkeiten. In: Schütz (1971): 237-298.

Schütz, Alfred (1971): Gesammelte Aufsätze I, Das Problem der sozialen Wirklichkeit. Den Haag: Martinus Nijhoff.

Schütz, Alfred/Luckmann, Thomas (2003): Strukturen der Lebenswelt. Konstanz: UVK Verlagsgesellschaft mbH.

Schütze, Fritz (2000): Schwierigkeiten bei der Arbeit und Paradoxien des professionellen Handelns. Ein grundlagentheoretischer Aufriß. In: ZBBS (1). 2000. 49-96.

Schwabe, Maike (2006): ‚Ich weiß das ja jetzt am besten auch'. Agency im Sprechen anfallskranker Kinder und Jugendlicher. Gesprächsforschung – Online-Zeitschrift zur verbalen Interaktion ISSN 1617-1837) Ausgabe 7 (2006). 201-223. (www.gesprächsforschung-ozs.de)

Schwartz, H. (1976): On recognising Mistakes: A Case of Practical Reasoning in Psychotherapy. In: Philosophy of the Social Sciences 6. 1976. 55-73.

Schwarz, Norbert (1985): Theorien konzeptgesteuerter Informationsverarbeitung in der Sozialpsychologie. In: Frey/Irle (Hg.) (1985): 269-291.

Scott, Marvin B./Lyman, Stanford M. (1968): Accounts. In: American Sociological Review 33. 1968. 46-62.

Selting, Margret/Auer, Peter/Barden, Birgit/Bergmann, Jörg R. u. a. (1998): Gesprächsanalytisches Transkriptionssystem (GAT). In: Linguistische Berichte 173-176. Opladen: Westdeutscher Verlag: 91-122.

Selting et al. (2009): Gesprächsanalytisches Transkriptionssystem 2 (GAT 2. In: Gesprächsforschung -Online-Zeitschrift zur verbalen Interaktion 10. 2009. 353-402. www.gesprächsforschung-ozs.de

Sharrock, Wesley W. (1974): On Owning Knowledge. In: Turner (eds.) (1974): 45-53.

Sharrock, Wesley W./Anderson Digby C. (1979): Directional hospital signs as sociological data. In: Information design journal 1, (2). 1979. 81-94.

Sharrock, Wes W./Katz, B. A. (1978): Playing with other minds. Analytic Sociology 1 (2), F1-G13.

Sidnell, Jack (2005): Talk and Practical Epistemology. The Social Life of Knowledge in a Caribbean Community. Amsterdam: John Benjamins.

Silverman, David (eds.) (1997): Qualitative Research. Theory, Method, and Practice. London [u.a.]: Sage.

Smith, Dorothy E. (1978): K. is Mentally Ill: the Anatomy of a Factual Account. Sociology 12. 1978. 23-53.

Smolka-Koerdt, Giesela/Spangenberg, Peter M./Tillmann-Bartylla, Dagma (Hg.) (1988): Der Ursprung von Literatur. Medien, Rollen, Kommuniakationssituationene zwischen 1450 und 1650. München: Wilhelm Fink Verlag.

Soeffner, Hans-Georg (Hg.) (1982): Beiträge zu einer empirischen Sprachsoziologie, Tübingen: Narr.

Spiegel, Carmen/Spranz-Fogasy, Thomas (2001): Zur Methodologie in der Handlungsstrukturanalyse von Gesprächen. In: Iványi/Kertész (Hg.): 243-257.

Stitz, Sabine (1987): Zur Konstitution von Intersubjektivität in Therapiegesprächen. Ein Konversationsanalytischer Beitrag. In: Osnabrücker Beiträge zur Sprachtheorie, 37: 57-77.

Stivers, Tanya/Mondada, Lorenza/Steensig, Jakob (eds.) (2010): The morality of knowledge in conversation. Cambridge: Cambridge University Press.

Streeck, Ulrich (2000): Szenische Darstellungen, nichtsprachliche Interaktion und Enactments im therapeutischen Prozeß. In: Streeck (Hg.) (2000): 13-55.

Streeck, Ulrich (Hg.) (2000): Erinnern, Agieren und Inszenieren. Enactments und szenische Darstellungen im therapeutischen Prozeß. Göttingen: Vandenhoeck & Ruprecht.

Streeck, Ulrich (2006): Erzählen und Interaktion. Auf dem Weg zu einer Mikroethnographie von Psychotherapie. In: Luif/Thoma/Boothe (Hg.) (2006): 173-192.

Streeck, Ulrich (2008): A psychotherapist's view of conversation analysis. In: Peräkylä/Antaki/Vehviläinen/Leudar (eds.) (2008): 173-187.

Suchman, Lucy A. (1987): Plans and Situated Action. Cambridge: Cambridge University Press

Sudnow, David (eds.) (1972): Studies in Social Interaction. New York: The Free Press. A Division of The Macmillan Company.

Sudnow, David (1978): Ways of the hand: the organization of improvised conduct. London: Routledge & Kegan Paul.

Sudnow, David (2001): Ways of the hand: A rewritten account. Cambridge, Mass. MIT Press

Tannen, Deborah (eds.) (1982): text and talk. Roundtable on Language and Linguistics 32. 1981. Washington D.C.: Georgetown University Press.

Ten Have, Paul (1991): Talk and Institution: A Reconsideration of the ‚Asymmetry' of Doctor-Patient Interaction. In: Boden/Zimmerman: (eds.) (1991): 138-163.

Turner, Roy (eds.) (1974): Ethnomethodology: selected readings. Harmondsworth: Penguin. Education.

Uhmann, Susanne (2010): Bitte einmal nachfassen. Professionelles Wissen und seine interaktive Vermittlung – Empraktische freie Infinitive im Operationssaal. In: Dausendschön-Gay (Hg.): Wissen in (Inter)Aktion: de Gruyter: 37-70.

Ulmer, Bernd (1986): Konversionserzählungen. Magisterarbeit, Fachbereich Soziologie. Sozialwissenschaftliche Fakultät. Universität Konstanz.

Ulmer, Bernd (1988): Konversionserzählungen als rekonstruktive Gattung. Erzählerische Mittel und Strategien bei der Rekonstruktion eines Bekehrungserlebnisses. Zeitschrift für Soziologie 17 (1). 1988. 19-33.

Van Dijk, Teun A. (1985): Handbook of Discourse Analysis. Discourse and Dialogue. Vol. 3, London [u.a]: Academic Press.

Watson D. R. (1983): The Presentation of Victim and Offender in Discourse: The Case of Police Interrogations and Interviews. In: Victimology, 8 (1/2. 1983. 31-52.

Watson, Graham (1992): Introduction. In: Watson/Seiler (eds.) (1992): xiv.

Watson, Graham/Seiler, Robert M. (eds.) (1992): Text in Context. Contributions to Ethnomethodology. London [u.a.]: Sage Publications Ltd..

Wegner, Dirk (Hg.) (1977): Gesprächsanalysen: Bonn, 14.-16. Oktober 1976. Hamburg: Buske.

Wehr, Barbara/Thomaßen, Helga (Hg.) (2000): Diskursanalyse. Untersuchungen zum ge-
sprochenen Französisch. Frankfurt am Main: Peter Lang Verlag.
Wenzel, Ulrich (Hrsg.) (2003): Subjekte und Gesellschaft. Zur Konstitution von Sozialität;
für Günther Dux. Weilerswist: Velbrück Wissenschaft.
Whalen, Marylin/Zimmerman, Don (1990): Describing trouble: Practical epistemology in
citizen calls to the police. In: Language in Society 19. 1990. 465-492.
Wieseler, Silvia (2004): Framing Strategien von Gesundheitsbewegungen im politischen Dis-
kurs. Patientenbewegungen und die Reform der Brustkrebsversorgung. Unveröffent-
lichte Dissertation. Fakultät für Soziologie an der Universität Bielefeld.
Wille, Andreas (1991): Voice Dialogue – Dialog der Stimmen. In: Praxis Kinderpsychologie,
Kinderpsychiatrie 40. 1991. 227-231.
Winkler, Peter (Hg.) (1981): Methoden der Analyse von Face-to-Face-Situationen. Stuttgart:
Metzler.
Wittgenstein, Ludwig (1968): Philosophical Investigations. Oxford: Basil Blackwell.
Wolff, Stephan (2000a): Wege ins Feld und ihre Varianten. In: Flick, von Kardorff/Steinke
(Hg.) (2000): 334-349.
Wolff, Stephan (2000b): Dokumenten- und Aktenanalyse. In: Flick/von Kardorff/Steinke
(Hg.) (2000): 502-513.
Wooffitt, Robin (1992): Telling Tales of the Unexpected: Accounts of Paranormal Experiences.
Hemel Hempstead: Harvester.
Zimmermann, Don H. (1998): Identity, Context and Interaction. In: Antaki/Widdicombe
(eds.) (1998): 87-106.

The manufacturer's authorised representative in the EU is Springer
Nature Customer Service Centre GmbH, Europaplatz 3, 69115 Heidelberg,
Germany. If you have any concerns regarding our products, please
contact ProductSafety@springernature.com

Printed and bound by CPI Group (UK) Ltd, Croydon, CR0 4YY
27/04/2026
02097662-0003